黎原回憶錄

先辈丛书·回忆录卷

中共党史出版社

图书在版编目（CIP）数据

黎原回忆录 / 黎原著 . -- 北京：中共党史出版社，2022.8

ISBN 978-7-5098-6063-2

Ⅰ . ①黎… Ⅱ . ①黎… Ⅲ . ①黎原—回忆录 Ⅳ . ① K825.2

中国版本图书馆 CIP 数据核字 (2022) 第 083336 号

出版发行：中共党史出版社
责任编辑：石佳
责任校对：申宁
责任印制：段文超
社　　址：北京市海淀区芙蓉里南街 6 号院 1 号楼
邮　　编：100080
网　　址：www.dscbs.com
经　　销：新华书店
印　　刷：北京盛通印刷股份有限公司
开　　本：170mm × 240mm　1/16
字　　数：290 千字
印　　张：20.5
印　　数：1—3000 册
版　　次：2022 年 8 月第 1 版
印　　次：2022 年 8 月第 1 次印刷

ISBN 978-7-5098-6063-2
定　　价：56.00 元

黎原（1917—2008）

前 言

我从 20 世纪 90 年代开始着手写回忆录，断断续续历时数载，其间几易其稿，今天《黎原回忆录》终于和大家见面了，我的心情无比激动。我之所以不顾年事已高，多次找亲历者、老战友回忆，查证史实，反复修改，倾注大量心血认真写好此书，一是为了缅怀与我一起出生入死、并肩战斗而为国捐躯的战友们。二是回顾自己近一个世纪的人生道路，几十年的战斗历程，给后人留下一段真实的历史，希望他们从中得到一些教益和启迪。

黎 原

2008 年 5 月

目 录

第一章　艰辛的少年时代

一、我的故乡和家人

我出生在河南省息县淮河岸边的关家店。淮河发源于河南省桐柏山，一路分分合合，弯弯曲曲，奔腾向东，流入大海。淮河流经息县东南时，一分为二，平行东去，故道在南，新道位北，两水各推出一个弓背，相距3—5公里，翻滚奔腾了20公里，到潢川县堡子口相吻拥抱，合二为一，再继续东流。这个由分到合形成的套子，当地人称为“淮河套”。这里气候兼有南北特点，人杰地灵，物产丰华，是豫南比较富裕的地区。

息县即古息州，古为息侯的封地，息国亡时，息侯夫人被楚王强掳，三年不语，守节守义，含悲自尽，流芳至今。明末清初的一名学者邓孝威在明朝灭亡后，为怀念故朝重修息夫人庙时，曾题诗留下“千古艰难唯一死，伤心岂独息夫人”的词句。1967年我第一次见到毛泽东主席时，主席问我是哪里人，我回答是息县人时，主席风趣地说：“你是息夫人的家乡人嘛。”

由淮河故道顺水东行，距古息州城30里之遥的河北岸，有一个古镇，因为居民以关姓居多，所以被称为关家店。据说关姓与三国英雄关羽——关云长有关。相传关家店是关公寻归义兄刘备至息州留下的亲兵所建，关家店的关姓人家都是关公亲兵的后裔。传言的真伪已无从考证，不过三国时刘备等人在息县一带活动过，这倒是事实，历代《息县志》对此事均有记载。

关家店东南30公里是潢川城。潢川是豫东南重镇，历朝历代都在这里设州置府，为豫东南地区的政治、经济、文化中心。关家店地处息县县城和潢川城之间，为息县通往潢川的必经之地。官客商贾，农夫山民，穿梭来往，在这里停留打尖、歇脚、吃饭，关家店也日渐繁华。加之，镇外有河，水运方便，成了远近闻名的木材、竹材及其制成品的集散地。有了木竹业，

黎原 1917 年出生在河南省息县淮河岸边的关家店。图为黎原重回故里

就有了蜂拥而来的商贾，以及为商贾、民生服务的杂货铺、绸缎庄、火煤子（酒馆）等行当。到清末民初已发展到两三百户人家，千口之众，成为息县东南的重镇。镇上设有公馆，专门负责接待过往的官员。

镇中建有一座大庙，殿台高大，雕梁画栋，甚是宏伟。庙内供奉的是佛祖释迦牟尼，佛像两旁伫立着十八罗汉。庙内建有一座七层灵塔，取佛塔七级浮屠之意。塔内安放着历代高僧遗骨。这座大庙是全县规模最大、历史最早的庙，据说建成于北魏时期，历史上多次毁于天灾人祸，又多次重修和扩建，到清朝末年还保护得很好，殿堂楼阁雄伟壮观。据传庙内诸神灵验，当年香火盛极一时，方圆几十里的百姓都到这里求神拜佛。每年春天这里都要开三天庙会，伴有耍龙灯、舞狮子、划旱船、唱戏等活动，附近村民都来赶会，人山人海，非常热闹。到我记事时，大庙已逐渐败落，乡民们改在这里办学，大庙就成了私塾学堂。

听说我家祖上家业很大，曾祖关坤锁和叔祖关坤柱两兄弟勤于经营，节俭持家，家业日渐兴旺发达起来，有良田千亩，牛马成群，成了远近闻名的富户。发家以后，兄弟二人嫌镇子里的房子太小，于是在关家店镇外自家田上筑围盖房。老大关坤锁，在镇东盖了三套三进三出的院子。院子坐北朝南，三座院子三个门楼，气势恢宏。围绕着三套院子又修了一个巨大的围子，围子外挖了一圈沟渠，围子的门通过吊桥同围子外相连。出西门是通向镇子的大路；出后门是一个近十亩的打谷场和菜园子，周围种有枣树、柿子树和桃树。

现在回想起来，这套田园规划在自给自足的农业社会中有它一定的科学性，布局非常合理。这种结构可以同农村生产相结合。比如在打谷场四周是若干亩果园、菜田，再往外连着自家的稻田，通过引水渠又可将围子外水沟的水引入稻田，可以说是旱涝保收。丰收后，打谷场又可以保证上百亩地的收获物打场。这种民居结构基本上可以保障农家的住、吃、种，又能够解决农业生产的水源问题。我家的围子内还建了一座小庙，供家人拜佛求神，祈福祈寿，满足家族的宗教文化生活。

关坤锁挑了头，投奔而来的关姓人、外姓人，也在关老大院子左右盖房。一家、两家……这便生出了个新村——关家店东围子。老二关坤柱紧跟着在东围子往东五里处也盖了三座三进院，且后来居上，雕梁画栋，青砖青瓦，在息县城乡都领了梢儿。后来，关坤柱院外又聚来几家人，这又出了个小东关庄。关坤锁和关坤柱两兄弟，励精图治，把关家这一支推到了富裕的鼎盛。据说当时关家的牲畜跑出去，三天以后找回来，吃喝都还在自家的土地上。

关坤锁后来被太平军裹胁而去，再也没有回来，生死不明。他生有两个儿子，老大叫关凤昌，就是我爷爷；老二叫关凤盛。关坤锁被太平军掳走后，兄弟二人分家另过，自立门户。从此家道中落，日子越来越艰难。到清朝末年，留在我爷爷兄弟名下的田亩所剩无几，原来老宅的三套大院子，也仅剩中间一套三进院，东、西两套三进院都被迫卖了。我爷爷膝下生有两个男孩，住在一进院和二进院。老二关凤盛没有生育，独住后院。

爷爷的两个儿子按辈分为应字辈，老大叫关应升，就是我父亲，老二叫关应平。

父亲虽然读书不多，识不了几个字，但他很勤奋，有头脑，善于经营，是围子里的能人。农忙时下田务耕，农闲时做小买卖。种地时他肯动脑筋，根据市场需求，调整作物品种。他种的经济作物，如烟草、花生、蓖麻等，比种粮食收入要高几倍。他做小买卖时是先卖面食，后来逐步扩大到烟叶、布匹等。由于他的勤劳和善于经营，很快就富了起来，买田置地，成为关家店的首富。父亲经人介绍与离关家店 20 多里的赵楼村的赵氏也就是我母亲结婚，婚后两人夫唱妇随，感情很好。他非常关心和爱护我，没事时经常带我玩耍，外出回来总会给我买东西。在我童年的记忆里，他是一位慈祥的父亲。

母亲兄弟姊妹六人，两男四女，母亲在四女中排行老三。她聪慧能干，缝衣做饭，地里家里，粗活细活，样样都拿得起放得下。她为人善良，富有同情心，家境好时经常周济镇上的穷苦人家。农忙时，有的贫困人家没有牲畜耕种，母亲就常常主动将家里的牲畜借给他们无偿使用。看到一些穷人家里无地耕种，生活困难，她就把家里的地分给他们三五亩，收成好就让他们交一点地租，交不上也不强求。镇上大庙里每年冬天都有几十个乞丐住着，遇到灾年就更多。下大雪不能出去乞讨时，母亲经常给他们施舍衣物和食品。过年过节遇到乞讨的人，母亲总是慷慨施舍。1923 年，兵匪之乱，镇子上的房屋大部分被烧毁，很多人无家可归，母亲就腾出几间旧房子，让给几家落难的族人住，也不收房租，还在生活上尽可能地帮助他们。所以母亲在镇上人缘很好，人们都很尊敬她。那时农村讲究善恶报应，我父母 40 岁以后生我，乡间都传说关家行善积德，感动了神灵，所以晚年得子，这在当时镇上曾传为佳话。

2004 年，黎原在老宅前留影

父亲和叔叔分家后，家里仅剩二十余亩地。此后父母二人齐心协力，勤俭持家，没出十年光景，家业又兴旺起来，田地由分家时的二十多亩发展到一百多亩。父母又把祖辈卖出去的东院三进院买了回来，修葺一新，由中院一进院搬进东院三进院。

父母婚后十年没有生育，不免内心着急，求神问卜，烧香许愿，均无效果。父亲还为此事专门在村东头修了一座小庙，希望神灵保佑早得贵子。后来根据乡间的习俗，收养了我大姨的女儿为养女，以期能为自己招来儿子。这就是我大姐，取名大妮。父母对她如同己出，大姐也很懂事，十分孝顺父母，从小对我也很照顾。她后来嫁给了本村张家，丈夫名叫张玉堂，生有三子二女。1947 年，长子高中毕业后到大别山参加革命，在刘邓大军军政大学学习，后来到湖北省应城任区委书记、县财政主任、政治部主任等职。他和我经常有来往，1979 年因肺癌去世。

父母收养大姐三年后，母亲生下一女，取名二妮，是我二姐。二姐 18 岁时嫁给任庄的任重生，婚后生有一子一女。二姐一家很惨，在 20 世纪五六十年代三年自然灾害时，全家四口都死于饥饿。

在那个时代，人们普遍存在着重男轻女的思想，所以父母一直想要一个男孩，以后近八年的时间，父母没再生育。特别是随着家里经济条件的不断改善，为了将来能够继承家业，父母就想过继一个男孩。当时叔叔家生有六个男孩，长子关升品，也就是我的堂兄，为人正直、聪明，念过几年私塾，字写得特别好。在乡下人看来字写得漂亮自然是最有文化的象征，父亲很想将他过继来做儿子。叔叔一家生活条件比较差，自然愿意将长子过继给父亲。但母亲坚持从娘家过继了大舅的儿子赵玉友为继子。过继后，赵玉友不成器，整天游手好闲，打架斗殴，无事生非，搅得四邻不安。父亲无可奈何，费了很多周折，赔了二百块银元，才将赵玉友送回大舅家。此外，父亲还认了连襟的儿子周庆云和父亲结拜兄弟王建安的儿子为干儿子。两个干儿子和父母的关系都很好，特别是周庆云一家对我家照顾很多，两家关系笃诚。父亲去世后（那时我在县城求学），母亲又收养了一个男孩，取名关升全。他对母亲很孝顺，一直在家里照顾母亲，可惜他也在三年自然灾害时期病故。

1917 年 4 月 17 日，父亲年近五十、母亲也快四十岁时生下了我。中年得子，两人自是欢天喜地，宴请亲朋，办满月酒，庆祝一番。父母给我取乳名民顺，大概取其平顺之意。又请族祖关翔千给起了大名，按族谱应是升字辈，就取名关升彦，后来父母又觉得叫俊彦好听，就改叫关俊彦，字侠青。我这个名字一直用到二十多岁，到延安后才改名叫黎原。

我七岁之前，家庭情况总体说是比较好的，父母对我非常宠爱。在我七岁时家庭发生了重大变故，父亲患肺癌不幸去世。当时我正在胡家围子随四爷读书。当年父亲带我到县城逃避土匪绑票时，他就觉得胸前憋闷，吐过一次血，但他并不介意，认为心里吃重，调理调理便会好的。日子一久，病情加重。那年月医学落后，农村医疗条件更差，直到父亲病危时也没有请医生，而是找了几个道士来家诊断。道士说父亲是鬼魂附身，只要赶走鬼魂身体就好了。那时在农村还有一个陋习：当病人快不行的时候，是不可以住在卧室的，一定要搬到堂屋搭铺。我印象特别深的就是道士们将父亲搬到堂屋，绕着父亲敲锣打鼓，念咒语。我和母亲既无助又无奈，只好眼睁睁地望着父亲疼痛憋闷而死。

父亲去世后，家境开始艰难。我尚年幼，生活的重担就都落在母亲一个人身上。孤儿寡母，日子本来就过得紧巴，加上我要上学，更是捉襟见肘。记得有一年大年三十，家家都在欢欢喜喜地迎新春，县上来了两个官差，上门要收税款十块银元。当时家里没钱，交不上，官差就是不走，母亲哭了半天，没有办法，只好到亲友家借来五块银元，给了他们才算完事。虽说家境已大不如前，但母亲非常要强，顽强地支撑着这个家，继续供我念书。

父亲去世后，家里没了劳动力，二舅看母亲独自一人支撑着这个家实在不容易，就让他的妻弟来我家做事。他姓朱，叫什么名字我记不得了，我一直叫他朱老舅。

朱老舅家境相当艰苦，除了姐姐嫁给我二舅外，家里一个亲人也没有，只能靠打工度日。因此，朱老舅到我家很知足，什么要求也不提，一年四季只是埋头干活。养牛，喂猪，种地，所有的脏活、累活几乎全包了。平时他很少说话，只知道干活，一天劳作十多个小时，毫无怨言。家里大小事均靠他操持。母亲为了感谢他对我家的帮助，主动出钱帮他讨了老婆，还送了两间房给他安家。

我念书之余，有时回到家里总爱往大人堆里钻，听大人谈古论今说闲话。东围子东头豆腐坊是村民们光顾的好去处，炕热、屋暖，还有豆腐的飘香，经常聚在那里谈天说地。我也经常到豆腐坊里去玩，听他们说书、讲故事。其中陈家兄弟给我留下的印象最深。陈家兄弟四人，家里除了一个菜园子外没有多少地，就租种了我家近三十亩地几十年，同我家关系很融洽。老大陈景彦，为人忠厚正直，很受镇上人的尊重。新中国成立后，他是村贫下中农领导小组的组长。老二叫陈景俊，村民们都叫他陈老二。他年长我十岁，我就叫他陈二哥。陈老二虽然没念过书，却生性耿直，好打抱不平，刚二十多岁，在镇上很有人缘，曾被村民推举为关家店红枪会首领之一。农闲时，他也做些小买卖，穿行于光山、罗山、黄陂等苏区各县、镇，还到过汉口，这在镇子上算是见多识广的能人了。大家都喜欢听他讲故事，他对我很好，有时在豆腐坊里教我念《七侠五义》《三国演义》《水浒传》等古书。天长日久，我的读书能力有很大提高。

二、私塾生活

1923 年春，我六岁时父母叫我随族祖关翔千读私塾。

关翔千是他的字，名凤祥。因为在关家凤字辈中排行老四，父亲叫他四叔，我叫他四爷。他从小饱读诗书，满腹经纶。因清末废除科举，他没有参加科举考试。后来便进了武汉政法学堂念了几年新学。四爷为人一向淡泊名利。政法学堂毕业后，由于不会也不愿投机钻营，没有在官场求得一官半职，便回到家乡当私塾先生，教育家乡子弟。到我上学时，他已在镇上教书十余年了，周围数十里识文断字的年轻人大多是他的门生。他也安心教书工作，对现实生活很满足。我经常听他同亲友讲："我肩不能担，手不能提，能过上饭来张口，衣来伸手，丰衣足食的生活，还有何求？我认识几个字，能教家乡的子弟多识几个字，将来能有出息，我就心满意足了，这也是我的志向和心愿。"他忠厚诚实，性格温顺。在家与兄嫂侄媳一大家人同住，能和睦相处，从未吵过架。四爷平时严于律己、宽以待人，有长者之风。

四爷对我很好，因四奶有病不能生育，没有亲生儿女，所以四爷非常关心关姓家族的后代，特别喜欢小孩。我幼年时长得还算清秀，也有一点小聪明，四爷就很看重我，把我作为关姓家族的希望和寄托。他常说："民顺这孩子天资聪慧，关姓几百家中，只有他有希望成才，将来能干大事。"因此，他在学习上对我要求很严，鼓励我刻苦学习，立志成才。在生活上对我也很照顾。我家离四爷家不远，常去四爷家住。四奶怕我着凉，晚上叫我和她睡一个被窝，好吃的也总是给我留着，如同慈母一般。

四爷的私塾设在镇中大庙里，学童二三十人。念的是四书五经。我先后学了《三字经》《百家姓》《大学》《孟子》等，很多内容当时并不理解，只是跟着读、背。不知何因，四爷虽然受过新式教育，但从来没有教我们他在武汉学堂学的新知识。我曾多次看到他做数学题，但从未教过我们。我从四爷身上接受的主要是中国传统文化的熏陶，对旧式伦理道德和生活规范有了一定的认识。

那时的中国，军阀混战，社会秩序开始混乱。关家店也经常受到军阀部队的骚扰，加上乡里匪盗横行，老百姓生活日渐艰难。我家生活虽然好一些，但也很不安定，怕兵、怕盗、怕匪。记得我小的时候，父母经常带着我到县城里避难，父亲的连襟也就是周庆云的父亲帮我们在县城租了两间平房住过几个月，待秩序好一些再回家。记得 1924 年的夏天，一次父母听村里郎中周少白家的长工讲，周少白的儿子周老三干上了土匪，他的同伙听说我家有钱，要绑我的票。父母听后非常紧张，急忙将我从私塾接出来，谎称走舅家，出了关家围子绕了一个大圈子后才直奔县城，躲了几个月。

周少白是乡里的中医，很有名气，为人口碑也很好，威望很高。他得知三儿子干上土匪、强盗的事，非常气愤，认为有辱家门。他当郎中一世，悬壶济世，受到乡邻的赞誉，没想到膝下生了一个孽子，败坏了他一世清名。在多次管教无效的情况下，为了保全门风，痛下决心，大义灭亲，亲手将孽子处死。

周老三被老子处死的消息传到县城后，我们才敢放心地回家。回来后，又担心周老三的同伙算计我，父母还是整天忧心忡忡。于是父亲就找来四爷关翔千商量，四爷为了我的安全和学业，决定辞掉在关家店教书的差事，带我到有能力防匪的村寨读书。这样我就离开了父母，随着四爷开始了离家三年的读书生活。

四爷带我先后到息县几户大地主家教书，这几家环境不同，出身不同，为人处世的方式自然也都有所不同。我这三年的逃绑票、读书生活，就是在这几家度过的。这段经历让我深刻接触和体会了中国农村各类不同的生活情况。

第一家是距关家店十里外的胡家围子。

胡家是四爷关翔千的岳父家。那时四爷的岳父、岳母已经去世，留下两个儿子，兄弟二人都中过秀才。大儿子叫胡祖武是武秀才；二儿子叫胡祖文是文秀才。胡家家大业大，有地 700 多亩，在我家周围几十里算是最大的地主。

胡家当时是三世同堂，兄弟二人一直没有分家。他们每人都育有四个儿子，孙子辈就更多了，全家老少约 30 口，有很多到了读书年龄的子弟，因此很欢迎四爷来教书。

胡家兄弟是四爷的妻兄，胡祖武的二儿子还是我的表姐夫，胡家、关家更是亲上加亲。我随四爷来到胡家，就住在胡家西院的后院。胡家还专门拿出一栋房子作为教书的课堂，胡家可以说是世代书香，胡祖武的书房藏书颇丰，当时我在那里读了很多中国古典小说。

胡家虽说是地方绅士，但全家老少大都参加生产劳动。家里雇了四五个长工，有骡子有马。一部分土地自己耕种，大部分土地租给佃户耕种。男人耕田种地，妇女持家煮饭。胡家祖训不准请老妈子和佣人，做饭等家务劳动都由家里的妯娌们轮流承担，经济来源主要靠粮食生产。他们在镇上开有一家粮店，每年收获的粮食大约有三分之二出卖，家里还建有粮仓储备粮食，农闲时的副业主要经营烧酒和绿豆粉条。

我在胡家围子跟十几个娃娃念了两年私塾，除了胡家子弟外，还有围子外的农家子弟也一起来念书。在当时的乡村，对老师的要求也有一套不成文的标准。科举时代获得过功名的，如贡生、秀才出身的老师，所得的薪水各不相同。上学的孩子要交学费，一年分两季支付。四爷不仅中过秀才，还上过洋学堂，所以在当地还是很受欢迎的。对一些贫困学生，四爷总会少收些学费。四爷从没有收过我的学费，完全是为了培养关家的后代。胡家也是读书人出身，所以对四爷特别尊重。一日三餐都有长工将饭菜送到客厅，胡家兄弟只要不出门常常会陪着四爷一起吃饭。我印象中胡家每逢过年过节一定要送上礼金，权当学费。

民国初年的社会还是比较安定的。大概到了 1923 年前后，河南，特别是我的家乡开始闹土匪。我在胡家读书期间，曾有一股大土匪得知胡家有钱，向胡家索要 300 块大洋。胡祖武是武秀才出身，自然不肯轻易低头。加之胡家围子四周筑有寨墙，寨墙外挖了一圈一人多深三丈来宽的水渠。出入围子只有一个南门，门上有门楼，门外有吊桥，防备相当严密。为了防备土匪打劫，胡家还专门购买了三支快枪，全家男丁加上原本雇的五六个雇工，看场护院，隔壁佃户家也有几个壮丁参加，夜里还轮流值班，以防万一。由于胡家防备很严，土匪不敢轻易来抢劫。后来，通过中间人调停，双方暂时和解。胡家兄弟摆了一桌酒席，土匪头子居然还亲自赴宴。最后胡家付了 100 块大洋，才算了事。尽管此后这股土匪没有再骚扰过胡家，但当地还有许多股小土匪到处流窜，胡家还是不敢松懈。

日子一久，我深感胡家围子的防备非常高明，便萌生了长大后也要仿效胡家，建一座关家围子，买上几杆快枪，雇一些看场护院的壮汉，就再也不用东躲西藏地逃绑票了。

我九岁时随四爷由胡家围子转学到了张家湾四爷侄女婿家，继续逃绑票、念书。

张家湾在关家店东面，大约有十余里路程。张家湾私塾设在张少峰、张少山兄弟家。张家的围子和胡家的差不多，但围子里住的不只他们一家，还有同族的十几家。张家有地三百多亩，也雇了四五名长工。

张家和胡家不一样。胡家的特点是地道的中国传统地主、绅士家庭，胡家兄弟在科举时代都得过功名，家庭虽然很富裕，但没人当过官，同外面的世界联系比较少；张家不仅是地主、绅士，还是当地一霸。张家原本兄弟六人。老大早年病逝，老二张少山在旧军队里当过营长，老三张少峰在相邻的光山县当过判司，地位相当于现在的县法院院长，因此张家兄弟在县里都是和官府相通的人物。张家老四就是四爷的侄女婿，老五、老六年龄还小。我就是和张家的老五、老六，还有第二代一起念书。

张少山原本在豫西地方武装戴民权的部队里当营长，腿负伤后回到家乡。他的一些部下在军阀混战中被打散后，有些人就当了土匪，附近百十里的土匪还常和他有联系，他是当地一霸。

20 世纪 20 年代，尽管封建帝制被推翻了，但新的制度并没有建立起来，整个国家处于军阀割据的无政府状态，大小军阀占地为王，师长、军长、司令多如牛毛。当时河南的地方武装比较多，他们为了扩充势力，纷纷招兵买马。只要能组织 30 人的武装，有 10 杆枪就可以当上连长，能组织 100 人的武装，有 30 杆枪，再加上一挺轻机枪，就可以当营长。要买齐当营长的武器装备，至少要 2000 块大洋。张家老三张少峰原在光山县当判司，后被撤职回到家乡。他不甘心在家闲居，想拉起个百十人的武装，当个营长，向军界发展。于是他就召集族人开会，要求各家有钱的出钱，有人的出人。但族人中富裕的不多，大家积极性不高，商量的结果是每家只肯出三块、五块，所以张少峰的队伍也没拉成，官自然就没有当上。

不过，张少峰在乡里还是很有声望的，因为在邻县当过官，回到家乡后同息县的县长等官员仍常有往来。他同农村传统的绅士有所不同，眼光更开阔，了解外面的世界。他善于言辞，也能写些东西，对乡里的事务熟悉而又通达。周围群众有事爱找他商量，有了矛盾也请他调解。解放前夕，他还将儿子送到武汉革命大学学习，他多年来一直是方圆几十里有威望的绅士。

张家老二张少山时常和土匪、强盗暗中勾手打劫。我随四爷到张家时，张家还扣押着两个“绑票”。半个月后，我才知道和我一起读书的李正国、王小立是被人绑票，关在张家的。李正国 14 岁，王小立 10 岁。两个人都是光山县寨河镇人，离张家围子也就二十多里路。他们家里做买卖挣了些钱。半年前被土匪绑票，送到张少山家窝藏。土匪向李正国家索要 500 块银元，向王小立家索要 300 块银元。李、王两家一时拿不出那么多钱，只好拖着，土匪也没有撕票，将他们关在张家。这一拖就是半年，两个孩子年幼，成天哭喊，闹得土匪们心烦。张少山就让两个小孩和我们一起念书，等着主家赎人。就这样，李正国、王小立便在张家后院同我一块儿念起私塾。

联想到自己的遭遇，我非常同情他们，便萌生出帮助他们逃离虎穴的念头。开始我先同四爷讲了这事，四爷是老实人，胆小怕事，叮嘱我千万不要管闲事。但我仍不肯放弃，一次回家，我和堂兄关升品谈起这事，堂兄为人仗义，完全赞成我的想法，并和我设计了几个方案。正谈着起劲的时候，刚巧被母亲听到了。她极力反对，主要是因为我们年龄还小，同被绑票的人又无亲无故，万一被发现了，张家是大户人家，在乡里有权有势，我们得罪不起，还会影响到四爷的生计，没必要冒这个险。但我和堂兄还是不死心，又暗中和好友、我家的雇工陈二哥联系，商讨帮助二人逃离张家。最后决定由我做内应，打开寨门，送他们出去，并伪造他们翻墙逃跑的现场，以蒙蔽张家；关升品和陈二哥负责在院外接应，送他们回家。

回到张家后，我就装作很好奇和羡慕的样子问和我一起读书的张家老六：“你们家的围寨真牢固，可这寨门怎么打开呀？”他得意地叫看门人演示给我看。就这样在一天夜里，我们帮助李正国顺利地逃离了张家。王小立因年幼胆小，不敢逃走。次日，张少山知道李正国跑了，以为是自己翻墙逃跑的，也没有深究。叫人将王小立押走，换了个地方藏起来。

当时因为怕土匪报复，我们几个人谁也不敢声张，所以知道的人很少。但李正国的父母不忘此事，经常来看望我母亲和陈二哥，以各种形式向我们表达感谢和敬意。

在张家读书期间，我还经常在东张家湾的张赞勋家住过。

张家湾分东、西两个围子，有一百多户张姓人家，张赞勋是张家的族长，围子里的红白喜事大都请他主持，邻里有了纠纷，也会请他评判。张赞勋 28 岁才考上秀才，在当地是个有名望的绅士，族人都很敬重他。按当时人们的道德标准来衡量，他是一个典型的传统绅士，严格恪守传统礼教，正统、守法，一切都遵照当时封建社会的习俗、规范、制度行事。

张赞勋是四爷关翔千的姐夫，我就叫他姑爷爷。他很喜欢我，待我如同亲孙子一样，倍加爱护。他的家人也都很喜欢我，他的大儿子还认我做干儿子，更使我们亲上加亲。张赞勋有四个儿子，姑爷爷、姑奶奶，还有我的干爹、干妈和三个叔叔都待我很好。特别是父亲过世后，我家同姑爷爷家的交往就更密切了，家里的一些大事，母亲都要请姑爷爷和干爹拿主意。我后来上了中学，每次放假都要到张家住上几天，看望他们。后来我从黄埔军校毕业，奔赴抗日战场前，他们还来送行。1963 年我离家二十多年后第一次探家，姑爷爷、姑奶奶和干爹都去世了，干妈听说我回来后，还没等我去看望她，老人家就坐着独轮车让孙子推着来看我。至今我都忘不了张赞勋一家，忘不了姑爷爷、姑奶奶和干爹、干妈。

从我记事时起，就开始随着四爷寄居在别人家里读私塾，很少感受家庭的温暖和关爱。尽管在我生活、读书的几家地主都很富裕，他们和我家也还有些亲戚关系，从小在物质方面没有吃过多少苦，但我和他们在感情上还是有距离的。

我知道四爷从内心深处对我很好，但更多的是表现出严师的一面，他要遵照传统的塾师规则办事，对所有学生一视同仁。如果我书背得不好，同样也要打手板。平时上课，四爷总是一副严肃的样子。只有当他不在时，小伙伴们才敢放松一下。白天，我还能和同龄的孩子一起说说话、聊聊天。放学后，别人都回家了，我只能和大人们在一起，尤其是又不在自己家里，根本不敢放松自己。四爷也总是时时提醒我，要注意自己的一言一行。

生活环境深深影响了我的性格，小的时候我常常感到很孤独。只有放假回到家里才能感受到母亲的关爱，特别是和大姐在一起时，才能真正做到无话不说。由于从小生活在别人家里，自己的活动空间相对较小，又得不到家庭的温暖，所以从小我就不大爱说话，我的个性大概就是那个时期养成的。

1927 年夏，我的生活和学习发生了一个意想不到的改变。一天，我正在张家随关翔千读书。张家突然来了客人，后来才知道是张家的亲戚，息县县城里的绅士王宪章、王绳武携带家眷从县城逃到张家避难来了。原来县城发生了暴乱，先是国民革命军十四师进驻县城，骚扰四乡，激起民愤。农民组织太极道会，扯旗造反，攻入县城，杀了十四师的一名团长。太极道会立足未稳，国民革命军第二路军又打进去。王家怕报复，就逃避到了张家湾。王绳武是四爷在武汉政法学堂念书时的同窗，还结拜为兄弟，因此王绳武的儿子王培英曾认四爷为义父。他们在此相见，自然是十分高兴。

王绳武的儿子王培英，王宪章的儿子王培田，在县城上高小六年级，比我年龄大几岁。他们二人在县城里长大，见多识广，接受新思想快，见我念了几年私塾还整天只知道读之乎者也，觉得太可惜了。于是，王培英就去找他干爹——我四爷关翔千商量，想让我到县城小学读书，接受新知识。四爷觉得有理，几日后就先回关家店同我母亲商量让我上新学。母亲很明事理，觉得既然四爷说上新学好，就一定不会错。这样我就放弃了私塾，决定到县城去上新式小学。

我上小学前先念了将近五年的私塾，虽然没有学到什么新知识，但对中国传统文化还是有点了解，背熟了四书五经，有了独立阅读的能力。潜移默化，儒家忠孝仁爱、齐家治国平天下的思想，在我脑子里留下了深深的烙印，打下了一些传统文化的基础。

我上私塾这几年，正是 20 世纪 20 年代中国大变革、大动荡的时期。在我们偏远农村，封建势力虽未受到太多的冲击，但也能明显感受到社会的变化。我住过的胡家、张家，在当时农村都是很有代表性的家庭。

胡家兄弟在晚清的科举制度中考得过功名，但胡家同当时的社会交往并不太多，生活环境相对封闭。他们身上保留的传统文化更多一些。在胡家常常能听到忠君爱国的言论，胡家老大尽管考得武秀才，但时常表达对清朝统治的不满。记得他曾对我说过，每年正月十五放鞭炮，就是为了要赶走满清“鞑子”。我当时有个模糊的印象：习武出身的人反清思想比学文的人要强烈得多，四爷就从没有讲过这些。

张家的特点是开始有了民国时代的痕迹。张少峰出任过民国基层政权的小官吏，张少山则在土匪部队当过营长。他们同农村传统的绅士有所不同，更愿主动接触外界，关注外界的形势变化。他们同影响当时社会的军阀、官僚有一定的接触。虽然在当时的乡下根本看不到报纸，也听不到广播，但在张家读书期间，我曾听他们谈论过孙中山、袁世凯、蒋介石，还讲过三民主义。

我到县城上小学的最初一年，就寄居在王培英家。王家和胡、张两家地主的特点又有很大的不同。王培英的父亲王绳武和伯父王宪章都是县里的富绅，王宪章考取过举人，王家的社会地位更高。在经济方面，王家不仅在乡下有几百亩田地，家庭收入更多的是靠在城里经商，王家在县城南关开了一个很大的绸缎庄，王宪章还是县商会的会长，兼县支应局局长，负责为地方军阀筹饷、派捐，在县城是个举足轻重的人物。息县新上任的县长都要到他家拜访，与他们称兄道弟。他的长子在河南军阀任应岐的军队当军需官，在县里也是一个人物，我就见过他带着小老婆神气活现地回家。可见，王家的社会关系更复杂，不仅同各地的商贾有往来，还经常包揽官司。因为王家在县里是有名的大士绅，乡下人打官司，时常会给他们送钱，有的一次就送三五百大洋，请他们在县府里说说话，帮忙打赢官司。王家家大业大，生活在城里，不仅雇有专门的管家和更多的雇工，还有使唤丫鬟，生活环境和生活方式同乡下的地主又有很大的不同。

我少年时代除了在自己家里生活了六年外，还在不同的地主家庭读书、生活了许多年，接触到当时社会中的不同类型的地主，所以比一般的农家子弟看到的更多。通过对他们的观察，我对当时农村的封建社会有了更深刻的认识和理解。

三、进城求学

1927 年 9 月，我进了息县第一小学，插班念四年级。

刚到县城时，我住在四爷的同学王绳武家，一年后我又搬到父亲的干儿子周庆云家住了一个学期，从五年级起住校至毕业。

息县县城不大，南北长 600 丈。南关到北关，号称五里零一砖，东西长 300 丈。人们戏说："东门跌跤，西门捡帽。"县城四周有砖砌的围墙，墙高过丈。别看息县城这么一点大，由于古息国的人文底蕴深厚，我到县城念书时，城里还竖有 24 座标志中举入仕的牌楼。城内还建有谯楼、文庙、关公庙、三义祠等古建筑。

息县第一小学设在县城西关的孔庙，也叫文庙。庙里有状元桥、大殿、牌坊。大殿左右前后柏树参天，几尊石碑竖在殿外两旁，记载着孔庙初建、重建的历史和布施人的功德。当时整个息县只有这一所高级小学，是完小，共设 6 个年级，每年级有近 40 名学生，全校共有学生 200 余人。开设的课程有算术、国文、自然、地理、历史、三民主义、公民课。那时的学生年龄普遍较大，个别学生近 20 岁，我在同学中年龄是偏小的。

校长叫夏光宇，是当地一位公认的教育家，为人正直和善。新中国成立后，听说他还当了多年校长。学校教员大都是师范学堂毕业的，教员的工资、办公费、设备费等一切经费的使用都有一定的标准，由校长负责，向教育局报销，教育经费有一定的保障。老师中有一些人旧观念很重，对待学生很凶，动辄体罚打骂学生。有一个教国文的翟老师就很恶劣，我曾和同学向校长告过他的状，要求辞退翟老师。夏校长也深知这位翟先生师德欠佳，有损校风，最终辞退了他。

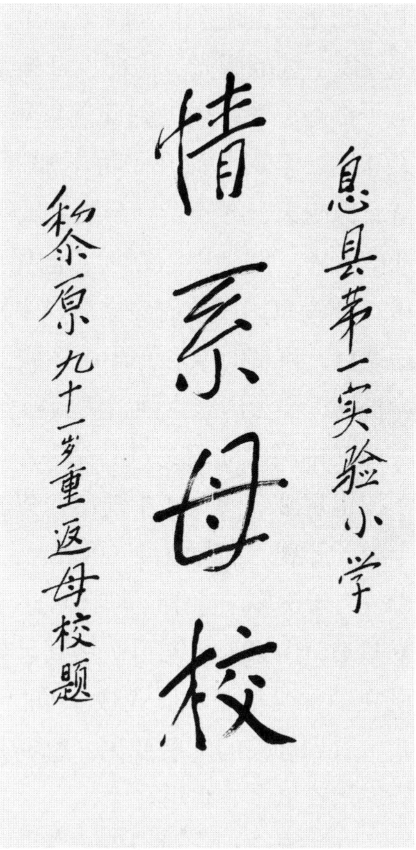

为母校息县实验小学的题字

老师在当时的社会上还是受到普遍尊重的。在一般老百姓眼里，他们的地位和地方绅士差不多。教员的薪水每月30—50元大洋，按那时的社会消费水平来看，还是相当高的。唯一不同的是，老百姓有这样一种心理，认为学堂里的先生都是有学问的人，更公正，肯替老百姓说话，因此更受乡人的敬重；而乡人对官僚、地主的尊重，有时并非出自真心，而是迫于他们所掌握的权力和财富。

上小学后，我因为来自农村，穿的衣服、用的东西都是乡间土货，智能见识一时也赶不上城里的孩子，所以常被同学笑话，说我是乡下佬，有时还会受欺负。刚进城时住在王绳武家，他儿子王培英又和我同校，对我比较照顾。一年后王培英就毕业了，我也搬出了王家。我们班上有个县城的同学王某某是县里有名的阔少，他瞧不起我，经常无故欺负我。后来三个关家店的同乡同学牛学勤、任理中、粟中民知道后，非常气愤，主动出面打抱不平。他们趁春游的机会，在濮公山狠狠地“修理”了他一顿，以后他才不敢再欺负我了。

在新学堂里，我学习了许多新知识，开始用钢笔代替毛笔写字，同学之间的交往也比上私塾时更多了。可以说进城读书是我个人成长过程中的一次飞跃，我的眼光、志向也渐渐走出了淮河套。在胡家围子念私塾时，我满脑子都是忠孝仁爱的封建儒家思想，对近代以来的中国历史，如甲午战争、义和团、辛亥革命几乎都不知道，只觉得胡家的围子好，长大后要发家致富，像胡家一样建造一个更大的围子，再多买上几条快枪。上了新学，眼界开阔，才了解到中国很大，世界更大，知道了孙中山推翻清朝的历史功绩。1927 年南京国民政府建立后，学校规定每周一都要举行总理纪念周，背诵总理遗嘱，讲解时事和孙中山主张的三民主义。从此，我开始有了念书不能只为自己，要为国家富强、民族独立而奋斗的思想。

新中国成立后，息县第一小学校名几经变更，现更名为息县实验小学。学校也从破旧的孔庙中迁出，建起了现代化的教学楼，现有教师 102 人，36 个教学班，在校学生 2700 余人，是息县教育局直属的唯一重点小学。我对母校有着深厚的感情，每次回息县都要到学校看一看，2007 年 9 月我不顾 91 岁高龄，由家人陪同再次回到母校，把自己的多年积蓄 15 万元捐给了母校，设立助学奖学基金，完成了自己多年来的心愿。县里举行了隆重的捐赠仪式，看到母校的发展变化，感到无比的高兴和欣慰，希望母校越办越好，为国家培养更多的有用之才。

1930 年 7 月，我从息县第一小学毕业后，就到豫南地区的政治、经济、

2007 年 9 月，黎原携夫人梅林回河南息县老家捐资助学

军事、文化中心的潢川县城投考河南省立第七中学，即潢川中学。

潢川，位于河南省东南部、淮河南岸，潢河贯通，是豫南地区的首府。潢川中学始创于1905年，是豫东南地区最负盛名的高级中学，素有“豫南文化和革命的摇篮”之称。

清朝末年，随着列强的入侵，民族危机深重，挽救民族危亡的呼声甚高，清政府被迫宣布废科举，兴学堂。1905年在潢川太阳书院原址，创立了官立光州中学堂，是豫东南创办最早的公办中学。辛亥革命后，废州立县，校名改为潢川中学校；1913年归省教育厅直辖，更名为河南省立潢川中学；1921年，全省省立中学以数序排列，校名改为河南省立第七中学；1941年恢复河南省立潢川中学，新中国成立后沿用原来校名至今。现为省、地重点高中。

潢川中学是一所有着光荣革命传统的学校。中国共产党诞生的第二年就派人到潢川进行建党和革命活动，省立七中成了当地革命活动的中心，是豫东南进步青年汇集的地方。豫东南早期党的领导人和活动家汪厚之、熊少山、张侠生、易宗邦、胡日新等，都曾在七中求学，进行革命活动。1926年七中建立了党的地下组织。特别是1928年共产党员吴丹坤受河南省委派遣到潢川，以省立七中教务主任兼英语教员身份做掩护，组织学校党、团员和进步学生准备武装暴动工作。3月18日，在吴丹坤的带领下，省立七中30多

2004年5月，黎原携夫人梅林回到母校——河南潢川高级中学

名师生参加了豫东南特委领导的大荒坡武装暴动，8名学生壮烈牺牲。吴丹坤在暴动失败后被通缉，以后又与党组织失去了联系，但他一直在家乡南阳一带从事教育工作，新中国成立后曾任南阳一中（原省立第五中学）首任校长、河南省政协委员。吴先生高寿105岁，1997年病故。当我1930年入学时，他们的光荣事迹，在学校中广为流传。

我入学时省立第七中学只开设初中班，停招了1927年开设的高中班。初中一、二、三年级各设甲、乙两个班，共6个班。我投考的这一年，招收新生80人。当时由于豫南地区只有这一所中学，招生人数和考生比例是一比十。我的考试成绩不错，顺利考入七中。记得息县考上七中的还有邹耀离、李廷贤、彭寿凯、任醒吾、姜炳荣等人。

8月中旬，学校送来录取通知书，到家里报喜。母亲自然是高兴万分。虽然说当时早就废除了科举制度，可在老百姓眼里，特别是乡村人看来能够考上省立中学，将来肯定有出息。母亲为此特意摆上酒席，招待来人和乡亲，庆贺一番。

8月30日，我背着行李，一大早从家里动身，经吴村铺、堡子口、隆古，黄昏时分便进了潢川城。

河南省立第七中学位于潢川北城，校门坐北朝南。入校门后，迎面第一幢大房子就是校长办公楼，校长、教务主任都在里面办公。办公楼后侧有几间教室，左右两侧各有三排长长的学生宿舍，每排有十五间小屋，每个小屋有六七平方米大。这些小屋就是当年考秀才、举人时，让贡生们一人住一间，三天三夜不得出门的考场。我被分配到校长办公室左侧第三排第六间小屋里。同屋共有三人，一位叫黄寿金，字文清，潢川县仁和集人，中学毕业后考上南京国民党中央政治学校。1939年投奔延安参加革命，在《新华日报》当编辑。新中国成立，黄文清出任《甘肃日报》总编辑。1957年被错划为右派，1980年平反，恢复工作。另一位同学叫姚尊贤，是淮滨县人。

七中是省立直属中学，所以一切教育经费都由河南省教育厅直接拨款。校长潘维新毕业于河南大学教育系，其他教员也大都是来自河南大学和武汉大学（潢川距离武汉更近），教学质量还是相当高的。

我入学时学校仍利用原有的老校舍当教室。1932年，学校新建了几栋砖瓦结构的新教室，还配上了当时很少见的玻璃窗，光线极好，又保暖，比原来老贡院的房子强多了。

1930 年夏天，共产党领导的工农红军趁蒋介石同冯玉祥、阎锡山展开中原大战，无力“围剿”红军的有利时机，主动出击，取得了一定的胜利。随着红军的胜利和革命力量的增长，党内“左”倾盲动思想又有了新发展。中共中央决定发动“以武汉为中心的全国总暴动”，要求战斗在鄂豫皖根据地的红一军“迅速集中和扩大发展”，并准备进攻武汉。9 月，蒋介石已经取得中原大战的胜利，迅速调整了对红军的“围剿”。10 月 6 日，红一军根据“在豫东南以潢川城为中心，发动起义进行配合暴动”的计划，再次倾全部兵力渡过淮河，第一师强攻潢川，第二、第三师袭击光山。7 日晚，红一军副军长兼第一师师长徐向前率所部在潢川地下党的配合下强攻潢川。

当时潢川城内驻有国民党正规军约四五千人，潢川城外四周筑有坚固的城墙，城墙外还挖有战壕，架设铁丝网，易守难攻。红军久攻不下，最后被迫撤回根据地。

红军攻城时，国民党军队侦知省立七中有共产党活动，企图里应外合，进行暴动。他们就派一个连的兵力在红军攻城时开到七中，控制学校，封锁校门。

一天，我和黄文清、姚尊贤晚自习后，正欲睡觉，忽听学校北门外枪声好似炒豆一般，我们就好奇地跳下床，开门出屋想去看看。

“不许出门！谁出门就打死谁！”白军哨兵厉声厉色，如临大敌。

原来守城的国民党军早知道七中师生在两年前，受共产党地下组织领导，参加过农民暴动，怀疑学校还有地下党组织。红军来攻，怕里应外合，就派兵把师生隔离起来。一晚上哪里都不让去，上厕所都有兵跟着。翌日天刚放亮，他们又把全校学生都赶到操场，又是搜身，又是查抄宿舍，折腾了大半天。最后将学生押回宿舍，不准外出。

在国民党军队的看押中，我们一连过了三天，仍不见有解禁的迹象。第四天，我和黄文清商量，觉得这样下去不是个办法，就一起去找教务主任成相天询问何时能够复课上学。成主任胆小怕事，什么也不敢说。我们就去找校长潘维新，潘校长一向爱护学生，对我们态度很热情、诚恳。但他也无奈地表示毫无办法，建议我们每个年级选两个代表，去找驻军连长谈判。于是同学们就推选我和黄文清等六名学生代表，找驻军连长谈判。经过多次谈判和斗争，他们答应允许我们上课，但不能出学校大门。

又过了近一个月，同学们与外界都失去了联系，更不能同家里联系，连买饭买菜的钱都没有了。尽管潘校长令庶务科和灶房预借给每个学生一块银元的伙食费，以解燃眉之急，但钱很快就花完了，我们只好再去找驻军谈判，要求允许我们回家。这次他们只答应允许开城门放我们出去，规定在消灭红军以前不能放我们进城。于是，我们几个息县籍的同学决定一起结伴回家。在学校被看管了整整 40 天后，才在白军监视下走出了县城。

当我们几人穿过城外的铁丝网后，一个个如同笼中放出来的小鸟，雀跃欢快地往家里奔去。不料走了不到十里路，突然从路旁高粱地里窜出几个白军士兵，挡住去路。他们硬说我们是小共党分子，不由分说，就将我们绑了个结实，连推带搡，押解到附近一座院子，关进一间六七平方米的小屋里。

直到下午，总部的一位参谋来视察，得知驻军连队抓了几个小共党分子，要看个究竟。守备连长连忙带参谋来到后院，打开屋门。我们一看这个参谋原来竟是息县小学的体育教员潘儒臣老师。他人非常随和，常和同学们一起谈笑玩耍。因为他有文化，就通过关系到驻军司令部当上了参谋。他一看是我们，马上命令士兵放了我们。后来我私下问他："当兵的为什么抓我们？"他说："还不是为了敲诈你们几个大洋花花。"后来听同学传说，当时学校里确有地下党支部，还有几条枪，由于红军攻城前没有联系上，才停止了暴动。据说枪支就藏在厕所里，未来得及取出。

这次红军围攻潢川，镇上谣传国民党军队在大桥上枪杀了几十个学生，城里又不通消息，这可吓坏了母亲。她天天到庙里烧香，求菩萨保佑我的平安。还请我堂兄关升品、陈二哥和朱老舅分别到潢川城外（不让进城）打听消息。各种传说，使她忧心如焚，直到看见我回到家里，一颗悬着的心才放了下来。

这次我们被看管了一个多月，耽误了学业，吃了不少苦。但通过同白军的谈判斗争，我得到了很大的锻炼。

我回家住了半个月，学校的国民党军队才撤走，学校恢复正常的教学。上学不久，我不幸染上了伤寒，被迫休学回家养病半年多。这段时间，我在家里帮助母亲干农活，学会了割草、喂牛、犁地、种地。自己还种了一亩烟叶，从栽培到上棚晒干、出售，全都学会了。既干了农活，又锻炼了身体，很有意义。1931 年暑假后，我随下一期学生一起上学。

这时黄文清已上二年级，但我们的宿舍离得很近，彼此仍经常来往，有事愿意在一起商量。学校经常开展讲演比赛。每次我和黄文清都积极参加。

课外，我还学会了打篮球，成为班级代表队的队员。

中学时代，我很活跃，一改小时候沉默寡语的性格。这主要是因为环境的改变，激发了我内在的活力。七中是省立中学，同学来自全省，接触的人广了。加上我在小学三年的锻炼，使我更加自立、自强，另一个因素是我的学习成绩很好。成绩优秀，在同学中就有威信。我参加学校的演讲比赛，不是拿第一，就是获第二；数学成绩在班里名列前茅，其他课程也保持在中等以上。记得我的同桌黄先云考试时总是抄我的。新中国成立后见到他，他还笑着说："要不是你，恐怕我中学都不能毕业。"

为了照顾经济困难的学生，学校还在校园内特意腾出一间学生宿舍，开设一个小卖铺，专门经营学习用品，货品由庶务科负责采买。虽然进货量大，价格便宜，但学校仍按进价销售，不赚同学一分钱。我父亲去世后，家庭比较困难，有时学费都交不上。学校就让我和另一名家庭困难的同学姜炳荣负责卖货，每天午休时间和晚饭后开门营业。庶务科每月付给我们每人两块半银元作为薪水。这样做既方便了同学们的需求，又解决了我们每月的伙食费，使我们的学业得以顺利完成。

在班里，我和姜炳荣、石英杰最要好。我们三人的学习成绩最好，同学们戏称我们是"三杰"。石英杰家境比较富裕，常常在经济上资助我，对我帮助较大，我们还结为兄弟。正是在学校和同学们的帮助下，我才能以优异的成绩完成学业。

1931 年 9 月 18 日，日本侵略者制造了震惊中外的九一八事变，霸占了东三省。国家兴亡，匹夫有责。七中学生也和全国人民一样，义愤填膺，热血沸腾。

10 月初，我从报纸上看到开封学生响应全国各地抗日救亡活动的报道，当时河南省主席刘峙还出席并主持了省会开封召开的抗日救亡大会，我感到七中也应该行动起来，加入到抗日救亡的洪流中。于是我就去找黄文清商量。我们二人不谋而合，马上召集学生会委员开会，研究布置全校的抗日救亡活动。我们决定先召开全校学生大会，声讨日本帝国主义的侵略暴行，声援东北抗日义勇军；然后再组织大家上街，查抄日货，进行抗日救亡宣传。

散会后，我和黄文清一起找校领导请示，教务主任成相天是个滑头，又胆小怕事，坚决反对我们集会和上街。他还威胁我们说："没有上级的指示，谁也不能出校门，谁出校门就开除谁。"我们又去找校长潘维新，并搬出省主席刘峙都出席抗日救亡大会的消息，潘校长迫于抗日形势的压力，最终同意了我们的请求。开始他只同意我们开声讨会，停课上街宣传三天。我们提出三天太短，最后答应停课七天。

当天下午，我们就召开了全校学生参加的声讨大会。大会由黄文清主持，我和其他几位同学进行了演讲，声讨日本的侵略暴行。会场上群情激愤，同学们高呼“打倒日本帝国主义”“誓死不当亡国奴”等口号，纷纷要求参加抗日义勇军，抗击日寇，保卫家园。

晚上，我们再次召集学生代表开会研究，决定将学生分为两个大队，若干小组。一队为宣传队，一队为检查日货队。宣传队队长为黄文清。我任检查日货队队长，副队长为董玉芝，并布置了上街宣传和查抄日货的具体事项。会上决定收缴的日货暂不烧毁，先集中起来，放在学校统一管理。宣传和检查同时进行，宣传队把商人集中起来宣传，检查日货队则进店铺查抄日货。

第二天一早，七中100多名同学拿着刷子、白灰桶，唱着抗日歌曲，呼喊着“打倒日本帝国主义！”“抵制日货！”等口号，雄赳赳、气昂昂地走出校门，来到潢川城最繁华的商业街南大街，开始宣传、查抄。我们先将商人们集中起来，由我和黄文清给他们讲查抄日货的意义，然后进店查抄。我们很快就抄出一些洋布、洋车，还有袜子、皮货、仁丹等，我就安排几位同学先用洋车把日货送回学校。

初战告捷，我和黄文清又带领同学到北城东西大街两旁的商号继续宣传、查抄。经过一天的努力，我们抄出的日货整整堆满了学校庶务科的一间库房。这天夜里，被抄的商人带着老婆、娃娃跑到七中，又哭又闹，要求归还他们的日货，直闹腾了大半夜才散去。

潢川小学的学生和城里的进步青年，一看七中同学行动起来后，也积极走上街头，宣传抗日并协助我们一同查抄日货，掀起了潢川抗日救亡运动的高潮。

查抄结束后，如何处理收缴来的日货成了一大难题。同学们议论纷纷，有的说按开封和武汉的做法把日货烧了，但反对的人认为烧了实在可惜；有人主张全部充公，但又不知道应该送到哪里，由谁负责保管；还有人表示应该送给东北抗日义勇军，但义勇军远在东北，不切实际。大家争来争去，也没有个妥善的解决办法。后来我提出把日货交给县商会，作为商会基金，要求商会向同学们担保用卖日货的钱，发展地方手工业、编织业，促进民族工业发展。我的提议得到大家的一致赞同。

当时我热情很高，也很激进，为了表示抗日救亡的决心，我主动把在潢川开百货铺的姨夫，也就是周云庆的父亲，为逃避查抄，寄存在我处的一包日本出产的袜子、衣服、仁丹等拿出来，当众烧毁。周云庆一家对我家有恩，小的时候，父母带我到县城躲避土匪时，得到过周家很多帮助。我在息县上小学时，还在他家寄宿了一年，周家待我如同亲儿子。但当时爱国之情战胜了亲情，民族利益战胜了个人利益，出于对日寇的愤恨和抗日救亡的决心，我还是毅然将之烧毁。

我们一个礼拜宣传抗日、查抄日货的救亡活动很快就结束了。谁料半月后，潢川县里的商人们见风平浪静，就在商会卢会长带领下找到学校，气势汹汹地要求学校开除带头搜查日货的同学。这些人都是地方上有势力的阔人、富人，有些人还曾恩惠于学校。学校惹不起，便答应了他们的无理要求，决定开除我和董玉芝。黄文清知道后，带着十几个同学找到潘维新校长，义正辞严地说："如果学校要开除关俊彦和董玉芝，同学们就集体罢课。"校方无奈，只得被迫取消开除的决定。

我们以为这样就没有事了。谁知两天后，校门口告示栏中突然贴出一张布告，内容我还记得清清楚楚：

兹有我校二年级甲班学生关俊彦、董玉芝因不守校规，夜不归校，特给予记过处分。特告。

校务处

民国二十年十一月 × 日

同学们看到了处分通告后，群情激愤。大家都说这分明是变相报复，替卖日货的商人出气。于是，黄文清带领大家找到校长质问："潘校长，你说关俊彦哪一夜没有归校？"

"我和关俊彦住一个宿舍，他从来没有不请假外出，学校凭什么说他夜不归校。请校长拿出证据来。"同宿舍的同学说道。

"要说遵守校规，关俊彦是我们班最好的一个。他夜晚从不离开宿舍，都在自习。我差不多每天晚上都到他宿舍向他请教数学。"彭寿凯同学证实道。

“没有根据就乱说，还处分人，校风何在？”同学邹耀离质问。

面对大家的质问，潘校长也很尴尬，只好向同学们解释说:“看来是成主任没有弄清楚，太草率了。这样吧，大家先回去，我找成主任核实一下。”经过大家的斗争，学校取消了处分决定。

这次参加组织抵制日货的活动，使我受到了爱国主义教育，对我的成长是一次很大的锻炼。

学生时代，我对共产党的了解并不深刻。最初对共产党产生的良好印象，主要是来自我的同学周新武。周新武是我的小学同学，比我高一班。他读过很多书，学习成绩好，经常和我们一起参加学校的文体活动、演讲比赛，全校的学生都很尊重他。他的父亲周柱臣早年参加过同盟会，是我们息县著名的开明绅士，家里有良田两千多亩。小学毕业后，周新武到开封上中学，参加了共产党的外围组织。1930 年他因散发反对帝国主义和蒋介石的传单，被反动当局逮捕，判刑两年。消息传到息县，大家都不敢相信。那时，受国民党的反动宣传，说共产党的主张就是共产共妻，而且还杀人如麻，老百姓都信以为真。但一想到周新武是共产党，他父亲周柱臣是老同盟会会员也同情共产党，通过身边这个活生生的例子，使我对国民党的宣传产生了怀疑。

再就是陈二哥对我讲的亲身经历。息县离鄂豫皖苏区不远，鄂豫皖首府新集镇离我们县城只有 100 多里。陈二哥经常到武汉做小买卖，一年总是要经过苏区好几趟。他回来后常常对我讲苏区的见闻，称赞苏区公买公卖，打倒地主，平分土地，苏区的农民生活很好，都有饭吃，治安也好。陈二哥还对我说:“在那边根本就没有什么共产共妻的事，杀人如麻更是没见过一次。”

那时在学校里也讲三民主义，虽然我对孙中山先生主张的民族、民权、民生主义都很以为然，但亲眼看到的政权代表却是像任应岐、戴民权那样的军阀、土匪武装，所以对旧政权印象很不好。到了中学时代，陈继承在潢川当专员，为了拉拢民心，执行过一些有利于老百姓的政策，因此麻痹了不少群众。但我上学期间因红军进攻潢川，国民党军队封锁学校，我们无故被扣押 40 余天，我们多次同他们谈判和交涉，才获准出城回家。在城外又被他们羁押，诬陷我们是小共产党，想敲我们的竹杠。因此，我对国民党军队的印象很坏。加上听了陈二哥的见闻，特别是七中师生在吴丹坤老师的带领下参加大荒坡农民暴动的革命壮举，更是让我崇拜共产党，对共产党领导下的苏区有了更多的向往。

由于以上几方面的耳濡目染，潜移默化地影响了我对共产党的认识。我那时能够接触到的共产党员如周新武，听到的共产党员如参加革命暴动的七中师生，都是在社会上普遍受人尊重的知识分子。因此，我对国民党的反动宣传产生了彻底的怀疑，反而认为共产党员都是有文化、有知识的人，是为人民谋幸福的，并非像国民党宣传的那样。同时，我也对共产党有过许多幼稚的想法，或许是从小受《七侠五义》等武侠小说的影响，对共产党甚至还产生了一种强烈的神秘感，觉得共产党员都是些有武侠精神，神通广大，好打抱不平的能人。

我在潢川省立七中读了四年书（其间因病休学大半年），学习了现代科学基础知识，看到了淮河套以外的世界，明白了中国正在受到帝国主义列强、特别是日本帝国主义的侵略，正在一步步地沦为殖民地。我上中学的第一年，日本侵占了东三省；到我毕业时，贪得无厌的日本帝国主义者又陆续占领了热河及冀东地区，还企图进一步分裂华北。我和同时代的青年学生一样，义愤填膺，都渴望能够上前线去抗击日本侵略者。我学习军事，报效祖国的思想就是在这个时期逐步形成的。

2005 年 1 月，潢川中学迎来了百年校庆，我作为一名 20 世纪 30 年代初的老校友，毕业 70 余年后还有机会参加母校的百年校庆，同各届校友欢聚一堂，感到非常幸运。参加校庆的老同志，除我之外还有抗战后期的校友白桦，他 1947 年从母校毕业后参加了解放军，一直在部队从事文艺工作，创作了大量脍炙人口的作品，是著名作家。我们在一起回顾母校百年变迁，展望光明的未来，心情无比激动。经过了半个多世纪的奋斗，现在回顾年轻时的奋斗目标：打倒列强、铲除军阀，实现民族的独立和解放。在改革开放的今天，祖国一天天的强大，这一切已经远远超过了我们年轻时代的梦想，相信我们祖国的明天一定会更灿烂。

四、少年时代的社会变迁

我出生在 1917 年（民国六年）。当时的中国已从封建社会逐步沦为半殖民地半封建社会。1911 年辛亥革命虽然推翻了封建帝制，建立了中华民国，但并未建立起统一的政权。各省各地的大小军阀们仍然保留着浓厚的封建割据统治，军阀政权甚至比皇权时代的清政府更专制、残酷。帝国主义的势力更是一步步深入到乡村，他们把中国当成殖民地，不断掠夺和压榨中国人民。我的家乡河南地处中原，军阀混战更是连年不断。旧的秩序被打破，新的秩序还未建立，国家处于大变革、大动荡的时期，社会一片混乱，人民生活日渐艰难。

我生活在农村，这里的封建势力未受到很大冲击。我读书时住过的胡家、张家，以及后来上小学时在县城住过一年的王家。这三家地主在当时的农村社会都是很有代表性的地主，他们有的是官绅一体，有的是地主、绅士加土匪恶霸，有的则是开明绅士。但他们都是通过出租土地，收取地租剥削佃农。他们有的还勾结官府、军阀、土匪，共同欺压百姓，过着不劳而获的富裕生活。

在北洋军阀统治时期，基层政权很不健全。村长有的是上级指定，有的是基层推举。一般都由村里拥有一定威望的人担任，他们几乎都是地主，没有民主可言。村长的责任就是收田赋、派捐税，村长要挨家挨户地张罗收钱。此外，村里出现打架斗殴，也大都由村长出面调解。外面来了有脸面的人，村长也要代表全村出面陪同。到了国民党统一全国后，大概是 1929 年前后，乡村开始建立保甲长制度，基层政权逐步健全。联保主任、保长大都是由年轻人出任，还要求有一定的文化，一般是高小毕业。我的两个小学同学就曾出任过保长，他们还到信阳接受过政府的训练。

在我记事的时候，也就是大革命之前，尽管老百姓的生活已不如晚清时代稳定，但生活秩序尚可。记得小时候逢年过节，特别是春节，镇子里年年总是要舞狮子、耍龙灯、玩旱船。每年春、秋两季，镇子里还要请戏班子来唱两次戏。这是一年里小孩子最快乐的时节。关家店镇有一个全县最大的庙，平日里龙灯、狮子、旱船等就摆在庙里，过节时才拿出来玩耍。随着军阀混战的加剧，整个社会秩序开始混乱，人民生活水平越来越差，社会远不如清末和民国初年安定。大概自 1923 年以后，原本放在大庙里的龙灯、狮子等也都不见了踪影，大庙成了穷人、乞丐的避难所，每年冬天我都会看到几个乞丐冻死在庙里。我住的关家店东围子共有 20 来家，有两户地主，其他都是贫农，正常年份尚能吃饱，遇上灾年，很多人家被迫外出要饭。住在我家东院的三家贫农，在不到五年的时间里都死光了。

那时农村民风淳朴，农民对于向国家上缴田赋，都认为是理所当然的事，称之为“完粮”。不管是富人还是穷人，完粮的观念很深，无论清朝还是民国，农民都视之为天经地义，是应尽的义务。农民凭地契到县城完粮，每亩田地一年要缴纳一定的田税。完粮的凭证就是地契，所以农民都将地契看作是命根子。母亲虽然不识字，却总是小心谨慎地收藏着家里的地契，将它放在一个铁盒子里，再藏到小偷找不着而又不易受潮的地方。家里地多的人一般都是自己上县城完粮，记得我家每年都是由朱老舅去，地少的贫困人家则由村长代收代缴。当时同村的居民大多能和睦相处，地主和穷人之间，表面上也过得去。但不同村落或家族之间经常因争夺土地、水源发生冲突，双方纠集几十甚至上百人，带着梭镖、大刀、棍棒等混战一场，有时把一方打败了或经人调停劝解，双方就散了。如果失手打死了人，往往会发生更大的争斗，还要到官府打官司。我就见过两场大的械斗，一场是我们关家店关家和谷家不知何因发生械斗，双方都集聚了很多人，打了一阵没出大事，也就散了。另一场是我随四爷在张家读书时，张家老四同姬家争抢农田用水，打群架时被对方失手打死。后来姬家赔了钱，凶手坐了牢才算了事。这种矛盾一直延续着，有时会影响几代人。各宗族新的继承人首要任务就是宣誓继承前辈的遗嘱，祖上的遗书常常记录着本族的仇人为某某，对仇人绝不能手软，一定要报仇雪恨。它往往成为继任者终生的誓言。

在我上中学以前，国民党尚未统一中国，家乡驻防的全都是北洋军阀的军队，有些军阀部队其实就是收编的土匪，他们横行乡里，欺压百姓。当时在我家乡一带驻防的主要是任应岐的部队，他原本是直系军阀吴佩孚部第十师师长。1927 年初，当北伐军准备进军河南时，任应岐阵前倒戈，转眼成了国民革命军第十二军军长，此后仍驻防潢川一带。他的一名部下戴民权就驻扎在息县县城，戴的部队就是土匪改编的。那时的农家子弟是不肯当兵的，正所谓“好男不当兵，好铁不打钉”。因此，戴部招收的士兵大都是无业游民和地痞无赖，纪律非常差。当时老百姓就怕过兵，军阀部队路过的时候那真是鸡犬不留，当兵的一进村是见猪杀猪，见鸡捉鸡，所有吃的是一扫而空。如果不逃，年轻的姑娘就会遭到奸淫，身强力壮的小伙子肯定会被捉去当夫役。我小的时候，就经常随大人到河对岸二姨家躲避。

除了军阀部队的横征暴敛外，时常还有小股土匪打家劫舍，散兵游勇勒索，逼得民不聊生，于是河南的农民开始纷纷组织红枪会，抗暴抗捐。红枪会完全是农民的自发组织，最初的称号有好多，如大刀会、扇子会、黄枪会等，我们镇上的红枪会就叫太极道。它没有明确的纲领，主要就是反对军阀的苛捐杂税。红枪会最初是由一个一个的村子单独发展起来的。开始时相当分散，大都是先由村里习武的年轻农民组成，每村有一个武教头。后来几个村子合起来选一个大头目，慢慢地发展成几万人的规模。整个息县较大的村庄都设有红枪会堂，是它的基层组织。每堂人数少则几十人，多则上百人。会众在会首的主持下，习武练功，演习战法，遇事得服从调遣，拼命冲杀，不当孬种。为了鼓舞士气，红枪会还表演所谓的刀枪不入。他们用的枪都是土造的，子弹也是自制的，最多不过就打百十米。会首事先做好试验，掌握好距离，令一排会众向另一排距离合适的会众瞄准射击。子弹射到身体时，早已失去了力量，四周的村民看了真是惊讶不已。我看了以后也是深信不疑，真以为他们可以刀枪不入呢。

我们县的红枪会兴起于 1923 年，以后慢慢地组织起来，自发地抗捐抗税。此外，各村的红枪会还安排夜间打更放哨，防匪防盗，起到了一定的维护地方治安的作用。1926、1927 年间，息县的红枪会曾两次组织几万会众围攻县城。我的一个堂兄刚结婚两三个月，也参加了围城的战斗，不幸被打死。据回来的人说，他们抬了一口棺材，里面装满土制炸药准备炸县城，城门没有炸开，红枪会众认为出师不利，情绪低落，守城的军阀部队趁机出城追杀。红枪会众就撤到离县城东 15 里的新铺街，在淮河东岸防守，同军阀部队相持了大约两周。当时镇上各家各户还给红枪会送饭，并运去土炮协助防守，但最终红枪会还是没有抵抗住军队的进攻。失败后，会众就四处逃散。军阀部队挨家挨户地搜捕，烧掉了关家店全镇的民房。从此人民生活更苦，很多人沦为乞丐。

红枪会完全是农民的自发组织，抗捐抗税，反对军阀横征暴敛，有一定的积极作用。但他们缺乏强有力的组织，没有明确的斗争目标，思想落后，封建迷信，因此发展到一定的程度，就很难再进一步壮大，一旦外界环境转变，往往就自生自灭了。

那时的农村社会还基本是自给自足的封建自然经济，但也有了外国经济入侵的痕迹，吃、穿都是靠自家的田地。农家种的小麦、水稻等粮食作物基本是自己加工；收上来的棉花也是自己纺线织布。穷苦人家没钱染布，就只能将织好的布和树叶一起煮。村民们喝的酒也大都是自己烧制的高粱酒。我们家乡产芝麻和花生，老百姓吃的油也主要是自己榨的芝麻油和花生油。当时有几个行业特别突出，一是竹制品，我们镇上就有好几家经营竹制品的竹行。老百姓家里用的桌椅、床铺基本上都是用竹子编的，另一个就是烟行。我们家乡的气候特别适宜种烟叶，老百姓家家都种，每个镇子也都有几家加工烟叶的烟行。成年男人几乎都抽烟，抽烟有很多讲究，家里来了客人，要用上好的烟叶招待。家境好的抽水烟袋，是铜质的，每天都要擦得很亮；家境差一些的就抽旱烟袋，用一根粗细适中的竹竿制成，一头挖一个洞用来装烟丝，一头当烟嘴，中间打通，大约一尺来长。我们家里就预备有招待客人的水烟袋，家里也种过烟，父亲还卖过烟叶。息县离武汉很近，这时乡间已有人买洋烟、洋火、洋油、洋布等外国货，当然只有有钱人才用得起。我是到县城上小学后才第一次穿上洋布的校服和南洋陈嘉庚兄弟公司产的白胶鞋，我在乡下还见过日本的仁丹、英国的哈德门牌香烟。

鸦片战争以后，鸦片大量流入中国。受外界的影响，我们家乡也有人种大烟、抽大烟。种一亩大烟的收入是种粮食的十倍，但税很重。政府为了增加税收，允许乡间种大烟，只要交税就行。鸦片的泛滥，危害很大。当时镇上有很多人吸食大烟上瘾，以致身体衰弱，丧失劳动能力，有的甚至倾家荡产。因为鸦片烟很贵，记得当时是两角钱一泡，一天吸三次就六角钱，相当于一个人一周的生活费。我当时就看见有几个比较富裕的人家，因吸食鸦片，在两三年的时间里倾家荡产，家破人亡。

除了抽烟外，喝茶也是不分贫富，人人喜爱的。息县在鄂豫皖三省的交界处，那时本地并不产茶，茶叶主要来自安徽和湖北。信阳鸡公山毛尖那时还不是很出名，我就没有听说过，我们喝的茶叶大都是从安徽六安贩来的。陈老二每年三、四月间都要到六安买茶叶，一次可以挑回一百多斤的嫩叶，加工后可以挣上五六块钱。我家有两间客房，经常借给他加工茶叶用。五、六月产的茶叶可以直接在太阳下晒；三、四月的茶则要放在炭火上烤；好的品种还要放在锅里炒。那时，六安是茶叶集散地，每年春季来采购茶叶的商贾、小贩特别多，当地有很多以采茶姑娘名义出现的风流女子，勾引男人。这在我们家乡流传得很广，家里的老人最反对年轻男子去六安，怕受姑娘的诱惑。常有些年轻人到了六安后把买茶的本钱都挥霍掉，只好空着扁担回来。

当时的农村，传统的封建伦理还没有被破坏，大家仍然习惯地信奉原有的宗教，遵守传统的道德。我进城上学前就分不清是民国几年，至于普通老百姓对是否还有皇帝都不太清楚，仍保有强烈的忠孝思想，母亲就常常用忠君爱国的观念教育我。记得小时候镇子上还竖有忠君碑、忠义碑、长寿碑、孝顺碑、贞节碑，用来表彰贞妇节夫，教化乡里。逢年过节家家都非常虔诚地祭祀祖先和神灵，向天地表达自己努力行善的愿望，祈求一年的平安和幸福。我记得小时候过小年祭灶王爷时，常看到的一副对联："上天言好事，下界保平安！"那时，封建礼教和传统道德观念对约束人们的行为，维持社会秩序，还是起着一定的作用。如镇上周大夫家的老三当土匪，家人就会认为有辱家风，迫于社会压力，父亲亲手勒死了当土匪的儿子，受到乡邻的称赞。但封建礼教也害了不少人，受害最严重的是妇女。当时妇女没有地位，在家里吃饭不能上桌子，有客人在就不能进厅堂。从小要缠足，嫁人后万一死了丈夫要守寡。我的一个堂兄参加红枪会阵亡时新婚妻子刚刚怀孕，她迫于封建礼教的压力，一生未改嫁，独自一人抚养孩子，生活非常凄苦。围子里李家媳妇与人通奸被发现，族人将他们两人捆在一起，毒打羞辱，李家媳妇最后被逼上吊自杀。

当时农村文化生活非常贫乏，主要就是说唱大鼓书。偶尔有耍猴子的人来镇上表演，此外就没有什么文化娱乐活动了，所以镇上赌博成风。大庙和迎官馆前的大街上，每天聚集着很多人赌博。穷人玩的主要是押宝和推牌九，有钱的富户就在家里打麻将。平时赌博的人就很多，大人小孩都有，逢年过节就更厉害了。我小时就偷着用大人给的零花钱去押过宝，为此还挨过母亲的打。赌博还引起很多社会问题，赌输了以后，不服气的就会打群架，还有偷盗的。有些人因赌博输光了家产，妻离子散。我记得镇上有一家当时还是比较富裕的地主，有一百多亩地，因为染上了赌瘾，输光了家产，流落街头。住在我家院内的族人关应成一家，种了几亩地，农闲做一点小买卖，日子本来过得不错。自从他迷上赌博，输多赢少，造成家庭不和。他为了戒掉赌瘾，自己剁掉了食指，发誓不再赌博。但没过多久，又开始赌博，最后家破人亡。

那时，农民生了病都是看中医，一般医生家里也都会开一个药店。关店镇就有三家药店，店主就是中医师。乡间偶尔也有小商小贩卖药的，大都是些江湖郎中。穷人家要是得了小病就用土法治，如拔罐子、扎针、放血等。

在农村根本就看不到报纸、杂志，我是上了中学才见到报纸，有《河南日报》和武汉出版的报刊。至于电话，县城里都没有。王宪章家算是县里的首富、县商会会长，我在他家里住过半年多都没有见过电话。但电报已经有了，只能在县城接收得到，我从来没用过。

随着时代的进步，农村的地主子弟也开始乐于接受新学，纷纷读起小学、中学，逐步形成了一个同传统农村士绅不同的新群体。这些受过新式教育的青年人眼光更加开阔，因为他们接受了一些新思想，所以关注的问题不再像父辈那样仅仅是为了科举、功名，或是买田买地，发家致富，他们开始关注社会的变革。虽然有时他们更多的只是议论，而很少付诸行动，但终究将眼光逐步从原来的土地上移向了更广阔的天地。我的一个远亲周次勋，就是这样一个颇具典型的青年，他和周围一些经历相仿又经常往来的朋友、同学，对我少年时代的成长有着一定的影响。

周次勋比我大五六岁，住在离关店约五里路的周岗。周岗原属于光山县，后来划给了息县。那时两县是以淮河为界，淮河以南属光山，以北属息县。他家是地主，兄弟四人，有一百多亩田，哥哥是村长。我是上小学时认识他的，那时他已从信阳中学毕业了。周次勋受过系统的新式基础教育，有一定的知识，比一般农村青年的眼光开阔。他对当时国家的处境不满，对孙中山、蒋介石有一些了解，向我介绍了许多新时代的新事物。

周次勋中学毕业后，没有继续求学。以他的知识水平，足以在乡下当老师。那时农村教育结构正在逐步变化，由传统私塾向新式小学转变。高小毕业的学生就可以在乡村小学当老师，关店 1930 年建立了第一所新式小学。但他不愿当教师，也不愿充当基层政权的官吏，比如区长、联保主任等职务。他家是地主，也不需要他种田务农，只是闲待在家里，喜欢和青年学生交往。

关店是县里的大镇，又是到县城或潢川的必经之地，所以每逢赶集或外出交往，他必来我家。那时我家里条件还不错，有两间客房。他还在我家客房挂了一些字画，我家几乎成了他的半个家。我上中学时曾因病在家休学大半年，他几乎每周都会来我家住上几天。他结交的朋友都是中小学毕业、有一定文化的青年人，又大多以关店为活动中心。逢集时常来我家，母亲总是热情地招待他们。因此我们经常在家里谈古论今，也对今后的出路和未来交换意见。那时，我常听他谈三民主义、节制资本、平均地权，还在一起议论如何实现孙中山先生提出的耕者有其田的理想。我曾幼稚地提出应该先把农村的坟地分了，我还从他嘴里听说大城市里有面粉厂、纺织厂。我们一群青年学生就常常议论应该在县城办工业，开工厂，织洋布。

周次勋一直没有参加工作，我在县城上小学和在潢川上中学时，他常常来看我。他家和县里的著名士绅周柱臣家有亲戚关系，周柱臣的长子周新武很早就参加了革命，解放初期担任上海广播事业局局长，曾介绍周次勋到上海工作了一年。1951 年镇压反革命时，被迫返回家乡接受管制。

我学生时代和周次勋关系密切，思想上受他的影响较多。虽然上小学后，学校也开始讲授一些时事政治，但我对孙中山、三民主义的认识和理解，更多、更直接的是来自他。他还介绍我认识了很多朋友，大都是农村中受过教育的青年学生。我们常在一起谈论国家大事，他提出的一些问题，都是我们那个时代的年轻人无法回避，必须面对的问题，由此引发了我进一步的思考。

第二章　投笔从戎，考入黄埔

一、考入黄埔军校

1934年夏，正是国家、民族危亡之际，我从七中毕业了。

中学毕业后，我原本想继续上高中、大学，但家里经济困难，供不起。考师范省钱，可我从心底里又不喜欢教书。主意未定，我就和同学王清泰一起扒货车来到开封。我们考虑开封是河南省会，上学或就业的机会多一些。加上王培英在开封工作，很想听听他的意见，得到他的帮助。

到开封后，就去找王培英。王培英高中毕业后，投笔从戎，在省保安司令部当书记官。我放弃私塾改上新学，就是在王培英的帮助下实现的，我们两人一向感情很好。开封相见，自然分外高兴。王培英问了问我的学业情况，慨然表态：我考高中，他会全力支持。于是，我就决定报考全省最好的高中省立一中，全省最好的师范——开封一师和教育家陶行知先生开办的百泉师范。我分别到以上三校报了名。随后，天天闭门复习，熟背《投考指南》。空闲时间我还天天翻看报刊上登载的招生广告。

一日，我在报上看到《中央陆军军官学校招生简章》。我想当前日本帝国主义侵略我国，从军习武，可以上前线抗击日寇，报效国家。加上军校是吃皇粮的，不用付学费、书费、伙食费，这可以解决我的经济困难。于是我就和王培英商量，想去报考军校。他也完全同意，支持我去考试，还帮我买了开封到洛阳的火车票。

次日，我就从开封登车，经五六个小时行驶，到达洛阳。报上名，找旅店住下，又读了一夜《投考指南》。天明，我便按要求来到设在洛阳西苑营盘的考场。

我由于初中课程学得扎实，试卷一发下来，我扫了一遍，只有两道数学题是高中题，其余都会。两天后发榜，我考上了黄埔军校第十一期正取生。我一拿到录取书，就回到开封，告诉王培英。王培英高兴地对我说：“向军队发展好，国家民族正在危难之中，没有军事本领怎么打日本。”

自九一八事变以后，日本军国主义对中国残暴野蛮的侵略活动，把中华民族一步步逼向绝境。侵略者的铁蹄践踏到的地方，人民成为流离失所的“亡国奴”。这就毫不奇怪为什么当人们唱起“中华民族到了最危险的时候”，每一个中国人都难以抑制地热血沸腾，不分彼此地结为一个整体，用“我们的血肉筑起我们新的长城”来抵抗侵略。全国青年学生，保家卫国，热血沸腾，纷纷投笔从戎，报考军校。当年各地报名投考者突破万人。军校在洛阳招正取生 100 名，备取生 100 名，而考生竟有 1600 多人，平均 8 人录取 1 人。我也正是在这个大时代的感召下，抱着富国强兵的理想，毅然投考黄埔军校。

我在开封停了两天，来不及回家告诉四爷和母亲，草草给他们写了封信，便按照要求第三天赶到洛阳西苑营盘报到，五天后到了南京。

南京中央陆军军官学校的前身，就是设在广州的黄埔陆军军官学校。黄埔军校是孙中山先生在苏联“十月革命”的影响和中国共产党的帮助下，创立起来的军事政治学校。因校址始设在广州黄埔长洲岛，所以通称为黄埔军校。

1924 年，孙中山先生深刻反省了自己近四十年的革命经验和教训，重新改组了国民党。在《中国国民党第一次全国代表大会宣言》中，孙中山先生对民族主义、民权主义、民生主义重新作了解释，把它发展成为新三民主义。大会确定了“联俄、联共、扶助农工”三大革命政策，实现了第一次国共合作。

1924 年 6 月 16 日，黄埔军校正式开学。孙先生选择这一天，是有着深刻寓意的。就在两年前的 6 月 16 日，陈炯明背叛了孙中山，炮轰总统府。孙先生之所以选择这一天作为黄埔军校的开学典礼，就是要表明他和封建军阀彻底决裂的决心，他要建立一支真正拥有革命意识和革命觉悟的“党军”。这一天就成了黄埔军校的校庆。

在大革命期间，黄埔军校因为首创了崭新的革命制度，并以黄埔毕业生为骨干，建立起一支中国历史上从未有过的新型军队，从东征到北伐，由国共两党合作建立的这支军队，取得了反帝反封建斗争的赫赫战功。蒋介石能够统一中国，就是靠黄埔建军，靠黄埔起家，靠黄埔打天下。1927年南昌八一起义后，中国共产党建立了一支真正的革命军队。这支军队建立初期，大量来自黄埔军校的广大师生起了不可磨灭的作用。在以后的革命斗争中，这支革命军队依靠毛泽东的军事思想，不断发展壮大，最终赢得了民族的独立和解放。由此可见，由国共两党合作建立的黄埔军校，不仅为国民党，同时也为共产党培养了大量的军事、政治人才。它在中国革命史上占有很重要的地位，产生过深远的影响。

1928年，黄埔军校迁到南京，更名为中央陆军军官学校。我考入黄埔军校时，它已经成立了整整十年。

黄埔军校旧址

军校位于南京城东北角，进军校大门沿黄埔大道前行，大道左侧为马标营、右侧为炮标营，大道顶头是校办公楼和教室、教官宿舍。办公楼后有一个硕大的练兵场，练兵场顶头是军校礼堂，礼堂曾在1945年9月9日作为中国战区接受日本中国派遣军总司令冈村宁次投降签字的地方。礼堂东北侧有一幢二层楼房，就是校长蒋介石的住处，楼房前是一花木茂盛的花园。练兵场两侧各建有六幢二层楼房，是学生宿舍。东边六幢楼为第十期学生，西边就作为我们十一期新生的宿舍。

十一期700名正取生，编为入伍生第一团，称十一期一总队，总队长是

1934年夏，黎原考入南京中央陆军军官学校，时年17岁

唐冠英，少将军衔，保定军校毕业。700名备取生，称入伍生预备班，编为十一期二总队，修业期延长半年，主要是补文化课，总队长为易龙。

军校分步兵、骑兵、炮兵、工兵、通讯兵五科。步科人数最多，下设大队，大队之下再设一、二、三队，每队设三个区队，每个区队又设三个班。我为步科步兵大队第二队四班学员，二队队长是陈怀勋。

我们住在操场西边由南向北数第二幢一楼左边一间大房子。说来凑巧，全国解放后，国民党的中央陆军军官学校旧址改建成了中国人民解放军军事学院。从1956年起军事学院开办函授系，我又连续三年，每年到军事学院学习三个月，每次又都住在我上军校时所住的那幢楼房。

黄埔军校自广州迁入南京，正是国民党完成二次北伐，统一全国之时，因此学校建设更加规范，成为一所名副其实的正规军事院校。所谓正规是指它主要以培养军队基层军官为目标，根据这个要求制定训练计划和教学内容，通过三年正规、系统的学习，使学员掌握一个军官所必须具备的军事知识和技术。此时的黄埔军校，更类似于日本的士官学校和美国的西点军校。黄埔8—12期（最早1928年入学，最晚1938年毕业），由于局势相对稳定，当局注意抓军队现代化、正规化教育，注意培养基层军事指挥员。学员的学习相对正规和系统，水平比较高。

尽管此前黄埔军校早已名扬天下，但它之所以出名，主要是因为它是近代中国第一所新型军事院校，培养了一代拥有革命理想和革命精神的人才。从军事训练角度考察，那时黄埔军校的教学计划更多的还是政治思想教育，最重视培养学员的革命精神。由于大革命形势发展的需要，不可能有太多的时间专注于军事训练，教学内容主要是根据革命形势和战争发展需要而定。以第1— 6期为例，前后学习仅半年，其间还参加了东征，有的学员甚至在校学习时间只有两三个月就上了战场。但他们正是依靠在军校培养的这股不怕死的革命精神，才有可能战胜人数众多的北洋军阀。相对而言，8—12 期处在一个相对安定的环境，所以能够坚持三年教学。1937 年全面抗战爆发后，军校一度迁到武汉。第 12 期比我们晚入学一年（郝柏村就是该期学生），他们是 1938 年秋毕业的，也是经过了三年的严格军事教育。

军校训练极为严格，凡入伍生不能完成训练课程者，都要淘汰。训练目的就是严格地按照一名士兵的要求，通过一年的集训，将一个普通老百姓，培养成一名合格的士兵。射击、刺杀、投手榴弹、器械体操等都要掌握，其中最严格的是军姿和射击训练。军姿主要是在操场上练习立正、稍息、正步走。

那时军校的所有训练科目都以德国陆军为模范，因为德国陆军是当时世界各国公认最强的。军校的顾问也都是德国人，出操时，德国顾问会到操场上检查。德式的正步走很难掌握，我对它印象最深。它要求行进时上臂不许摆动，非常不舒服，掌握不好，节奏很难一致。

学员们使用的武器基本上也是德国造的，步兵武器比较简单，同日本武器比较优越性并不明显，只是更精密准确而已。德式武器的优越性主要表现在炮兵、坦克和装甲器材方面。德国克虏伯兵工厂生产的火炮精密度极高，射击的有效距离更远。德国炮兵的技术和战术，在那个时代都是比较先进的。

军校还非常重视入伍生的体操课程，特别是单、双杠，要求比较严格，全套动作必须掌握。我中学时代爱打篮球，所以动作还比较协调，很快就能掌握要领。

平时的日常起居，也要严格按照士兵的要求。听到命令或号声，必须跑步排队，以最快的速度集合完毕。特别是夜间紧急集合，最初没有经验，也不知应该先穿什么，后穿什么，总是手忙脚乱。此外，内务卫生要求也很严，被褥必须叠得有棱有角，上级会随时检查。因此，训练结束后回到房间休息时，大家都是轻易不敢躺在床上。一个房间 16 个人，大都坐在地板上休息，生怕把被褥坐乱。按校规规定，学员是不准吸烟的，但也有个别学员偷着在厕所抽烟。

入伍生每天都要在操场上训练，上、下午各两个小时，风雨无阻。同时，每个学员还要在校园内值勤、放哨。校长蒋介石只要在南京，常住在校长官邸。我们都要轮流在官邸放哨，特别是夜里值勤到两三点时，困得实在难以忍受。记得一次在岗楼值勤时，我竟然睡着了。区队长王立哉查哨时拿走了我的枪，我都不知道。事后，我受到区队长的严厉批评：“要是打仗，你早就成俘虏了，搞不好把命都丢了。”这事对我触动很深。

为了强化入伍生体能，军校规定每半月组织一次急行军，每次 60—100 里不等。急行军时要求每个学员必须全副武装，负重 50 斤左右。我虽然个头儿高，因为家庭经济困难，伙食营养不足，体质欠佳，头一回 40 里急行军摔倒多次，区队长连拉带踢，硬是逼我赶上了队伍。我曾为体能赶不上，一度心生退学的想法。但冷静下来，思量再三，还是咬咬牙，坚持住了。过了两三个月，我就能够适应，急行军时不仅不摔跤、掉队，还能发挥大个子腿长的优势，帮助体质弱、个头小的同学背枪、背行李。

军校的伙食比我上中学时好多了，每餐四菜一汤。不过，吃饭速度要快，否则就吃不饱。吃饭时大家要排队进饭堂入座，值日官第一声哨响开始吃饭，15 分钟后第二声哨响吃饭完毕，无论是否吃完必须离席，一日三餐都是如此。最初，我很不习惯这种方式，紧吃慢吃，才吃个半饱或大半饱。但日子一长，我也就渐渐养成了吃饭快的习惯。随着营养的改善，所有的训练科目我都能顺利达标。

入学后不久，还要进行复试和政审。复试成绩不好的要退学。我复试时考得不错，留在了一总队。

政审相当严格。主审官由军校政务处（相当于解放军部队中的政治部）派员审查，每个学员都要找去单独谈话，主要询问个人身世，在中学时参加过什么政治组织和社会活动，特别是询问我们参加过哪些性质的罢课、游行，还要每人讲讲对三民主义、社会主义的理解，看你是否有“左倾”思想。我的经历比较简单，来自国统区的农村，家里是富裕农民，同共产党没有过联系。有个别学生就是因为没有通过政审，被军校辞退。

经过九个月的严格训练，我不仅增强了体能，掌握了一名士兵应该具备的各项技能，还养成了士兵应有的生活习惯，能够严格要求自己，服从命令，听指挥，遵守军队的一切规章制度，包括内务制度、卫生制度和军容军纪。

入伍生训练课程结束后，按要求每个学员都要到野战部队实习三个月，我和区队二十多名入伍生分配到国民革命军第四师（中央军）实习。师长王万龄是黄埔一期毕业的，云南腾冲人，很年轻，军校毕业后一直带兵打仗，十年升至师长。我们到师部报到时，王万龄还亲自接见我们，勉励我们好好锻炼。

当时该师驻扎在武汉附近的阳新县，离我家只有两天的路程。我曾向师长请假探亲一周，师长人不错，对我们军校学员很关照，批准了我的假。按规定学员实习期间是不准请假的，一周后我准时返回部队报到。

当时，国民党对红军的第五次“围剿”已经结束，部队主要任务是就地整训。后来四师又奉命“追剿”红军萧克部。我们先乘船到湖北宜昌，随后又返回武汉，改乘汽车赶到湖南邵阳。而此时红军早已走远，根本就没见到红军的影子。

实习期间，对我个人来讲最大的收获就是熟悉了解了野战部队，特别是对国民党中央军有了一个更直观的认识。第四师是中央军的嫡系部队，忠于蒋介石，打过不少胜仗，有一定的战斗力。行军、打仗、执行命令都表现得不错。该师的团、营长大部分是黄埔五、六期的毕业生。我最大的感受就是中央军要比其他部队文明，这是同我小时候见过的任应岐的土匪武装和冯玉祥的部队比较后得出的看法。冯玉祥的部队在我家住过，论军纪，冯玉祥部队的纪律最好。冯玉祥对部队训练也比较严格，白天耍大刀，晚上还要求士兵读四书五经，但冯军封建意识很强，对违反军纪的官兵要体罚，打军棍，动辄就是三四十大板。我曾见过有些违纪士兵被打得屁股都烂了。冯部基层军官大都没有什么文化，讲话粗鲁，常常是一张嘴就骂人。但同土匪部队相比，还是要好得多。冯的部队从不扰民，对老百姓很和气，向老百姓借东西，也能按时归还。但带兵方法还是传统的军阀模式，靠体罚管理部队。

对比之下，中央军要文明得多。各级军官基本有一定的文化，训话时也能讲出些道道来。每天早晨师长亲自带师部官佐出操、训话。每周一举行总理纪念周，师长都要向官兵讲解时事政治和训练要求。虽然国民党军队中有一定的政治教育内容，但和红军相比，差距还是巨大的。士兵们都不大明白为什么打仗，为谁打仗。

我实习所在的五连连长叫朱长命，是河南老乡。他是行伍出身，没受过正规的军事教育，打仗勇敢。朱连长和我混熟后，无话不说。一次私下聊天时他向我发牢骚道：“小老弟，跟你说实话，这个连长我真是不愿意干了，苦得很呀。我不像你们黄埔生，是穿黄马褂的，将来升迁快。在中央军，行伍出身的人是没有多少机会升官的。打仗时还能按时发饷，不打仗就常常拖欠。当兵的不发饷，就带不住。士兵向我要，我又问谁要呀。就是这样，上头还动不动嫌你行军不快，打仗不卖力。士兵大都是穷人出身，为了能拿几个饷，才吃粮当兵。可上头老是拖欠，谁还肯卖命。多逃了几个兵，上头还要惩罚。可是和红军打仗吃亏太大了，不知哪天就会被打死。真还不如回家卖豆腐自在呀。”

很快三个月的实习期就满了，军校特意派人到邵阳接我们返校。在我离开连队的前一天，五连新招募来的几个新兵又开小差跑了。

1935 年暑期，经过一年入伍生学习考核后，我终于转为军校正式学员，领章上也戴上了学生符号。

正式学员的学习内容、教学计划、生活制度都有一定的变化。入伍生阶段主要是学习步兵操典，每天三操二讲（早、中、午三操，中间各有一小时讲解）是雷打不动的。训练之余，对生活管理也很严格。而正式学员的教学目标，是培养一名下级军官的知识技能和带兵方法，为今后带兵打仗打好基础，生活方面也比入伍生丰富一些。

步科主要开设战术、地形、工程、交通、兵器、辎重六大教程。教学内容比入伍生阶段明显增加，野外演习每周两次，学员轮流当班长，图上作业，实兵指挥，操作各种武器，马术劈刀、工程作业等十八般武艺，样样都得学，样样还都得学好。

战术课程主要是学德国陆军的战术原则，先由德国顾问给中国教员讲课，再由教员教学员，讲授的主要内容是第一次世界大战时期的德军经验。德国人做事认真，对学员要求也严格。总顾问有时会给全校学员讲话，其他顾问则常常在操场上指导学员的动作要领。学员平时很少有机会和德国顾问直接交流，顾问们都住在军校后面的别墅里。

战术课程对我的军事素质提高不大，所讲内容主要是外国的战例和经验，不与中国军队的实际相结合，因此我总觉得枯燥无味，听不懂，学不进。

地形学的收获最大。每个人毕业前都要亲自测绘一张五万分之一的军事地形图，完全要求独立测绘，等高线都要一一标示清楚，这对我以后的军事指挥有很大的帮助。后来打仗时，拿到军事地图，我就能清楚地识辨出地形地貌，做出正确的判断和指挥。

1935年暑期，成为南京中央陆军军官学校正式学员，领章上也戴上了学生符号

兵器课的内容很丰富。作为一名基层军官，步兵部队拥有的武器，包括步枪、轻、重机枪、迫击炮、步兵炮的机械性能和射击操作技术要领都要求掌握，这也是我们步兵学习的主要内容。

交通课程主要要求学员掌握如何组织运输。一辆车坐多少人？每车之间的间隔应该是多少？不同的天气、地形条件下，一天的运输距离多长最为合适；等等。对交通工具的性能也要求有一定的了解。

工程课程要求学员掌握筑城、挖战壕、散兵坑、交通壕、城墙爆破等技术。

此外，每个学员还要学会骑马，如何在马上射击、刺杀等技术。

军校教学的一大特点就是非常重视课本知识与野战实践相结合。除了课堂讲解外，还经常安排学员进行野外实弹演练。野战演练时要求学员掌握如何利用地形、地物行进射击，以及在敌人炮火下如何跃进和构筑工事等技术，最重要的是掌握对班、排、连分队战斗攻防的指挥，每个学员都要轮流当指挥员，锻炼指挥能力，这是考评一个学员是否符合一名初级指挥员的主要标准。

军校还开设政治课。政治课主要是讲授三民主义，特别强调民族主义。讲帝国主义侵华史，以此激发学员的爱国、报国热情。讲民生主义时，则强调孙中山先生所说的“中国只有大贫、小贫之分，没有贫富差别”，提倡耕者有其田。同时，军校还时常组织演讲，主题大多是围绕着时事和三民主义为内容。“攘外必先安内”就曾是讲演的题目之一。记得有一次演讲会上，同学阮庆演讲“三民主义就是社会主义”。我还替他补充了几句，解释什么是社会主义，如何达到社会主义。为此，我们遭到队长和同学们的批评，但并不严厉，大家也明白这只是认识问题而已。

每星期一的总理纪念周，全校近三千学员都要准时在大礼堂集中。只要蒋介石在南京，他一定会参加。有时各战区来京开会的军、师长也参加。蒋介石经常演讲，他反复强调的一个内容就是所谓共产党对国家的叛乱、危害，以及“攘外必先安内”的政策；另一个内容是要求学生精忠报国，为国家民族不怕流血牺牲。同时，他还不断强调“四维八德”，即所谓礼义廉耻、忠孝仁爱、信义和平等，要求每个学员要树立不成功便成仁的决心，否则就不配成为一名革命军人。毕业时，每个同学都会发一把佩剑，上面就刻着“不成功便成仁”这六个字。

2004 年，重返曾学习生活过三年的南京中央陆军军官学校

除了蒋介石外，国民党的元老、党政要员大都出席过军校的总理纪念周。汪精卫、冯玉祥、居正、张继、李烈钧、戴季陶、白崇禧、熊式辉、邵力子都参加过纪念周。汪精卫演讲时最富有激情；张学良也出席过纪念周，我们当时对他最大的感受就是很年轻很英俊。最受同学们欢迎的是冯玉祥，他很少穿军装，除非出席开学、毕业典礼等隆重场合。他平时常常穿的就是一件普通长袍、布鞋，头戴毡帽，和一般老百姓的穿着打扮没什么区别，这和南京的官场作风很不协调。他不仅穿着朴素，而且讲话风趣，声音洪亮，内容也与众不同，很有特色。他演讲的内容都是和工农兵生活紧密联系的事，总是强调中国的农民如何贫困、工人如何艰苦，鼓励我们当兵就是要打倒压迫在农工身上的帝国主义列强和军阀，要求我们要爱国家、爱百姓。他还常讲一些普通士兵的故事，最爱为士兵打抱不平，痛恨部队官长克扣军饷。因此大家都觉得冯玉祥爱护士兵，对他非常尊重、钦佩和爱戴。

纪念周名义上是纪念孙中山，每次开会前都要集体背诵总理遗嘱，而实际上纪念周成了蒋介石培养学生对他个人尊重和服从的一种方式。

军校期间，多次听过蒋介石的训话，但没有机会同他直接接触。记得我们曾参观过一次校长办公室，墙上挂了一张蒋介石骑马的戎装照，照片旁还有戴季陶的题词:“登高观远海,立马定中原”。意在表达蒋介石统一中国的志向。平时,蒋介石对自己要求很严格,从不抽烟喝酒,只喝白开水。早年他曾入保定军校,又到日本士官学校学习军事,应该说他还是有一定的军事修养。他参加过辛亥革命,大革命时期支持孙中山的三大政策,还送自己的儿子蒋经国到苏俄留学。我读过他早年的很多文稿和演讲稿,表现得相当革命,有很大的迷惑性。

我转为正式学生不久,按照军校要求,队里统一给全体学员集体填表,统一加入国民党。国民党也有基层组织,队里设有区分部,相当于我们的党支部。但国民党的组织系统很涣散,平时完全没有组织生活,交党费也是直接从军饷中扣除。区分部每学期也就开一次会,还要买些糖果、糕点来吸引学员参加。可是出了军校,毕业到部队时却不用带组织介绍信,我分配到部队工作后就同国民党没有组织关系了。可见国民党的组织对党员毫无约束力,仅仅是个名义而已。

那时,复兴社的组织比较严密,有小组,经常开会,要求每一名成员都要在同学中起模范作用。到地方工作时还有介绍信,可以接上组织关系。复兴社选择成员也比较严格,我们一个队也就不到十个人。虽然他们不公开身份,但同学们大致还是知道哪些人参加了复兴社。新中国成立后有人诬陷我在黄埔军校参加过复兴社,组织上曾找到我读书时的区队长王立哉了解情况,他是我们队复兴社的负责人。他说:“像关俊彦这样的学生是不够条件参加复兴社的,他是从农村来的,不爱说话,成绩中等,更没有背景。我怎么想也没有他,绝对没有他!”

当时能够参加复兴社的条件是:第一要有后台,我所在的区队就有好几个学员是师长、军长的儿子,如二十九军军长宋哲元的女婿贾成骞就在我们区队,而像我这样真正来自农村的学生很少;第二要有一定的活动能力,能说会道,表现积极,如我们区队的足球队员王伟;或是成绩突出的陈贵华,他是高中毕业生,很有才华。我一是不够条件参加,二是在思想上就是想好好学本领,将来能在战场上同小日本一争高低,保家卫国。

入伍生转入正式生后,军事生活虽然要求仍很严格,但课余活动却比入伍生宽松了许多。除了上课和训练外,每周日晚上可以自由支配。

学生可以到图书馆阅读各类书籍,到军校俱乐部、校刊部及操场上自由进行各种活动。这样就打破了队与队、班与班的界线,使情投意合者组合在

阮庆

廖政武

了一起。在这些活动中我结识了几位至交好友，阮庆（原名阮庆才）、梁彝、廖政武（原名廖斌）等人。特别是阮庆和我成为一生的莫逆之交，阮庆爱打网球，我常和他一起去俱乐部打网球，每周总会玩上两三次。俱乐部里还摆放了许多乐器，钢琴比较难学，我就学风琴，增加了一些音乐知识。军校的体育活动也很多，篮球队在当时社会上都很有名气，还到上海同外国人打比赛。学校的游泳池号称是亚洲最好的，设有跳台，每个学员都要求能够独立游完 100 米。记得第一次上跳台，我不敢往下跳，教练就硬把我推下去，这样练了几回也就不怕了。学校为了提高同学们的游泳技术，还请社会上最好的游泳运动员来当教练。

周日，我们时常外出。那时的南京比较荒凉，特别是城西，靠近金陵大学一带，都是些农民的菜园子。我入学时南京城没有几条像样的马路。国民政府门前的柏油路也才修好一两年，以前都是石子路。当时，南京的人口不到 100 万，城市建设可以说是刚刚开始。最繁华的地方就是太平路，后来又修建了新街口，有一家影院，常放一些美国电影。

正式学员的活动范围也比当入伍生扩大了许多，校外的老乡、同学常有往来。中央大学靠近军校，有时也会和一些中大的同乡聚餐。国民党培养军事人才的学校是黄埔军校，培养党务人才的学校是陈果夫、陈立夫兄弟主办的中央政治学校。我中学时代的好友黄文清就考上了这所学校，我们每月总会相聚一次。南京的河南会馆也是我常去的地方，当时河南学子来南京投考大学、军校，都会住会馆里，入住不花钱，每天只收两角饭钱。

读书期间，我们还经历了一场新生活运动，主要是蒋介石、宋美龄夫妇倡导的。新生活运动就是强调讲文明，懂礼貌，遵守秩序和四维八德等封建传统内容。具体内容无非就是如何待人接物，比如走路时要靠右行，不准随地吐痰，讲究清洁卫生等。当时南京宣传得很厉害，到处都贴满了标语。特别是宋美龄出力很多，动员了许多妇女团体参加，对移风易俗有一定的推动作用。我个人对此事的认识，最初还是觉得很重要，也应该。但以后的看法就完全改变了。这主要是因为，当时中国社会最需要解决的是人民大众的生死存亡和民族危机。老百姓都吃不饱穿不暖，还讲什么新生活？所以这个运动当时也只是在上面喊喊口号，广大群众响应的不多。

黄埔军校迁到南京后，还在军校大门附近修建了一所高级俱乐部——励志社，是请当时东南大学（后改为中央大学，即南京大学的前身）著名教授杨廷宝设计的，1929 年建成。这个俱乐部主要是国民党上层人物活动、聚会的场所，同时也是黄埔学生的俱乐部，它对维系黄埔毕业生的团结有很大的影响。

励志社的一号楼是一座二层小洋楼，很标致，是蒋介石夫妇在南京的半个家。蒋介石特意在小楼旁题词：革命、革心、立人、立己。此外，还有一座楼内设有 60 个床位，专门接待黄埔前五期毕业的高级将领，大都是少将以上的师、旅长，他们到南京出差都住在励志社，蒋介石也希望他们住在这里。每周一军校举行的总理纪念周，只要住在这里的黄埔将军肯定会出席。由励志社到军校大礼堂约有两三里路，没有一个人坐汽车。他们都身着戎装、马靴，精神抖擞地穿过军校操场出席纪念周。那时的师、旅长如宋希濂、李默庵等人也都很年轻，不到 30 岁，一个个风华正茂。每当看到他们正步穿过操场，军校的同学们都很羡慕，纷纷议论，把他们看作是中国军队的希望，更盼望自己将来也有资格入住励志社。

每年双十节，蒋介石都要在励志社门前检阅军校学生，晚上还会出席学生在励志社组织的游园会。宋美龄参加游园会时，总会发给每个学员一包点心，表示校长、师母对学员的关心。看得出来，蒋氏夫妇经常住在军校，一方面是出于安全的考虑，更主要的还是他对黄埔军校的感情。

励志社有各种娱乐场所，军校学生都可以去，除了舞厅不让进外，其他如网球、台球都可以玩，还可以到咖啡厅坐坐。复兴社的骨干分子如贺衷寒、滕杰、康泽等人经常在励志社开会。有时，一些政治活动也在那里举行。

二、我的革命引路人——阮庆

广州黄埔军校创立初期，在军校大门两旁写着一副对联："贪生怕死莫入此门，升官发财另走他路"。正是在这种黄埔精神的感召下，面对日本帝国主义的侵略，在国家民族的危难时刻，我走进了黄埔。在军校学习期间，教官们也经常用这副对联激励我们。从此，我确立了不怕死，不爱财，为民族独立、国家复兴奉献一切的革命精神。通过三年系统的军事训练，我从一名普通青年学生锻炼成一名有一定军事素养的军官。更重要的是在这里培育了我的革命思想，使我走上了革命的道路。我的马列主义启蒙教育，就是始自黄埔。通过在黄埔的学习，我初步接受了马克思主义。

但当时的中央军校终归是在蒋介石背叛国共合作后，在南京 1928 年复校的，因此学校的反共空气很浓。在这种恶劣的环境下，能够接受马克思主义，很多人都质疑。我之所以能够走上革命道路，离不开我的革命引路人——阮庆。他是我军校同期、同队、同宿室的同学，更是我的良师益友，对我走上革命道路起了决定性的作用。

阮庆是广西博白人，16 岁走出大山，和好友梁彝到广州、香港找出路。后来他在广州考上高中，因为家中经济困难，无力支持，于是弃学从军，又和梁彝一起考入黄埔军校。他读过两年高中，知识和经历比我丰富得多，我是 16 岁初中毕业后虚报两岁才考入黄埔的。他的家世和我相似，都是来自农村，幼年丧父。相同的出身背景很快就把我们两人的感情拉在一起，成为无话不说的知心朋友。梁彝是阮庆的同乡、同学，自然也很快成了我的朋友。阮庆的另一位好友廖斌（后改名廖政武），是泰国归国华侨子弟，在军校炮兵队。由于志向情趣相投，我们几人经常在一起。后来，我们都去了延安，参加了革命。梁彝 1947 年随刘邓大军挺进大别山时，任炮兵团副团长兼参谋长，掩护部队过淮河，受伤被俘。当时在国民党军队有一项规定，凡是抓获中共军队团以上干部的黄埔学生都要上报蒋介石侍从室。蒋曾派人将梁彝押解到南京，劝他投降，但无论封官许愿还是严刑拷打，梁彝都没有向敌

黎原（左）与同学廖政武（右）摄于军校院内

人屈服，最终在南京雨花台被国民党杀害。廖斌新中国成立后曾任甘肃省军区副司令，20世纪80年代离休后住在西安，前几年才去世，去世前我们经常有来往。

在这几个人中，对我影响最大的是阮庆。他比我年长几岁，跑广州进香港，见多识广，加上他读高中时结识了一些中共地下党员，耳濡目染，接受了一些马列主义思想，对人对事，特别是涉及国家前途命运的事，有自己独立的思考和见解。他为人正直、诚实，能吃苦，有毅力，对人也很热情。他对我始终像亲弟弟一样关心爱护。

我们时常在一起议论时局，尤其对如何抗日救国谈得最多。阮庆和梁彝在广州这个大革命的策源地学习了很多年，读过不少进步书籍，对黄埔军校早期的教官和学生都有一定的了解。比如周恩来、廖仲恺、叶剑英等人的革命经历都比较熟悉。特别是阮庆对大革命失败后的国家形势有自己的看法，对当时的红军和红色根据地的知识见解比我看到、听到的情况要多得多。那时，我对国共两党的认识还只是凭直觉，因为在家乡见过国民党军队围攻红军时乱抓人，乱杀人的情况，对国民党的做法很反感。

南京是当时国民党政府所在地，政治控制很严，我们交谈的内容是犯禁的，但我们在私下还是谈了很多，通过交谈达成共识。在阮庆的帮助下，我对大革命的形势，红军战事动态，白军屡战屡败的事实和真相增多了了解。阮庆还介绍我阅读许多进步书籍，如高尔基的《母亲》、奥斯特洛夫斯基的《钢铁是怎样炼成的》、列昂节夫的《政治经济学》（张仲实译）、艾思奇的《通俗哲学讲话》等著作。我还读了苏联作家肖洛霍夫的小说《被开垦的处女地》，还有《夏伯阳》《司达汉诺夫》等，读后更加深了我对苏联的认识和印象，令我对苏联产生了向往，认为苏联革命的道路是我们今后学习的榜样，中国革命必须向苏联学习才有出路。

军校的图书馆藏书相当丰富，包括很多“左倾”图书，一般也不限制学生借阅。在阮庆的帮助下，我大量阅读马列书籍，虽然不系统，但对马列主义有了初步的认识。通过读书、学习，我对孙中山先生提出的联俄、联共、扶助农工的三大政策有了更深的理解。回忆这一时期自己思想的发展，最主要的一点就是感到要救国，靠国民党是不行的，一定要以苏联为师，靠共产党来领导。对此，我和阮庆、梁彝的认识是比较一致、明确的。这都是在1935年以后我们三人同商共议国是时，经过不断的讨论得出的一致看法。

当时，在南京政治学校读书的中学同学黄文清的思想也比较进步，常常参加我们的讨论。我们时常利用课余时间去玄武湖或中山陵，议论时事，这些讨论都以阮庆为中心。

读书期间，祖国正面临着日本帝国主义的不断侵略，特别是九一八事变以后，日本帝国主义者的侵略步伐越来越大。我们经常讨论的另一大话题就是“打日本靠谁？”当时全国各界都在谈论抗日，不同的人们提出种种不同的抗日救国主张。国民党、蒋介石的抗日主张是“攘外必先安内”。这个口号在军校和社会上都有很多人议论，看法各异。有人肯定这个主张，说国家不安定统一就不能抗日，赞成要先“安内”，才能“攘外”，而更多的人是否定这个口号的。阮庆就坚决反对这个口号，他说大敌当前不团结御敌，却热心内战，只能让日本坐收渔翁之利，他还向我们分析了这个口号的反动性。我和梁彝、黄文清等人在他的启发下都赞同他的观点。于是，我们开始寻找新的出路。出路就是谁能领导我们打败日本帝国主义，我们就跟谁走。

1935年底爆发了轰轰烈烈的一二·九学生运动。北平、上海的大学生到南京请愿，要求停止内战，一致对外，我们对此都有同感。那时，共产党的“八一宣言”在国统区也能看到。我们对共产党的抗日主张非常认同，最直接的感受就是，红军也是中国人，他们要求抗日，为什么不能联合起来一致对外呢，这也是我们对国民党不满的一个重要因素。但我们还不敢公开表态，只是局限在我们几个人中议论。不过，有了这样一个思想基础，就自觉地对今后的人生重新做出选择：是继续跟国民党走，还是投奔共产党？当时，我的思想开始倾向共产党，但受环境的约束，还没有落实在行动上。

读书期间，我们遇到的最大事件就是西安事变。消息传来，军校学生都纷纷向何应钦请战，要求参加讨伐张学良、杨虎城的“叛乱”。那时何应钦是讨逆军总司令。同学们还讨论各种拯救校长的方法，个别同学甚至异想天开地提出让飞机空投到西安去救校长。当时，我们结识了一名共产党员。他向我们解释：张、杨的行为不是造反，而是要逼蒋介石停止内战，一致抗日。听了他的解释，我们都赞扬张、杨的革命行动。

西安事变终于和平解决，迫使蒋介石同意停止内战，一致对外。我们对抗日的希望大大增强。国共第二次合作实现后，国民党对舆论的控制也相对放松，社会上出现了许多进步刊物。其间，阮庆介绍我读了许多进步书刊，其中最吸引我的是美国记者斯诺写的《西行漫记》，另一本是进步杂志上介绍陕北红军的纪实性文章。读后使我在思想上对共产党领导的红军有了更清楚的了解，知道在那遥远的苏区已经有一大批坚定的革命者，他们正在为中华民族的解放艰苦卓绝地奋斗着。《西行漫记》还介绍了许多共产党领袖和红军将领，我们非常关注林彪、徐向前、陈赓等黄埔学生的传奇故事，希望毕业以后能像他们那样，为国家独立，民族富强贡献一生。

本来，靠谁来领导中国人民反抗日本侵略，一直是我们经常讨论的话题。西安事变的和平解决，使我们进一步了解了共产党的抗日救国主张，认识到中国抗战的希望就在中国共产党人身上。在阮庆潜移默化的帮助和影响下，我的思想认识产生了飞跃。到此时，我们更坚定了要投靠共产党，要到陕北参加“红军大学”的强烈愿望。

阮庆是我参加革命的启蒙老师，在他的教育和引导下，我终于一步步地走上了革命道路。军校毕业后，我之所以能够很快投奔延安，主要是受他的影响。他在关键时刻能够做出正确决定，在困难时期能够坚持自己的主张。

阮庆为人正直，乐于助人，对我更是兄长般的关心。1937 年毕业分配时，我积极要求到前线部队，直接参加对日抗战，上级满足了我的要求，分配到正在淞沪前线作战的第九集团军第八十七师。阮庆因为军事训练成绩优秀，最初被分配到南京宪兵学校当区队长。他为了能和我一起奔赴抗日前线，主动和同学换到八十七师。后来我们又一起投奔延安。新中国成立后，他由四十九军团政委转业到地方工作，曾任桂林市委第一书记、桂林地委书记、专员公署专员等职，工作非常出色。“文化大革命”中他身处逆境，被打成“反革命走资派”，受尽折磨。但他在困境中始终坚持真理，威武不屈，同林彪、“四人帮”反革命集团进行了坚决的斗争。当广州军区某些人为了整我，几次找他外调时，他不为威胁利诱所动，顶住造反派逼供信的压力，实事求是，不肯为他们写假材料。为此，造反派对他的迫害不断升级，使他吃了很多苦头。阮庆对我的这份真挚感情，令我终生难忘。我为有这样一位好朋友、好兄长感到骄傲。

1937 年 8 月，为了共同抗日，共产党领导的中国工农红军改编为国民革命军第八路军。八路军在南京傅厚岗 66 号（今青云巷 41 号）设立八路军南京办事处。办事处有个工作人员，叫温健公，是共产党员、青年哲学家，曾在日本留学。温健公和廖斌是同乡、同学。他到南京后，得知廖斌在南京中央军校学习，就到军校看望廖斌。这以后廖斌便带我和阮庆找温健公，请求八路军办事处送我们上延安，但温健公婉言回绝了我们的要求。

一周后，我们又去找温健公。这次他领我们见了叶剑英，叶剑英热情接待了我们。当他得知我们是黄埔军校的学生后，也没有同意我们去陕北的要求。但叶帅还是亲切地向我们详细介绍了抗日民族统一战线的政策，鼓励我们好好学习。他说目前是国共合作，共同抗日。在哪里都是打日本，要我们以大局为重。

军校毕业前夕，我们还在思考是继续留在国民党部队里干，还是直接投奔延安？因为，第一次见叶帅，没去成延安。回来后，阮庆就和我商量，想

2004 年，在原八路军南京办事处留影，1937 年 8 月在此第一次见到叶剑英

直接去，但又怕不收纳。此时，七七事变已经爆发，我们就决定先上战场和小日本真枪实弹地干一仗，也不负军校三年的培养，等在国民党军队中干出点成绩来，再投奔共产党。所以去延安的事就暂时搁了下来。

三、参加淞沪抗战

1937 年 8 月 28 日，黄埔军校第十一期正取生 700 人，经过三年严格的正规学习，终于有 605 人完成了学业。

此时，八一三淞沪抗战已经爆发，为了避免日军飞机的轰炸，军校在中山陵旁灵谷寺无梁殿前的密林中举行了毕业典礼。毕业典礼由已改任京沪警备司令的张治中主持，蒋介石、汪精卫、冯玉祥等国民党要员到会并讲了话。

毕业前夕，正是“中华民族到了最危险的时候，每个人被迫着发出最后的吼声”。记得军校教育长张治中在十一期第一总队同学毕业录序文中曾写道：

同学在校三年之久，行将毕业离校。此三年间，国内外情势变动极大……东省事发，淞沪战兴，继此以还，岁无宁日。举凡可以侵我土地，损我主权，害我自由之手段，敌人无不使用殆尽。我国家环境一时可谓陷于艰难危险之状态矣。

祖国在危难之中，每一个爱国青年都会热血沸腾，更何况我们是刚刚走出军校的革命军人。毕业分配时，我多次主动向上级要求到抗日前线。最终被分配到正在参加八一三淞沪会战的第九集团军第八十七师，八十七师不仅是国民党的中央军，更是中央军中的主力师。

要上火线了，我决定利用一个月的探亲假，回家探望母亲，再去报到。要求和我一同去抗日前线的阮庆因父母双亡，我就邀请他一起回家。他怕给我添麻烦，执意留在武昌等我。

9 月 1 日，我回到家乡息县关家店东围子。

母子相见，十分激动。白天，我和母亲一批又一批地迎送着来家里看望、道喜的乡亲。夜晚，安顿好亲戚睡下，我就和母亲围坐在麻油灯下吐露心肠。这个假期，我除了看望亲友外，大多是陪母亲度过的。她对我十分依恋，不愿我离开。

其间，我还到县城看望了同学、亲友，并看望了姜炳荣、石英杰的父母，还有周庆云一家。他们听说我军校毕业后要上前线，都劝我留在县里工作，这样既能照顾家，大家互相也有个照应。这时正好碰上王培英从开封回来，他在开封成立了保安团，需要人手，到县里招人。他就对我说："我那里正需要懂军事的人，你不要走了，跟我去开封，帮我训练部队吧。"我说："不行。我最好的朋友正在武汉等我，我们要一起去上海，打日本。等打完仗，如果情况允许，我再来跟你一起干。"

在家的日子过得飞快，转眼假期就到了。想到马上就要奔赴前线，这一去真是生死难料，我不知还能不能再见到母亲，心情十分沉重。离家前的晚上，四爷、大哥都来给我送行，我们依依不舍，彻夜未眠。这时母亲得了肺炎，已经很重，每天晚上咳嗽得很厉害，只能睡几个小时。在昏暗的油灯下，我看到她满面愁容，内心非常痛苦。她几次欲言又止，好像有话要对我说，直到天快亮了，她才流着泪说："民顺呀，我已经近六十岁了，年老多病，又只有你一个儿子。你父亲走得早，我和四爷含辛茹苦将你养大成人。现在你要上前线打日本，我不反对，但你看看家里的实际情况，能不能晚一点去，先在家乡找个工作。听四爷说王培英在开封成立了保安团，需要人手，正在县里招人，你就先到他那里帮助训练部队，以后再去打日本也不晚呀。你也二十多岁了，该成个家了，成了家再走，我也好有个照应，还可以了却我一个心愿。"

四爷和大哥都说好。听着母亲的话，我的心里也在流泪，也想留下来，在她膝下尽一尽孝。但我又想到阮庆还在武汉等我，我们毕业时坚决要求到前线去，如果现在留在家乡，日后有何面目再见同学、师长。再说国难当头，我作为一个堂堂七尺男儿，平时高喊抗日救亡，富国强民，现在日本人打到家门口了，怎么能临阵退缩，当孬种呢？这样做又怎么能对得起国家、对得起军校呢？更是对不起自己的良心啊！不过，我也知道，我是家里的独子，母亲年近六十，如果我有个三长两短，对母亲来讲肯定是一个致命的打击。但自古忠孝难两全，我只能将眼泪往心里流，强作欢颜，宽慰母亲。天亮以后，忍痛告别老母，奔赴前线。

现在回想起来，我更是从内心深处感谢阮庆，正是由于他的关心和支持，才坚定了我今后走上革命道路的决心。如果不是他坚持和我一同奔赴抗日前线，我个人就有可能参加河南保安团。王培英当时是保安团副团长，要我到他那里工作。他当时的确需要人手，同样也是抗日工作，如果我心一软，或许就会留在保安团当个连、排长，这样做既能报国，又能尽孝。但一想到阮庆正在武昌期待着同我共赴前线杀敌，就更坚定了我的决心。也正是因为有了同阮庆在淞沪战场上的浴血奋战，令我亲身体会到国民党、蒋介石领导抗战的无能；在武汉师管区的短暂经历，更令我对国民党的腐败深恶痛绝，这一切都更加坚定了我们投奔延安的决心。

10月初，我从家乡赶到武汉和阮庆会合后，就坐轮船向上海驶去。江面上，日军的飞机不时地临空扑来，向轮船、汽艇、木船投炸弹。我们乘坐的“鸿昌号”轮船，险中有幸，躲过劫难。轮船在南京靠岸后，不敢再向上海行驶了。我们只好到八十七师驻南京办事处报到。办事处告诉我们，师部驻上海江湾叶家花园，部队正在鏖战。抗日心切，我们两人当夜改乘火车，向上海进发。

在火车上，我们遇到不少到前线去的军官，有连、营、团的干部，其中有不少是八十七师的军官。他们听说我们是到前线报到的军校毕业生，大部分人都赞扬我们。但也有人跟我们说些泄气的话。有一个连长说：“老弟，上海战场打得一片火海，非常残酷，我们连就剩下十几个人了。”另一位营长说：“我那个营也剩下不到一百人，我是负伤下来的。现在伤好了，我回去主要是为了领军饷和医疗费，另外也舍不得我那些弟兄。现在上海天天在小日本的飞机大炮的轰炸下，九死一生，非常危险，你们现在去报到，部队都在火线上，士兵不认识你们，你们也不熟悉情况，掌握不了部队，死都不知道怎么死的。你们年纪轻轻，不如先在后方干点事，等战事稳定了再去报到。”我们两人商量后都感到，作为抗日军人决不能当逃兵。尽管目前形势严峻，但无论如何要先到八十七师报到，上了战场再说。等战斗结束后，如能生还，再找机会离开部队，去延安抗大学习，参加八路军，这个时候决不能临阵脱逃。

当夜3时许，我们到达上海南翔车站，踏着夜色，边走边问，疾行两个多小时，凌晨赶到江湾叶家花园师部。师参谋长周彭赏接见了我们，并简要介绍了战况和敌我态势。我们要求先到前线部队参加作战。周彭赏对我们说：“我这里正需要管师直属部队和传达命令的军官，你们二人就先留在师司令部负责防空、布置警戒、传令任务，待部队交防，补充新兵整顿时再分到连队去。”

这时战事紧张，双方犬牙交错。汉奸、特务、日本浪人四处活动，暗中打信号弹，点篝火，指示目标，配合日军航空兵轰炸我军重要目标。中国守军的防空、反间谍任务十分艰巨。

我和阮庆接受任务后，白天、晚上都活跃在江湾叶家花园内外，布岗查哨，组织防空。官兵们还不知道我的姓名，从我肩头上扛的牌牌、符号，知道是个见习官，就唤我大个子见习官，就连参谋长周彭赏也亲切地喊我大个子见习官。除日常勤务外，我们还到前线传达过两次命令，都圆满完成了任务。

10 月 11 日，我和阮庆到八十七师的第五天。周参谋长叫我俩立即带一个传令兵，到大场向二六〇旅陈颐鼎旅长传达命令，让他继续坚守阵地，听候命令。

原来日军从川沙登陆后，攻势凌厉，已突破中国军队的防线，向大场进攻。此时，中国军队还有两个师正由罗南、刘行地区后撤。如果大场失守，两师中国守军撤退的道路就会被截断，后果不堪设想。为此，总指挥部命令正在且战且退的八十七师必须守住阵地，掩护友军安全撤退。师长王敬久当即下达死守命令，要求在大场附近准备进行补充、整顿的二六〇旅坚守阵地。

师指挥所离大场三四里路，我们三人，索图而进，二十多分钟便赶到了。这时，陈颐鼎旅长正在与江西保安团团长程天黄商谈补充兵员事宜。这是二六〇旅自开战以来的第四次补充。此时，陈旅长也是心急如焚，正为是打还是撤而犯难：如执行事先规定的补充兵员，休整待命的指示，友军的两个师就撤不下来，我军将受到很大损失。如率部顶一下，就能赢得时间，保障友军撤出。为了防止敌人截断友军退路，陈旅长从整个战局出发，事先命令部队先与遭遇的敌人对战，同时向上级汇报，等待上级进一步的指示。正在这时，我们送来了师长的命令，坚定了他的决心。

1985 年秋，陈颐鼎作为南京黄埔同学会副会长到北京与我相见，谈到淞沪会战，陈颐鼎感慨地说：“你们解放军打仗，提倡指挥员在紧急情况下，灵活处置，赢得战机，国民党军队则是绝对不允许的。打好了还好说，打不好可不得了，要受军法处置。那天幸亏你来得及时，否则我们旅在与敌人遭遇中撤退损失事小，而友军两个师损失可就大了。”

二六〇旅五二二团在大场西面刚刚展开，日军的坦克就攻了上来，双方打得异常惨烈。我在那里第一次看见日本兵，真是怒从心头起，当即借用陈旅长卫士的步枪，击毙了两个日本兵。这是我平生第一次和敌人近距离接触，也是第一次击毙敌人。

10 月 26 日，中国守军全线后撤。八十七师奉命撤到苏州河以南地区。在敌我对战中，师指挥所通往各旅、团的电话线常常被炸成数截，一时接不通。而往往在这紧要关头，不是师里的电台出故障，便是旅里的电台打坏了。为了保证指挥畅通，我和阮庆多次受命，到战斗前沿传令，有时甚至直接传令到营、连指挥所。我军撤退时，二六〇旅的一营被敌人截断隔离，同指挥部联系中断。为了不丢一个士兵，师参谋长周彭赏命令我和阮庆，带传令兵邓志直接到一营传达命令，并要求我们协助一营一起撤退。

我们接受任务后相互掩护，向一营阵地前进。日军侦知中国守军撤退，又是地面进攻，又是空中打击，极力杀伤我军有生力量。我们路遇敌机轰炸，机枪扫射，传令兵邓志中弹牺牲，我和阮庆也是多次遇险，最后我俩交替掩护、前进，终于将命令传达到一营，并同一营官兵一同撤出阵地，赶上大部队。为此，我们受到师部的表扬。

11 月 5 日拂晓，日军第十军团借大雾、大潮的掩护，在杭州湾登陆，对淞沪地区实施迂回包围，力图与上海派遣军达成合围中国守军的目的。日军登陆后很快突破了我军防线，6 日占领金山等地，进攻矛头直指淞江县城。蒋介石命令二十八军必须死守淞江县三天，掩护大军由上海撤退。二十八军将士在军长带领下血战三天，完成了任务，许多将士壮烈殉国。8 日，蒋介石见日军抄了后路，遂下达全线撤退命令。12 日，日军占领上海，淞沪会战以中国军队的失败告终。

蒋介石下达撤退命令后，中国守军几十万部队都要经过安亭桥向南京、武汉等地撤退。这时八十七师刚刚升格为七十一军，军长王敬久命令我和阮庆协助军参谋主任提前到安亭桥组织部队过桥。

那真是应了一句老话：“兵败如山倒。”撤退时，国民党几十万军队的建制完全被打乱了，像开了闸门的洪水，互不相让，向安亭桥涌动。最初，部队长官还想努力收拢散兵，但在日军飞机、大炮的轰炸下，当兵的根本不听指挥。面对此情此景，官长也没办法，干脆汇入洪流一起漂涌。撤退中，马踏人踩，被挤倒、推倒、绊倒的伤员、士兵爬不起来，就只能给后面的人当垫脚。三军过后，一片狼藉，踩死、压死的士兵和被飞机炸死的军民不计其数，惨不忍睹。当兵的怕死，没办法，只好硬撑着。而有些官长也贪生怕死，甚至换上便衣，混入败兵之中。

我初入军界，没见过几个大官，而军参谋主任和各军、师派到安亭桥组织撤退的人，不时地用手指着对我说："那个穿灰长袍的是八集团军的军长阮肇昌。""那个穿白大褂的是陶广军长。""你看那几个穿老百姓衣裳的都是师长、旅长……"

中国军队当时装备较差，在日军海、陆、空的猛烈攻击下，死伤惨重。在抗战前两年，由张治中负责在苏、嘉、杭一线构筑过国防工事，修筑了不少钢筋水泥的碉堡。都还没有利用，如果先派部队占领，早一点退守到这一线，组织抵抗，效果完全不同。但当时国联有一个代表团要来上海视察，师长王敬久就同我们讲："校长要我们再坚守十天，给国联看看。而且广西增援的五个师马上就到。我们还要准备反击。"广西部队的战斗力是比较强的，指挥官夏威，在内战时以能打仗而出名。但部队刚刚开到，地形也不熟，就投入战斗。面对敌人强大的火力封锁，五个师打了不到三天，就全部消耗完了。

当然，在淞沪战场上，也有很多中国军队表现得相当顽强。当时八十七师是中央军嫡系王牌师，全师一万多人，经过近三个月的抗战，多次补充，最后撤退时仅剩下不到七千人，尽管部队伤亡惨重，仍能坚守阵地。当时有一个炮兵团，装备的火炮全是德国造的。撤退的时候，上级命令全部炸毁，就地掩埋。团长执行命令时曾异常痛心地对我说："全军只有这一个团，我真舍不得呀，真想和它们埋在一起。"

但也有许多部队，刚到前线，还没有参加战斗，就被日本飞机的轰炸打散了，到处是散兵。后来我看过一个资料统计，当时的逃兵约占中国军队的27%，这和我的亲见亲闻差不多。

七十一军最后总算通过了安亭桥，向武汉撤去，其实鬼才知道是否全部通过。过了规定的时间，我们就算完成了任务，很快被召回军部。

11 月 13 日夜晚，军长王敬久又命令我和阮庆立即回南京，通知军办事处刘主任，迅速撤离南京，到徐州待命。王军长还让我们给他太太带了一封家书。就这样，我和阮庆撤离了淞沪战场。接受命令后，我们昼伏夜行，躲过日军飞机的狂轰滥炸，于16日赶到南京。

亲身经历了淞沪抗战，令我对蒋介石的指挥能力产生了很大的怀疑。当时我们在师部就曾不止一次地从王敬久、参谋长等人的议论中听到包括陈诚等许多高级将领都反对死守淞沪，主张尽早撤退，可以少受损失。因此，我们两人到南京还有一个目的，就是想再去找八路军办事处，介绍我们到延安。

此时的南京城，大街小巷到处充塞着惊慌的人群，喊天叫地的溃兵、伤兵随处可见。在逃难的人流中还夹杂着一些穿长袍短褂、手提皮箱的国民党要员和化了装的军官。他们满脸苦相，好像中国已经亡了。我和阮庆顾不得看这些人的狼狈样，径直到七十一军驻南京办事处，传达了军长的训令，接着按照王敬久信封上的地址，找到军长官邸。可军长家中早已人去楼空，不知去向。公差、私事办完后，我和阮庆急忙奔到八路军南京办事处。可到傅厚岗66号一看，他们也撤退了。我们十分失望，只好返回七十一军办事处住下，协助收容部队。

这时七十一军已奉命撤到江北。为了更好地收容部队，军部同时决定在武汉设立报到处。

一天，我突然想起在南京中央政治学校学习的黄文清，就和阮庆一起去找他。他向我们介绍说，八路军南京办事处几天前已分批撤到武汉，并入八路军武汉办事处。温健公也去了武汉。廖斌也分到了武汉一个炮兵团工作，前天刚给他来信，说随部队外出演习，一个月后才能回武汉。黄文清当时想等一年大学毕业后，再投奔延安。

我和阮庆得知温健公在武汉，便决定去找他，请他介绍我们去延安。但转念一想，觉得丢下廖斌一人又不妥，便决定将投奔延安的事搁下，待廖斌演习回来后再定。为了能及时了解廖斌的情况，并与八路军武汉办事处取得联系，我们第二天就从南京出发，乘船到武汉。原本想先在七十一军驻武汉办事处落脚，但怎么也找不到。正在没办法的时候，阮庆想起他有一个老乡阮仁贵，在孝感师管区当营长，就决定先去投奔他。

师管区是个专门征集、训练新兵的独立机构，其建制并不隶属于任何一个军。但部队需要补充兵员，持参谋总部介绍信即可到师管区接领新兵。12月下旬，我和阮庆从武昌赶到孝感，找到阮仁贵。他安排我任六营一连一排中尉排长，阮庆留在营部当上尉副官。孝感师管区司令叫雷醒南，管区共辖六个营，负责招募新兵，训练三个月后，补充进前线部队。

那年月，心甘情愿当兵的人寥寥无几。他们招募不来新兵，就四处抓壮丁，用绳子捆着、绑着拉进军营。孝感师管区训练的新兵90%都是靠抓壮丁抓来的，壮丁押送到营区，不准离开营房。一个排长管40名新兵，同住在一间大房子里。排长住门口，好似牢头监管。按规定逃跑一个新兵，就要处罚排长10块银元。新兵白天出操走正步，练习瞄准，天不黑就关进营房，房内放着马桶，大小便都不得出门。为了防止新兵逃跑，营房外筑有围墙、铁丝网，由老兵站岗。即使这样，逃兵的事还是时有发生。我和阮庆到任不久，师管区司令雷醒南为了震慑新兵，杀一儆百，还专门召集全管区两三千新兵，当众枪毙了三名抓回来的逃兵。

面对日军侵略者的进攻，前方天天与日军拼杀、流血牺牲，后方对招募来的新兵不仅要进行军事训练，更应该对他们进行积极动员，激发他们保家卫国的斗志。特别是在我军刚刚取得台儿庄大捷后，更应该对新兵进行耐心细致的思想教育，在他们心中树立起彻底打败日本侵略者的信心。我相信经过动员、教育，广大士兵会主动上前线打日本。但国民党的军官们根本不会，也不愿做深入细致的思想教育和动员工作，相反从司令到营、连长，一个个醉生梦死，生活腐化。司令部下辖的八大处每天总是两桌麻将，从早到晚打个不停。雷醒南都40多岁的人了，还娶了一个16岁的小老婆。我和阮庆看到这些腐败之事，真是痛心疾首，恨不得尽快离开，但为了等廖斌演习归来也只好强忍着留了下来。

1938年2月，农历春节，我想念老母，加之孝感离息县很近，只有一天的路程，我就向营长阮仁贵请了几天假，回家看望母亲。阮庆主动来给我代职。

回到家乡，母亲跟做梦似地看着我。她左看右看，见我健全地从战场归来，满心高兴，热泪跟珠子一样滚出眼帘。当母亲得知我在孝感驻防，离家不远，更是乐得不知说什么好。这是我和母亲最后一次相见。我要投奔延安，但又不敢对母亲说，生怕走漏风声，更怕母亲担心。在家过完正月初五，我便告别母亲，返回孝感。临走前，我站在母亲面前凝视着她。看到母亲明显地老了，想到此去不知何时才能再见，心中万分悲痛。但国难当头，忠孝实难两全，只能忍痛离去。后来，母亲在我投奔延安后一年，于1939年10月谢世，享年58岁，我再也未能见上一面。不过，母亲死能瞑目了。那时，陕北和国统区还能通邮，我到延安后给母亲写过信，母亲知道我走上光明大道，跟了共产党，正在打东洋鬼子，为民族解放而奋斗，可以含笑九泉了。

我回到孝感的当天晚上，依旧将床铺堵在门口睡觉。开始很小心，不敢睡踏实。但由于一路上的疲劳，渐渐顶不住，就一觉睡了过去，而且这一觉睡得很死。下半夜，从黄陂新拉来的六个壮丁先是一人挪我的床板试探，随之一个个都从我身上迈过去，逃走了。天明，我清查人数，少了三对。营长阮仁贵听说出了逃兵，指着我鼻子破口大骂："关俊彦，你连几个兵都管不住，有屁用，只知道关饷要薪水。哼！ 这下好了，老子让你拿个鸟。跑一个兵扣十块银元，逃了六个扣多少你知道，这个月薪水不够，下个月继续扣……"我心里也窝火，白干了一个半月不消说，还让上司臭骂了一顿。这哪里是当排长，分明是在当看守，当打手，当刽子手，与士兵为敌。

以往在国民党中央军的经历，同我在家乡见过的北洋军阀相比，多少还能看到一些积极的方面。在淞沪抗战前线，尽管士兵们奋勇抵抗，但将领指挥无能，损失惨重，令我这个刚刚从军校毕业的年轻军官对国民党、蒋介石领导抗战的能力产生了怀疑；师管区的亲身经历，每天看到的都是军官们无所事事，只知吃喝嫖赌，打麻将，过着醉生梦死般的生活。面对这种种腐败作风，更让我对国民党完全丧失了信心。而共产党领导下的八路军刚刚投入抗日战场，就取得了平型关大捷，这一切使我深深感到要取得抗战胜利，靠国民党是不行的。这更坚定了我到延安参加革命的决心。

这时廖斌来信，相告演习完毕，已回到武汉。我们就以外出抓丁为名，赶去相见。我们三人先后两次到江岸区的长春街 67 号八路军武汉办事处，请求送我们去延安。第一次，见到了罗炳辉同志，他没有答应我们的请求。但我们并不气馁。第二天又去"八办"，见到董必武同志，董老热情接见了我们。当我们说明来意后，董老认真地对我们说："你们的愿望很好，我们支持，但希望你们考虑清楚，陕北地方很穷，物质匮乏，生活艰苦。再有去延安要路过西安，那里有很多国民党特务，如果被特务抓到会很危险，还有杀头的可能。这两点请你们考虑好。"我们当即表示坚决去延安，不怕危险，不怕吃苦。董老和罗炳辉见我们态度坚决，就同意介绍我们去延安。

1938 年 3 月底，我和阮庆、廖斌三人，带着八路军武汉办事处开具的介绍信、通行证，登上了北去的火车，到达西安。当时从西安到延安还容易走，从 1938 年下半年起，国民党当局开始阻挠进步青年投奔延安，困难和危险大大增加。

我们一路上化装成学生，不敢声张，不敢说笑，生怕碰到国民党特务，坏了行程。但人人都是喜在心头，脸上洋溢着幸福的笑容，满心欢喜地奔向延安，奔向光明。

回忆这一段经历，我怀着立志报国的满腔热情投考黄埔军校，努力学习军事知识的同时，时刻关心着国家命运、民族前途。通过不断摸索，探寻抗日救国的道路。在这一过程中，阮庆对我的思想进步发展起了非常重要的作用。在我们多次的交谈和讨论中，他引导我逐步接受了革命思想。无论是在南京还是在武汉，我们之所以能够找到八路军办事处，可以说都是靠阮庆的关系和介绍，一次不行，就两次、三次，决不气馁。特别是在许多关键时刻，如果没有他的鼓励和帮助，我个人的人生道路很有可能走不少弯路，不会如此顺利地走上奔赴延安的革命道路。

在以后的几十年军旅生涯中，我先后同日本侵略者、美帝国主义以及国民党反动派作过战，在共产党的培养教育下，在人民军队大熔炉的锤炼中，从一个青年学生成长为军队的高级指挥员，实现了我人生的价值和抱负。

第三章　在延安革命的熔炉里

一、抗大——革命圣地

我和阮庆、廖政武三人从武汉乘火车，两天后到达西安。一年多前，这里刚刚发生了震惊中外的西安事变，民主空气和抗日气氛都比较浓。西安城内的大街小巷、店铺内外，到处贴满了红红绿绿的抗日标语，人们也都谈论着抗日打鬼子的事。我们一路无暇多看，直接来到七贤庄一号八路军西安办事处。

办事处的同志热情接待了我们，叫我们先住下，等过两天有车去延安就送我们去。办事处的同志们很忙，每天都要接待很多奔赴延安的热血青年、抗日志士。

1938 年 4 月 4 日，我们 20 多位来自广东、广西、云南、湖南等地的热血青年，乘坐一辆美式道奇大卡车，由西安向延安进发。汽车一路飞驰、颠簸，经泾阳、耀县、宜君、黄陵、富县、甘泉，于 4 月 6 日上午到达延安。当我看到延河水和宝塔山时，内心非常激动，终于来到了日思夜想的延安，来到了革命的圣地。我暗下决心，一定要努力学习，走好人生路，为打败日本帝国主义，振兴中华奉献一生。

汽车经凤凰山中共中央驻地、红军参谋总部前面的马路，缓缓驶入位于延安中心的中国人民抗日军政大学院内，大门门楣上从右到左写着十个筛子大的字：中国人民抗日军政大学。门两侧是毛泽东主席题写的“团结紧张，严肃活泼”八字校训。抗大校址原来在肤施师范学校。我们到延安时，这里已改为抗大总部。我们在院内下了车，等候分配。

抗大的前身是中国工农红军大学。1936 年秋红军三大主力会师后，党中央在瓦窑堡创办了红军大学，主要是培养红军指挥员。西安事变后，实现了国共第二次合作，中国共产党提出的抗日民族统一战线政策，得到了全国人民的拥护。国民党对陕甘宁边区的封锁也稍见放松，大批爱国青年开始投奔延安，要求进红大学习。1937 年 1 月，红大从第二期开始更名为中国人民抗日军事政治大学，学校也迁到延安。从此，抗大在培养训练红军干部之外，开始招收外来投奔革命的知识青年，为革命培养抗日军政干部。

抗大的学习时间一般为 7 个月，特殊情况有长有短，学制灵活。学员既学军事，又学政治，还有国内外形势教育及中国共产党的路线、方针、政策等。教学方法采取启发式、研究式和实验式，军事、政治、文化并重，特别注重思想政治教育，强调理论联系实际，学以致用。

抗日战争期间，抗大总校连续办了八期，连同后来建立的各根据地分校共培养和训练了 20 余万名军事、政治干部，其中有的成为统率千军万马的高级指挥员，为抗日战争和解放战争的胜利作出了很大贡献。

我进抗大时，毛主席仍兼任抗大政委，校长是林彪，副校长罗瑞卿，教育长刘亚楼，训练部长陈伯钧，政治部主任张际春。学校编为大队、中队、区队，区队下设班。

这时抗大正招收、培训第四期学员。我们被编入第四期第五大队，大队长是何长工，协理员钟伟。我被编到第四中队第二区队，中队长李文昌、中队指导员黄涤尘，区队长杨大易。阮庆、廖斌编入第四中队第三区队。抗大第四期学员比前三期都多，共招收学员 5562 人，编了 8 个大队，其中知识青年学员 4655 人。由于招收的学员多，校本部住不下，除第二、三、四、八 4 个大队住在延安，其他各大队分散住在附近的县、镇。我们五大队的驻地距离延安 20 里，位于延河南岸的柳树店。

柳树店是个有二三十户人家、二百多人的自然村。驻地条件非常简陋，宿舍还没有建好，我们暂时分散安排在老乡家的窑洞里，也有部分学员住在被人遗弃的破窑洞。

第二天早饭后，区队长杨大易就带领我们到山坡上挖窑洞，修建宿舍。劳动中，中队长李文昌、大队长何长工都来看望我们。他们两人都是老红军。何长工是湖南人，早年为了寻求救国、救民的道路，赴法国勤工俭学。回国后，搞过农民运动，参加秋收起义，坚持井冈山斗争，当过红军军政委和军团政委，以后又任红军大学校长兼政委。李文昌曾任红军团长。他们两人都没有官架子，平易近人，穿着打扮和我们完全一样，同我们一起劳动，与我们拉家常，嘘寒问暖。他们总是鼓励我们要不怕困难，自力更生，建设校园，学好本领，打败日本鬼子。何长工还详细了解了我的情况，勉励我说：“你上过军校，有军事基础，要发挥你的特长，帮助大家搞好学习。同时也要加强自身政治学习，自觉改造世界观，尽快把自己锻炼成为一名合格的共产主义战士。”

4月16日，抗日军政大学第四期各大队陆续开学。因为这期招收知识青年比二、三期增加很多，党中央非常重视。毛主席先后出席了几个大队的开学典礼并发表讲话。在我们学习期间，毛主席还多次到抗大作报告，讲《论持久战》，并看望学员。第四期学员毕业时，他还亲自出席毕业典礼，为上前线的学员送行。这些对我们的激励很大。

在革命圣地延安，更坚定了我一生的理想和追求。通过在抗日军政大学的系统学习，解决了以往我对马克思主义理解不够深入的一些理论问题。我在黄埔军校期间就接触过不少革命书籍，但因为受客观环境的影响，不可能系统地学习马列主义理论，只是在我心中始终憧憬着要建立一个民族独立、人人平等、富足、自由的理想社会，对马克思主义理论认识还是很肤浅的。

我是带着这个问题到延安来的。到抗大以后，我系统学习了马克思主义理论。正如列宁在《马克思主义的三个来源和三个组成部分》一文中所说：“马克思主义学说是人类在十九世纪所创造的优秀成果——德国的哲学、英国的政治经济学和法国的社会主义的当然继承者。”马克思主义哲学（包括辩证唯物主义和历史唯物主义）、政治经济学、科学社会主义三个组成部分又是相辅相成，不可或缺的，它们三者之间有着深刻的内在联系和因果关系。

特别是对历史的认识，如人类社会的发展规律，马克思主义做出了科学的分析和判断。马克思将人类社会的发展规律分为五大阶段，即原始社会、奴隶社会、封建社会、资本主义社会和共产主义社会。尤其是马克思利用剩余价值学说对资本主义的深刻揭露，使我明白了资本家通过占有生产工具和生产资料，对无产阶级的剥削。因此无产阶级同资产阶级的矛盾是不可调和的，无产阶级只有依靠革命手段，才能彻底推翻资本主义私有制，建立起一个人人平等的新社会，而社会主义又是共产主义的初级阶段。首先要建立起一个各尽所能、按劳分配的社会主义公有制，并最终实现各尽所能、按需分配的共产主义社会。

马克思为无产阶级革命指明了方向，列宁又明确指出资本主义已经发展到了帝国主义阶段，帝国主义是垂死的、腐朽的资本主义，无产阶级天生就是资产阶级的掘墓人。资本主义自身存在着不可克服的政治、经济危机，必然向外进行侵略，从而引发世界大战，并最终走向灭亡。第一次世界大战的爆发这一事实，令人信服地证明马克思主义的科学预见性，特别是列宁利用第一次世界大战期间帝国主义的矛盾，首先在苏联实践了马克思主义，建立起人类社会第一个社会主义国家。那时，抗大的老师也对我们多次讲过：苏联的今天，就是我们的明天。面对这一切事实，都令我更加坚信马列主义，坚信社会发展规律必然会由资本主义走向社会主义。同时，我们也进一步学习了如何实现共产主义，明确了共产主义发展过程中必经的两个阶段，即革命的最低纲领是实现社会主义，最终实现最高纲领——共产主义。而面对当前半殖民地半封建的中国，我们革命的目标，首先就是要打败日本帝国主义，赢得中华民族的独立和解放。只有赢得了民族的独立和解放，才有可能建立起一个新民主主义国家，并最终实现社会主义、共产主义。

通过抗大系统的理论学习，我对未来充满了光明和希望，更加坚定了自己人生的奋斗目标。从此，我牢牢树立起革命的人生观，自觉地为共产主义奋斗一生。

在抗大学习的另一大收获，就是对中国共产党有了深刻的理解。到延安以前，我对共产党的认识，主要是通过进步报刊的介绍，特别是通过美国记者斯诺所写的《西行漫记》获得的。这些介绍深深吸引了我，希望自己能尽快到延安去亲身见证“共产党员”这个光荣的称号，亲眼看看“共产党员”到底是由什么特殊材料炼成的。而在国民党军队里的痛苦经历，无论是在淞沪战场，还是在湖北孝感师管区的亲身经历，都令我对蒋介石指挥的无能和国民党的腐败深恶痛绝。这些亲身体验更坚定了我投奔延安，跟着共产党走的决心。而这些憧憬对我们那个时代的青年人来讲，有着强烈的吸引力。不过当时我唯一认识并有一些交往的共产党员，就是西安事变后在南京八路军办事处工作的温健公。真正的共产党组织是什么样？红军的建军制度如何？对这些问题的认识还很肤浅，没有深入的接触。到了延安以后，我亲身感受到了共产党组织的民主作风。从身边每一名共产党员身上所表现出的对共产主义的坚定信念，以及他们在工作、生活中表现出的不畏艰苦，努力奋斗、以身作则、官兵平等精神，深深教育了我，更加坚信只有跟着共产党走，才能实现我的人生价值和革命目标，渴望早日成为这一光荣组织中的一员。

在系统学习马列主义理论的同时，我还有一个十分迫切需要解决的问题，就是面对日本帝国主义的侵略，我们能不能打败日本？如何打败日本？这是一个长期困扰我内心的难题。我投奔延安的一个重要原因，就是希望寻求这一答案。

1938 年 5 月，毛主席发表了《论持久战》这篇指导抗日战争胜利的名著。《论持久战》一文开篇即首先回答了抗日战争为什么是持久战，及最后的胜利为什么一定属于中国这两个最基本问题。毛主席根据中日双方相互矛盾着的各种特点及双方力量强弱对比的变化趋势，科学地预见持久战将经历三个阶段，即敌人进攻阶段、敌我相持阶段、中国反攻阶段。并针对不同阶段，详细分析了敌我优势相互消长的必然结果，指出：进入相持阶段以后，随着敌人占领区域的扩大，因兵力有限，只能控制点和线，弱点也就越来越暴露。这就为我们创造了有利的形势。我们可以集中兵力首先围歼分散的敌人据点，再逐步发展，消灭中小城市的敌人，最后解放大城市，将日本侵略者彻底赶出中国。因此，我们目前的方针就是针对敌强我弱的特点，向农村发展，建立敌后抗日根据地和民主政权。

同时，毛主席提出持久抗战的一个重要前提，就是坚持团结，实行全民总动员。明确了在政治上要坚持国共合作的统一战线，坚持全面抗战路线；在军事上配合国民党正面战场，阻击敌人进攻的同时，积极开展游击战，以游击战为主，不放弃有利条件下的运动战；在经济上坚持自力更生，发展生产，并积极争取国际援助。

毛主席还特别强调坚持独立自主的重要意义。特别是对于共产党领导下的八路军、新四军的战略发展方向，毛主席更是明确指出：我们一定要坚持独立自主的游击战方针。对于这一问题，当时在党内还是存在着一定的分歧。有些人盲目地坚持“一切经过统一战线”“一切服从统一战线”，甚至提出要派八路军两三个师参加武汉保卫战。毛主席坚决反对这一做法。他结合红军的作战经验和特点指出：八路军、新四军一定要以独立自主的游击战为主，坚持独立自主的发展方向，努力开辟敌后抗日根据地，建立独立自主的政权、独立自主的武装，扩大和发展共产党领导的八路军和新四军。

《论持久战》的发表，明确回答了一个问题，就是中国人民通过长期抵抗肯定可以打败日本帝国主义。毛主席的这篇著作极大地鼓舞了全国人民抗战必胜的信心。事实上，战争形势的发展也证实了毛主席预见的科学性。从此以后，我不仅从理论上，更从实践中明确了革命方向，扫除了过去所有的疑虑。从此，在我内心深处产生了一种从未有过的踏实感觉，增强了无穷的勇气，坚信只要跟着共产党，就可以克服一切困难，最终赢得中华民族的独立和解放。

抗大的军事生活要求很严格，但政治生活民主。我们自己动手挖窑洞。课堂就是室外的打谷场，每人一个小凳子。一个中队百二十人一起上课。吃的主食是陕北小米，只有一个菜，不是土豆就是白菜，很少有肉。伙食虽然简单，但也能吃饱。学习之余，学员们还组织演戏、唱歌、打篮球（临时立一个架子），很是活跃。每天夜间开讨论会，大家都积极发言，畅所欲言，有什么讲什么。关于国家命运、抗战前途、学习课程，以至对校、队领导有何意见，个人生活等等都可以做到无话不谈。言论自由，思想解放，使人感到生活虽苦但精神愉快！

在新的革命队伍中，官兵关系焕然一新。任何事情都是以说服教育为主，绝对没有打骂、体罚等现象。尽管国民党中央军也反对体罚，但事实上还是保存很多旧军队中的腐败现象。这一切，在八路军中是绝对没有的，真正做到了官兵平等。

1938 年 4 月至 1945 年 6 月，在延安革命的熔炉里

我当时对政治理论学习特别感兴趣，并不是为了学习理论而学，完全是结合自己在思想上存在着的疑难问题来延安学习。因为心里有疑惑，所以学习特别自觉。而抗大的教学内容也更有针对性，因此尽管学习艰苦、紧张，但精神上是愉快的。通过学习理论，武装了自己的思想，能够更好地指导自己今后的行动。那时，抗大的理论书籍并不多，主要是上课听讲，记笔记，下课后就抓紧时间整理笔记，有问题及时向老师请教。同时，抗大也总是提出一些问题，引导学员们一起讨论，这样针对性更强，收获也更大。

人的行动同精神面貌息息相关。延安的学习，是我人生道路上的一次飞跃，从此我明确了奋斗方向，彻底树立起为共产主义而奋斗的人生观。进入抗大学习时我还年轻，刚刚 21 岁，有了新思想的武装，干劲十足。入学不久，因我在军校接受过三年正规军事训练，有管理部队的经验，表现也好，区队就任命我为六班班长。作为班长，我处处严格要求自己，发挥模范带头作用。在抓好全班学员理论学习的同时，我参照黄埔军校行政管理的一套做法，要求学员从铺床叠被、衣服书籍摆放、个人卫生都做到整齐划一。我还利用早晚的空闲时间，见缝插针，进行制式教练。所以无论学习、体育、军事、内务各项工作都走在前列，受到领导的好评，我也从中得到了锻炼。

由于我学习工作表现积极，一个多月后，支部决定发展我入党。当时入党并不公开，记得我们一起宣誓的有七个人，组织上安排我们在学校附近的小树林里秘密宣誓。我感到既神秘，又神圣。我们队第一批入党的只有两个人，一个是我，另一个是工人出身的同志。那时，组织上特别强调要保持无产阶级的纯洁性，因此入党要求比较严格。

加入党组织，成为一名光荣的无产阶级战士，是我到延安梦寐以求的理想，现在终于实现了，我感到由衷的高兴。从此我决心永远跟着共产党，打败一切反动派，建立新中国，为共产主义事业奋斗终生。我的入党介绍人是中队长李文昌，区队长杨大易（曾任湖南省、辽宁省军区司令员）。入党预备期本来是三个月，因我在黄埔军校集体加入过国民党，故延长为半年，于 1938 年 11 月转正。

由于抗大第四期招收学员多，发展太快。有时一天投奔到延安的青年学生就可以编成一个队，几个月抗大就要办一个大队。当时，政治教员还是比较好选，有许多高级知识分子，如北平和各地大学的进步青年在抗大学习毕业后，经过集训，可以充当政治教员。但军事教员奇缺，师资力量严重不足。6月初，学校决定从学生中挑选部分过去受过军事教育、表现突出的学员任军事教员。由于我工作积极，又光荣地加入了党组织，领导就选我到四大队任军事教员。我从学员提干当教员，前后仅三个月。

四大队大队长是刘震，协理员黄志勇，军事教员主任李国华，教员中还有一位曾跟随朱总司令参加过八一南昌起义的连长，后来作战时打散了，为了躲避敌人的追捕，上山当了几年和尚，1936年才回到延安。当时军事教员大多是国民党军校毕业或是从旧军队中投奔来延安的军官，其中毕业于黄埔军校的就有八期的徐卫民、十期的粟毅和毕业于洛阳分校的贾克等同学。

抗大教书期间，我接触最多的就是主任教员李国华。他原是江西兴国的放牛娃，十六七岁就参加了红军，当排长后组织派他到苏联学习，李国华人极聪明，经过四年学习，进步很快。他还会开汽车、坦克，懂技术，讲课也很生动，外地来的学生对他很尊重、信任，工作有成就，新中国成立后曾任沈阳军区装甲兵副司令。

我刚刚参加工作，又年轻，工作有干劲。李国华布置工作时，可能觉得用我顺手，因此所有教学计划、会议记录和文件，以及教员生活上的问题都要我具体负责，对我很信任。

我在抗大主要讲授筑城和地形学两门课程。大队下设七个中队，还有一个女生队，队长是洪学智，陈慕华当时就在这个女生队学习。

1938年11月的一个星期天，日本飞机十数架狂轰滥炸延安。当时我们还没有防空准备，又是星期日，满街都是人，炸弹落下后，血肉横飞，死尸遍地，惨不忍睹。日军轰炸时，我正在新华书店买书，急忙躲到附近一个小洞内，下午才返回学校。目睹了日军的暴行，更加深了我对日寇的仇恨。

1939年1月，抗大成立参谋训练队，组织上任命李国华为队长，他把我调去任干事兼教员。这个队的学员都是由抗大选出来的优秀学生，有陈慕华、陈实（新中国成立后任新疆生产建设兵团司令），很多人后来都成长为新中国的高级干部。

4月，学校又调我到瓦窑堡一大队任教。大队长是苏振华、政委胡耀邦。当时我不愿意去，总校军事教员主任王志涛（新中国成立后曾任军事科学院顾问）批评我道："你是不是共产党员？是，就要服从组织上分配。"最后，我接受了组织的分配。正巧，老同学阮庆和廖斌在抗大学习半年，毕业后也留下来当教员。阮庆也分配到一大队当教员，这是我们两人投奔革命、到延安后第一次，也是唯一一次在一起工作。他向我介绍了一大队的情况和好几个军校同学，我们经常相聚畅谈，交流体会，互相鼓励。

那时，蒋介石的力量还很大，延安城内还可以看到“拥护蒋委员长抗战到底”的标语口号，有部分红军战士对此不理解，但党内的解释是：我们并不是无条件地“拥护蒋委员长”，主要是为了强调后面四个字“抗战到底”。如果蒋介石动摇、投降，就会对抗战产生巨大影响。因此，我们提出这个口号，就是要推动蒋介石“抗战到底”。

抗大的教学内容主要以政治为主，军事训练为辅。如果将抗日军政大学和黄埔军校相比，可以说抗大的性质和教学内容同黄埔军校前六期有很多相似之处，教学内容以马列理论和时事政治为主，包括中国革命史等课程。毛主席曾讲过：“昔日之黄埔，今日之抗大，先后辉映，彼此竞美。”学员大多是投奔延安的进步知识青年，教学目的主要就是解决革命的人生观，用革命理论武装自己，培养革命精神。加之当时形势发展很快，也不可能进行长时间的正规、严格的军事训练，只是简单教练一些操场动作，包括立正、稍息、列队、集合等，射击也只是以步枪为主，机关枪大家都没有摸过。

那时，红军指战员参加抗大学习的，一般是独立编队，个别时候他们也和外来学生一起上大课。

1939 年 7 月，抗大总校决定迁往晋察冀抗日根据地，由副校长罗瑞卿率领几千学员开赴太行山，留在延安的一部分改为第三分校。我本来想随总校去抗日前线，但三分校校长许光达、训练部部长李国华又把我从瓦窑堡调回延安三分校训练部工作，继续当军事教员。阮庆去了晋察冀。我那时一心想下基层，到前方参加战斗部队，打日本。因此心里总是觉得不踏实。我个人的想法同抗大发展是矛盾的，抗大特别需要军事教员。尽管红军干部中也有很多有水平的干部，但相对文化素质差一些。他们指挥打仗没问题，要求他们在课堂上讲出一二三来，还是有些困难的。

当时，有我这种想法的教员还很多。有一次，校长许光达就找我们谈话。他说：“大家希望到前线去杀敌，这没有错。说实话我也想到前线去带兵打仗。但抗大还要不要办？要办就需要教员。现在根据形势的发展，抗大一天天在扩大，教员不够，因此大家要服从革命利益。”许光达是黄埔军校六期毕业的，智勇双全。1934 年作战时受伤，党组织就送他到苏联养伤，以后留在苏联学习，1938 年才回到延安。1955 年授军衔时，他两次写信给毛主席不肯接受大将军衔。他说在红军最困难的时候，他离开了红军，没有参加过长征，论资历、功劳都不如王震，应将大将军衔让给王震。最后，还是授予他大将军衔。

在三分校任教的同事先后有王守成（朝鲜人）、蔡得仁（体育教员）、贾克、陈唯实等。同我关系最好的是王守成，和我是黄埔军校同期同学。他不仅有一定军事水平，而且在文学艺术方面很有天赋，他能写小说，会作曲，同音乐家郑律成是同乡、更是好友，二人合作编写了不少抗日歌曲。通过和他的交往，我深深体会到殖民地人民的感受。从那时起，我们就有一个共同的愿望：将来一起到东北、朝鲜去解放在日本铁蹄下被奴役的人民。1945 年日本投降后，我们在东北吉林见过几次面，后来听说他回到朝鲜，任人民军炮兵团长，不知何故自杀了，实在是可惜。

三分校政治教员中有一些是大学老师，还有些人是参加过一二・九运动的北京大学毕业生，他们在红军大学时期就已在校授课，有文化，容易接近。教员中也有一些社会名流，如提倡国防文学而受过鲁迅批评的徐懋庸也在抗大当教员。同事中还有一位老资格的党员张庆孚，曾当过大学教授。他是陕北红军和根据地的领导人之一。在执行党的路线政策时，他是反对刘志丹的。在肃反扩大化时刘志丹被关押，他是赞成的。红军长征到达陕北后，毛主席释放了刘志丹，他就被安排到抗大教书。那时像我这样的年轻教员，刚参加革命不久，对张庆孚的具体情况不清楚。他也不会主动同我们谈往事，只是偶尔漏两句自己过去的经历。听他的口气，感觉得出他对党中央不服、不满。不过，他讲理论有一套，有学问，很自负。不知什么原因，他对我写的字很感兴趣，特意要我为他写了一个条幅，挂在他的窑洞里。其实我的字并不好，自己都觉得很难看，他却对我说："我就是喜欢你这个字体。"

自 1938 年 4 月来到抗大，我先当学员，后任教员，在抗大学习、工作两年多。在这里我了解和认识了中国共产党，并成为其中光荣的一员，走上了救国救民的革命道路。在教学中，我时刻注意理论联系实际，努力研究军事理论，初步了解了毛主席的军事思想。这一切都为我以后成为一名合格的军事指挥员打下了良好的基础。

当时的陕甘宁边区，还是很民主、积极向上的。但任何社会不可能没有缺点。外来的青年学生投奔延安，都是为了追求光明、自由、平等。他们中的个别人看到一些待遇差别等不如意的问题，就很有意见。一些青年学生就在《解放日报》上发表文章，宣泄心中的不满。其中颇有代表性的就是王实味的小说《野百合花》，还有丁玲写的《“三八节”有感》。他们不能理解为什么同样是参加革命，有些人却可以吃小灶，有马骑？因此他们认为应该建立一个绝对平等、没有等级差别的社会。还有的人通过学习不仅没有解决心中的问题，反而增加了新的困惑。比如有人就对边区实行的三三制表示不满，认为像李鼎铭这样的大地主，共产党为什么还要和他合作。因此也有个别人离开了延安。不过这些负面看法，对我几乎没有任何影响。这主要是因为我在国民党军队中干过，特别是在孝感师管区招兵的一段经历，再对比延安经历，简直不可同日而语。在我看来这些青年学生缺乏社会经验，思想过于天真，容不得任何瑕疵，这是可以理解的。

那时，延安的民主空气很浓厚，许多知识分子、青年学生的革命热情高昂，对革命理论的学习认真，对自己所选择的革命信仰是非常忠诚，但在学习中也难免存在一些盲目现象，比如那时我们大都坚信“苏联的今天就是我们的明天！”应该说，经过六七十年的实践，证明这种提法不完全正确。但在那个年代，却是代表了我们广大知识青年的整体思想状态，的确是我们追求的理想。

1939 年，母亲在家乡病故。当时边区同国统区还可以通邮，直到 1941 年皖南事变以后，两边的通信才中断。噩耗传来，我痛哭一场，回想母亲为了我的成长，辛苦了一辈子，我却不能在母亲身旁尽孝而深深地自责。母亲是我在这个世上唯一的亲人，失去母亲的痛苦，对我的打击是巨大的。

可以说延安时代，是我个人思想逐渐成熟的时期。这一时期物质生活虽然很艰苦，但精神收获最大，马列主义理论和政治觉悟提高最快，形成和奠定了我的人生观、价值观和为共产主义奋斗终生的革命理想，是我人生道路的里程碑。

二、在三五九旅

抗战初期，八路军三五九旅一直坚持在华北敌后抗日。但蒋介石灭亡共产党之心不死。1939 年，国民党发动第一次反共高潮，暗中部署胡宗南部进攻延安。党中央为保卫陕甘宁边区，决定由华北敌后调回三五九旅驻防绥德。

绥德共辖米脂、吴堡等五个县，地理位置很重要。当时党中央在延安，但军队发展主要在华北。绥德就在黄河西岸边上，党中央同华北的联系，向各抗日根据地输送干部，人员往来，以及部队前后方调防，都要通过这个地区。当时，绥德驻有国民党的一个保安团。绥德专员、号称摩擦专家的何绍南还大肆招兵买马，扩大保安团，不断同八路军制造摩擦，企图控制延安同各抗日根据地的往来通道。

三五九旅驻防绥德后，为了保卫党中央和陕甘宁边区，采取多种方式，同顽军开展尖锐的斗争。当时，国共双方经常在专署内一起开会斗争。1942年2月，何绍南自西安返绥德后，更加紧了反共活动，并准备以5个保安大队包围袭击我三五九旅旅部。后发觉我们已有准备，就率部逃向横山石湾，途中被我歼灭大部。从此，我们进一步巩固了边区，并同华北敌后根据地连成一片。

1940年4月，抗大三分校为了使教学同实践工作紧密结合，更好地为部队培养、输送合格的指挥员，校长许光达、训练部部长李国华率领70多名教员和部分学员，到三五九旅参观学习，我也是参观学习团的成员之一。

我们在三五九旅学习了一个多月，快要结束时，听说三五九旅想从教员中留一些人到基层部队中加强工作，我马上去找李国华部长，坚决要求留下来。原来在我们实习过程中，王震旅长看到这些知识分子干部有文化、军事素质好，非常喜欢。他就找许光达校长要求留下几位教员，充实部队。校长同意后，三五九旅就派政治部的同志去考核、挑选。由于我上过军校，还参加过淞沪抗战，在抗大学习和工作表现也不错，又多次积极要求到前线部队，所以就被选中了。当时训练部部长李国华可能觉得我年轻听话，布置起工作来得心应手，对我很信任，所以他最初不同意我留在三五九旅。其实他自己也想到部队去，就动员我再等等，有机会一起上前方杀敌。我就对他讲："像你们这样的高级干部不好分配，机会太难找了，而我们营、连职干部的工作分配，不用惊动上级，您还是放了我吧。"经过死磨硬泡，李国华总算答应了我的请求。

三五九旅本来还想多留一些人，王震要干部的原则是越多越好。可是抗大教员也紧张，最后决定只留下了我和陈实两个人。陈实任旅部教育科副科长，原计划要我到旅部教育科当副科长，我就向参谋长唐子奇表示："我申请来部队，就是想到基层带兵打仗。"参谋长是个通情达理的人，向我解释道："红军同国民党部队不一样，带兵方法、制度完全不同，你未必适应。如果一定要下基层，不如先到教导营锻炼一段时间，熟悉了红军的管理方法和作战指挥职能再说。"于是，我就找陈实商量，他也觉得参谋长的话有道理，刚到红军部队，任何事都没有亲身经历过，不妨先在教导营学习一段，这样可以熟悉了解红军的管理体制。最后，旅部决定派我到教导营一队任副队长。

教导营一队队长叫吴进清，指导员姓谭，都是红军干部。我与他们相处尚好，虽然每天操练很忙，但精神愉快。红军和国民党军队的建军宗旨本质上完全不同，特别是红军部队强调官兵平等，以说服教育为主，不可以打骂士兵。但在管理制度方面都要遵循军队的要求，出操、上课、野外演习、警卫值班这些内容是任何现代军队都具有的共性。我的主要工作，就是负责日常训练和部队管理。

我在连队工作了大半年，1940年底，三五九旅已在绥德安好了家，部队暂时不打仗，旅部就将教导营的工作重点转到部队训练，于是决定扩大教导营编制，由原来的两个队扩编为四个队。一队学员是营级干部，二队学员是连级干部，三队是排级干部，四队是政治干部。每队一百多人，共四百多人。在绥德练军的条件也不错，有现成的营房和操场。

为了加强教导营的工作，旅党委决定政治部副主任王恩茂同志兼任教导营政委，营长江子炎是位老红军，文化不高。我由一队副队长升任营参谋长，后又任副营长。政治处主任是于丁，后来升任副政委。于丁是江苏镇江人，在省艺术专科学习过，1937年到延安，先后在陕公、抗大、马列学院学习，他早我两个月到三五九旅工作。我们都是从国统区来的青年学生，自然比较亲近，经常在一起交谈对八路军的感受。当时，教导营还有一名副营长张英，是从国民党军队俘虏来的，当过连长，人很凶，有些旧军队的习气，学员大都不愿和他过多接近。而于丁工作有耐心，有修养，善于团结同志，总能在双方间沟通。对我工作中出现的不当之处，他也总是善意地提醒。他比我大一岁，有兄长风范。新中国成立后于丁担任过军委装甲兵副政委。

当时部队难得在处于相对和平的环境中进行训练，因此王震同志对教导营的工作非常重视，经常到教导营检查指导。他对我也很关心，时常向我了解营里的训练和生活情况，鼓励我大胆工作，搞好军事训练，保证为部队输送合格的干部。王恩茂同志是一位有文化和政治工作经验的老红军，为人谦虚，作风民主，能团结干部。我很尊重他，从他身上学到了不少东西。半年之后，王恩茂同志调回旅部工作，由肖头生任政委，他的政治经验和文化知识也很丰富，我们一起工作，相处得很好。

我当时主管军事训练，军事教员有赵冬生、富虔、王大刚、韩东方、周奎等人。周奎原是七一八团三营营长，湖南人，1930 年就参加了红军。抗战初期在敌后打游击，一度想回老家组织部队，单干打日本，组织上认为这是开小差，发现后，抓起来关了一年多。教导营成立后就派来当教员。他读过几年书，有指挥作战和管理部队的经验，讲课也有一定的水平，同我们新来的干部很谈得来。从他身上我学到了许多红军指挥员的优良传统，我们相处得也很愉快。我在军校的同期同学高放刚好也分配到三五九旅工作，我就请求把高放调到教导营任四队队长，王恩茂也爽快地同意了。

教导营扩编后，我同营领导一起详细研究教育方针和教学内容，决定政治、军事、文化学习各有侧重。针对军事学习的方针和内容，我提出整个教导营的军事学习和管理要逐步建立正规化制度，克服游击习气。

红军在十年内战中，面对国民党军队的“围剿”，大都采取游击战和运动战，打败了国民党的历次“围剿”。虽然红军能够严格遵守党的组织纪律，但缺乏军事上的严格管理，有一些游击习气，不太注重列队、出操、内务管理等方面的训练。抗日战争爆发后，面对军队自身的发展和形势的变化，加强部队正规化教育成为当务之急。特别是要加强行政管理，制度建立和培养严格执行条令的自觉性。因为制定和执行条例本身，就是提高部队战斗力的一个重要保障。无论是战时还是平时一点一滴的生活、工作中，必须要培养官兵做到步调一致、服从指挥，才能使千军万马在行动中整齐划一，有效保证命令的贯彻执行。

当时，教导营的一些同志，尤其是那些在一线带兵打仗的营、连长们认为部队战士大多是农民出身，早已经习惯了打游击，只要作战勇敢，不怕牺牲就够了。在平时没有必要严格要求，否则有些战士就不愿当兵打仗了。这个问题大家经过反复讨论，大部分干部还是认为应该建立正规管理制度，严格执行条令。最后王恩茂政委表示：“加强部队纪律、制度建设这个问题，还是应该引起我们的高度重视。过去部队长期打游击，在战争环境中，的确存在一定的游击习气。现在环境不同了，要注重部队的正规化建设。我同意大家的意见，要加强部队的行政管理和作风建设。”

但什么叫正规化？执行哪家的军事条例？这是我们当时面临的一个较大问题。对此，中央军委也非常重视，组织翻译过一本苏联红军条例供参考。同时，我们也借鉴了国民党军队的部分军事条例。在制定条例时，我们既要结合八路军的实际情况，又决不能照搬照抄。苏联红军、国民党军队和八路军完全不一样。比如说八路军上下级平等、团结、和谐的作风要坚持。强调正规是指无论官兵，都要按照制度办事、行动。条例对士兵、班长、各级指挥员都规定了明确的职责，强调会议报告制度、加强时间观念、重视内务卫生、警卫放哨制度，以及同老百姓的关系等。过去战士值勤站岗时，经常和老百姓混在一起，有些战士还和小孩子们一起打闹。这就不允许，要坚决改正。当然，强调军民鱼水关系没有错，但要分时间、场合。卫兵值勤时，就要严格按照警卫条例规定，30 米内不能随便和老百姓接触。

同时，营领导班子结合部队实际情况，多次召开座谈会讨论条例，明确哪些优点要发扬，哪些缺点必须克服。在制定操典条例时就存在一个问题，首先是口令不一致。你叫齐步走，他叫常步走或开步走，战士无所适从。王震早年在旧军队中当过一年兵，他经常到营里视察工作。早晨出操时，他喊的口令就大都是北洋军队的口令，加上他的湖南口音，许多人都听不懂。所以我们先借鉴国民党的《步兵操典》，做适当修改，并通过座谈，统一认识，正式颁布实施。操典条例包括统一口令，明确立正、稍息、队形，左、右转等内容和具体标准，还有正步、齐步如何走？步伐、步速、步距都有统一要求，做到整齐一致，这是基本要求。

除了加强正规化，强调严格遵守条例以外，军事训练和授课任务量也很大。教导营尽管也有一些旧军队投过来的军官当教员，如阎锡山部队的连长、参谋等，他们虽然有一定的业务水平，但在管理部队过程中过于呆板、过火、教条，只是单纯注重规定，而没有同红军“说服教育”“官兵平等”的优良传统结合好。加之每天坚持“两讲三操”，部队很紧张、疲劳。有些同志有意见，我们就主动召开座谈会，征求意见，努力改进。

负责军事训练的教员分为技术组和战术组，有关军事技术课程我事先都要准备好，先给教员上课，再由他们教给学员。这类工作能将我在黄埔军校所学的知识充分发挥出来。

教导营非常注重学员的军事技术训练，要求学员必须掌握四大技术：射击、刺杀、投掷、土工作业。当时，红军最不擅长的就是土工作业，因为过去主要是打游击战，打完就走。遇到阵地战，也只是随意挖个坑，不能有效地保护自己、打击敌人。随着战争形势的转变，就要求八路军战士必须掌握新的军事技术。毛主席讲过：八路军在抗日战争中仍要以游击战为主，但不放弃有利条件下的运动战和部分阵地战。打运动战，就要有阻击的阵地战配合，这就需要注重挖掩体工事。因此，我们针对这一问题，详细向学员讲解工事的重要性，以及如何构筑掩体，包括立姿、跪姿、卧姿各种掩体的构筑方法，特别是在敌人炮火下的作业方法，要求学员科学、有效地掌握土工作业技术，以及合理利用掩体发挥火力，形成最有效的火网。在教学中，还要求学员学习掌握一定的地形学知识，并学会绘制简单的行军路线图。

教导营训练的学员主要是基层部队的指挥官。对于他们来讲，不仅要求必须掌握步枪、轻机枪等步兵经常使用的各类武器操作要领，还需要学习掌握步兵使用的各类重武器，包括重机枪、迫击炮的操作和射击要领。在教学中我结合军校所学的知识，着重讲解了步兵炮的射击要领。当时教导营配属了两门九二步兵炮，这种炮平时两匹马就可以拉着跑，作战时也可以由战士肩扛搬运，不受复杂地形的限制，非常灵活，很适用于山地作战和游击战。九二步兵炮射程约 3000 米，不仅可以直接射击，也可以间接射击。因此，我根据不同地形和射击目标，向学员们详细讲解如何选择射击方式，以及直接射击和间接射击的关系。间接射击就是超越射击，炮本身看不到目标，这就要求指挥员或观察员先在前方设立观察所，在 3—5 分钟内计算出射击诸元，并迅速传达给炮手，只有这样，炮弹才能超越障碍物击中目标。此外，还要根据不同的目标，选择不同性能的炮弹。比如，流散弹主要是打击敌人散兵群，而要击毁钢筋水泥构筑的碉堡，就需要使用穿甲弹。

在讲授这些知识时，我们又遇到了一个难题，就是学员的文化水平偏低，大概有一半左右的学员从没有学过四则运算。针对这一问题，教导营又增加了文化课的学习，特别是结合步兵炮射击原理，着重学习算术，讲解计算射击诸元的运算方法和公式。

将文化课同军事技术结合在一起，极大地激发了这批老红军战士的学习兴趣和学习热情。有些学员通过学习，个人军事素质和文化水平都有很大提高。

至于战术，主要是总结八路军对日作战的经验教训。三五九旅在华北抗击日寇，有许多成功的战例作教材。广大指战员也反映同日军作战和以往反

“围剿”时不同，日军作战顽强，武器装备好，不肯投降。为此，在教学中我们反复强调，要继承和发扬红军不怕牺牲的优良传统，敢于同敌人搏斗，死打硬拼，刺刀见血，以此激发广大学员抗战必胜的信心。

从1940年到1942年，教导营整整培训了两期学员。当时全旅近万人，60%以上的基层指挥员都接受了为期一年的严格训练。三五九旅到南泥湾开展大生产运动以后，教导营利用冬季生产的空闲时间，仍坚持训练。教导营为提高全旅指挥员带兵打仗的能力打下了良好基础。许多学员事后反映：“我们在教导营最大的收获，就是系统学习了各种武器的射击原理和技术，还提高了文化水平，并掌握了管理部队的各项制度、条例。”

王恩茂同志常对三五九旅的老人讲：“黎原同志在教导营的几年工作，对提高三五九旅基层干部军事上的战术、技术水平起了一定的作用，教导营的训练为部队正规化建设打下了良好的基础。”

那时我也年轻，干劲十足，除白天坚持训练、讲课外，每晚还主动检查值勤、放哨。因为要抓部队正规化，所以特别强调生活管理制度，晚间十点熄灯，不准讲话，必须休息。抓到值勤时睡觉的学员，我总是严厉批评，有时态度也难免生硬。一次我查哨时发现一队队长吴进清同志没有按时熄灯，我就提醒他注意。但一小时后我发现他还是不熄灯，我当时很生气，就当面批评了他。他是湘西参加革命的老红军，原来在三五九旅当营长。教导营成立后调来当队长，对我们青年学生不大尊重，对我的批评也不服气，甚至当面嘲笑我说：“你们这些知识分子，拿了鸡毛当令箭。我违反条例，你抓我典型，撤我职好了，我还不干了。”我当时年轻气盛，听了他的话很恼火。副政委于丁得知情况后劝我不要激动，要正确处理老红军在刚刚执行条例过程中出现的一些不适应的现象。但我当时正在气头上，还是忍不住，特意向政委肖头生反映此事，并表示如不处理，自己今后很难工作，其间也难免说了一些气话。不曾想政委为此事特意打电话向王震报告。刚好当时中央有一个文件，要求各单位充分信任、支持参加革命工作的知识分子。王震是火暴脾气，听了政委的报告后当即表示：“吴进清不听招呼，就撤了。”后来，还真撤了他的职务。这件事当时在旅里反响很大，不同程度地影响了新老干部的团结。事后回想起来，为了这么一点小事，就将他撤职，我总是觉得有点对不住他。如果当时我能够冷静地同他讲道理，做些细致耐心的思想工作，也不会闹到如此地步。新中国成立后，吴进清转业到地方工作，还一度担任湖南省某厅的副厅长。我刚好也在湖南工作，就再一次当面向他道歉。

在三五九旅工作期间，我接触较多的旅领导主要是刘转连和王恩茂，他们都是我很敬佩的老上级。平时和王震旅长接触的机会并不多。他是工人出身，脾气急躁，对干部严厉。他很重视教导营的工作，对我的工作始终是支持和鼓励的。记得有一天，参谋长刘转连带我去延安向叶剑英汇报三五九旅的训练工作。那天刚好王震有事到晚了，只听了我汇报的后一部分，没有听全，他对我汇报的内容非常感兴趣。他当时还兼任延安警备司令，第二天就把我叫到延安警备司令部，详细了解了教导营的训练情况，鼓励我努力学习，好好工作。

王震作战勇敢，打起仗来不要命，负过八次伤。表面上看他是个粗人，但他在政治上很坚定，长征时紧跟毛主席，对党中央绝对忠诚，对待革命工作更是一丝不苟。

“文化大革命”期间我驻军湖南，他下放到江西。我就将他接到湖南长沙。最初他还感到为难，怕给我添麻烦，对我说：“我住在长沙不合适吧。”我就向他表示：“这有什么不合适，您是老首长，什么也别管。别人爱说什么就说好了，您只管放心地住下。”王震是湖南浏阳人，当时他老母亲还健在，住在老家乡下，我就将他母亲接来，安排他们住在一栋独立的小楼里。尽管当时他没有任何职务，但也闲不住，经常下基层检查工作，发现问题后也总是毫不客气地提批评。记得 1968 年，一次他到农村搞调查。当时公社社员只管挣工分，耗时间，种田不积极。王震发现社员插秧不符合要求，非常生气，就立即挽起裤腿，下田示范，还找到生产队长批评一顿。还有一次，他到湖南农学院视察。以前他曾特意托人从日本带回水稻、谷物和蔬菜良种交农学院培育。他在视察过程中发现，这批良种不仅没有培育，还在派系斗争中被糟蹋了，立刻火冒三丈，马上叫人集合全院职工，包括造反派开会，把他们大骂一顿：“你们这群败家子。国家花了那么多钱买来的良种，你们竟然如此糟蹋。天天喊革命，到底是要革谁的命？难道自己不吃不喝，革自己的命吗？这样革命可不成，今后一定要抓生产，搞科学。”我当时还很担心，生怕这帮造反派们起来闹事。但这群人被骂了一顿后也没人闹事。事后，我想主要还是王震表现出来的这种正直、真诚和无私感动了大家。在他身上始终保持着这种高度的革命责任心，发现问题，敢于提出批评。以后，王震在同“四人帮”的斗争中也表现得很突出，始终支持邓小平。

我在教导营整整工作了五年。这五年在我个人的成长过程中，也是一段难得的教育经历。它对提高我的思想认识、工作方式、方法，都有很大的帮助。这种帮助和收获主要体现在两个方面。

一是对老红军、老干部有了正确的认识，真正能够同他们打成一片，在思想感情和实际行动中做到无话不说，亲如兄弟。

在教导营工作初期，我个人多少有一点清高思想，包括阮庆、陈实等人也有类似的思想，我们都认为自己是自觉参加革命，真正接受了革命理论的武装，有时无形中会瞧不起工农出身的红军干部。尽管在工作中，表面上也能尊重他们，但在思想深处，往往会觉得工农干部文化水平低，革命觉悟不高，作风粗暴，自认为他们参加革命就是为了分土地，或是因为受地主压迫没饭吃，才出来闹革命的，没有系统学习马列主义。由于受这种错误思想的影响，有时会轻视工农出身的干部，难免同他们产生一些矛盾。特别是那时中央强调要信任支持知识分子干部，所以自己在工作中也难免流露出一些清高的表现。

以后随着自己在革命队伍里的成长，思想认识不断提高，我渐渐发现了工农干部身上的许多优点，比如他们工作认真，作战英勇，吃苦耐劳，对党忠诚。特别是我从思想深处逐步意识到自己以往的那些错误认识。教导营的这些老干部，他们从一个受压迫的农民成长为红军指战员，参加革命，打土豪分田地，都是为了人民谋幸福的革命行动，这一行动本身就体现出他们身上最朴素的革命精神。至于革命的理论学习，对他们来说是没有机会，没有条件，并不是他们不肯努力。从本质上讲，他们直接受帝国主义、封建势力的压迫，阶级觉悟更高，革命性更强。在教导营的五年中，天天同他们在一起工作、生活，让我对他们有了新的认识。我在不断接触中同他们逐渐有了共同的语言、共同的感情，真正做到了情同手足、亲如兄弟的革命同志。

第二点收获，就是对红军、八路军的建军原则、工作方式、方法有了深刻的理解和体会，特别是在处理问题、待人接物方面有很大帮助。这一切为我以后在部队建设、管理和指挥作战上打下了一个良好的基础，真正理解了我军的优良传统，并落实到自己的实际工作中。

我对红军的认识，首先表现在对我军三大传统即政治民主、军事民主、经济民主有了深刻的理解。这是同我在国民党军队中的所见所闻，形成鲜明对比后产生的自觉认识。国民党军队只是片面强调下级服从上级，绝对执行命令，不成功便成仁。如有违反，轻则撤职，重则杀头。他们根本不许下级讲话，缺乏思想政治工作，这同八路军的组织原则完全不同。教导营前后两任政委王恩茂、肖头生在部队建设上都表现得相当出色，令我非常敬佩，他们不仅有文化（王恩茂是中学毕业，曾当过任弼时的政治秘书，肖头生也是高小毕业，勤奋好学），更有政治头脑，关心时事政治。他们在教导营工作期间，集体领导体现得很好，能够充分尊重下级干部的意见，工作中遇到问题，无论大小，总是能够带领我们反复讨论，总结出符合事物发展规律的合理意见后，严格执行；在平时的生活中，他们也处处以身作则，尊重下级，官兵平等、团结，完全没有国民党军队上级一人说了算的作风，更没有国民党军队中长官肆意打骂士兵等腐败现象。从这些老红军、老干部身上，我学到许多有益的工作方式、方法。共产党军队正是因为拥有这三大传统，尽管在前进的道路上遇到过无数次困难、挫折，但我们能够战胜一切困难、挫折，打不垮、拖不烂，最终走向胜利。

抗大的学习经历，让我在理论上掌握了马列主义，武装了思想，奠定了革命的人生观；在如何为共产主义奋斗到底，贡献一切上，可以说教导营工作的五年锻炼，为我打下了坚实的基础。特别是通过向老同志学习，不仅提高了认识，明确了新老干部之间、官兵之间的团结关系、平等关系、革命关系；同时，从他们身上也学到了红军、八路军的建军原则，民主作风，坚决执行三大纪律八项注意等优良传统，掌握了带兵打仗、管理部队、建设部队的本领。如果没有在教导营的这段工作经验，而是直接从国民党军队到八路军、解放军中带兵打仗，肯定会遇到更多、更大的困难。

就是在教导营工作的这一期间，我把叫了二十多年的名字关俊彦改为黎原。改名的原因其实很简单，一是我脱离国民党部队，来到延安加入了共产党，有了重新做人的感觉。二是我不想和以前认识的人，特别是在国民党部队的同学有来往，要与他们划清界限，安心工作。至于新名字，是我刚到抗大时在校内报刊上发表文章时用过的笔名，源自杜甫的诗句“穷年忧黎元”，原意是黎民百姓的意思，我将“元”字又改为“原”，取其平坦宽阔之意，象征着我从国民党到共产党犹如一天的黎明，从此走上了宽广平坦的光明大道。

从此，黎原这一名字一直叫到今天，很多人以为我本来就姓黎。甚至有的黎姓人家修家谱，也要拉我参加，闹出了不少笑话。1988 年，黄埔军校同学会成立，我担任理事、副会长，北京市黄埔军校同学会会长，许多当年的同学得知我就是关俊彦后，就建议我改过来，便于同学联谊，做和平统一工作。我想，名字不就是个符号嘛。当年改名时思想有些激进，现在已经用习惯了，就没有必要再改来改去了。

三、南泥湾大生产

1941、1942 两年正是抗日战争最艰苦的时期，我党领导下的抗日根据地遇到了严重的经济困难。由于日本侵略者向抗日根据地发动了大规模的“扫荡”，实行惨绝人寰的“三光”政策，妄图摧毁根据地军民的生存条件。同时，国民党也对根据地实行军事包围和经济封锁，再加上自然灾害的侵袭，边区军民遇到了空前的困难。为了战胜困难，党中央决定在陕甘宁边区和各抗日根据地开展大生产运动，自己动手，丰衣足食，渡过难关。1941 年春天，中央军委命令三五九旅进驻南泥湾地区实行屯垦，一方面开展大生产，一方面保卫延安的南大门。

黎原（右一）在南泥湾开荒

南泥湾在延安的东南，距延安约 45 公里。这里河川纵横，林木茂密。虽然人烟稀少，满目荒凉，但土地肥沃，水源丰富，适于耕种。据说一二百年前，这里曾是农业发达的地方，后来因战乱频繁，民不聊生，百姓纷纷逃难，奔走他乡。从此，这里田园荒芜，房屋倒塌，日久天长，遍地长满了野草、荆棘，成了豺狼栖息、土匪出没的场所。王震旅长率领三五九旅官兵到达南泥湾后，发扬“自力更生，艰苦奋斗”的革命精神，在短短三年的时间里，就把这荒无人烟的南泥湾变成了“到处是庄稼，遍地是牛羊”的陕北好江南。

我是 1942 年随教导营开赴南泥湾的。我们从绥德驻地出发，步行八天，到达旅部所在地金盆湾。到了驻地，首先要解决的就是居住问题。我们自己动手，在山坡上打了几排窑洞，顺利解决了全营官兵住宿问题。当时我已升任教导营副营长。安排好驻地后，我们就接受了生产任务，参加 1943 年全旅开荒 30 万亩的生产活动。我们的任务是每人开荒 30 亩，年底实现耕一余一。那时没有开荒工具，我们就到山上的旧庙找来几口破钟，用土炉熔化，打成镐头，每人一把。教导营开荒的地点在金盆湾西面的小金沟，沟里长满了狼牙刺和蒿子，盘根错节，非常难挖。我们冒着刺骨的寒风，扛着镐头，开进小金沟。当时冰冻的土地还没有完全开化，地下树根也很多，有时一镐下去只留下一个白点，震得虎口发麻，但地一点也没刨动。碰上树根，半天也刨不下来，稍不注意就把镐头、镐把弄断。一天下来，荒地没有开出多少，双手却都打满了水泡。就这样，在十分艰苦的条件下，我们利用简单原始的工具，开始了轰轰烈烈的大生产运动。

在开荒中，为了提高大家的积极性，加快进度，全营四个队开展了劳动竞赛。营部叫我具体负责评比，我从各队抽调一名副队长组成评比小组，每队、每排都设了检查员，天天检查个人的开荒数量和质量。开始时，评比标准不好掌握，如果仅按开荒数量作为标准，很难反映出实际工作量。因荒地条件不同，在狼牙刺地，一天一人只能开三分地，顶多开五分。而在蒿子地，一人一天能开一至三亩地。而且开荒的质量也不同，有的人认真，挖得很深、很细，速度肯定就慢。有的人马虎，为了求速度，挖一锄头盖一锄头，速度虽快，但质量不行。经过反复研究，我们统一认识，决定采用两条标准，一是在保证质量的前提下计算具体数量，对不同的荒地制定不同的标准；二是以秋后打粮多少作为最后标准。两条标准相结合评出模范单位和个人，从而有效地保证了开荒的质量，又促进了开荒的进度，按时完成了上级下达的生产任务。

开始开荒时，在蒿子地一天一人只能开几分地，还累得腰酸腿疼。后来我们找来当地农民作指导，渐渐掌握了开荒的技巧，身体也逐渐适应了这种劳动，一般一天能开一亩多。我最多时一天开过一亩一分地。当时的劳动英

黎原（左一）在田间和战士们合影

雄一天能开三亩多地，比用一头牛开的地都多。开荒后，我们又及时种上粮食，秋天获得了大丰收。最后通过评比，三队被评为模范单位，他们 121 人开荒 3650 亩，收获粮食近 10 万斤，基本达到耕一余一，全营都圆满完成生产任务。

在新开垦的田地里，我们除了种谷子、玉米等粗粮外，营部炊事班的两名四川籍老战士李林、张全同志，还在山沟里开出了九亩水田，种上水稻。最初，对他们种水稻，营里意见不一致。有的领导担心开水田费时费工，水稻产量又低，影响开荒任务。加上当地无霜期短，没有人种过水稻，能不能种好，没有把握，所以最初不同意他们种稻米。后来我考虑不能单纯追求粮食产量，还要提高粮食质量。应该叫他们试一试，如果成功了大家可以吃上大米。至于开荒任务，其他人多干一点也能补上，少两个人问题不大。最后，我说服了营里其他领导，支持他们种水稻。秋天，他们收获了三千多斤水稻，部队过年过节也能吃上大米饭，特别是南方籍的战士们又吃上久违的大米饭，大家都非常高兴。

参加开荒没多久，营里叫我负责后勤管理。我就组织炊事班每天给地里开荒的战士送两次饭，还在营房周围开垦了几亩菜地，种上各种蔬菜。炊事班又养了几头猪，节假日杀猪为大家改善生活。我们还负责喂养营里的几匹骡马。我从小生长在农村，是农民的儿子，在家务过农，对土地有一种天生的感情，因此能够自觉自愿地投身到生产劳动中去。我们每天送饭、种菜、锄草、打虫，还要喂猪、放马、打草、起粪、垫圈。每天的工作都非常紧张，但官兵一致，共同劳动，心情非常愉快，我个人从中也受到很大锻炼。当时，我种的西红柿一棵能结四十多个，长得非常好。这年中秋节，营里杀了自己养的猪，改善伙食，每人分配一斤半肉，一斤半黄米饭，还有豆腐、粉条、青菜，大家吃得可香了。那时的官兵大都是二十多岁的小伙子，正是长身体能吃的时候，平时生活困难，劳动强度又大，难得改善一次生活。由于我们后勤工作搞得好，保证了营里生产、训练任务的完成，多次受到上级表扬。

我们进入南泥湾后，发现当地居民多数人都吃河沟里的水，一是不卫生，二是缺碘，很多人都患有大骨节病。营领导就同军医反复研究，通过观察化验，发现当地的地下水位并不深，完全可以打井，地下水符合卫生标准，可以饮用。于是，我们就通知各队，立即打井，每队至少要打三口井，大家土法上马，一齐动手，各队都打了井，吃上了干净的水，保证了全体指战员的身体健康和良好的战斗力。

这期间为了解决穿衣问题，上级还要求部队每人至少要捻三斤毛线，每人都分了一大堆羊毛。这对拿惯了枪和锄头的战士们来说，确实是个不小的难题。当时怪话很多，一些战士认为男同志打仗、种田没话说，但纺线是女人干的活，我们干不了。后来看到报纸上讲朱德总司令、周恩来副主席都在纺线、织布，大家很受感动，才认真地捻起羊毛来。经过全体官兵的共同努力，硬是用我们这一双双粗大的手，把一堆堆羊毛变成了毛线，提前完成了任务。到冬天每人发了一套呢子衣服，大家穿上用自己的劳动成果做成的衣裳，心里特别高兴。

不过部队官兵中也有个别人对开荒生产不理解，认为出来参加革命是为了打败日本帝国主义、国民党反动派，如果要天天开荒种地，何必跑到这么远来呢？营部有两个云南籍的战士，就不愿意继续留在南泥湾开荒，他们联络了几个老乡，准备私自离队，回云南老家打日本和国民党去。有人向我反映过他们的一些情况，此后我就特别留意他们的一举一动。一次，我听到他们私下说了一句“什么时候走”的话，我马上找他们分别谈话，推心置腹，给他们讲大生产运动的意义，指出他们准备私自离队的错误。我还告诉他们在民族危亡的紧急关头，不在前方坚持抗战，跑到后方去打国民党也是错误的，当前还要维护国共合作，共同抗日。经过耐心细致的工作，澄清了他们的模糊认识，改正了错误。他们也很受感动，实话对我说："我们想回老家，肯定还会打日本，决不会叛变革命。我们不愿在这里干，一方面是家里有困难，另一方面也是这里生活太紧张、艰苦。"经过教育，我发现他们只是认识上的问题，也就没有向领导汇报此事，未对他们作组织处理。否则他们会受军法处分的。后来这两位同志在生产中表现很好，1944 年随王震同志南下，都当了干部，作战表现得很勇敢。

三五九旅在南泥湾进行农业生产的同时，为了保障供给，旅部下属的一些独立单位还办了不少手工加工业和商业。教导营就在延长县开办了一家酒坊和一家骡马大店。骡马大店可以为往来边区的商人提供住宿、吃饭、停车、喂牲口。我们还同这些商人做买卖，目的就是通过他们从国统区贩运当时边区最缺乏的物资：医药和布匹等。

教导营的酒坊和骡马大店开办后，我们还雇请了一些当地老百姓协助经营，最初收入不错，教导营还专门成立了经济委员会进行监督。我们用这笔创收改善伙食，全营官兵每周可以吃上一餐肉，还买了一些牙粉、牙刷等生活用品和学习用具。当然，时间一长，搞商业出现过某些腐败现象。记得南下一支队走后，营里又调派两名文化干事白亚平、冯以超到酒坊和骡马大店，同一名姓张的司务长共同负责经营。他们天天手里过钱，开始逐步贪图享受。当 1945 年 5 月，上级要求我们成立南下二支队出发时，他们三人为了追求个人利益，以种种借口拒绝行动，最后都脱离了革命队伍。

教导营从 1942 年来到南泥湾开荒、生产，一直到 1945 年 5 月，随南下第二支队开赴抗日前线，在南泥湾生活了近三年。三年来，我和战友们一起，在非常艰难的条件下，克服了重重困难，开展生产自救，靠我们自己动手，解决了吃饭穿衣问题，打破了国民党反动派的封锁，渡过了难关。更重要的是"自力更生，艰苦奋斗"的南泥湾精神在我们心中深深地扎下了根，这为我日后无论是在解放战争的硝烟里、抗美援朝的炮火中，还是在和平时期的训练场和建设工地上，都始终激励着我克服一切困难，永远向前。

四、坦白运动的经历

正当我全身心投入工作的时候，一场政治风暴悄悄地来临。

1942 年春天，延安开始了著名的整风运动，党中央前后下发了二十多个文件，组织学习。开始时是整顿“三风”，即反对主观主义，整顿学风；反对宗派主义，整顿党风；反对党八股，整顿文风。中央认为，当时党内存在的主要问题是主观主义，具体表现为教条主义和经验主义。其代表人物是以王明为首的所谓教条主义和所谓经验主义错误，借此总结党在十年内战时期的历史教训。最初，我们在绥德学习整风文件，大家都很积极，提高了认识。我和副政委于丁的学习发言还得到王恩茂的表扬。

延安整风持续了约两年，大致可分为两个阶段。前一阶段以 1942 年为主，曾被毛主席称为整风学习年，主要是纠正干部中的非无产阶级思想，也可以称为思想整风。因为当时刚刚入党的新党员，大都是从国统区来的进步青年。正如胡乔木所说：延安整风的“主要锋芒是对着教条主义和新参加革命的知识分子”。在党看来，我们这批新参加革命的知识青年，思想上属于小资产阶级，所以要用无产阶级思想加以改造，才能成为革命事业的“螺丝钉”。为此，“党采取了整风运动的办法，领导全党的干部和党员来认识克服广泛存在于党内的小资产阶级思想作风。”

从 1943 年 4 月开始，中央又通过继续开展整风运动的决议，主要目的就是清洗党内暗藏的反革命分子。这一时期的整风可称为组织上整风。中央为此专门成立了以刘少奇为主任的中央反内奸斗争委员会，成员有康生、彭真、高岗。后来在康生等人“左”的路线影响下，整风运动变成“抢救运动”，运动的主要对象，就是外地来延安参加革命的青年学生，他们大都受到审查；同时，在白区从事地下工作的共产党员，也有很多人被错误地打成“红旗党”，污蔑他们是打着红旗反红旗。

在这一阶段，差不多每一名来自国统区或沦陷区的进步青年都要交代自己到延安来的“任务”，参加过什么特务组织。当时，组织上认为特务的存在具有世界性和群众性。特务很多并不稀奇，国民党就是利用特务来统治社会；不仅中国有，世界各国都存在。因此，每人都要老老实实坦白交代。如不老实交代，就采用车轮战术，连续审问几十个小时，不让睡觉；再不交代的就采用体罚、打吊等。由此开始了延安的“坦白运动”，并很快在根据地展开。三五九旅也按此办法进行。

“坦白运动”开始时，三五九旅正在南泥湾开展大生产运动。我们通过《解放日报》得知延安抓了很多特务，并揪出了四川、河南等省的“红旗党”。当时，我和于丁常在一起讨论此事，都感到很奇怪，延安怎么可能抓出那么多的特务呢？但从报纸上又确确实实地看到许多报道，不得不信，因为报道上都有事实，有证据摆在那里，但内心实在是不能理解。而且报道出来的特务大都又是从国统区来的知识青年，这不得不令我们联想到自己。随后，延安一些同学、老乡之间彼此都不来往，原来经常举行的联欢会、演出、读书报告会等也纷纷取消了，真有一种人人自危的感觉。南泥湾离延安只有 90 里，我们那时同朋友之间的通信也都断绝了。

大约到了 9 月底，三五九旅也开始办学习班，抢救失足者，集中了全旅 400 多人，大都是从国统区来的青年知识分子，也有从国民党军队中投奔来的旧军人。最初一周还没有我。在此之前，我看到内部材料称：凡是黄埔学生都是复兴社的特务，这令我相当震惊和紧张。没过几天，旅部正式通知我也要进学习班。

学习班总共有 400 多人，共分为五个队，每队 80 多人，集中在金盆湾挖好的一排窑洞，每个队都由一个武装排监管，荷枪实弹，戒备森严。同时规定凡参加学习班的人，不准外出、通信和会友，在营区内不准串联、交谈。甚至吃饭、上厕所也都要按照一定的时间和顺序。

我被编入二队五组，全班 12 人，组长是七一八团的特派员，红军出身，主要是负责监督我们，其余 11 人都是审查对象。副组长罗健西，湖南湘西人，高中学生，接受新事物快，在三五九旅知识青年中表现比较突出，担任过副教导员。他在学习班是积极分子。

最初几天是集中学文件，主要学习康生在 7 月 15 日作的《抢救失足者》报告，内容还是强调失足者是一个群众性、世界性的问题。同时，三五九旅还召开动员大会，由组织科长动员，要求大家主动坦白交代，并表示这不是我们个人的问题，是社会问题，个人是无法避免的等等。有问题，就要彻底交代。同时，组织上还从延安派来一些失足者积极分子现身说法，给大家讲他们当特务的经历。文化人的交代主要是说如何通过写文章，污蔑领导干部在生活中搞特殊化，在工作中搞一言堂，破坏民主，制造腐败；军人则交代如何为国民党搜集八路军违抗命令的所谓“证据”，并收集根据地军事情报，搞破坏等内容，以此启发我们主动坦白。这段时间大概经过了一周左右，除了听报告、讨论学习外，还要求每人写自传，有什么问题，就交代什么问题。特别是在蒋管区参加过复兴社的人，要详细交代如何参加国民党特务组织，何时派到延安来的，任务是什么，联系人是谁等等。

大概从 10 月 6 日开始，学习班开始进入各小组成员自我揭发批斗阶段。我们组第一个揭批对象是李树信，他是三五九旅唯一的一名兽医，在国民党军需学校受过正规教育，官至少校，有一定的文化。因为八路军缺少兽医，朋友介绍到八路军来工作。李树信在业务上有一套，但他平时爱发牢骚，常常议论领导，说些怪话。刚进学习班时，还是牢骚不断：“你们请我来，既不给我升官，也不让我发财。现在我居然还成了审查对象！”组长拿李兽医开刀，旨在给全体队员一个下马威，因此对他批斗得相当激烈。

组长首先让李兽医交代何时参加复兴社，李说：“我从来没有参加过，是朋友介绍我来当八路的。”

于是组长就让所谓的积极分子揍他。当时打人也体现出你对运动的态度，尽管大家都是审查对象，但积极分子为了表现突出，打起人来决不手软。第一天批斗会从下午 3 点开始，一直斗到夜里 3 点。开始李兽医讲话还有逻辑性，慢慢地连话都说不清了。随后又对他进行了两天车轮战，不让休息。李兽医还是拒绝交代。于是组长就令积极分子把他吊起来，李兽医被折磨得浑身是伤，整整挺了两天两夜不承认。到了第三天实在是受不了，否则不被打死，也会残废的。他只好被迫交代，瞎编说自己参加了国民党特务组织，因表现突出，派遣到延安搞破坏。他曾利用职务之便打针打死了许多马匹，经过这样一番折腾，李兽医总算是过关了。

这样一来，全组成员都十分震动。搞逼供信这种做法，以前我们都没经历过，完全不理解，但谁也不敢表示不满。此后的十来天，大家都被迫交代问题，生怕不主动就过不了关。不过，我们还是能听得出来，每人的交代实际上都是胡编瞎说。

当时，我就感到我们组审查的重点对象是我和副组长罗健西，因为我是国民党中央军校（即黄埔军校）毕业的，又曾集体参加过国民党，自然在劫难逃；罗健西是大地主家庭出身。同时我们在革命队伍中已担任营级职务。而其他人则是青年学生或是曾参加过国民党军队。我们组就有两名教导营的教员，一个叫赵冬生，山西人，曾在阎锡山的部队当过排长；另一名叫韩东方，参加过牺盟会。他们也被逼无奈，承认了自己是国民党特务，才过了关。

在教导营工作期间，我和他们两人朝夕相处，同睡一个大炕，彼此相互了解，因此在学习班中，他们私下常和我说些真心话。一次，他们悄悄同我说："副营长啊，这不是屈打成招吗？我们两人职位不高，出身小地主，瞎编些内容就可以，容易过关。看这阵势，您可是重点。"他们还不止一次地替我出主意，希望能把情节编得顺理成章，争取一次过关。如果在坦白中你承认自己是反革命，好啊！但要详细交代反革命罪行。必须要将参加特务组织的来龙去脉、具体细节讲清楚。否则，同样过不了关。

一天一天地就这样过去了。组长将我和罗健西放在最后交代，就是要让我们承受更大的压力，希望能彻底坦白，钓出大鱼来，好向上级邀功。当时，组长不和我们住在一起，其他组员都睡在一张大炕上。一天晚上，罗健西悄悄对我说："哎呀，黎大哥，这是怎么回事呀！看来，不交代无论如何过不了关。咱们俩可是大头，硬扛不是办法。下场就是李兽医，打成残废还不是白打呀！看来咱们要想过关，事情说小了恐怕还不成，必须把帽子戴大才成。不说假话过不了关呀！"

我那时还想坚决顶下去。但内心又非常矛盾，如果是面对敌人的法庭、监狱，为革命而死，我是死而无憾的。可是，现在面对的却是自己的同志，居然还大搞严刑逼供，硬要强迫我说假话，承认是反革命，才可能过关，这真令人心寒。我是一心一意投奔延安参加革命的，这简直是污辱自己纯洁的革命情感，我做不到。我如果对组织说假话，承认是特务，不仅对不起自己的良心，对不起一起参加革命的战友，更对不起入党时的庄严誓词。那真是令人揪心啊！此后连续几个夜晚，我都无法入睡。

几天后，罗健西实在熬不下去了，被迫坦白。头天晚上，他还和我一起商量他的"罪行"。他家原本是湘西大地主，他就谎称祖父被共产党斗死后，一家人怀恨在心。父亲让他混进八路军，找机会报仇，暗杀毛主席。主动戴上这顶"罪恶"的大帽子，自然可能过关了。

会后，罗健西私下劝我赶紧坦白。他说："老黎呀，别顶了。上面让你当特务，你不想当也得当。我知道你不愿意昧着良心说假话。如果是敌人的法庭，硬顶还值得。但这是自己人，死了不值呀。"他还帮我一起编"故事"，以求自圆其说。首先我必须承认自己参加过特务组织。但上级领导是谁？任务是什么？如何混进延安的？这些事都要编得令人信服才能过关。

罗健西知道我是和阮庆、廖政武一起到延安参加革命的，他就提醒我万万不能把他们也牵扯进来。我就同他商量，说是1938年在武汉受复兴社特务头子滕杰的派遣，混进延安的（事后组织上曾调查证明当时滕杰并不在武汉，而是在长沙；另据解放战争中被俘的复兴社头子康泽交代：复兴社也从来没有向延安派遣过特务）。罗健西连忙称好。“可我交代什么罪行呀？”我问罗健西。他说：“就说是长期潜伏，取得一定地位后，特务组织会给你派任务的。”但这又涉及一个问题，谁是我的联络人，今后如何联络？

当时，我们已得知黄埔同学徐卫民（在抗大工作）因不满坦白运动中对他的诬陷，逃回云南老家，脱离了党组织。另外，参加革命后，我曾给在西安的中学同学、国民党西北战干团的李振中写过信，劝他来延安参加革命。我就说：“看来交代出这两个人比较合适，反正也无法再向他们调查了。”罗健西连连称好，并提醒我道：“就说你们是单线联系。”当时，我只有一个想法，就是特务帽子我一个人戴，但决不能连累其他革命同志。最后，我们还决定今后如果有机会翻供，我们一定要相互证明。

第二天，我就按私下同罗健西商量的内容，被迫交代自己在黄埔军校参加了特务组织。组长如获至宝，马上追问：“你的任务是什么？”

“长期潜伏，等待特务组织的进一步指示。”我答道。

“谁是你的联络人？老实交代！”

“我的内部联系人是在抗大工作的徐卫民；对外联络人是国民党西北战干团的李振中。”

就这样，经过整整25天的坦白，我们组全都“交代”了自己的反革命罪行。组长很满意，完成了任务，可以向上面交差了。

此时已是10月底，三五九旅的冬季大练兵要开始了。教导营营长就表示：“黎原坦白了就好，还可以为革命工作。”为此他向旅部要求把我调回教导营，继续负责训练。但我内心还是非常痛苦的，曾找王恩茂反映，我是逼供成招，从来没当过国民党特务。但他当时也无能为力，只好安慰我道：“这不是一个人的问题。如果有什么需要向组织说明的事，以后再写报告反映吧。现在还是先好好工作。”但这样一顶沉重的帽子压得我喘不过气来，深深刺痛着我的心，实在是令人无法忍受，可又无处申诉。尽管自己是被逼供无奈，胡编瞎话说当过特务，但白纸黑字，留下一个难以洗去的污点。每当夜深人静想到这件事时，我真是痛不欲生，背负着这样一个历史污点，今后还怎么做人呀！

到了第二年春天，党中央发现坦白运动扩大化的倾向后，开始纠正错误。毛主席还主动承担责任，并向被迫害的同志赔礼道歉。三五九旅经过内查外调，由保卫科科长袁福生代表旅党委宣布给我平反，结论很简单，黎原没有参加过复兴社。不久，教导营大部随三五九旅南下一支队开赴抗日前线，同时留下两个队驻防金盆湾，组织上任命我为营长，算是对我工作的肯定。

现在回想起这段经历，我感到坦白运动中的教训，到今天还是值得我们深刻反思的。当然，从整体上讲，延安整风运动的历史功绩是应该肯定的。它统一了全党的思想，为我们最后取得全中国的解放，奠定了思想基础。但整风后期康生等人搞的所谓的坦白运动，在当时也被称为“抢救失足者运动”，确是一场错误运动，有很大的负面影响，它过分夸大了敌情。当时抓出来的所谓头号特务王实味（《野百合花》的作者），在 20 世纪 80 年代也平反了。由此可见，坦白运动完全是对青年学生蒙上不白之冤，是诬陷运动，极大地挫伤了他们的革命热情。

从我个人来讲，坦白运动造成的恶果，一直是我人生路上的一个沉重包袱。虽然，在以后的革命道路上，在组织的帮助和靠个人努力下，我能不断取得进步。但我首先要感谢几位老领导（军长梁兴初，政委周赤萍，师长曹里怀、刘转连）对我的信任。没有他们的信任，我以后的人生道路不知会是何样。因为在战争年代，党组织提拔干部是非常谨慎的，出了问题有关领导是要承担政治责任的。但刘转连在抗战后期提拔我为教导营营长，曹里怀在解放战争时提拔我当团长、师长，这在当时历史条件下，是不容易的。

记得 1947 年 9 月十纵刚刚成立，纵队领导考察干部时就有人议论说，我在坦白运动中承认当过国民党特务。为此，刚从十纵二十九师调到一纵的曹里怀师长和接任师长刘转连两人当着司令员梁兴初、政委周赤萍的面，明确表态：“黎原是经过战争考验的，这件事组织上已有明确的结论，早就不是问题了。特别是在战场上，黎原表现得相当勇敢、积极。二十九师参加的很多战斗，主要都是依靠他这个团。黎原同志政治上忠于党，是值得信赖的。”

但在以后的和平年代，特别是“文化大革命”中，一些别有用心的人，总是借坦白运动这件事大做文章，借口我有历史问题，背着党中央成立专案组，不断外出调查，希望找出证据打倒我。他们虽然未能如愿，但也严重影响了我的工作和生活，使我的职务多年得不到晋升。

我 1960 年任广州军区副参谋长，1965 年任四十七军长，在正军职岗位上工作了 15 年，工作上处处受压制，职务得不到正常晋升。直到 1972 年，由总政、兰州军区、广州军区组成联合工作组，经过两年多的调查，最后做出结论，这才彻底甩掉背负多年的政治包袱。

五、奔赴抗日前线

1944 年，世界反法西斯战争形势发生了根本变化。在欧洲战场，苏联红军从战略防御转入反攻；盟军开辟了第二战场。在亚洲，美军加强了太平洋战场的攻势。德、意、日法西斯的末日已经来临。

日本帝国主义为了挽救它在亚洲战场的失败命运，援救其入侵南太平洋地区的孤军，以中国为后方补给基地，进行垂死挣扎。4 月，日军为了打通平汉、粤汉和湘桂铁路，以连接从中国东北入关，经北平、郑州、武汉、南宁通往东南亚的大陆交通线，并摧毁中国南部的中美空军基地，出动 40 多万军队，向铁路沿线的豫、湘、桂等省发起战略进攻。驻守河南、湖南、广西、广东、福建、贵州等地区的几十万国民党军队，在日军的攻击下，纷纷败退，很快就将这一广阔地区和世世代代生活在这片土地上的千百万民众，拱手送给了侵略者。

为了打击侵略者，拯救沦陷区的老百姓，收复失地，中共中央决定派遣八路军三五九旅离开南泥湾，远征三湘，发展和建立抗日根据地。10 月，三五九旅根据中共中央的决定，组成八路军南下独立游击支队（通称南下支队），分第一、第二梯队南下。第一梯队为独立第一支队，4000 余人，辖 4 个大队。另有中央派往鄂豫皖边区工作的干部 900 多人，编为两个干部大队一同南下。王震为司令员，王首道为政委。

11 月 9 日，南下第一游击支队从延安出发，经绥德东渡黄河，过同蒲铁路，再南渡黄河，入河南，越过平汉铁路封锁线，于 1945 年 1 月底进抵湖北大悟山与新四军第五师会合，胜利完成开进和护送干部的任务。随后，南下支队横渡长江，转战鄂南、湘北，在通城、崇阳地区开辟了抗日根据地。

1945 年 6 月，中共中央发出命令，由三五九旅留守陕甘宁边区的两个团和三五八旅一个教导营组成南下第二支队约 4000 余人，由延安出发，兼程南下，与王震领导的南下一支队会合，开辟新的游击区，扩大抗日根据地，为迎接大反攻创造条件。南下第二支队（相当于一个旅）下辖两个大队，另有中央第五、第九干部队同行。原三五九旅参谋长刘转连（1955 年被授予中将军衔）任司令员，晏福生（1955 年被授予中将军衔）任政委。南下二支队出发前，毛泽东主席、朱德总司令、叶剑英、林伯渠、任弼时、贺龙等中央领导人，在延安中央大礼堂接见了营以上干部。

我当时担任二支队教导营营长，张有法任营政委。教导营辖两个队，每队 100 多人。全营有轻机枪两挺，步枪 130 多支，1/3 的人没有枪，仅发几颗手榴弹，武器装备较差。教导营的任务是负责保卫两个干部队的安全。干部队由团、师、军级干部组成，还带有部分家属。

部队准备南下时，还发生了一件令人不愉快的小事。时任三五九旅组织科长的李大同，得知旅下属独立单位都有自己的小金库。为此，他召集各基层单位的领导开会，要大家坦白，上缴小金库，还下令对我们这些基层干部进行搜身检查，这件事引起大家的极度反感。虽然下属单位大都经营过一些小规模的商业，但我们这些基层干部都不是直接经营者，有怀疑可以查账。特别是在出发前夕，面对即将奔赴前线、出生入死的战友，却令组织干事进行搜身检查，这让大家产生一种不被信任的感觉。李大同是 1936 年参加革命的知识分子，为人作风朴素、踏

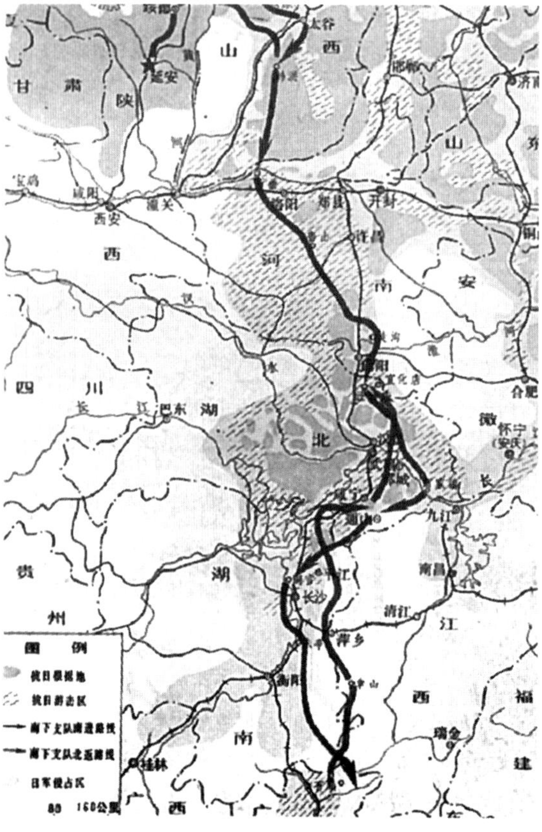

南下支队路线图

实，能吃苦耐劳，还一度被评为青年知识分子的模范。不过，他当时在处理这件事上的工作方式，实在欠妥。

6月20日，中共中央机关和延安各界人士在延安东关机场，为南下二支队召开欢送大会。会上，毛主席和周副主席、朱总司令、贺龙司令员都讲了话。欢送会后，南下二支队就踏上了新的征程。我们东渡黄河，经山西，再过黄河，向南挺进。

7月10日凌晨三四点钟，我们到达山西平遥城北，准备利用夜暗和青纱帐，从同蒲铁路平遥东北的东游驾、白家庄地区通过铁路。敌人在这一段铁路的防备力量较弱，我们的群众基础好，有利于部队通过。支队安排一大队一营，利用夜暗，拂晓前秘密通过铁路，占领铁路对面高地，掩护支队通过封锁线。二、三营、教导营断后。

当夜，一营顺利越过了同蒲铁路，到达铁路东面指定地点，掩护大部队通过铁路。天亮以后，其余部队陆续穿越铁路。下午1时许，二大队刚刚脱离铁路不久，日军得到消息，乘铁甲车分别由平遥和太谷两地，沿铁路线飞驰而来。另有日军骑兵、步兵三四千人随后跟进。敌人的轻重机枪和小钢炮一起开火，封锁道路，将四大队的二、三营、教导营和干部队几十名尚未通过封锁线的部分领导截留在铁路西侧。

我们就地与日军进行了激烈的战斗，支队司令员刘转连指挥部队，利用青纱帐作掩护，与敌人周旋了几个小时，到下午3点左右，由于敌人增兵不断，火力太猛，部队无法通过，司令员刘转连果断地命令部队向西撤退，摆脱敌人，等天黑后再过铁路。

因当时各部队正与敌人激战，同支队部（旅部）失掉联络，我们教导营和干部队的一部分（约三十多名领导同志）未能接到撤出战斗的命令。这时日军发现我们这部分战斗力不强，行动缓慢，就组织骑兵、步兵数百人，向我们追来，企图吃掉我们，情况十分危急。干部队有的同志已经开始烧毁文件资料，准备与敌人同归于尽。这时，作为教导营营长，我是这几百人的最高指挥员，感到肩上的担子特别重。特别是这批尚未脱险的干部队成员大都是党政军高中级干部，是党的宝贵财富，必须保障他们的绝对安全。根据当时的情况，我同政委张有法同志商量，决定由他带一个排保护干部队成员先向西撤，我带五个排以排为单位，互相配合，交互撤退，掩护干部队撤退。

政委带领干部队撤走后，我就命令各排迅速进入阵地，我留在最后撤退

黎原与缴获的日军大洋马留影

的一排阵地上，同他们一起抗击敌人。此时敌人骑兵已经追了上来，离我们只有一百多米。我嘱咐大家一定不要慌，沉着应战。我首先用步枪瞄准敌人先头骑兵射击，弹无虚发，把追到前面的几个骑兵打落马下。敌人见状大惊，不知我们有多少兵力，赶紧占领阵地，不敢贸然前进。我乘机把兵力分成几个小组，转移阵地迷惑敌人，并派出反击小组，收缴阵地前死伤日军的枪支和战马。就这样，经过各排战士轮番交替掩护，与敌人激战两个多小时，到下午5点多，我们向西撤到一处地形非常有利于我们防守的小山包上，准备继续抗击敌人。此时，天也快黑了，敌人摸不清我们的情况，未敢向前追击。

我赶紧利用这一有利时机整顿队伍，打扫战场，派出警戒，安排部队就地待命。随后，我带了几名战士骑着缴获的日军大洋马去找大部队。我们向西走了大约两公里，遇见了支队司令员（旅长）刘转连。他们见我们骑着洋马，最初以为是日军的追兵，都已经架好了机枪，准备开火。幸亏当时天还不太黑，刘转连又和我非常熟，很远就认出了我，他急忙喊道："这不是黎原吗？"一句话，避免了一场误会，否则真不知道会是什么结果。我经过半天多的激战，见到大部队和首长，真是十分高兴，赶紧下马，向首长汇报情况和我们的位置。随后按照上级的统一部署，当天晚上，我们顺利通过了同蒲路。

这次战斗，教导营临危不乱，沉着应战，指挥得当。在敌强我弱，与上级失去联系的情况下，靠学员队顶住了敌人骑兵、步兵数百人的进攻，打死打伤敌人数十名，缴获步枪十余支，军马十几匹，我方仅伤亡十几人。更重要的是，在战斗中教导营成功掩护了干部队尚未脱险的成员安全转移。这些干部中有很多人后来都担任了军地各级重要领导，成为建立和建设新中国的中坚力量。如新中国成立后曾任国务院内务部部长、青海省省长等职的袁任远同志就在干部队中。另外，这次能够击退日军进攻，初战获胜，极大鼓舞了我们教导营的士气，更坚定了我们战胜日寇的信心。

当天夜里，我们经过大半夜的急行军，顺利脱离了敌占区，到达平遥县东宋家岭、花堡、山坡头地区。这里是半山区，也是游击区，群众基础好，因为部队半个多月的连续行军，十分疲惫，支队决定在这里休整几天，再继续南下。

当时，有一件事给我留下了深刻的印象，就是地方党组织的基层群众工作做得实在是出色，特别难能可贵的是在铁路沿线，原本是日本军队控制的地区，但地方党组织都做了大量深入细致的工作。我们通过同蒲路前后两个夜晚，都有地下党负责联络。刚一进村，每班、每排都有人接待，安排在老百姓家住宿，一进屋就安排好饭菜。离开时，也有老百姓当向导带路。白天我们和日军激战时，走失了近百头骡子，驮着大量物资。事后，老百姓纷纷主动将走失的骡子拉回来，送还给部队。

教导营安排驻在宋家岭休整。宋家岭有 100 多户人家，400 多口人。村里建有两面政权，村长叫王殿臣，是党员，表面上给敌人干事，与他们周旋，暗地里与游击队保持联系，为部队收集情报，保护群众。敌人在村外大约两里的地方建有一个炮楼，高二三丈，站在炮楼顶上，可以俯视附近村寨八路军、游击队的活动情况。炮楼里有伪军 1 个排，20 多人，加上两名鬼子（一个军曹、一个上等兵）驻守。

我们过同蒲铁路后，支队司令员刘转连将支队机关携带的两门步兵炮交教导营保管使用。这两门炮是 1939 年三五九旅在山西灵丘战斗中缴获的。宋家岭的百姓没有见过炮，更没见过八路军也有炮，男女老少都来看热闹。村长王殿臣见我们有炮，认为我们的战斗力一定很强，就想请我们帮忙，把村外鬼子的炮楼给端了。

我和营政委张有法商量了一下，觉得可以打。第一，宋家岭村外炮楼是孤立之敌。第二，有群众支持和内线配合。第三，八路军发动的夏季攻势作战，使得日伪各地驻军自顾不暇，不可能抽兵支援被围部队。而且我们教导营又新添了两门炮，战斗力强，打下炮楼还是有把握的。于是，我们就向上级请示，但上级认为不能打，第一，我们打完就走了，敌人报复群众怎么办？第二，中央给支队的任务是南下，不宜恋战，怕暴露企图，招引敌人，影响开进。所以就没有打成。

几天后，我们休整结束，离开宋家岭，继续向南开进。二十多年后，大约是1972年的一天，平遥县落实政策办公室的同志几经周折找到我，调查宋家岭村长王殿臣的历史情况。他们问我："听说你们那时要打宋家岭村外日本炮楼，王殿臣把情报报告给敌人，没有打成。结果，八路军走后，炮楼上的鬼子和伪军到附近村上报复，烧杀抢掠，奸淫妇女，光宋家岭就被日伪军杀死五个人。"我实事求是地回答说："我对王殿臣了解不多，是教导营驻到宋家岭后我们才认识的，他是两面政权的村长，敌人来了应付、维持，暗里为八路军和抗日政府做事。那时候在游击区，常常是敌人进村我们走，我们刚进村敌人就追上来，所以多数村里都建有两面政权。我们后来没有打炮楼，主要是支队首长不同意。至于说王殿臣将我们要打炮楼的情况告诉给敌人，走漏了风声没有打成，这不是事实。因为敌人就是那么一个孤零零的炮楼，满打满算也不过二三十个人，我们要打还是很容易的。说到王殿臣去炮楼的事，那是他去找内线做工作，准备配合我们打炮楼。据我所知，南下支队在宋家岭、山坡头、花堡一带休整，都是地下党安排的。王殿臣是村长，当时支队群工科介绍说他是地下党员，我们对他没有戒心。"我还给调查人员写证明材料。后来听说王殿臣很快就被解放，恢复了工作。

7月初，我们到达沁源地区，这时的沁源经过抗日军民一年多时间的围困战，已经胜利结束，沁源城内的日伪军全部撤走，八路军太岳军区搬进城里。南下支队途经沁源，就驻在县城附近。太岳军区司令员王新亭、政委王鹤峰等军区首长，接见了南下支队营以上干部。王新亭还向我们介绍了太岳军区目前的形势以及同日伪军作战的经验。军区参谋长邓仕俊为我们作了国际形势变化的报告。

7月中旬，我们从太岳军区驻地出发，渡过黄河，进入河南。南下支队不及歇脚，又马不停蹄地绕过日伪军占领渑池县城，越过陇海铁路，接着从柳泉、三乡镇，进至豫西熊耳山脚下。自抗战以来，这里一直为国民党军队占领，群众基础较差。为了开辟豫西根据地，筹粮筹物，继续南进，中央命令南下支队在熊耳山地区北麓作短期停留，宣传抗日，发动群众。

8月11日，我们南下二支队正在陈吴、张午、东赵堡一带开展工作，接到中央的命令，停止南下，恢复三五九旅番号，立即北上，归晋冀鲁豫军区刘伯承、邓小平指挥。我们就渡过黄河，移师黄河北岸孟县待命。

1945年6月，随三五九旅第二支队南下，8月到达河南孟县。图为在孟县驻地

8月15日，日本天皇宣布无条件投降。听到这个激动人心的消息后，驻地军民以无比喜悦的心情欢庆抗战胜利。

就在日本宣布无条件投降的前四天，8月11日，蒋介石一连发出三道命令：一、十八集团军“原地驻防待命，不得擅自行动”。二、国民党军“加紧进军”，“勿稍松懈”。三、沦陷区伪军“维持治安”，“趁机赎罪”。

日军投降后，驻扎在孟县城内、一贯与我八路军搞摩擦的国民党顽军张伯华部，继续与我军为敌。在我们三五九旅奉命渡过黄河向北开进时，他们派兵阻挡我们的去路，不让通行。旅领导迫不得已，决定8月28日晚攻打孟县，消灭张伯华部。

孟县县城相当坚固，城内驻有伪军一千多人，个个都是亡命之徒。三五九旅打了整整一夜，没打下来。天亮后领导怕增大伤亡，只好撤了下来。9月2日，太岳军区第四分区派了两个团配合三五九旅再打，才将县城攻克。旅里原本命令我们教导营待命，我主动要求参战，但旅领导不同意。我不甘心看热闹，就带了两个排，随太岳部队冲进城里，抓了80多个俘虏，缴获一些白面。由于没有损失，刘转连旅长知道后，也没批评我们，默认了我们的行动。

几天后，我们奉命离开孟县，途经焦作，继续北上。焦作是中等城市，许多干部战士都是第一次进城，对很多新事物也是第一次接触，闹了一些笑话。比如一些战士见到电灯后，都觉得很新奇，有的人抽烟时就对着电灯泡点烟，却怎么也点不着，于是嘴里嘀咕：“这叫什么灯呀，居然连烟也点不着。”一生气用枪托“啪”地一下将灯泡打碎。这样一来，不仅烟没点着，甚至连灯也彻底“点”不亮了。

离开焦作后，部队奉命移师河南林县，林县是八路军太行山后方总部所在地，在那里我们受命准备进军东北。

第四章　驰骋在松辽之间

一、挺进东北，改造警察部队

东北三省面积占全国的1/7，人口不到全国的1/10，耕地面积却占全国的1/3，地域辽阔，物产丰富，它的战略地位极其重要。自近代以来，日本、沙俄两个帝国主义国家就一直视东三省为必争之地。沙皇俄国先是侵占了黑龙江、乌苏里江以北、以东的大片中国领土。1895年甲午战争后，日本又将侵略触角伸向东北，引起沙俄的不满，终于在中国的土地上爆发了1904年的日俄战争。日本战胜后，从俄国人手中夺取了旅顺口、大连和中东铁路南段。此后，日本侵略者得寸进尺，又于1931年发动九一八事变，侵占了整个东三省，第二年成立伪满洲国傀儡政权，进行殖民统治。像我这个年龄的前后几代中国人，对日本帝国主义者的深仇大恨大都始自九一八事变。自甲午战争后的半个世纪以来，东北地区的广大中国同胞就同日本侵略者进行了不屈不挠的斗争。老一代的共产党人杨靖宇、赵尚志、赵一曼等人为了中华民族的独立和解放，在同日本侵略者的斗争中献出了自己宝贵的生命。

东北三省不仅地大物博，而且交通便利，铁路长度占当时全国的一半，战略地位极其重要。尤其是东北的工业，在中国并不发达的工业体系中占有重要地位。据日本1943年统计，东北的钢铁产量占中国的90%左右，煤产量占一半，发电能力和水泥产量占70%，在全国有着举足轻重的地位。自九一八事变后，国民党势力就完全撤出东北，没有留下一兵一卒。而随着日本对东北的统治日趋严酷，共产党领导的抗日联军在东北的活动也受到削弱。1945年日本投降后，国共两党都非常重视东北地区，双方都想独占东北。

随着抗日战争胜利的来临，国共双方都开始考虑战后东北问题。蒋介石在一次秘密的军事会议上就说："国民党命运在东北，盖东北之矿产、铁路、物产均甲冠全国，如东北为共产党所有，则华北就不保。”的确，如国民党占据东北，不仅可以占有东北的工业资源，而且可以对共产党的主要根据地华北构成合围之势，战略上将占极大的优势。

1945年8月9日，苏联红军出兵东北，对日宣战。百万红军分兵三路，横扫号称拥兵70万的日本关东军，很快就解放了东北全境。8月15日，日本宣布投降，中国人民终于取得了抗日战争的彻底胜利。

就在日本投降仅半个月后的8月31日，国民党就成立了以熊式辉为主任的东北行营，任命杜聿明为东北保安司令官，蒋经国为外交特派员，还分别委任了东北各省政府主席和各市市长，并利用东北老百姓的“正统”观念，收编大批伪满部队、土匪武装，着手接收东北。同时，在美国的支援下，从海、陆、空三方面源源不断地向东北调兵，企图独占东北。

中国共产党对东北的战略地位同样重视。毛主席在抗战胜利前夕召开的党的七大上就明确提出：“从我们党，从中国革命最近将来的前途看，东北是特别重要的。如果我们把现有的一切根据地都丢了，只要我们有了东北，那么中国革命就有了巩固的基础。”为什么这么讲？这主要是由于东北特殊的战略地位所决定的。如果国民党占领了东北，将切断中国共产党领导的武装力量同苏联的联系，并将利用东北雄厚的工业基础，对关内解放区造成南北夹击之势。相反，如果我们控制了东北，一方面可以改变自己薄弱的物质基础，同时形成不受国民党包围的战略基地，彻底摆脱长期被敌人四面包围的被动局面。

抗战胜利后，党中央及时确定了以东北为争夺重点的战略方针，将这一方针简称为“向北发展，向南防御”。9月15日，中央决定成立由彭真、陈云、程子华、伍修权、林枫组成的东北局，彭真为书记。以后又陆续派林彪、罗荣桓、高岗、张闻天、李富春等到东北。最终到达东北的有4位政治局委员，20位中央委员，占中共七届中央委员的1/3。同时，中央还决定调派10万军队和100个团的干部配置迅速进入东北。10月31日，成立了以林彪为司令员的东北人民自治军，统一指挥。

正是在这一重大历史关头，我们三五九旅南下二支队于9月2日正式在河南林县受命，进军东北，指定我们占领嫩江地区，建立政权。

为了与国民党军抢时间，尽快赶到东北，旅长刘转连决定从各团、营抽调政治作风、军事素质好的干部组成先遣队，由旅参谋长贺庆积（1955年被授予少将军衔）带队先行出关。先遣队共45人，其中营、团、旅级干部28人，警卫员17人。由于领导对我的信任，我荣幸地被选为先遣队成员。

为了抢在国民党部队之前到达东北，先遣队每人配一匹骡马，一天走一百多里。我们几十人一路上得到地方党组织大力支持，每到一个村子，都已安排好住宿，准备好饭菜，备足马料，出发前还有向导带路。由河南林县出发，沿平汉路北上，经冀中深县、固安等地，我们在廊坊一带深夜顺利通过平津铁路。

当我们北上路过平汉路时，我看到沿平汉铁路两侧，日军挖了一条连绵不断、数百公里长的封锁沟，沟宽约三四米、深二三米。日本侵略者挖这条封锁沟的目的，就是要切断八路军在敌后各个抗日根据地之间的联系。为了有效控制封锁沟，日军还沿线修建了无数的炮楼、据点，小村庄驻守一个班，大村庄驻守一个排，交通枢纽或县城至少要驻守一个连或一个营，甚至是一个团的兵力。由此可见，八路军、新四军在敌后开展的游击战不仅令日本侵略者胆寒，更是有效牵制了大量日伪军。此前在党的七大会议上，朱总司令讲八路军、新四军在敌后战场共抵抗了64%的侵华日军和95%的伪军。通过我眼前看到的事实，可见八路军在华北大地上对日本侵略者构成的巨大威胁。

我们向东北挺进时，日军大都集中收缩到县城附近。就在我们顺利通过平津铁路的那天夜里，我恰巧遇见了一起到延安的军校同学廖政武，他也同是一个干部队奔赴东北。我们已经好几年未见，这次能在行军途中相遇真是太高兴了，但由于行动紧张，彼此未谈几句话就随各自部队前进。先遣队再经香河、遵化等地，向东北疾行，于9月14日抵达山海关。

我们无暇观赏天下第一关雄伟景色，策马直奔山海关火车站，当时火车尚通，我们一行弃马登车，乘火车出关，继续北进。

9月15日，我们到达锦州。当时，已进驻锦州的八路军冀热辽军区司令员李运昌（黄埔军校第四期毕业）接见了我们，并作了东北形势的报告。会后他还热情地请我们吃饭，想把我们这批干部留在锦州。因为他是最早进东北的，部队发展很快，非常缺乏干部。我们个人对此并没什么意见，只是上级不同意。

在锦州稍事休息后，继续乘火车北上，直奔沈阳。在火车上，我们见到苏联红军纪律较差，同去的女同志被迫藏在厕所里不敢出来。从此，我对苏联红军印象很不好。

1945 年至 1948 年底，黎原在东北

次日，我们到达沈阳，在火车站即被东北局的人带到郊外一所旅馆住下，不准外出，门外还有哨兵站岗。东北局书记彭真亲自到旅馆给我们作报告，副书记林枫宣布："经请示中央，你们三五九旅先遣队同志，由东北局统一分配，到长春开辟工作。"记得彭真当时还信心十足地讲：我们要独霸东北。三天后，先遣队的同志被统一分配到长春工作。

长春，位于吉林省中部，是京哈、长图、长白等铁路交会点。九一八事变后，末代皇帝溥仪在日本侵略者操纵下，成立了伪满洲国傀儡政权，设首都于长春。日本关东军司令部也设在长春，成为日本帝国主义和汉奸在东北的政治、经济、军事指挥中心。8 月 21 日，苏联红军占领了长春。因长春铁路网密集，四通八达，苏军占领长春后，马林诺夫斯基元帅就将苏军远东方面军司令部设在这里，便于指挥。马林诺夫斯基还兼任长春市警备司令，任命随同苏军进入东北的中共党员、原东北抗日联军第二路军总指挥周保中为长春市警备副司令。

苏联红军占领长春后，维持社会治安不可能完全依靠苏军。周保中就向马林诺夫斯基元帅建议成立长春公安总队。公安总队行使市政府的大部分职能，因为在苏军占领期间，长春还没有中国人组织的市政府。公安总队下辖公安分局，负责保障苏军的物资供应，社会治安的维持。此外，如苏军同老百姓发生矛盾，也都由公安总队负责调解。

公安总队成立后，根据中央意图，周保中通过长春地下党组织了解，向苏军推荐张庆和担任长春公安总队的局长。

张庆和，日本士官学校炮兵科毕业后，曾任伪满洲国警官学校教官。张庆和的夫人李玉贞是中共创始人李大钊的同族侄女、八路军冀热辽军区司令员李运昌的堂妹。因为有这一层关系，在八路军、地下党的影响下，张利用在敌伪军校任职的有利条件，多次向八路军李运昌部和东北抗日联军传递情报，输送医药物资等。日军投降前夕，张庆和一度引起日军怀疑，并被列入黑名单，准备除掉，幸得上司担保，加之日本人也没有抓到真凭实据，才幸免于难。

我们到达长春后，因受中苏条约限制和雅尔塔协定约束，苏军只能将长春移交给国民党政府，不承认八路军在长春的合法活动。所以我们先遣队的几十人就只能分别安置在同张庆和关系密切的几个单位暂时住下，等待机会分配工作。张庆和为人很热情，我和贺炎藩就住在张庆和家里。几天后，八路军冀鲁豫军区参谋长曹里怀（1955 年授予中将军衔）带领几十位八路军骨干也到了长春。东北局任命曹里怀为长春特别市卫戍区司令员，刘居英（1955 年被授予少将军衔）为长春特别市市长兼长春卫戍区政委。曹里怀等人为了安全起见，也只能暂时住在周保中家里。

由于苏联红军不同意我党公开成立武装部队，周保中和曹里怀、刘居英等人商量后就决定利用张庆和担任长春市公安总队局长的合法身份，将八路军骨干安排到公安总队和各地保安团，掌握武装，创建人民军队。

我们先遣队 45 人，被分到 10 个公安分队或保安团，大多先当副职。原三五九旅保卫科科长袁福生、师政治部锄奸部长李剑珠、七一九团一营长颜德明等人到长春市公安局任科长。我和原三五九旅后勤部副部长、老红军战士贺炎藩分配到公安大队，贺炎藩任大队长，我任教导员（后改称政委）。我最初对这一任命有意见，认为自己参加革命后，就一直搞军事工作，从来没做过政治工作，因此特别想当军事指挥员，带兵打仗。但作为党员，上级一旦决定后，便坚决服从，努力干好。

10 月 15 日早饭后，张庆和带领我和贺炎藩，还有十来个从八路军冀热辽军区来的连排班干部，一同去接受整编这支警察队伍。当时公安总队的人员都分驻在各区公安分局，张庆和命令勤务兵将各队队长、中队长、区队长集中到一处较居中的分局，宣布任命。随后，我们就走马上任了。

那时公安总队名义上归苏军卫戍司令部指挥，实际上由周保中直接领导。周保中不仅是苏军任命的长春警备副司令，同时还是我党任命的东北人民自治军副司令兼辽吉军区司令，他有许多工作要做，不可能将全部精力集中在长春，所以经常派一名副官到张庆和处传达命令。我在张的办公室经常见到这名副官。有时，因工作需要，经常要同国民党派到长春的接收大员联系。因为周保中终归是著名的共产党员，不方便出席过多公开活动，他就派张庆和出面。而张庆和则是苏军任命的公安局长。当时，苏军和周保中在长春的许多命令，大都通过公安总队来贯彻执行。通过这个关系，极大地便利了我党控制长春，建立人民武装。

公安总队成立之初，人员成分比较复杂，有些是留用的伪满警察，也有被日本俘虏的国民党军官、士兵，良莠不齐。他们中一些人相信八路军、共产党，愿意参加革命，也有些则是为了混饭吃。公安总队中成员最好的是基干队，主要由青年学生组成。在此基础上我们陆续成立了一连、二连、机枪连，共400余人，组成我所在的这个大队。部队仍穿警察制服，只有不到一半的人持有武器。

我任职后，同大队长贺炎藩分头到各个连驻地视察，了解情况。我们发现部队驻地比较分散，不便于管理。于是，我们就找张庆和商量，请求把部队集中起来，进行整训。张庆和非常支持，决定将部队集中调驻到警察学校。事先我们还带各连连长到警察学校了解情况，分配住房。10月20日，全大队人员都集中到了警察学校。途中跑了十多个人。

部队集中以后，我同大队的其他领导深入连队，一个人一个人地谈心，了解和掌握人员的思想情况，摸清部队的底数，进行思想政治教育。部队武器不足，我们就自己想办法。那时，苏军缴获的大批日军武器都放在我们驻地附近的一个仓库里，由苏军和公安总队共同派哨兵把守。苏军士兵嗜酒如命，我们就叫战士晚上给苏军哨兵送上一些酒菜，趁他们喝醉后，命战士赶着马车抢运枪支弹药。没几天的工夫，我们全大队就都装备齐全，焕然一新。苏军哨兵一方面是喝醉了，另一方面毕竟和我们是“革命同志”，内心也同情我们，加之缴获的日军武器也不如苏军先进，所以他们大都是睁一只眼闭一只眼，有时明知我们在暗中装运武器，他们也装糊涂，不理不睬。

不过苏军的纪律不太强。有一天夜间，一个苏军士兵用轮盘枪对准我们坐的一辆马车，要抢我们的车。我的警卫员樊明海、王贵民也不示弱，拔出驳壳枪对准他，他一看不妙就溜走了。我们大队一名从山东过来的八路军排长，曾被几个苏军士兵抓走，关在一个楼里，将他身上的钱财全部掠去买东西吃、喝，一直到用光了他的钱才放人。个别苏军士兵甚至到处强奸妇女。尽管苏军有宪兵负责军纪，抓到违纪士兵轻则关押，重则枪毙，但实际效果不太理想。长春城里的许多年轻妇女都剃光头，女扮男装，看见苏军士兵，就到处躲避。苏军还强迫各地公安分局每天将日本妇女送到苏军军营。群众对苏军的不满非常强烈。他们的所作所为严重败坏了苏联红军的声誉。

1945年10月底，我们进驻警察学校没几天，苏联红军准备撤走，将长春交给国民党军队接收。上级命令我们驻守长春中央银行，同警卫团一起守卫银行。我们还修筑了工事，准备同国民党军打。但苏联红军根据中苏协定，一定要把银行交给国民党，硬是用武力逼迫我们撤出银行。我们只好再搬回警察学校；几天后，苏军再次命令我们大队搬到长春城外的拉拉屯伪中央军官学校。

这时已是11月中旬，我们就对部队进行了政治教育和组织整顿。经过一个多月的了解，我们大体掌握了全体人员的基本情况。总的情况比预想的要好，成员中大部分是劳工和学生，还有一些被日军俘虏的中国军队战俘。他们对八路军有一定的认识，愿意参加革命。但也有个别人是找出路，混饭吃的，并不是真心参加革命。根据这种情况，我和大队长商量后决定：

第一，召开全体大会，公开我们的主张。明确告诉大家，我们是八路军，是共产党领导的革命军队，是为人民服务的，愿意留下的欢迎留下，愿意走的可以走。此后，有一小部分伪警官、警察和意志不坚定的队员40多人离开了部队。部队人数虽然减少，但质量却明显提高。

第二，对部队进行整编，加强党的领导。经上级批准，我们将一大队整编成四个连队，分别任命了连长、指导员，排长、班长各级干部。一连连长王志，指导员曹庚辰；二连连长阎村田，指导员敖荫轩；三连连长胡斌，指导员邱继臣；四连连长姚金龙，指导员李维。连级干部大部分是八路军老战士，还有几个是老红军。

第三，健全党组织。大队设立党总支，我任总支书记；各连设立党支部，指导员任支部书记，做到“支部建在连上”，保障了党对军队的绝对领导。同时，各连还成立经济委员会，由士兵管理伙食，做到经济民主。不久，上级又给我们大队派来11位共产党员、革命骨干，很快都充实到基层，这样全大队党员干部就有30多人。同时，我们根据形势的变化发展，有针对性地进行政治教育，努力提高部队战士的政治觉悟。此后，我们又陆续招收了一些素质较好的青年学生和城市贫民入伍。全大队总人数仍保持在400多人。

在教育整顿中，政治处主任马仁裕同志起了很大作用。马仁裕是满族，吉林市人，原姓伊。卢沟桥事变时在北平大学上学，参加过学生抗日爱国组织。一年后，党派遣他到东北做地下工作，发展党的组织，团结民众抗日。长春公安总队成立时，缺少骨干，地下党便选派了一些人来到部队，马仁裕就是在第一大队进驻拉拉屯伪军官学校后，由组织上派来的。他有文化，政治水平高，很会做战士的思想工作。

在政治整顿的同时，我还主动发挥擅长军事训练的特长，配合大队长积极抓好部队的军事训练，努力提高部队的综合素质。经过 20 多天的整顿和训练，部队素质和战斗力有了很大提高，大致具备了一支正规部队的规模。以后，组织上又陆续派了一些干部，有从万毅部队来的，也有从延安来的。全大队连、排以上干部基本上都是从关内来的。经过整顿，部队更纯洁，战斗力也明显提高。

从到公安大队工作那天起，一个月来，我的神经始终处于高度紧张状态，甚至连晚上睡觉都是睁着眼睛，脑子里的弦儿绷得紧紧的，生怕出现意外，怕有人叛变或逃亡，不能完成党交给的任务。这段日子对我个人的成长锻炼很大。日本投降后，我们奉命挺进东北，接收长春公安大队，前后仅仅两个月，我们就建立起一支革命的武装力量，这令我感到非常欣慰。

在解放战争中，东北地区之所以能够迅速解放，就是因为在党的领导下，建立了一大批像我们大队这样的革命武装。最先进入东北建立的中共武装力量，大约由以下三部分组成，一是冀热辽军区李运昌部十六军分区所属的两个团。他们离东北最近，9 月 4 日就开进了沈阳。我们先遣队 9 月中旬在锦州见到李运昌时，该部已扩编成了五个旅。当时，李运昌部的装备非常令我们羡慕，配备的全是日军武器，很多士兵还穿上了日军大皮鞋和呢子大衣，同关内的八路军相比，看上去要威武、雄壮得多。李运昌部还先后接收了沈阳、鞍山等地的敌伪装备。

另外一部分，是周保中领导的原抗日联军旧部，大约有几百人。1940 年冬，抗联迫于日益严酷的处境，陆续退入苏联境内。在苏联期间，有很多人受组织派遣进入红军各级军事学校学习，主要是学习炮兵和坦克等军事技术，有一定的军事水平。后来苏军将他们编成国际第八十八独立步兵教导旅，即抗联教导旅，由周保中、李兆麟负责指挥。苏联红军对日宣战后，周保中等人决定必须抢在国民党之前，控制东北主要城市，迎接中共大部队出关。经与苏联商定，同意抗联教导旅随苏军一同进入东北。9 月上旬，抗联即进驻长春、哈尔滨等北满主要城市，并以长春为指挥中心，工作重点就是接收日伪武器装备和公安、邮电、银行、铁路等要害部门。由于他们有苏联红军的特殊身份，起了别人不可替代的作用。

当时，周保中是苏军委任的长春警备副司令，同时又是中共中央同苏联红军的主要联络人，为中共在东北迅速开展工作提供了极大的方便和掩护。周保中过去担任过东北抗日联军的主要领导人，在东北很有威望，这批抗联老战士就利用这一特殊条件，在长春附近先后建立了十多个团的武装，并在北满几十个县成立了保安团。由于教导旅的成员大都接受的是苏联红军的建军模式，长期在苏军工作、生活，同八路军的作风有一定的差别。他们还不太善于开展群众工作，没有将主要精力放在部队建设和巩固根据地方面来，而是过于看重部队数量的扩大，相对忽视思想政治工作和党对部队的领导，存在一定的脱离群众的倾向。因此，尽管部队数量发展很快，但战斗力不够强。

那时长春一带真可谓司令多如牛毛，一个连长有时就可以对外称司令。某些新成立的部队干部只知道当官，不重视练兵打仗，同群众关系不够好。当环境、形势一变，面对国民党优势兵力的进攻，这样的部队很容易瓦解。以后，组织上分配一些原抗联的干部到我们军工作，他们中有一些干部在苏联参加过红军军校的正规学习，特别是在技术兵种，能够发挥特长。例如，我们军的通讯处长在苏联学习过通讯技术，后来在军部发挥了很大的作用和特点。他们对我们军的正规化建设有一定的贡献。

再有一部分，就是地下党组织的新部队。他们中的很多人是被日本强掳到东北的劳工，包括一些八路军被俘的连、排长，还有一些国民党军队的基层军官。这一部分军队有的表现还是不错的，他们懂得如何建党、建军、建政，也知道继承和发扬八路军的三大纪律八项注意等优良传统。在以后的残酷战争中虽然有一些被打散，但剩下的人重新找到组织，补充进主力部队。

最早进入东北的我军力量，主要就是以上三部分。真正的主力部队大致是在10月底进入东北的。虽然早期进入东北建立起来的武装力量，存在着一些不尽如人意的地方，但他们是最早打出共产党旗帜的人民武装，为我党进占和经营东北，赢得了宝贵的时间和空间，为东北，乃至全国的解放建立了不可磨灭的功绩。因为我们能首先进入东北，就有机会建立政权，扩大和发展武装。尽管一些新成立的部队，战斗力不如主力部队，但这些地方部队也有地方部队的作用和特点，有了这些武装，我们就可以控制一个县、一个地区，可以减少野战部队分防驻守的压力，还可以接受从关内来的干部。有了落脚点，就有了开展工作的空间。以我所在的公安警察大队为例，原三五九旅先遣队的干部最初出关时只有几十人，如果没有张庆和这些人的帮助，我们的工作难度将更大。

以后，面对国民党军队的进攻，虽然有一些基层政权瓦解了，新成立的部队被打散了，甚至有个别部队反水投敌，但毕竟我们有了基础，随着形势的发展，恢复起来容易。同时，一些被敌人打散的部队，很多人又陆续回到解放区，经过整顿，补充进新部队或主力部队。还是以我所在的公安警察大队为例：最初成立时共四个大队，除三大队长叛变投敌被处死后将该队编入我们一大队外，其余两个大队都陆续补充进一纵和六纵。以后，我们大队逐步发展成十纵二十九师八十五团；八十六、八十七团也基本上是由县保安团改编而成。这些部队都是当时新成立的，有了这个基础，后来曹里怀带着我们团到舒兰，再同这两个团一起组成独立第三师，经过一年多的战斗考验，独立第三师发展成主力部队十纵二十九师。在十纵最初成立的三个师中，除二十八师是由三五九旅两个团三千多人成建制地由关内挺进东北外，其余部队都是在东北发展起来的。

回想挺进东北的最初经历，我真是发自肺腑地感到党中央在东北战略决策上的英明伟大。抗战时期，八路军主要是在华北抵抗日本侵略者。虽然华北紧邻东北，八路军有这个有利条件，但这个条件也是在日本投降之时才显现出来。最初党中央的方针还是南下扩大抗日根据地。1944 年 11 月，三五九旅南下一支队就是受命到湖南开辟新的抗日根据地。直到欧洲战场胜利后的 1945 年 6 月，我军的战略部署还是向南发展，并派出我们二支队南下。等到 8 月苏联出兵东北后，党中央及时抓住这一有利的形势变化，迅速改变战略部署，及时作出“向北发展，向南防御”的战略决策，紧急抽调十万部队、两万干部赶在国民党军队之前进入东北。

同时，还有一个重要的因素就是苏联对日宣战后，苏军控制占领了整个东北。这为我军赶在国民党军队之前进入东北，建立政权，发展武装，改善装备创造了有利的条件。尽管当时苏联政府同国民党政府保持着外交关系，由于受中苏条约的限制，他们还不承认中国共产党在东北建立的基层政权。但苏军还是在可能的情况下，给予我们很大的帮助。当时苏军就曾建议进入东北的中共军队或是新成立的部队对外最好不要叫八路军，改称东北人民自治军（以后又改称东北民主联军），这样苏军就可以睁一只眼闭一只眼。苏军还一度下令凡佩戴自治军标志的部队，可在东北各地自由活动，苏军不加限制。特别是苏军基层指挥官对中国共产党领导的军队有着一种天然的亲近感，他们也知道毛泽东、朱德。当我们喊“斯大林万岁”时，他们也会喊“毛泽东乌拉！”只要国民党不提出外交干涉，苏军实际上并不阻碍我们在东北的行动，甚至在我们剿匪时，苏军还一度予以配合。这一点，我就有亲身经历。1946 年初我奉命在北满大赉县剿匪，当时苏军在县城车站驻有一个连队，就主动协助我们缴械土匪武装，配合我军的剿匪工作。

正是因为有了苏联红军的帮助，我们进东北后，才可以招兵买马，组织武装，建立政权，特别是周保中等人领导的原抗联部队，起了很大的作用。我们利用这一有利时机，首先在东北树起共产党的旗帜，控制了很多地区，为八路军主力部队出关提供了开展工作的空间。

二、松辽剿匪

东北历史上匪患不绝，特别是北满和西满更是有名的土匪活动地区。1945 年 11 月，国民党东北行营在长春开始着手布置接管东北。由于苏军当时还没有撤军，国民党正规部队一时无法顺利进入东北正式接收。为了同共产党抢夺胜利果实，阻挠共产党在东北的发展，国民党向各地派遣了大批特务，对土匪封官加委，使大批伪满官吏和土匪头子摇身一变成为所谓“先遣军”“光复军”和“挺进军”的司令、军长、师长，一时间，东北土匪势力急剧膨胀，最猖狂时匪众曾达到 25 万左右。由于国民党代表着中央政府，东北的老百姓大都认为国民党是“正统”，原伪满军队、土匪武装纷纷接受国民党委任，许多基层政权很快落入国民党控制的土匪武装手里。我们少数新成立的部队也在国民党特务的利诱下反水，投降敌人。加之东北被日本占领长达 14 年，共产党的基层组织薄弱，群众尚未全面发动，对八路军、共产党还不理解。我党派到各县的负责人有的被杀害，有的被赶走，很难开展工作。

在这种情况下，中共东北局指示：“争取在苏军未撤、蒋军未到之前，扫清北满土匪，镇压新部队之叛变，为建立根据地创造条件，成为当前急务。”为此，上级命令我们公安总队到北满各县执行剿匪任务，保护党的地方组织，开辟农村根据地。

接受任务后，我和大队长贺炎藩立即率领部队向舒兰、榆树两县进军。当我军刚刚进到舒兰县白旗屯镇时，就同当地反动武装交上火。我们马上展开队形向敌人攻击，经过一个多小时的战斗，将敌人打跑，顺利进占白旗屯，并召集地方商会、镇长开会，阐述我党政策和我军纪律，安抚群众安心生产、生活，不要害怕。我们还成立了维持社会治安的组织。

此后，我们陆续击退了黑林子等地的土匪武装，于12月底进到榆树县，协同松江支队将县城包围。我大队配合松江支队由东关和北关攻城。当时，我们总队有山炮、步兵炮十余门，就集中全部火力，经过近一小时的炮轰，将县城南门打开一个缺口，部队同时发起攻击，激战十小时，歼灭敌人1500余人。我大队攻进城后，负责打扫战场（收缴枪支，安排俘虏）。而向北逃窜的残敌，全部被松江支队歼灭。部队在榆树休整三天后，即向五常县开进。

此时正值隆冬，天下大雪，平地的积雪就有一尺多厚，气温降到零下20多摄氏度。当部队行进到五常县孙大骡子屯时，遭到土匪武装阻击。敌人在距我军500米处突然开火，全大队在毫无隐蔽的情况下立即展开，向敌进攻。敌人依据大院工事与我对峙。我们没有挖战壕的工具，而且冻土坚硬根本挖不了工事，再加上地形平坦，不易接近敌人，相持四个多小时没有进展。后来，我亲自组织各种火炮集中射击，压制敌人。同时命一连组织突击组，排长樊明海任组长，经过五分钟的炮击，突击组爬上围墙，后续部队也跟着冲进去，敌人遂向五常县城逃跑，被我打死打伤数十人，我们伤亡二十余人。樊明海冲到院内同敌人格斗时英勇牺牲。他原是我由关内三五九旅带去的警卫员，从关内到东北照顾我特别周到。他作战勇敢、机灵，是一个很好的同志。他的牺牲，我非常悲伤。

敌人向五常县城逃跑后，我组织大队立即向敌人追击。敌人在五常县城未敢抵抗，即向北逃走。当晚，我们占领了县城。大队在五常县休整了几天，整顿部队，开追悼会，进行形势教育。这时，毛主席到重庆同国民党谈判，虽然双方签订了双十停战协定，但国民党拖延不执行，继续依靠美国军舰运兵到东北，包围解放区，想彻底消灭我们。此时东北的国民党特务活动非常活跃，有些人甚至混进我们的部队搞策反。公安总队三大队队长张劲才原是一个旧劳工头，日本投降时他在长春拉了一百多人的武装。公安总队成立后，将他收编为三大队。当时，国民党特务对张劲才许以保安团团长，并由长春行营发了委任状，但他的委任状被我军截获。曹里怀司令员就命令我负责整编三大队，将张就地枪决。我带一连长和一个排赶到三大队驻地将张逮捕，拉到五常县城东门外枪毙了。

三大队副大队长胡庚生是参加过长征的老红军。抗战时，在冀中根据地当武工队长，绰号“黑衣队长”，威震日伪军和汉奸。长春公安总队成立时，他受党的委派到第三大队任副大队长。胡庚生按照我的要求和布置，配合三大队其他八路军骨干，将全队人员集中，当众宣布：张劲才投降国民党，并被委任为保安团长，已逮捕法办。你们愿意留下的留下，不愿意留下的发给路费。三大队原有 3 个连，300 多人，当下走了 2/3，留下 100 多人。我和胡庚生商量后，将留下的人编为一大队第三连，胡庚生任连长。原一大队三连改为一大队基干连。此后一大队共辖四个步兵连，一个机枪连共 800 余人。这个由三大队改编的连队，先后参加解放战争、抗美援朝、社会主义建设，隶属关系几经变更，后来改为四十七军一四〇师四一八团三连，闻名全国、全军的“欧阳海班”，就在这个连。

在这一段剿匪期间，我们所处的环境是相当险恶的。因为我们是一支新成立不久的部队，公安总队下辖的四个大队中，二大队长原是国民党的营长、三大队长叛变、四大队长是伪满旧军官出身。在当时复杂的情形下，他们随时都有反水的危险，搞不好就会脑袋搬家。整个公安总队执行命令坚决、最忠于党组织的就是一大队。

1946 年 1 月，进入东北的中共部队正式改称为东北民主联军，林彪任司令，彭真、罗荣桓分别任第一、第二政委。我们公安总队改编为东北民主联军吉黑纵队，曹里怀仍任司令，刘居英（原长春市市长）任政委，张庆和、冯致远任副司令。公安总队第一大队改为吉黑纵队第一大队，贺炎藩任大队长，我仍任政委。

1946 年初，我部由五常出发，向北满进军，继续担负剿匪任务，先后解放了农安、乾安等县。2 月，我军经伏龙泉镇遇土匪千余人，部队全部展开向敌攻击，将敌大部消灭，并救出被敌人关押的干部十余人。这些干部都是我党派出的书记、县长。如陈斌同志是一个老红军，被救出后就留在我大队担任后勤处长。战斗结束后，我们大队进驻卡拉木屯一个蒙古王爷府。主人是蒙古上层人物，据说是蒙古四大地主之一，房子有上千间，养马百余匹。

伪满时期，他家上缴的粮食多得要经铁路运输才能按时运出去。他的家人都抽大烟，连刚生下的小孩子也要用大烟喷脸。我们驻了大约一周，全由他一家负责供应。离开时，他还送给我们十几匹马。

当时西满各县反动武装，经常杀捕我党派去的地方干部。一天，大赉县委书记、县长发现敌人要抓他们，并企图占领县城，就连夜跑到扶余，向曹里怀司令员汇报土匪的情况。曹里怀当即命令我大队迅速占领大赉县城。

大赉县又名绰尔城，位于西满东边。县城不大，居民近五千人，城墙由土夯实筑成，墙高一丈，宽五尺。城外东、西、南三面为平地，北面为水泡子。中长铁路从城西通过，西门外四里处就是大赉火车站，车站驻有苏军一个连。我率部进占县城后，即部署二连守北门，三连守南门、东门，一连、基干连做预备队，将通信联络的各种讯号规定好，根据敌人不同的进攻方向制定应对方案，并派人到城外火车站与苏驻军联系，协同对付土匪进攻，一切布置就绪，就等敌人来攻。

2月中旬，敌保安团两千余人，配备野炮、山炮十余门，将县城层层围住，上午8时开始进攻，先进行炮火轰击，连续多次冲锋，架云梯爬城，均被我军击退。下午5时南门吃紧，敌人占领了部分土围子，我当即率一连赶到南门增援，打退了敌人的进攻。晚上，我回到大队部发现大队部人员已集合院内，所有物品装载上车，准备由西门撤走。我马上找到大队长贺炎藩商量，明确表示我军绝不能撤，如果此时撤军很有可能会全军覆灭。因为敌人超过我几倍，城外又是平原，我军缺乏有利地形的掩护，反而便于敌人进攻。更何况上级给我们的任务是死守县城，等待援军。没有上级的命令决不能擅自后撤。我最终说服了大队长，又将机关干部、警卫组成一个连，投入战斗，后勤人员也组织起来，负责向战斗连队输送弹药和给养。

第二天，敌人再次集中十余门大炮猛轰北门近一个小时，将城门打开一个缺口，步兵即发起冲击。守卫北门的二连顽强抵抗，连长闫村田负伤不下火线，坚持指挥，击退了敌人的进攻。利用战斗的间歇，我率领基干连火速赶到北门抢修工事，将缺口堵起来。随后，敌人又发动了两次冲击，都被我军击退。

敌人两天进攻受挫，就派密探进城与城内反动地主联系，企图里应外合。第三天夜晚，土匪一百多人由东北方向偷偷爬进城墙，占领了两个大院，向我军射击。我立即命令一连反攻，与敌人进行巷战，用手榴弹和刺刀将突入城内的敌人大部消灭，剩下的几十人逃出城外。拂晓时战斗结束，我军伤亡三十余人，一连黄连长英勇牺牲。第四天，敌人继续组织进攻，均被我军击退。第五天早晨，由白城子出援的新四军三师八旅（旅长张天云、政委李雪三）赶来增援。敌人全部撤退，我即率一、二、三连由北门向敌人追击二十余里，俘敌二十余名。

原来，增援部队两天前刚刚攻占白城子，正在休整。他们接到增援大赉的命令后立即乘火车驰援。那时的火车，缺燃料，将就着烧豆饼，豆饼烧不着，热力不够，蒸汽不足，火车走走停停，停停走走，本来一天的路程竟然走了两天。

打退土匪进攻后，全大队首先召开追悼大会，纪念牺牲的黄连长和二十多名烈士，黄连长是在四川参加革命的老红军，他政治上坚定，作战勇敢，是我一大队主力连的连长，他的牺牲，是我们大队的重大损失。随后召开全大队总结会。这次战斗的主要经验是：在我军被敌人包围，特别是敌强我弱的情况下是不能轻率突围的。如果盲目突围，我们有可能被消灭。二是必须肃清内部敌人，敌人利用里应外合抢占了几个院落，给我们的防守造成极大危险，因此必须对城内隐蔽的敌人进行严格清查。三是要加强对敌侦察工作。敌人在前一天晚上撤走时，我们没有及时发觉。待天明追击时，敌人已

1946 年，东北剿匪期间，黎原（后排站立右三）在剿匪贺捷大会上与战友们合影

跑远。这次战斗对我们这支新组建的部队来说，能够在敌强我弱的情况下坚守四天四夜，还一度将打进来的敌人大部分消灭，对部队是一次很好的锻炼和考验，提高了部队指战员的士气和战斗力。

三、第一次解放长春

1946年3月初，苏联红军开始从东北撤军。由于当时苏联同国民党政府有外交关系，按照中苏协定，苏联红军撤出时，须将驻防城市交由代表中国政府的国民党军队接收。因此，国民党军队和地方反动武装，趁苏军撤军之机，大举抢占东北主要城市。3月13日，国民党军进驻沈阳。21日，国民党军又从东北民主联军手中夺占抚顺、辽阳。至此，国民党军进入东北的部队共6个军，连同收编的伪满军警、土匪武装，总兵力达30余万人。

面对严峻的形势，在中共代表据理力争下，美国和国共三方军事调停三人小组于3月底达成《关于派遣执行小组前往东北调处停止冲突的决议》。但国民党拒不执行停战协定，仍乘苏军撤离之机，集中5个军11个师的兵力，继续向东北民主联军占领的城镇大举进犯。国民党的战略企图是：迅速占领四平、本溪、鞍山等战略要地和交通线，进而占领长春、哈尔滨，以达到占领整个东北的目的。

为了防止国民党军长驱直入，配合谈判，促进东北和全国和平民主的实现，中共中央确定全力控制北满地区及长春、哈尔滨两市与中长路满洲里至绥芬河段。因此，中央要求东北民主联军迅速集中主力，坚决扼守四平，给北进之敌以有力的打击；南满主力集中于本溪地区，打击和牵制敌人；在苏军撤出长春、哈尔滨、齐齐哈尔市后，迅速歼灭三市匪伪武装，夺取这三个城市。

当时，我们正在大赉周围几个县负责剿匪，接总部命令：南下攻打长春。我们大队立即从大赉县城出发，向南经九台于4月13日到达长春东北地区集结待命。这时，夺取长春的战斗已布置完毕。总指挥为吉林军区司令员周保中，参战部队有原山东八路军第七师主力和吉黑纵队等部。攻击部队分为西南、东南和东北三个纵队。吉黑纵队编为东北纵队，任务是夺取长春火车站后，沿大同路，向关东军司令部旧址和伪中央银行进攻。

这时的长春形势，同半年前我们刚到时的情形大不相同。尽管苏军尚未全部从长春撤出，但按照中苏协定，国民党东北行营也已进驻长春，接管了部分城防。驻守长春的国民党军队有敌铁石部队二总队、四总队，以及吉林省保安司令部下辖的 15 个保安大队和 1 个骑兵大队，总兵力约 2 万人。总指挥为卖国求荣，双手沾满中国人民鲜血的大汉奸姜鹏飞。

敌铁石部队原为伪满洲国军队。1932 年由日本关东军铁石少将在中国东北收编土匪、地方武装组建而成，关东军定名为铁石部队，主要任务是同东北抗日联军作战。该部队装备颇佳，有一定的作战能力，极为凶狠。日本投降前，铁石部队进驻冀热辽，与八路军为敌。日本投降后，改换门庭，被国民党收编为东北保安部队，用飞机空运到长春，从苏联红军手中接收了长春。国民党在东北原本没有留下一兵一卒，为了和共产党抢占胜利果实，他们就大量收编伪军。当时活动在北满、西满一带的所谓“国军”，大都是原来的伪军。我们攻打长春时，守城的两万多敌人都是国民党收编的伪军，根本没有见过中央军的影子。事后，国民党总结大陆失败的教训时，胡说什么当时中央军进东北，拒绝接收伪军，全让共产党军队接收了，这是失掉东北的一个主要原因。这种自欺欺人的论调，同事实完全不符。

4 月 14 日中午，苏军全部撤离长春。晚 8 时，东北民主联军开始攻城。我东北纵队先后夺取宋家洼子、长春广播电台，占领长春市北郊。

第二天，东北纵队集中主力，向敌铁石部队四总队固守的长春火车站发起攻击。张庆和副司令员、冯致远参谋长一人驾驶一辆坦克，开道攻击。三个大队在炮兵的配合下，轮番进攻，直到夜幕降临，仍未攻下火车站。傍晚，经审问俘虏，我得知敌人的一个团指挥所就设在火车站对面的几幢楼房里。同时，我们还让俘虏画了敌人的炮兵位置、防御情况图。这时，纵队又将纵队步兵炮连、迫击炮连配属给我们，要求晚 11 时拿下火车站。我立即召集各连长开会，重新进行部署，并要求炮连作好炮火准备。

晚 8 时整，纵队炮兵连的 15 门步兵炮、迫击炮，发出怒吼，直击敌团部。炮弹从窗口钻进，在屋里炸开，炸得敌人乱作一团。趁敌混乱，我们大队全体官兵，呼喊着冲向火车站，冲进楼内，与敌人逐楼逐层地争夺。经过四小时的激烈战斗，守卫车站的敌人大部被歼，小部逃进城里。俘敌 500 多人，缴枪 1000 余支。

17 日一早，第二、第四两个大队在炮火支援下，跟随四辆坦克向据守关东军司令部旧址的敌人冲击。张庆和、冯致远再次驾驶坦克带部队冲击。步坦配合，开始还算顺利，不料坦克冲进一段距离后，连续坏了两辆，接着坦克上的炮弹也打完了。缺少火力掩护，部队晾在大马路上，既攻不上去又撤不下来，干挨打，伤亡很大。这一天，我军向敌人发动了多次进攻，但仅占领关东军司令部旧址以北的几栋高楼，尽管我们有了一些依托和掩护，但仍无力推进。

当晚，我到前沿阵地仔细观察后，向副司令员张庆和建议，二、四大队仍从正面进攻，我带一大队迂回到关东军司令部旧址以西，连夜向守敌发起攻击。得到张庆和的同意后，我即率一大队穿过原日本关东军命名的儿玉公园（今胜利公园），埋伏在原关东军司令部西侧楼外。晚 9 时许，正面第二、第四大队发起新一轮攻击。趁敌人注意力集中在正面的时候，我命令部队突然从侧后发起冲击，迫击炮弹和手榴弹同时在敌人阵地开花，守敌还没有反应过来，我们就冲进楼内，与敌人展开肉搏。随后，正面进攻的部队也冲了进来，很快消灭守敌，占领了关东军司令部旧址。

18 日，攻城的三个纵队，分别扫清长春外围，攻入城内，齐头向敌铁石部队总指挥部伪中央银行推进。吉黑纵队沿大同路推进。纵队的四辆坦克也已修好，在坦克的引导下，部队经三四个小时的激战，攻占敌宫内府、康德会馆等要点。下午，攻城的三个纵队，分别推进到伪中央银行附近。这里还有 4000 多敌人，负隅顽抗，作困兽斗。

晚 6 时，吉林军区司令员、前线指挥周保中发出全面攻击命令。三个纵队的大炮齐鸣，伪中央银行变成一片火海。战至 21 时半，攻占了伪中央银行，长春全部解放。长春战斗，我大队歼敌 1000 多人，俘敌 1000 多人，缴获枪炮 1000 余件，受到上级嘉奖。

这次战斗，对东北战局来说具有重要的意义。它显示了我军的力量，积累了城市攻坚作战的经验。特别是对我们这样一支新组建的部队，锻炼很大。同时也有很多教训值得总结。例如在街道巷战中，不能够沿着大街冲击，应该编为班排小组，发挥近战、夜战优势。此外，当我军向关东军司令部旧址进攻时，由于没经验，步兵跟随坦克沿大街冲击。坦克炮弹打完撤走后，给步兵造成很大伤亡。同时，我军还要加强步炮协同作战，明确步兵、炮兵的具体任务。我军进攻火车站时，由于步、炮兵任务明确，炮火准备后及时发起冲击，迅速歼灭敌人，保证了战斗的顺利进行。

1946 年 4 月长春解放后，遵照上级指示，吉黑纵队分为两部，由曹里怀

1995 年，在吉林长春原伪中央银行留影，1946 年 7 月曾在此战斗过

率一大队、骑兵大队和炮兵大队、直属队各一部到吉林，改编为吉林军区，曹里怀任司令员，袁任远任政委。其余人员由张庆和、冯致远率领，留守长春。留守部队不久分别编入东北野战军一纵、六纵。我部到达吉林后，第一大队改编为吉林军区警卫一团，贺炎藩任团长，我仍任政委。全团 3 个营，1000 多人，战斗力有所加强。一营营长胡斌、教导员王志。二营营长朱以武、教导员龚定尘。三营营长鲜富文、教导员商东吉（朝鲜人）。从此，我们团由地方部队向正规部队迈出了重要的一步。

我和参谋长胡更生带三个连到蛟河县剿匪，经过半个月的合围奔袭搜剿，基本肃清了土匪，稳定了局势。

苏军撤兵后，为了阻止国民党军的长驱直入，按照党中央和东北局的指示，东北民主联军在解放长春、哈尔滨的同时，集中主力部队坚守四平。四平位于中长铁路沈阳、长春之间，又是中长、四梅、平齐三条铁路的交会点，是连通东、西、南、北满的重要交通枢纽，历来是兵家必争之地。

从 4 月中旬开始，我军进行了一个多月的四平街保卫战，这是我军在特定历史条件下进行的一次大规模城市防御战，为在东北建立巩固的根据地争取了宝贵的时间。四平保卫战历时一个多月，毙敌一万余人，打击了国民党军的嚣张气焰。我军也付出了较大代价，有 8000 名指战员献出了宝贵的生命，其中大部分是从关内调赴东北的骨干。

5 月 18 日，东北民主联军奉命从四平撤退。四平失守，客观上是由于敌强我弱。最初，我军还准备在长春继续阻击敌人，并开始挖工事，彭真在动员大会上对我们讲要变长春为马德里。但因敌我力量悬殊太大，后方又不巩固，没有根据地，为了保存有生力量，中央和东北局决定放弃长春，部队分别向松花江以东、以北地区撤退。四平撤退后，毛主席特意以中共中央的名义致电各解放区指出："四平防御战为一时特殊条件所致，不能成为我一般的作战方针。"

部队在撤退时组织得很周密、隐蔽。当我军主力后撤几十里后，敌人才发觉。我军撤出四平后，一部分主力于 6 月初到松花江北岸休整，其余部队分别转移到东满、西满地区休整，并从事根据地建设。国民党军占领四平后，又继续向北推进。26 日，国民党军占领长春，三天后进占吉林。

东北民主联军战略撤退时，我团在吉林北山同一纵一师负责掩护主力撤退，并奉命炸毁吉林南江铁路、公路大桥。当时团里没有工兵，不知道如何有效地安装炸药。我们团临时招募了 30 多名懂爆破技术的日本人，在大桥结构最佳位置安放好有效数量的炸药，才顺利完成任务。

我团负责防守的地方是主力部队撤退的主要方向，大部分部队都从这里北撤。28 日，林彪乘坐卡车北撤时路过我们团，还到团部休息了一个多小时。他说话不多。临走时我问他："首长，您还有什么指示？"他只是说："没什么。现在的形势你们都知道，我们暂时处于不利的地位。你们完成掩护任务后，迅速向舒兰山区撤退，整顿好部队，发动群众，一定要建立起巩固的根据地。"

当晚，我们炸桥后即向江北舒兰县转移。敌人到了松花江后，由于战线拉长，兵力不足，暂时没有力量继续向北进攻，基本与我们隔江对峙，除派小股部队过江侦察骚扰外，没有大的进攻行动。

四、守卫舒榆江防

从 1946 年 3 月苏军撤兵、国民党军大举进攻开始，到 6 月我军退守松花江以北的这段时间，是东北解放战争最困难的时期，也是国民党军队最猖狂的时期。国民党集中了八个军的优势兵力进攻，来势凶猛。整个松花江以南地区除临江周围几个县外，全被国民党军队占领。特别是敌新一军、新六军是国民党五个王牌军中的两支劲旅，全部是美式装备，参加过缅甸作战，战斗力最强。而我军大多是新组建的部队，新兵多，缺乏训练，战斗力弱，通讯联络不畅。出关的主力部队也多是来自各个根据地，还未能建立一个高效灵活的指挥系统。

我军后撤时由于撤退距离较远，从而造成部队一定程度的混乱。很多部队纷纷减员，而新组建的部队和地方武装叛变逃亡现象更是严重，有的团甚至跑了一半以上。当时，黄克诚曾将我军这段时期的不利因素总结为“七无”，即“无党（组织）、无群众（支持）、无政权、无粮食、无经费、无医药、无衣服鞋袜等”。部队士气受到极大的影响。根据情况的变化，此时我们没有独占东北的可能。因此，林彪提出我们当前的任务：必须先肃清土匪，整训部队，充实后勤，建立根据地。

国民党军队虽然控制了松花江以南的广大地区，但由于占地广，战线延长，兵力分散，且在作战中消耗了大量有生力量，部队疲惫，继续组织大规模进攻，攻占哈尔滨、齐齐哈尔已力不从心，无力继续向我军发动大规模的进攻。我军则利用这段有利时机，大力整军，开展根据地建设，十万干部下乡发动群众，建立政权，从而为东北解放战争的胜利奠定了基础。

我军后撤之初，上级曾一度要我们撤到舒兰以北山区。但国民党军到松花江南岸后，为了巩固新占领的地区，也没有力量再向北进攻。

我团虽然是一支组建不久的新部队，但由于提前进行了充分细致的思想政治教育，注意发挥党、团员的骨干作用。加之我们是从吉林北撤，渡过松花江，撤退距离比较短，所以，我们在撤退中只跑了几名战士，部队损失相对较轻。

吉林军区撤至舒兰后，改编为吉北军分区，曹里怀任司令员，伍晋南任政委。我团改编为吉北军分区基干一团，我仍任政委。此后半年，我们在舒兰一带除防守松花江东岸，阻止老爷岭、江密峰一线的敌人进攻骚扰外，努力加强自身建设。

为了巩固吉北根据地，我们首先发动群众，组织农会，实行减租减息，努力培养地方干部，建立基层革命政权。

舒兰、榆树两县是吉林省的产粮区，丰收一年够吃三年。这一地区人口约60万，有粮吃，人口多，为扩大部队创造了条件。为此，我们积极扩兵，及时补充部队兵员、武器。到9月，全分区扩充新兵千余人，我团也补充了很多新兵，并组建了一个朝鲜营，全团达到1500余人。这次扩兵，我们采取自愿报名参军和先参加民兵、武工队，然后择优录取的办法，保证了兵员质量。上级还分配到我们团几十名关内来的营、连级干部。新兵主要成分是翻身农民，他们怀着保卫家园，保卫胜利果实的心情来到部队，经过一段时间的教育和锻炼，很快成了部队的骨干。部队扩大后，我们努力加强部队思想工作，揭露国民党玩弄假和平真内战的阴谋，宣传全国各个战场的胜利，树立战胜敌人的信心。我们又分阶段、有计划地进行军事训练，努力提高部队的军事素质，使部队战斗力得到很大提高，全团兵员充实，装备改善，训练有素。这期间由于团长贺炎藩身体不好，部队主要由我负责指挥训练。

我们刚到舒兰、榆树时，国民党军队经常派遣小股部队从乌拉街北上骚扰，我们都将来犯之敌打了回去。为了锻炼部队，巩固根据地，我们积极寻找战机，先后两次主动出击，受到上级的表扬。

第一次是大榆屯战斗。当时国民党保安团利用江面结冰，人员车辆可以自由通行的条件，不断过江骚扰挑衅。11月的一天，我接到报告：敌保安团约800人向江北进犯。我立即命令二营迅速占领江边大榆屯，断敌退路，并率一、三营从驻地秀水河子沿江边攻击敌人。秀水河子到大榆屯约10公里，我带部队很快接近敌人，并沿江边展开。不料敌人一触即溃，向后逃跑。我们随后紧追不舍。原以为前面有二营负责围堵，我们前后夹击，可以全歼敌人。可是二营长因畏敌怯战，擅自撤退，结果逃敌大部分通过大榆屯逃回江南。我们只是在追击中抓了十几个俘虏，歼灭了部分敌人，缴获了几十支枪，未达到预期的目的。二营营长为此受到撤职处分。

第二次是岔路口战斗。我团驻防秀水河子后，侦察发现江对面岔路口镇驻有敌人两个连，孤立无援。于是，我决定过江打掉它。12月底，我命令三营提前穿插到敌后，断其退路，我率一营从正面向敌发起攻击，敌人不明我方虚实，稍做抵抗，就弃镇而逃。我率部队随后紧追，原想一营在前面一打，三营从后面一拦击，必能全歼敌人。可是在追击中迟迟不见三营打响，致使敌人大部分逃回德惠县城。原来三营同样因不敢阻击逃敌，眼睁睁地看着敌人逃跑。这次战斗只消灭了几十个敌人，捉了部分俘虏，缴获了一些武器。三天后，我们主动撤离岔路口，回到江北。

这两次战斗，我们情况掌握得比较准确，兵力部署得当，本来可以取得更大的战果，但因个别指挥员畏敌情绪严重，临阵退缩，丧失战机，未能全歼敌人，令人感到非常惋惜。这也说明我们这支新部队还缺乏锻炼，战斗作风不够勇敢坚强，需要加强教育，提高干部素质。

两次战斗虽然没有达到预期目的，战果也不算大，但毕竟是在国民党军队处于优势，我军处于守势的不利情况下主动过江，追歼正面敌人。作为一支新组建的部队，敢于积极寻找战机，与敌作战，不但消灭了部分敌人，还抓了几十个俘虏。应该说是经受了一次重大的考验。此举打击了敌人的嚣张气焰，从此敌人不敢轻易过江北犯，保证了后方安全，也提高了吉北军分区的威望。

1947 年元旦，东北民主联军总部对我团的两次战斗通电表扬：吉北分区部队主动出击，敢于主动进攻敌人，精神可嘉。同日《东北日报》头版显著位置报道说："日前，吉北分区部队由秀水河子地区过江南下，勇猛冲击，击溃敌新一军一个营，歼敌数十人，敌军向德惠城逃去。"以后一四〇师师史对我们这段时间的表现评论道："全分区为三千五百余人，以基干一团战斗力较强，为当时吉北分区之主力，经常在榆、永、舒一带进行剿匪活动。当时吉林外围之敌经常出来袭扰，并向缸窑地区侵犯，自派遣该团前去后，给敌以不断打击，有效地制止了敌之骚扰窜犯活动，为稳定吉北地区局势起了很大作用。"

这段时间，我们作为吉北军分区的主力团，在完成各项任务和剿匪、保卫边境的战斗中，取得了很好的成绩，部队在战斗中不断成长壮大。同时，我们团的思想政治工作成效突出，部队综合素质提高较快。为此，吉北军分区推荐我为优秀团政委，到哈尔滨参加东北民主联军政工会议。

在会上，我介绍了基干一团从组建时仅有 400 余人，发展壮大到 1500 多人的过程和经验教训，得到东总首长和与会人员的肯定和好评。政治部主任谭政（1955 年被授予大将军衔）和副主任周桓（1955 年被授予上将军衔）还单独接见了我，向我详细了解基层政治思想建设情况，肯定了我们的做法，鼓励我继续抓好部队建设，带好部队。

五、三下江南

1946年秋季，我军撤退到松花江以北后，东北局组织了十万多干部下乡，发动群众，建立和巩固农村根据地。在农村建立农会，剿匪反霸，扩充兵员。经过半年多的努力，建立了稳定的根据地，巩固了后方。部队经补充和整编，战斗力得到加强。而国民党军队自占领松花江以南后，由于战线太长，兵力分散，力不从心，不得不采取“北守南攻，先南后北”的策略，将主力集中到南满，妄图先消灭我南满部队，解除后顾之忧，然后再向北满进攻，最后占领全东北。针对这一情况，我军决定采取“南北呼应，一打一拉”的作战方针，粉碎敌人各个击破的企图。

从1947年1月开始，我军进行了史称“三下江南，四保临江”的冬季攻势。我军北满部队为配合南满部队四次保卫临江地区的作战，在吉林以北地区三次渡过松花江南下，主动进攻长春、吉林一带，迫使进攻南满的敌人回援，减轻南满我军压力，粉碎敌人的企图。我团随吉北军分区参加了这一攻势。

1947年1月初，我团随分区部队由朝阳地区出发，西渡松花江（一下江南），在石屯地区执行围城打援任务，负责阻击由吉林、乌拉街向其塔木增援之敌，保证主力一纵三师歼灭其塔木地区守敌。

据守其塔木的是国民党王牌新一军一个加强营，800多人，配有大口径火炮，并构筑有坚固工事。由吉林、乌拉街驰援其塔木的也是新一军的一个加强营。我们进入阵地当天，敌军在炮火掩护下向我发起冲击，战斗持续了三天三夜，敌人未能前进一步。随后，上级命令我分区部队向来犯之敌发起反击。1月10日，我部在炮火掩护下，很快就冲进石屯，经过数小时激战，敌人向吉林逃窜，我团随后追击，只是友军没有按时截断敌人退路，致使残敌逃回吉林。

由此可以看出，当时敌新一军的战斗力还是相当强的。我军一个主力师围打其塔木敌人一个营，打了三天三夜，硬是没能全歼敌人，最后还是让他们跑了。战斗中，我们抓了几十个俘虏，都是一些参加过滇缅抗战的老兵。我亲自同他们谈话，劝说他们加入我军。但他们根本看不起我们，称我们为土八路，纷纷表示只想回家，几乎没人肯主动加入我军。那时，我们对俘虏的政策是留去自由，只好把他们放了。

这一仗，我们吉北分区部队作为一支新组建的部队，在石屯地区阻击美械装备的敌新一军一个加强营长达三天三夜，不仅未让敌人前进一步，还攻占了石屯，歼敌300余人，为主力部队歼灭其塔木守敌提供了有力保障，为此受到东总的表扬。当时，《东北日报》对东北解放军“一下江南”作战胜利进行报道时还特别提道：“吉北分区部队勇猛冲击，国民党军队狼狈逃窜。”

战斗结束后，我部返回江北整训。由于吉北分区“一下江南”中的突出表现，于1947年1月底奉东总命令，吉北分区所辖部队同两个县保安团和松江支队一个团改编为东北民主联军独立第三师，下辖第七、八、九团。基干一团改编为第七团，仍由贺炎藩任团长，我任政委，至此我们团从地方武装成长为主力部队。

2月初，国民党军企图摆脱两面作战的困境，决心尽快解决南满问题，集中了五个师的兵力，再犯临江。为了配合南满保卫临江，北满我军“二下江南”，围攻德惠，目的之一是吸引南满敌人北上增援，以解临江之围；二是借机消灭敌人有生力量。我独立第三师的任务就是在德惠以南地区打援。

德惠是长春北面的屏障，由国民党新一军一个师和保安部队约5000人防守，环城建有碉堡群。我军当时尚无攻坚战的装备和经验，以致主力攻打德惠进展迟缓。而杜聿明为解德惠之围，分别从南满、西满急调新一军、七十一军所属12个团北上支援。为争取主动，东总决定停止进攻，迅速回师江北，结束了二下江南作战。我部于3月2日回师江北休整。这一次下江南，尽管我军没有攻下德惠，但吸引了敌人12个团的兵力北上，减轻南满解放区压力的目的还是达到了。

我军北撤后，杜聿明由长春到德惠，扬言要同我军决战于松花江两岸，遂调集国民党军部分主力部队，沿中长路向北进逼。为了打击敌人进犯，切断吉（林）长（春）线，孤立吉林以北之敌，并防止长春敌人东援，确保我军主力在吉林以北地区歼敌，3月12日，独立第三师奉命参加“三下江南”作战。

第七团再次渡过松花江后，首先歼灭了敌保安团驻河湾子车站的一连守兵。随后，沿铁道向西继续攻击，会同第八、九两团进攻九台县。九台驻有国民党新一军一个团，敌军得知民主联军来攻后，便赶紧后撤。我们迅速占领了九台，并切断吉长线，迫使吉长线以东之敌龟缩于吉林，西下长春之敌不敢出援，从而确保东北民主联军主力在长春以北靠山屯、农安地区歼敌计划的实现。我们在“三下江南”的战斗中能够出色完成上级交给的任务，有力地保障了友军在吉林以北的战斗部署，为此受到总部的表扬。这次战斗，对我们这支部队来讲，也是一次锻炼机会，大大提高了全团的战斗力。3月28日，独立三师完成了“三下江南”作战任务，奉命北撤，返回舒兰驻地。

当时九台有一个10万千瓦火力发电厂，为了防止敌人再占九台后利用电厂，东总命令独立三师撤退时炸毁电厂。曹里怀师长将任务交给我执行。临行，我带爆破分队准备去炸电厂，刚行至电厂门口，就被几百名电厂工人围住。工人们说，他们就靠电厂养家糊口，如果电厂没了，他们就断了生计，坚决反对我们炸电厂。这令我十分为难。经过仔细权衡，我决定不炸电厂。当时，情况紧急，也来不及请示。从后来的情况看，不炸是对的。因为不久以后，我们就解放了九台，电厂也回到了人民的手中。

“三下江南，四保临江”战役，历时三个半月，东北民主联军不仅粉碎了敌人的“南攻北守，先南后北”战略计划，而且极大地削弱了东北国民党军的机动力量，使其不得不由攻势转入守势，战争主动权逐步转入到东北民主联军之手。

六、1947年的夏、秋季攻势

东北民主联军经过1946年冬和1947年初“三下江南”“四保临江”各战役的艰苦战斗，打击了敌人的嚣张气焰，打破了敌人不可战胜的神话，坚定了部队战胜敌人的信心。

3月下旬，我师奉命在舒兰进行两个月战斗总结和军政训练。我们主要在政治上进行教育，消除和平幻想，树立长期斗争的决心和信心，部队还补充了兵员，改善了装备。

5月中旬，东北民主联军经过短时间的休整，提高了士气。此前，我南满部队和北满部队只能做战略配合，尚未发挥出战役战术配合的优势。为此，东总计划集中南、北满部队，统一发动夏季攻势。把过去因客观条件所形成的两个拳头打人的南北分兵状况，改为一个拳头为主的集中作战。

夏季攻势的第一阶段，是集中全军主力，远距离奔袭沈阳、长春、吉林等地附近的中小城市，围城打援。面对我军的大规模运动战，敌人完全摸不清我军的意图，我军在运动中歼灭了大量敌军。上级交给我们独立第三师的任务，是攻打拉吉铁路线上的重镇江密峰。

江密峰是吉林北部敌人的一个主要防守据点，驻有国民党军保安第七团。镇外是延绵起伏的山地，敌人构筑有野战工事和地堡，构成密集交错的火力网。

独三师经长途奔袭，于5月12日夜晚完成对守军的合围。次日凌晨，各攻击部队在炮火掩护下，发起攻击。守敌凭借工事，进行抵抗。我指挥七团组成突击队，各个歼击敌据点之敌。战至中午，全歼守敌。此后，八团依靠强有力的军事打击和政治攻势，迫使车站守敌一个连投降，随即占领车站。九团在炮火支援下，攻克铁路以北敌主要地堡群，推进至敌团部核心阵地将敌全歼。此次战斗我团共毙伤敌60余人，俘敌上校团长以下官兵720多人，缴获各种武器600余件。我军伤亡150余人，部队首次取得了山地攻坚与步炮协同作战的经验。解放了拉吉线南北地区。

5月18日，我师奉命同独立第四师（师长王奎先）进攻乌拉街。守敌新一军一个团闻讯于当夜渡江逃跑，我团在追击中歼敌掩护部队一个连。至此，我们攻占了吉林松花江以东的所有据点。战斗中一连指导员丁元功身先士卒，身负重伤。

夏季攻势的第二阶段是围攻四平。敌军经过我第一阶段的打击，被迫收缩。当时，我东北民主联军一纵、二纵在西线怀德附近，突然出击，一夜就打下怀德县城，消灭了敌七十一军两个师，并击溃敌两个增援师。林彪判断敌人士气低落，决心集中主力打下四平。6月初，四平攻坚战打响。东北民主联军集中了三个纵队的兵力，向四平守敌陈明仁部第七十一军发起攻击。此役我师奉命在公主岭地区组织防御，阻击从长春来增援的敌新一军三十八师，与敌激战三天三夜，敌人未能前进一步。

围攻四平前我军对敌情判断有误，原以为守敌只有一万多人，实际上敌人多达四万之众。我军主力虽然一度占领了四平大部分街区，但未能全歼敌七十一军。鉴于杜聿明又从沈阳、长春调集十个师前往增援，我军随即主动撤出战斗，我师奉命向伊通转移。至此夏季攻势结束，我师奉命至蛟河整训。

我部尽管是一支新组建的独立师，但在夏季攻势中都较好地完成了上级交给的各项任务。江密峰攻坚战歼敌一个团，解放了吉林以东地区；公主岭阻击战打得英勇顽强，使援敌未能前进一步；在转移过程中又配合友军在大拉子山围歼敌人两个团。由于完成任务出色，受到东北民主联军总部的表扬。师长曹里怀也因战功显著被提升为主力部队第一纵队（即后来的第三十八军）副司令员兼参谋长，这是对我们师战绩的肯定，是我们全师的光荣。

我自进入东北以后，一直在曹里怀的直接领导下战斗，他有战斗经验，指挥作战时能贯彻毛主席军事思想，一般小事情从不过问。但并不影响指挥作战，关键时刻，决策准确。在他的领导下，我们这支到东北后才组建起来的武装力量，成长为有战斗力的野战部队。

为了适应新形势下的作战需要，根据中央军委指示，东总决定将独立师编成野战纵队。1947 年 9 月，在吉林敦化县成立了东北民主联军第十纵队，梁兴初任司令员，周赤萍任政委，下辖第二十八、二十九、三十师。二十八师由独立一师改编，师长贺庆积，政委晏福生。三十师由东满独立一师改编，师长方强，政委孔石泉。我师改编为二十九师，刘转连任师长，卓雄任政委，下辖第八十五、八十六、八十七团。我团改编为八十五团，我改任团长，杨敏任政委。我们随即健全部队各级指挥机构，充实机关，还补充了兵员和装备，全团达 2000 多人，战斗力大大提高。

我自黄埔军校毕业后，就始终将军事指挥看作是自己的职责，希望能在这方面有所建树，建功立业。当一名优秀的军事指挥员，是我的理想和心愿。在担任政委的两年间，因团长长期生病，我实际承担着军事指挥职责。现在改任团长，名正言顺，实现了我多年的夙愿，自然感到非常高兴。同时，我也感到肩上的担子更重，暗下决心，一定要更好地工作，决不辜负上级和战士们对我的信任。

9 月中旬，东北民主联军决定发起秋季攻势。10 月 1 日，我师奉命由蛟河、拉法、新站地区南下，任务是扫除松花江以东地区敌人的外围据点，首先歼灭江密峰之敌，再会同六纵攻歼吉林之敌。

我师曾在 5 月夏季攻势中攻克江密峰。部队西渡松花江后，江密峰又被敌人占领。这是我们第二次攻打江密峰。师长刘转连命令我率八十五团从南面进攻，师主力向江密峰以西迂回，断敌退路，牵制、歼灭敌人，配合东总主力作战。敌人发现我军的围歼计划后，在我迂回部队到达之前，狼狈向吉林逃窜，我团随即占领江密峰。

此时江密峰以东的北吉林和大屯驻有敌“长白军”第一团（约900余人）。10月14日，师部命令我团穿插到吉林与北吉林之间，断敌退路。经三昼夜急行军，我团按时到达目的地。同时，友邻部队也完成对北吉林、大屯之敌的包围。17日，全师同时发起进攻，激战五小时，全歼守敌“长白军”第一团，占领了北吉林和大屯。

10月19日，东总命令我师配合六纵围歼吉林城守敌，我师负责攻歼松花江东岸龙潭山、小丰满之敌。龙潭山傍立松花江之滨，地势较高，可控制整个吉林市，成为吉林外围的有利屏障。敌军在龙潭山构筑有大量永久性防御工事，在其防守前沿就筑有六个半永久性砖石结构的大母堡，编号为56—61。每个母堡周围筑有3—4个子堡，形成地堡群。每个地堡群可容纳两个排到一个连的兵力。地堡群外围挖有壕沟，布有铁丝网。地堡群之间可以形成交叉火力，相互支援，防御体系完整，且居高临下，易守难攻。

龙潭山防御阵地由敌六十军一个营另两个连守备。由于山势陡峭，没有道路，攻击部队只能踏着山石，攀着树藤前进。我带领全团官兵，在夜幕中深一脚浅一脚，冒着随时都有滚下山的危险攀登。经一路冲杀，我团于20日晨插入敌56、57号地堡群之间，利用地形，迅速展开部队，向两个地堡发起攻击。战斗进行得相当激烈。营、连长身先士卒，冒死进攻。攻击中，二营营长王治亲率突击队爬铁丝网与敌人搏斗，英勇牺牲；四连吴指导员也在战斗中光荣牺牲。这两位指挥员是抗战时期参加革命的老战士，带兵严格，以身作则，全团官兵都很尊重他们。我团这一仗伤亡官兵多达200余人。他们的牺牲，对我团是一个很大的损失。

在我们攻占56、57号地堡群的同时，八十七团也攻陷58、59号地堡群。这时处于吉林外围、松花江畔龙潭山上的60、61号地堡群之间的联络也被我军切断。师长刘转连决心一鼓作气，拿下最后两个地堡群，令八十六团攻打60号地堡群，我团攻打61号地堡群。26日，八十六团经过激战攻克60号地堡群。28日晚，我组织部队在炮火支援下，向61号地堡群进攻。主攻连组成突击队，爬越铁丝网对地堡实施爆破。但敌人火力凶猛，突击队的攻击一次次地被压下来，无法接近敌人，伤亡100多人，只打掉外围的几个子堡，61号主堡仍未攻下。这时敌人害怕被我军全歼，在夜色掩护下，向吉林逃去。我立即带领部队占领主地堡，并分兵一部追歼逃敌。后经审问俘虏得知，敌军是看到我们前仆后继，连续攻击，为我们的气势吓倒，才不敢继续坚守，仓皇逃窜的。

此后，我师和六纵同吉林守敌激战 20 多天，仍未能攻克吉林。东总决定停止进攻，部队就地休整。至此，秋季攻势结束。

在夏、秋两季攻势中，我军虽取得了一定的胜利，但国民党军队仍保有一定的战斗力。此时，国民党东北行辕主任陈诚为确保辽西走廊和沈阳的安全，采取集中兵力固守要点的方针，退守长春、吉林及四平至大石桥、山海关至沈阳段铁路沿线及两侧的八座大城市。此时，我军尚缺少攻城作战的经验和装备。以攻打四平、吉林两战为例，夏季攻势中，一纵和六纵围攻四平，打了 15 天，没有攻克，后因敌人援军赶到，我军撤出战斗；秋季攻势中，六纵和十纵打吉林 20 多天，也未能攻克。为此，党中央、毛主席高瞻远瞩，指示东野主力南下沈阳、锦州一带打击敌人，扩大和巩固南满根据地，暂时不与敌人争一城一地之得失，东总坚决执行了毛主席的这一战略。

第五章　转战辽沈

一、战斗在辽河沿岸

1947 年 11 月，东总发出冬季作战指示，决定利用冬季河流结冰之机，直接到沈阳外围的敌占区作战。“除北满留个把纵队牵制敌人外，我军可以集中七八个纵队作战。对较大目标，我们能集中四五个纵队攻城，还有力量打援；或集中六七个纵队打运动战，且还有力量监视敌人。”为此，东总决定首先集中六个纵队南下，并命令我师首先包围沈阳以北 80 公里的法库。

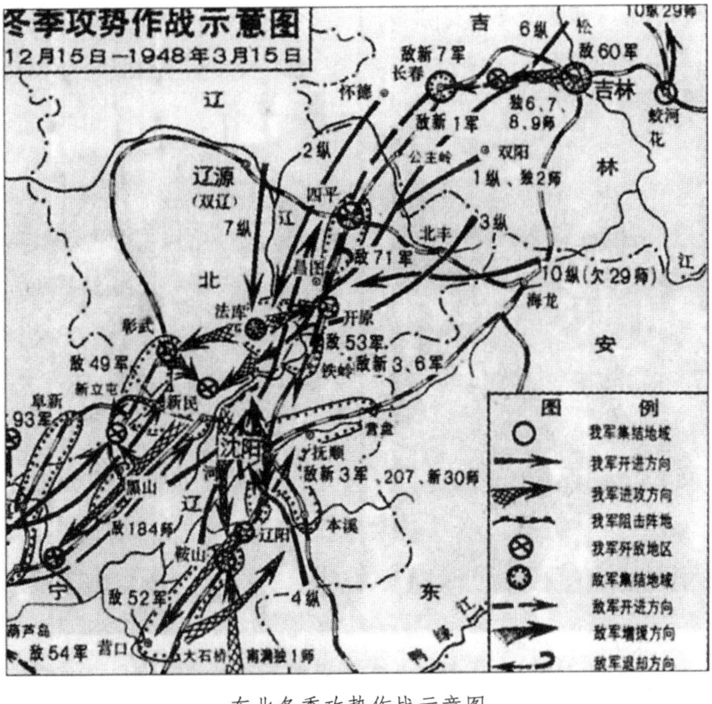

东北冬季攻势作战示意图

12月下旬，我师奉命由吉林乘火车北上，再经哈尔滨南下，前后五昼夜，进至郑家屯，随即参加了冬季攻势。当时敌人仅控制着吉林以南、以东地区的铁路；北满往西的铁路控制在我军手里。我们下火车后前进至法库以南约30公里，首先配合七纵歼灭了敌暂编第五十九师一个团，俘敌团长以下1000余人。当时敌人没有想到解放军行动如此之快，还没有搞清来的是什么部队，就稀里糊涂地当了俘虏，战斗不到一个小时就胜利结束。我军继而包围法库，围而不攻，吸引援军，准备在运动中歼灭之。此后，我师再配合七纵进攻石佛寺，攻占孟家台，全歼守敌两个营。在不到一个星期的时间里，我二十九师共歼敌2000余人，受到东总和纵队的表扬。

陈诚见我军围攻法库，急忙组织增援。敌军集中了五个军的兵力，分左右两路，从沈阳北进，企图乘隙寻歼当面之我军第三、六、十纵，进而解法库之围。而东总指挥得力，决心围城打援。首先集中兵力，在公主屯围歼敌左路新五军。当新五军进至公主屯附近时，我军各主力兵团突然插到其侧后，完成对新五军的钳形包围，敌中路和右路军慌忙掉头西援。为保障我主力兵团在公主屯歼灭敌新五军，我师奉命到吴二汗堡子阻击驰援的敌军五个师。

1月5日，我师以八十五团为前卫，迅速向吴二汗堡子前进。吴二汗堡子是辽河上一个渡口，距沈阳50多公里路。援敌是摩托化行军，两个小时

东北人民解放军向沈阳外围进军

就可以通过封冻的辽河。于是，我师冒着敌人飞机的扫射、轰炸，一路跑步前进。

我随前卫连行至离吴二汗堡子约五公里的一个小村时，十几架敌机突然从天上俯冲下来，疯狂扫射、投弹。前卫连遭遇空袭，队形大乱。我立即指挥部队就地隐蔽，同时用轻武器向敌机射击。突然我骑的大白马扑倒在地，我从马背上摔下。我爬起一看，马已经死了。我一面指挥部队防空，一面四下观察，猛然发现侧面小山坡上有敌人冲过来。当时，部队只顾躲避敌机轰炸，没人发现地面来犯之敌，情况十分危急。敌人如果抢先占领通道，我师就不能顺利到达预定阻援阵地。恰好这时重机枪连从我身边通过，我忙大喊："曹连长，快，抓两挺机枪，架在房顶上，阻击敌人。"压制住敌人后，我又命他们占领了几个房顶，将全连展开，坚决阻击敌人，保证通道安全，确保主力通过。

我们在吴二汗堡子与敌西援部队遭遇，展开激战。敌人为解救新五军，在飞机大炮的掩护下，向我师阵地发起猛烈进攻，战斗异常激烈。在全师官兵的英勇抗击下，敌人损失2000余人，未能前进一步。我们有力地保证了主力在公主屯地区全歼新五军军部和两个师。

战斗结束后，我师奉命在棋霞堡子休整待命。这时敌我相互交错，驻地相距不远，有的相隔也就几公里，经常互相侦察袭扰。我团驻棋霞堡子时，发现该村南边梁子上经常有敌人侦察分队活动，连续三天都是上午来，下午走，兵力一个连左右。上级要求我们抓几个俘虏，了解一下对面敌人的情况。于是我命令二营长带一个连，并将全团的30多匹马集中起来，组成一个骑兵排配属给他们到村南的梁子上埋伏，要求他们等敌人撤离时，我们这边打响后再出击。第二天，敌人果然如期而至，到了下午，我发现敌人准备撤退，先命炮火轰击，随即带队冲向敌人。敌人遭我突然打击，惊慌失措，狼狈而逃。如果埋伏部队按预定计划出击，切断其退路，肯定能全歼敌人。可是埋伏部队却没有出击，让敌人跑了。我一看情况危急，急令通信员骑上我的马，带几个骑兵追击，仅抓了几个俘虏。后来一问才知道，副政委陈福章随二营长一起去埋伏，他怕右山梁的敌人攻击我侧后，不让部队出击，导致敌人逃跑。一个很好的歼敌机会就这样丧失了，真是遗憾。

2月上旬，我军主力乘敌沈阳以南空虚，以迅雷不及掩耳之势，突然越过北宁线南下，直取辽阳、鞍山。十纵与三纵及一纵三师留石佛寺地区钳制敌军。敌军见我主力南下，即以第七十一军一个师接防石佛寺防务，调新三、新六军南援。为了拖住敌人，并相机歼敌，2月12日，十纵全线出击，奔袭、包围石佛寺以西之敌，我师奉命向三面船进攻。三面船为沈阳到法库公路上的一个小村庄，约有百户人家，是辽河北岸敌人一个重要据点，构筑有完备的防御工事，敌驻军两个步兵连和一个重机枪连，约500人。

那天夜里雪下得很大，路上积雪很深，看不清路，向导也迷失了方向。我随前卫营一起行动，快天亮时，一看天上的北极星（在大熊星座的位置），才发现走错了方向。本来应该向南走，一营却在向北走。我赶紧命令后卫变前卫，跑步前进，终于在天亮前赶到辽河，正好发现敌人准备逃跑，我们立即迎头将敌人打了回去。8时，全师向敌发起总攻，经半天激战，全歼三面船守敌500余人。

接着，十纵奉命配合三纵逼近沈阳，围歼老边之敌，我师负责阻击由沈阳西援之敌。敌人为解老边之围，急令已南下的新三军北返增援。13日晚，我团到达指定地点万金台和大尚义林子。团部主力驻守万金台，我令二营到大尚义林子担任警戒，连夜占领阵地，构筑工事。天亮后我令团参谋长胡斌（代一营长）去看地形，发现东南方有大股敌军向大尚义林子村运动，并听到村中传来稀疏的枪声。这是我团侦察队在阻击敌人，从该村撤下来的警戒排也说敌人很多。胡参谋长考虑到这个村子很大，如果被敌人占领，以其为依托向我进攻，将给我们的防守造成很大困难，他马上令一连迅速抢占村子。这时敌新三十师一个团已经进了村子，同一连遭遇，在村内展开激烈争夺战。一连被敌人压到村子西北角几个院子里。一营副营长冯殿元立即带二连赶来支援，随后胡斌也带三连赶到。冯殿元通过电话向我报告情况后，我令他们组织部队坚决把敌人赶出村子。战斗中胡斌中弹牺牲，冯殿元继续指挥全营与敌巷战，一个院子一个院子地反复争夺，经数次冲击，才将敌人赶出村子。

不久，敌人为了打开通道，又在一个炮兵营的火力及十余架飞机的支援下，向我团发起进攻。全团指战员英勇抗击，打退了敌人整连、整营的数十次冲击，这是对我团战斗力的一次严峻考验。连自为战，排自为战，班自为战、人自为战。巷战、村落战，刺刀见红，甚至是一个人对几个人。我们团从长春公安警察大队起，还没有打过这样激烈的硬仗，也没有碰到过这样强的对手。但全团官兵经受住了考验，其中一营伤亡最大。在激烈的战斗中，

二、三连的指挥员全部牺牲，我就命令团部参谋杨凤山到一线指挥战斗。这时，敌人一个加强连正从西南方向我阵地冲击，我急调四连配合二连利用各种火器，猛烈开火，打得敌人尸横遍野，只跑回去四个人。

战斗中，我还经历了一段有惊无险的插曲。敌人的子弹从没有打中我，倒是差一点被自己人击中。当时，我身边的一名侦察员从未遇见过这样激烈的阵势，当他向我报告情况时，一时紧张，手中的枪走了火，子弹从我的肚皮上穿过，撕去一块肉，幸亏没有伤着要害，包扎一下几天就好了。

这次战斗是我团成立以来打得最艰苦、激烈的一仗。敌新一军是国民党五大主力之一，新三十师装备好，战斗力强。我团官兵不畏强敌，不怕牺牲，英勇抗击，使敌人未能前进一步。战斗中一营伤亡 300 余人，代理营长胡斌、两个连长、三个指导员全部牺牲。一连只剩下 30 余人，二连剩 19 人，三连剩 50 人，我师战斗英雄马树良也英勇牺牲。12 小时内，我团牺牲 187 人，负伤 252 人。但我们阻击有力，打出了我军的英雄气概。始终守住阵地，圆满完成上级交代的任务，保证了我主力部队在老边战斗的胜利，这一仗牺牲的官兵都埋在万金台。新中国成立后，人民政府在这里修了烈士陵园，供人瞻仰。我每到东北，都要去看望一下长眠在那里的老战友。

敌人在沈阳外围连遭打击后，法库守敌已成惊弓之鸟，企图乘隙向开原突围。2 月 15 日夜，我十纵队奉命进至法库以南地区监视该敌。17 日，接东总电示，敌已向开原方向逃窜，令我纵队立即追歼该敌。

当时天气寒冷，积雪很深，行军异常困难。但我们仍一路急行军，按时赶到目的地。部队正准备修筑工事，截击逃窜之敌，又接纵队电令，敌已绕过我阵地，令我团再前进 15 公里截击敌人。此时部队已极度疲惫，有些连队建制已乱，需要重新组织追击。为此，我决定将走在前面的干部、战士不管是哪个连哪个营的，临时组成一个连，继续急行军，向指定地点前进。团里其他干部组织部队，随后跟进。经过简短动员，我带着临时组成的连队，按时到达指定位置，堵住了敌人，并会同随后赶来的二十八师主力经三小时激战，将其全歼。

二、攻打开原

消灭法库逃敌后，我纵队和三纵乘胜追击，包围了开原。东总决心乘敌主力西援巨流河之际，攻歼开原之敌。令我纵队和三纵九师攻打开原，其余部队在开原以南展开，准备打援。

开原位于沈阳东北约100公里，铁岭市北，辽河东岸。开原有两座县城，老城位北，新城在南，两城相距9公里。老城是座古城，已衰落；新城则是围绕中长铁路开原车站兴建而成，较为繁华热闹。

开原是国民党东北“剿总”所在地沈阳的北大门。攻克开原，就可以切断敌人沈阳与长春间的铁路联系。开原守敌为第五十九军一个团及“清剿”队、还乡团，共3000多人。开原新城城墙高丈余，宽五尺，城墙上筑有工事。城外挖有外壕，壕宽三丈，深八尺到丈五不等。壕外设有三道铁丝网。铁丝网外布有地雷。城外还有几个外围支撑点，各驻一个连的兵力防守。城内各主要街口筑有地堡，高屋顶上还有火力点，防御体系比较完整。

开原攻坚战，东总非常重视。经过1947年夏季攻势和秋季攻势，东北敌我力量对比已发生很大变化，我军战斗力得到很大提高，已经能够整团、整师地歼灭敌人。但城市攻坚战当时还是我军的弱项。1947年先后实施了吉林、四平攻坚战，都未能攻克。所以想通过开原攻坚战，探索城市攻坚的经验，树立起部队攻坚的信心。东总决定由十纵司令梁兴初统一指挥攻城部队。

纵队部署三十师进至开原城西地区，我二十九师进至城西北部，二十八师进至城东面打援，配属我纵的三纵九师进至城南，完成对开原城的包围。命令第二十九、三十师和第九师各选一个团担任主攻，从西北、西、南三面打开突破口。

刘转连师长将主攻任务交给了我们八十五团。我们到达开原外围后，迅速扫清了敌人外围据点，进行攻城准备。我团担任的主攻方向是开原城西北角。我师成立以来，在江密峰、龙潭山打过攻坚战，都是山地设防阵地，城市攻坚还是第一次，没有经验。再加上防守开原的敌人是国民党正规军，原估计有5000余人，兵力不少。开原距沈阳仅100公里，有铁路相连，敌人增援数小时即可到达。因此，攻城时必须速战速决。当我军准备攻城的时候，就有数十架敌机不断进行袭扰轰炸和侦察。加之气候寒冷，零下20多摄氏度，对攻城准备和作战影响都很大。

根据以上情况，我在进攻前做了充分准备：首先，将敌人在我主攻方向的兵力部署、火力配置、障碍设施等情况基本查清楚，选定了突破口。

第二，为充分发挥配属我团炮火的威力，将突破口附近的敌人火力点编号分发给各炮兵连，要求他们必须在进攻发起前发现炮兵射击位置予以彻底摧毁，并引爆进攻通道上的地雷，为进攻部队铺平道路。我还派侦察分队在进攻前两个夜晚分工检查，确保道路开通，如有障碍继续排除。

第三，克服困难，将工事修到敌人城墙前，缩短进攻距离。当时，天气寒冷，地冻三尺，不好挖掩体，我们就用雪堆，上面再泼水，一会就冻成了坚固的工事。为了保证二营的突击力量，我令三营各连轮流抢建工事。三营为抢修工事遭敌射击，伤亡了几十人，副教导员也负了伤。但实践证明我们事前的准备完善充分，减少了进攻时的伤亡。

第四，进行政治思想动员，号召大家打进开原城，为师、团争光，争当先锋连。我还率团领导深入到突击连、排、班，反复动员，解决问题，开诸葛亮会。干部、战士纷纷写请战书，要求参加突击排、突击班。很多人还在战前递交入党申请书，要求火线入党，部队士气高昂。

第五，进行战前训练。针对事前侦察掌握的实际情况，广大指战员反复研究如何架梯子、爬梯子；梯子坏了如何架人梯；人梯上不去如何利用炸药包炸。要求每一名突击队员都要针对不同情况做好充分准备。我还组织团指挥所，设在离敌人最近的村子里指挥战斗，四天四夜未合眼，一直到战斗结束。

团领导研究决定，以二营为主攻营，五连为突击连。连长姜玉明是山东人，绰号姜二虎，牛脾气上来，天不怕，地不怕。他 1939 年参加八路军，1945 年 9 月到东北，先在依兰分区警卫连当连长，后到八十五团当连长。他性格豪爽，作战勇敢，有战斗经验，是我手下比较得力的连长。五连在准备中，充分发挥战士们的创造性，分别组织火力组、爆破组、支援组、突击组，并进行临战训练。

26 日晚，团召开誓师大会，二营全部、一、三营各派出代表参加。会上我和政委进行了战前动员，我给突击连授了旗。师文工队还来演出节目，文工队的女兵们为突击队送了“光荣弹”（用红纸包裹起来的集束手榴弹），鼓励他们英勇战斗。

第二天上午，二营进入进攻位置。16 时总攻开始，经 20 分钟的炮火准备，部队出击。由于战前准备充分，部队英勇顽强，仅用了 5 分钟即突破敌人防线，攻上城头，首先将红旗插上了开原城。随后我纵三十师也攻入城内，经过三个多小时的激烈巷战，全歼守敌，俘敌团长以下官兵2000余人。

战后两个纵队首长组织团以上干部查看三个突破口，进行战斗讲评，表扬了我们团，称赞我们团突破口选择得好，准备工作充分。纵队首长还严厉批评了个别部队当时过于轻敌，战前准备工作不足。当我们团攻入城后，他们连外围据点的敌人都没有消灭，甚至出现了用迫击炮轰击已攻进城的友军的严重失误。后经我们紧急联络，该师才停止炮击。

攻坚战的突击连是一个英勇善战的连队。进攻中，五连前仆后继，伤亡很重，五连指导员王照亮、副连长郭启凤阵亡，连长姜玉明身负重伤，全连150多名战士，只有十几人没有负伤。他们以鲜血和生命为革命做出了贡献，值得后人纪念。突击队的队旗上留下47个弹孔，沾满了烈士们的鲜血。战后，纵队授予五连“开原先锋连”的光荣称号。五连指导员王照亮是长春人，青年学生，1946年在东北参军。他在学生时代就参加了革命，是地下党员。他有文化，有思想，作战勇敢，很会做部队的思想政治工作。开原战斗前他政治思想工作做的深入细致，找突击队的战士逐个谈话，鼓励大家勇敢战斗。战斗中他身先士卒，率突击队第一个登上城墙，在突破口与敌人肉搏时英勇牺牲。

冬季攻势对我团和我个人都是很大的锻炼和考验。通过这三个月的战斗，部队积累了攻城、攻坚战经验，进行了运动、遭遇、追击等形式战斗，提高了部队的战斗力。作为我个人，指挥一个团参加各种战斗，组织指挥能力得到很大提高。我感到比较满意的战斗，一是开原攻坚战，由于战前组织准备充分，进攻顺利，取得了好的战绩。二是法库追击战，为了堵截敌人，在部队很疲劳的情况下，我打乱建制，组成一个临时连队，亲自带队截断敌人退路，将敌全歼。三是三面船战斗，一营走错方向后，我及时将后卫变前卫，按时赶到目的地，切断了敌人退路，歼灭了敌人。还有尚义林子一天的战斗，非常激烈，与敌主力新一军的一个团展开逐屋逐院的争夺，将敌人赶出了村子，考验了我团的战斗力。比较遗憾的是栖霞堡子战斗，由于个别指挥员的干扰和动摇，放跑了敌人，失掉了歼敌的好机会，现在想起来仍感到非常遗憾。

我团在冬季攻势中的伤亡也是相当大的。先后牺牲了最优秀的指挥员一、二营长和教导员，还有十几位连长、指导员和上千名英雄的战士，他们为革命的胜利献出了宝贵生命，我永远怀念他们。

冬季攻势的胜利，更坚定了我们战胜敌人的信心，五年打败国民党的计划在东北可能提前实现。

从1947年的冬季攻势开始，我军真正进入全面反攻阶段。秋季攻势结束时，党中央、毛主席根据东北的形势发展及时指出，东北我军应将主力转移到敌人后方，到南线去作战，将战场放到敌占区，打到敌人心脏去。这一战略转变，充分体现了毛泽东军事思想的英明、正确。正是由于我们出敌不意，南下辽河两岸，围城打援，才有可能调动敌人，创造战机，在运动中消灭敌人。我军在冬季攻势中取得了空前的胜利，歼灭敌人大量有生力量，收复中等城市20多座。此后，敌军只能孤立坚守中长铁路沿线的几个据点。如果我们仍从北往南打，不可能取得这么大的战果，全歼东北之敌的时间必然要推迟。

冬季攻势的胜利，也是人民战争的伟大胜利。广大翻身农民积极支前，为部队抬担架、运送物资，并把自己最优秀的儿女送到部队。我亲身感受到人民群众的力量和伟大，没有他们的无私支援，要取得胜利是不可能的。

1948年1月，遵照中央军委的指示，东北民主联军改称东北人民解放军。

三、开原整军

开原解放后，我团开到老开原城北蚂螂屯休整待命。一天我到城内开会，进城门时，看到开原警备司令部贴的布告，署名是警备司令黄炜华，副司令阮庆。我不禁眼前一亮，这个阮庆会不会就是我的好友、黄埔同学阮庆才？黄炜华是十纵参谋长。一到师部，我就向黄炜华询问，确认了阮庆就是阮庆才，我马上给阮庆打电话。两天后，他到蚂螂屯和我相见。我们自延安分别后九年音信全无，正是“踏破铁鞋无觅处，得来全不费功夫”，两人都激动地拥抱着蹦起来。我们畅谈了分别后的情况，倾诉互相的思念。交谈中，我得知阮庆才从延安调到晋察冀时就改名叫阮庆。日本投降后，他也调到东北，分配到开原工作。1946年国民党军占领开原后，他留在当地组织地方武装，成立开原独立团，当团政委，在开原一带打游击，直到开原解放。因为他在开原时间长，情况熟，组织上叫他兼任警备司令部副司令。

几天后，他返回老城警备司令部。由于东北战局发展很快，部队、人员调动频繁，此后我们又失去了联系，直到1958年我带部队在桂林演习才再次见面。

国民党军队经过东北我军冬季攻势的打击，士气低落，战斗力被削弱，被迫全线收缩。50余万敌军被分割压缩在中长铁路沿线的长春、沈阳、锦州等三个孤立地区，重点据守城市，已没有力量转守为攻。而东北解放军则迅速发展壮大，总兵力超过了国民党军。

1948年4月冬季攻势结束后，我军根据部队新兵多、俘虏兵多的情况，开展了近半年的新式整军运动。一直到9月攻打锦州前，全军没有进行大的战斗，敌人也没有力量进行反击。在战争年代，全军进行长时间的大整军，还从来没有经历过。十纵自2月打下开原后，即开始整训7个月。整训以政治教育为主，首先在全军开展诉苦运动。

诉苦运动主要是针对基层连队新战士和俘虏兵较多这一特点展开的。新战士大多是根据地的翻身农民，从国民党军队中来的俘虏兵又被亲切地称为解放战士。当时，有些连队的俘虏兵超过一半，他们的政治觉悟不高。为此，提出"谁养活谁？""为谁当兵？""为谁打仗？"等十多个问题，交连队讨论。一些贫苦农民出身的干部、战士还用自己的亲身经历，控诉地主对

1948年，东北开原整军期间，时任东北民主联军十纵二十九师八十五团团长黎原（右一）与团政委杨敏（右四）、白平（左三）、苑化冰（左四）等战友合影

农民的迫害，通过一个个活生生的例子教育新战士，让他们明白解放军就是穷人自己的队伍，共产党是穷人的救星，解放军官兵之间都是阶级兄弟，解放战争就是解放自己的战争。随后，我们又发动大家“挖苦根”，把个人仇恨和阶级仇恨联系起来，并将仇恨集中到国民党蒋介石这个总根子上，明确要报仇、要翻身，只有打倒蒋介石，才能解放全中国。随着诉苦教育的深入，我们又因势利导开展“查忘本”和“复仇立功”活动，激发广大战士杀敌立功的积极性。

诉苦运动大大提高了解放战士们的觉悟，明白了为谁而战。他们还主动揭发出团里两起国民党被俘老兵组织的逃跑事件。当时，从国民党新一军、新六军、六十军被俘的个别老兵油子，拒绝接受教育，企图组织俘虏兵集体逃跑。经解放战士揭发检举，我们及时制止了他们的破坏行动。

部队战士中还有许多新参军的翻身农民，他们经过两年多的战争，认为革命胜利了，家里又分了田，不愿继续战斗，想脱离部队，回家娶妻生子，过“三十亩地一头牛，老婆孩子热炕头”的和平生活。我们就对他们进行深入细致的思想教育，使他们明白只有全国的解放，才是真正的解放，才能保护好我们的胜利果实，以此提高新战士的思想觉悟，树立解放全中国、将革命进行到底的决心和信心。

在对战士进行诉苦教育的同时，又在干部中开展整思想、整作风、整关系、整纪律、整编制、查阶级的“五整一查”运动。“五整一查”运动对我个人教育、帮助很大。我是富农家庭出身，参加革命前，同我交往的大都是地主和他们的子女。通过教育，我主动同他们划清界限，站稳阶级立场，不同他们往来，没有在这一问题上犯过错误。新中国成立后十多年我都没有回过家乡，一直到 1963 年才第一次回老家息县探亲。

经过“诉苦运动”和“五整一查”，部队的精神面貌发生了很大变化。这次新式整军是一次以阶级教育为主的思想改造运动，大大提高了东北人民解放军全体指战员解放全中国的觉悟和积极性。

在进行政治思想教育的同时，总部还以“大兵团、正规化、攻坚战”为指导思想，在全军开展军事大练兵。这次大练兵同以往相比有两大特点，一是持续时间长，在我军历史上史无前例；二是部队手中武器明显改善，更换了大批美式装备，特别是我军技术兵种发展迅猛，组建了独立的炮兵部队，配备有大口径火炮。这些武器都是我们在战场上从敌军那里缴获来的，为我们以后进行大兵团攻城作战，提供了有力的保障。同时，大练兵运动也掀起了前所未有的热潮，经过半年的训练，东北野战军无论是军队数量、装备质量，还是士兵战斗素质、掌握美械技术方面都得到空前提高。

此时，国民党军队被我军围困在长春、沈阳、锦州几个大城市。特别是长春守敌同外界的交通联络完全被我军切断，敌人的补给只能靠空投。

打下开原，我们积累了些攻城作战的经验。我们团是在长春建立的，熟悉长春地形。苏军撤退后，我们又参加过解放长春的战斗，人人都盼望着早日打回长春。因此，在开原练兵时，我们特别注重从实战需要出发，主要以攻克长春为目标，借助开原附近旧有的敌军工事或一些相似建筑，模拟长春中央银行、关东军司令部旧址等，有针对性地进行攻坚纵深作战训练，反复演习如何攻城、爆破、架梯爬城、打坦克、炸装甲车等攻坚作战科目。我们团这次大练兵取得了显著成绩，连队熟练掌握了攻坚战术，战士们的射击和爆破水平大大提高。

我们团经过七个月的新式整军、大练兵，改善了装备，提高了战斗力。全团近 3000 人，齐装满员，斗志高昂，纷纷主动请战。广大指战员以饱满的战斗热情，期待着同兄弟部队一道解放全东北、彻底歼灭 50 万国民党军队的光荣任务。

四、黑山阻击，血战小白台子

1948 年 3 月以后，东北境内大部分地区已经解放，敌人则全部龟缩在长春、沈阳、锦州三个大城市。尽管敌人尚有 50 余万人，却早已丧失斗志。长春之敌被围困数月之久，惶惶不可终日；沈阳之敌也是惊慌失措。而我军经过近半年的整军大练兵，全军士气高昂，东北解放军已发展到 12 个纵队，1 个炮兵纵队，17 个独立师，总兵力达 70 万人，加上地方武装 33 万人，作战、攻坚能力大大提高。我军无论在数量还是质量上都超过了国民党军队，真正具备了战略反攻的条件。

我军下一仗怎么打，是一个关键问题。野司最初的意图是先打长春，然后从北向南逐步发展。中央军委高瞻远瞩，指示东总先打锦州，关起门来，将关外之敌就地消灭，不让他们退回关内。当时，司令员林彪对攻打锦州有顾虑。如果像打四平一样，久攻不下，我军有可能受到东北、华北之敌的两面夹击，造成被动战局。所以林彪一直犹豫，行动不坚决。

我师在开原整训中，上级就命令我们做好攻打长春的训练。当时，我们团的广大指战员也非常希望打回长春，亲手把长春从敌人手里夺回来。9月初，我们接到命令北上，准备攻打长春。可是出发仅一天，上级又命令我们停止北上，回师南下；途中再次变更命令，要我们北上。这样走走停停，反复了三次。最后，林彪终于决定南下作战。

根据中央军委指示，东总决心先打锦州守敌范汉杰兵团，再打廖耀湘的西进兵团，同时逼迫长春守敌解除武装，最后解放沈阳。事实证明，这一决定是正确的。

1948年的秋季攻势就是在这一背景下展开的，我们团也随全军投入了这场举世瞩目的辽沈决战中。

辽沈战役第一阶段是出击北宁线，攻克锦州。为此，东北解放军先以部分兵力突然奔袭北宁线之锦（州）唐（山）段，连克绥中、兴城，于10月1日攻克锦州北部屏障之义县，使锦州之敌完全孤立。国民党军为策应锦州，组织了两个兵团，分南北两路驰援。北路之敌廖耀湘兵团先后占领彰武、新立屯，妄图切断我军后方补给线，威胁我攻锦部队的安全。总部给十纵的任务，就是阻击由沈阳出发的廖耀湘兵团。

10月5日，十纵进至新民以西大兴庄一带，刚展开构筑工事，野司电示："攻锦主力已于10月3日包围锦州，14日发起总攻，沈阳之敌已蠢动西援，十纵队应立即回返饶阳河、半拉山门担负南起姜家屯、北至王家岗一线防御，打击沈阳出援锦州之敌。一纵三师归十纵指挥，该师于黑山、大虎山布防。"

7日，我们到达指定位置，立即进行作战部署。纵队令我师和二十八师为第一梯队，在左家窝棚、王家屯、九间房、李家岗子占领阵地，构筑工事。

战争形势瞬息万变。我们工事刚刚修好，野司于14日又来电指示："敌企图绕过你们阵地，由饶阳河、新立屯西援，十纵队应进至小三家子、歪脖子山、二道岗子、张广屯、芳山镇地区阻击。"我们立即出发，奔向新的阵地。

十纵当时还配属西满一个骑兵师。十纵首长命令该部组成一支千余人的支队，每天与敌保持接触，查明敌人动向，掩护大部队的布防。这个支队从

东北野战军在强大炮火掩护下冲向锦州城垣

15 日至 18 日，与廖耀湘兵团先后进行战斗数十次，毙伤敌千人，成功地迷惑了敌人，令敌不知我军真实情况，顺利完成保障主力部队攻克锦州的作战任务。

15 日，我军攻克锦州，歼敌十万。接着长春守军敌六十军起义，新七军投降，长春宣告解放。东北局势急转直下，蒋介石慌忙飞临沈阳，为其部下打气，并严令廖耀湘兵团继续西进，企图趁我军立足未稳，重占锦州，打开通向关内的大门。廖耀湘兵团遂由彰武、新立屯一线向黑山、大虎山扑来。军委和东总决定组织辽西战役，在运动中歼灭廖耀湘兵团。

至此，辽沈战役进入第二阶段：消灭廖耀湘西进兵团。

辽西，即辽宁省西部，包括沈阳以西各县及锦州南北地区，属辽河平原。辽河、巨流河、柳河、饶阳河、沙河、大凌河、女儿河南北纵贯，流向不定，这些河水虽然不深，但多淤泥，难以徒涉，不利于大兵团行动。黑山至沟帮子之间为东北向西南走向的山地丘陵，便于我军作战。野司令八纵就近攻占营口，防止敌人由水上逃走；六纵插到沈阳和大虎山之间，切断敌人从水上和向沈阳的退路。令十纵在黑山、大虎山一线设防，坚决阻击迟滞敌人，待攻锦主力赶到，围歼敌人西进兵团。同时命令攻锦部队停止休整，立即东进，发扬不怕疲劳连续作战的光荣传统，协同我十纵迅速包围歼灭廖耀湘兵团。

10 月 21 日，我十纵进至黑山、大虎山、大小五台地区。第二天，纵队党委发出“死守黑山，抗击敌人，誓与阵地共存亡”的号召，并具体明确各师的任务。

我们是在行军途中接到在黑山、大虎山一线阻击敌人命令的。师长刘转连紧急召集各团团长明确任务。刘转连说：这次战斗可能是东北战场上的最后一仗，也将是最大、最激烈的一仗。我军以一个纵队的兵力抗击敌人一个精锐兵团，共五个军的攻击，战斗必将异常残酷激烈，能否抗住敌人的冲击，将敌人阻止在黑山—大虎山以东地区，将影响整个东北战局。所以，我们的任务是光荣而艰巨的。他要求我们克服一切困难，坚决堵住敌人，不让敌人越过阵地一步。我团阵地是在小白台子—王木匠屯一线，正面宽约 2.5 公里。我团的右侧是二十八师八十三团，左侧是我师八十六团。接到命令后，当时情况紧急，已来不及开会研究布置，我和政委杨敏就在行军途中召集各营营长、教导员明确防守地区、任务和要求，同时命令团部干部全部下到连队，边行军边动员。一定要给全体指战员讲明这一任务的重要性和艰巨性，反复强调敌人为了逃脱被歼灭的命运，必作困兽之斗，必须要有打硬仗、打恶仗的思想准备。

从新立屯到黑山、大虎山以东的阵地有 180 多里路，上级要求 21 日黄昏前赶到。我们接到命令时已是 20 日的晚上。为此，我命令部队强行军，以最快速度赶到指定阵地，决不能叫敌人逃掉。21 日，我们按时赶到阵地后，不顾行军疲劳，立即组织抢修工事。同时，我带领连以上干部现地勘察。我发现：阵地右边是几个起伏的小山丘，左边是一片开阔地，便于射击。而阵地前方有几条雨裂沟，有利于敌人隐蔽接近我阵地。右前方两公里处是两座如同馒头似的山丘；离我阵地较近的山峰，海拔约 300 米，敌人肯定会在此设置炮兵观察所和指挥所，俯瞰十纵的 3 个师由西向东摆开的阻击阵地。根据地形，可以断定敌人的主攻方向在我阵地右方，我阵地如被突破，即可威胁二十八师侧翼，直插黑山，截断二十八师后路。所以，我团阵地右方应为主要防守方向。

根据任务和地形，我决定一营为预备队，二营在左翼，三营在右翼。因三营在去年的多次作战中伤亡较小，老兵多，党员骨干多，战斗力强，所以决定由其担负主要防守任务。三营有两个连是朝鲜族战士，能吃苦，作战勇敢，执行命令坚决。担任主要方向防守任务的九连就是一个朝鲜族连队，连长朱昌一，作战勇敢，指挥果断，多次立功，是全团有名的优秀基层指挥员。1950 年朝鲜战争爆发后，他回国任朝鲜人民军营长，带领部队奋勇冲杀，越过三八线，占领汉城，在与美军二十四师作战中牺牲。把九连放在主阵地上，我很放心。

当晚部队赶到阵地后没有休息，连夜挖战壕、修地堡，抢修工事。各营还组织群众工作组，到附近村庄动员群众，为部队筹集修工事用的工具和材料。东北的老百姓给了我们很大支持，为了保证战争的胜利做出了巨大牺牲。有的老百姓把为老人准备的棺材、盖房子的檩木都拿了出来。几乎家家户户都把房屋门板卸下来献给部队，保证了我军作战之需。

当夜，我亲自到九连阵地，检查布防情况并进行动员。我要求他们每班修筑一个两米厚的地堡，必须能抗击敌人一一五榴弹炮击。地堡与地堡之间挖两米深的交通壕，必须保证人员来往和运送伤员。对最前沿控制雨裂沟的那个班，要求地堡须修三米厚，交通壕要挖两条。电话要通到前沿，并要求后勤部门对九连所需材料和工具优先保证。同时，通知各预备队要挖一条两米深、两米宽的交通壕到九连阵地，作为反冲击机动兵力之用。前沿战士还在战壕内挖了许多猫耳洞，以防敌人炮火轰击。

23 日清晨，我又带司令部的股长、参谋和各营长到前沿阵地检查准备工作情况。看到九连阵地工事基本达到要求，但也有部分工事修的不够坚固。为抗击敌人飞机炸弹和重炮的轰击，必须进一步加固，特别是地堡要加厚，还要求前沿防守班再向前方派出一个战斗小组，并多放几箱手榴弹，以重点加强对阵地正面雨裂沟的控制。二营阵地前是一片开阔地，便于我军发扬火力。但易遭到敌人坦克、装甲车的攻击。所以，我要求二营要多准备炸药包和集束手榴弹，用来对付敌人的坦克和装甲车。同时要团预备队再挖一条通往二营的交通壕，准备反冲击用。前沿各营、连都架通了电话，保证随时能和团指挥所联系。同时，我们还规定了电话不通时的联络方式。

24 日，敌在五个炮兵团的火力和十余架飞机的轮番掩护下，以五个师的兵力向我十纵全线阵地发起猛攻，遭我顽强抗击。8 时，敌人开始向我师左翼阵地发起进攻，中午时打得最为激烈，二营以侧方火力支援友军，击退敌人多次冲击。午后，我团阵地正面敌人频繁进行火力侦察。通过观察，我发现对面山上敌军官在现地勘察时，面对我方阵地指手画脚，敌机也不停地侦察，当即引起了我的警觉。下午 3 时左右，三营报告敌人约有一个排向我九连阵地进攻。我判断可能是敌侦察排进行阵前侦察，就命令三营不要开枪，以免暴露火力。敌人在我阵地前五至六百米处打了一阵枪，就回去了。他们的目的是要侦察我方火力点，以便在发起进攻前用炮火压制和破坏。根据敌人这一天的活动，我判断近两天敌人必将向我团阵地大举进攻，立即同政委、参谋长商量，召集后勤处长和三个营长开会，调整和加强部署。我们决定重点加强九连方向的防御阵地工事，如敌人突破九连阵地，团预备队一营和三营预备队八连全部出动进行反击。为此，我们要求部队特别是九连连夜加强工事，凡交通壕暴露的地方要加盖，壕内猫耳洞要加大至能隐蔽三至五人，保证全营能在交通壕内隐蔽。每个班构筑一个掩体，靠山坡的地方要挖小山洞，所有工事必须在天亮前完成，所需材料、工具由后勤处筹集。团还要求各部一律将电话线沿交通壕埋入地下，不准拉明线，强调迫击炮连也要在当夜构筑好炮阵工事和人员掩体。后勤处要将充足的弹药连夜送到前沿阵地，各项工作在拂晓前由参谋长检查落实。

不出所料，25 日一早，敌人的飞机和重炮就开始向九连阵地猛烈轰击，九连阵地一片火海，烟雾冲天，炮弹一个接一个地爆炸，不久电话中断。我要通信股长多次接通电话线路，但没讲几句又被炸断。九连战况不明，我在指挥所忧心忡忡，再也坐不住了，就请政委杨敏留在指挥所，自己带作战参谋赵振玉、军务参谋杨洪山、侦察参谋王才和两个警卫员，沿交通壕向九连指挥所前进。途中多次遭敌炮火轰击，我们就视情况时而躲进猫耳洞，时而快步跃进，听着炮弹在我们头上呼啸而过，有的就在我们头顶爆炸。

我们冒着敌人的炮火，一路摸爬滚打，终于安全到达九连主阵地。这时敌人正进行第二次炮火准备，朱连长向我报告，敌人事先利用黑夜掩护，沿雨裂沟秘密抵达我阵地前沿，在第一轮炮火延伸后即向我九班阵地突然发起冲击。九班先后打退了敌人三次冲击，伤亡严重，仅剩一人回到三排阵地，九班阵地已被敌人占领。连长想命令二排夺回阵地。但此时，敌人进攻士气正旺，我当即命令暂不反击，并及时加强对三排阵地的火力配置，命令所有迫击炮、六〇炮瞄准三排前沿敌人占领的阵地，待敌人开始冲击时一起开火拦阻，杀伤其有生力量。10 时，敌人炮火延伸，以约两个步兵连的兵力向我阵地冲击，一、三排用冲锋枪和手榴弹打退了敌人的进攻。但三排伤亡很大，全排仅剩八人，阵地被敌占领。连长又想立即命令二排反击，夺回阵地，再次被我阻止。我要求他们坚守阵地，主要用火力大量杀伤敌人，待下午由团组织反击，消灭突入阵地之敌。

这时敌人炮火很猛烈，我们所在的九连指挥所的掩体连续落下数发炮弹，军务参谋杨洪山负伤。我们即转移到战壕中的猫耳洞内指挥，整个阵地上弹片横飞，炮弹的爆炸声震耳欲聋，硝烟弥漫。突入我阵地内之敌企图占领我主阵地，同我九连一、二排反复进行肉搏战，双方伤亡很大。

战斗进行到中午，敌人的攻势逐渐减弱，炮火也渐稀疏。我立即同各营长一起研究组织反击，将团机炮连的火炮和各营六〇炮集中使用，并请求师山炮营支援反击。团副政委陈福章亲自到前沿进行动员，决心保证一次反击成功。下午 2 时，按计划先进行了五分钟的炮火准备，继而由八连全部和九连一个排进行反击。敌人遭我炮火突然打击，伤亡很大，后续部队又上不来，在我优势兵力的打击下，狼狈溃逃。我军恢复了三排阵地，并越出阵地追击逃敌，俘敌 45 人。

当天，师长刘转连和政委陈发洪来我团阵地视察，我向师首长汇报了战斗经过，师首长赞扬我们不仅击退了敌人多次进攻，还及时成功地发起反冲击，并指示我们连夜修复工事，准备再战。这时，敌人见我阵地人员活动较多，连续向我阵地进行炮火轰击，我赶紧派人沿交通壕护送师首长离开。

25 日夜，攻占锦州的第三纵队七师赶到我团阵地，准备投入反攻作战。师长到团指挥所找到我，我向他介绍完情况后特意告诉他，根据俘虏所供敌兵力部署情况，判断敌七十一军军部和兵团指挥部有可能在胡家窝棚；我团正面之敌是七十一军九十三团及炮兵团。当晚 9 时，三纵两个师即由我阵地出发，向胡家窝棚实施反攻。我师当晚 10 时亦受领任务参加反攻，并在三纵之后跟进。

26 日拂晓，我团进到胡家窝棚，遭到敌人重炮轰击，有一些伤亡，但部队仍冒着敌人的炮火继续前进。早 6 时，我根据当时敌人已被我穿插分割包围的情况，召集三个营长开会，布置任务。我告诉大家，昨夜我攻锦主力六个纵队，已按预定作战方案赶到大虎山地区，将廖耀湘兵团分割包围，敌人指挥系统失灵，已乱作一团。今、明两天是我们歼灭敌人和抓俘虏的大好时机。因此，我决定部队分开，各自行动，追歼敌人。我带二营继续向上级指定地点茶棚庵前进，同友军会合；一营向北过饶阳河攻击敌新三军；三营向南寻找敌人攻击；从现在开始，各单位各自为战，哪里有敌人，就向哪里攻击，哪里有枪声，就向哪里前进。不待命令，不必请示，抓住战机，积极主动寻机歼敌，并注意同友军密切配合，服从协同作战最高指挥员的指挥。8时许各营、连分头出发。

这时的辽西战场，从黑山至沟帮子之间的山地丘陵地带，方圆数百里的广阔地域里，呈现出了一幅波澜壮阔的战争画卷，到处都是硝烟弥漫，枪械撞击，厮杀格斗的冲杀场面。此时的国民党军队人、马、车、炮混杂一起，就像热锅上的蚂蚁，四处逃窜。遍地都是他们丢弃的战车、大炮和武器弹药。

我们沿途看到友军押着一群群的俘虏，有的单位为争抢缴获物品还在各不相让。二营最初也派了一个连抓回二百多名俘虏。营长尹玉阁是一个十分谨慎的人，在敌我犬牙交错的情形下，他怕万一发生意外不好应付，于是决定四个连统一行动。因为我们距目的地茶棚庵还有几十里路，上级也无法通报战局发展的具体情况，不知会遇到什么情况。因此掌握部队还是对的。

我们沿途经过的各村子仍有敌人在防守，自然也有友军在围攻。我们不敢恋战，直插目的地，途中还歼灭了部分小股敌人，抓获四百余名俘虏。一直到天黑，我们才赶到茶棚庵，即向村子进攻。但对方打得很顽强，四连长张作修带队猛打猛冲，占领了一个院子后才发现是五纵十五师的友军。我们赶紧喊话、吹号，通知对方我们是十纵的，才停止战斗，双方都伤亡了一些人。攻克了上级指定的目的地后，我们又主动转向南方，循着枪声前进。

27 日凌晨，一营派人报告，他们同六纵一个师向北，沿饶阳河走了大约 15 里，过桥后围攻新三军军部和敌警卫营，经过一个多小时的战斗和喊话，敌人放下武器，俘敌千余，内有新三军少将参谋长李定陆，缴获轻重机枪数十挺。丁元功教导员带二连看守俘虏，营长冯殿元率一、三连配合八十七团围歼郑家窝棚之敌，将敌人全部歼灭，敌营长自杀，我军又俘敌千余。

天大亮后，我们同三营会合，鲜宫文营长、宋德万副营长汇报说，他们抓了六百多名俘虏，缴获两门大炮，两辆汽车，数十匹军马。

到 27 日 10 时，整个战场上枪声逐渐稀少，一群群俘虏从四面八方汇集过来，有时也会偶尔传来一阵激烈的枪声，但很快就停止了。到了下午，所有枪声、炮声完全停止，大战结束。

这两天的战斗，是中国战场上最大的一次战斗。双方投入兵力超过一百万人，方圆数百里，到处是枪炮声，气势之恢宏，其场面之大，前所未有。我东北野战军共有十个纵队参加了辽西会战，我军穿插、分割、包围廖耀湘兵团五个军。各部队间没有固定的战线，不分前方后方，态势犬牙交错，包围反包围，相互交织在一起。敌人分别以村子为据点独立防守，我军则在外围进攻，一个村子、一个村子地分割围歼，持续两天两夜，最终将廖耀湘兵团全歼。

此时的战场上，到处是敌人的尸体和伤兵，敌军留下的枪、炮、战马、汽车到处都是。战士们一时找不到粮食，就吃被打死的骡、马。马肉虽有膻味，但处在饥饿和兴奋状态之下，同样吃得很香。10月底的东北已经开始下雪，我们纵队的供给线一度被敌人切断，战士们的棉衣未能及时送到，还穿着单衣，大家只好将毯子披在身上取暖，但每一个人都保持着高昂的斗志。

战斗胜利后，大家都兴奋异常。各部队见面时，除互相祝贺外，最关心的话题就是彼此抓了多少俘虏、缴获了多少枪炮、物资。11月2日，我军解放了沈阳。至此，东北全境解放，我们取得了彻底胜利。

整个辽沈战役，历时52天，解放军共歼灭国民党军1个“剿匪”总部、4个兵团部、11个军、33个整师，总计47万多人。我团在这次战役中共毙伤敌军300余人，俘敌含新三军参谋长李定陆在内共2600余人，缴获火炮十余门，军马百余匹，汽车数辆。

团里的一名日本籍战士一人就缴获了三挺机枪，立了战功。我们部队为什么还有日本人？事情得从抗日战争结束时说起。1945年8月，日本投降后，许多反对侵略战争、反对日本军国主义的日籍人士自愿要求参加东北民主联军，即中国人民解放军。同时，因为战争的需要，东北民主联军也先后接收了部分工程技术、医护、财会等专业技术人员。他们跟随着中国人民解放军南征北战，有的荣立战功，有的成为模范工作者、优秀干部。我们师山炮营就有日籍战士近百人，团里还有十来名日籍医护人员。

1952年前后，根据有关国际协定，他们纷纷返回日本。回国后，他们一直为中日友好努力作贡献，1968年，在原任我师卫生部会计中村义光等人倡导下，这些返乡的日本籍战士成立了“回想四野会”，即中国人民解放军第四野战军战友会。1970年，在中日建交前两年，“回想四野会”召开第一次会议。1989年，原十纵即后来的四十七军日籍官兵，在已出任日中友好协会副会长、“回想四野会”会长中村义光带领下，组成“回娘家”访问团

2002 年 9 月 28 日，黎原（前排右四）在北京与四十七军日本籍官兵回娘家访问团合影，前排右三为日本“回想四野会”会长中村义光

再次重返中国，到他们曾经战斗和工作过的地方，看望老战友，祭扫烈士陵墓。曹里怀军长和我会见了他们，并同他们一起回忆战斗友情，赞扬他们为中国人民的解放事业作出的贡献。从 1992 年起，“回想四野会”先后六次组成“回娘家”代表团到中国，进行中日友好交流。他们中的一些人还为中国的经济建设对外开放作出了贡献。

11 月 2 日，我纵队在北镇地区集结整训期间，被授予中国人民解放军第四十七军番号，各师依次编为一三九、一四〇、一四一师。我团被授予一四〇师四一八团番号，并授了军旗，我任团长，政委仍是杨敏。

杨敏是湖北恩施人，16 岁参加红军，在部队这所革命大熔炉里不断学习，积累了丰富的经验。1947 年 9 月我部改编为十纵后，上级派他到我团任政委。他为人谦虚，不怕艰苦。哪里有困难，就冲到哪里，对我的工作帮助很大。每当遇到危急关头，来不及商讨时，他都非常尊重我指挥作战。即使有时我指挥失误，他总是主动和我一起承担责任，并总结经验教训。记得 1947 年冬季攻势时，我们在尚义林子村同国民党新一军进行一场激烈的战斗。杨政委冒着生命危险深入连队，鼓励战士不怕牺牲。那一仗是我团自建立以来打得最激烈的一仗，全团伤亡400余人。攻打开原前，他亲自到班里动员战士参加突击队；辽西会战时，我在前沿的九连指挥作战，他在团部积极配合，保证了战斗的胜利。由于我们两人在工作中团结一致，全团所有副职都能积极配合。正是因为有杨敏的支持和帮助，我积极进取的精神，才能在工作中得以充分发挥，完成上级交给我们的战斗任务。

部队在北镇整训期间，主要是做入关作战的动员准备。我们原计划整训三个月，还收购了大量的粮食、燃料，准备过冬。但两周后，四野接到军委电令，要求我们停止整训，立即隐蔽入关，参加平津战役。

经过近四年激烈紧张的战斗，我们最终赢得了东北全境的解放。这是我一生军事生涯中最令人难忘的一段经历。在党的领导下，我参与组建了一支革命武装，并同这支部队一起成长、发展、壮大。1948年11月下旬，抱着解放全中国的坚定信念，我同四一八团全体指战员踏上了新的征程。

第六章　从东北到江南

一、挥师入关，参加平津战役

1948 年 11 月初，辽沈战役刚刚结束，党中央、毛主席就积极布置平津战役，决定将傅作义集团就地歼灭于华北地区。为此，东北野战军全体指战员提前结束整训，秘密入关。

11 月 23 日，四十七军奉命由辽宁北镇出发，经锦州、冷口等地入关，昼伏夜行，行程 700 余公里，于 12 月 13 日进抵天津宝坻。冀东一带是抗战时李运昌同志建立的敌后根据地，群众基础好。一路上地方党组织安排沿途老百姓支前，为部队送水、送饭，有力地保障了部队的行动，加快了行军速度。

我们到达宝坻当晚，师接野司电令："限一昼夜赶到并占领金钟河桥，切断敌人退路，配合四十六军在汉沽以南铁路沿线歼灭敌人。"金钟河是塘沽外围的一条河，河上架有并列的铁路、公路桥，是出入山海关的必经之路。我军占领此桥的主要目的，一是可以将唐山—山海关一线敌人的退路切断，将其就地歼灭；二是防止敌人撤退时破坏桥梁，确保交通畅通，以利我军主力迅速入关作战。接受任务后，师长刘转连即令我团为前卫团，四一九、四二〇团随后跟进。

我们从宝坻出发后，一路急行军，向目的地疾进，我随前卫营行动。当时我们面临的最大困难是时间紧急，又不明敌情。从宝坻到金钟河桥 70 余公里，要求一天一夜占领该桥。而沿途敌人是否设防，驻有多少兵力，我们都不知道，主要依靠询问沿途百姓，同时派出侦察分队，边走边了解敌情和地形。沿途我们发现敌人正在收缩，于是加速前进，防止敌人逃跑、炸桥。

正当我们行进到大、小八亩坨附近时，突然遭到敌人炮火的密集袭击，部队纷纷隐蔽疏散。我当时正率尖兵排走在部队最前面。当我们赶到祈家阜子村头时，发现村里没有敌人，进村后问群众才得知敌人刚刚撤走。

祈家阜子是个百户人家的平原村庄，四周由寨墙、院墙连接，东南西北各修有一个寨门。寨门外修有地堡工事和战壕、迫击炮阵地，还有坚固的掩体和障碍物。寨墙上掏有枪眼、观察孔，工事很坚固。村里原来驻有敌军一个营，所以敌人的炮火没有轰击这里。我急忙叫司号员吹号调部队。

正在这时，侦察员报告发现约有一个营敌人排成两路纵队，大摇大摆地向村子走来。我判断这股敌人就是原来驻扎在村内的守军。敌人可能考虑该村位置重要，不能放弃，撤走后又奉命回来。这时我身边只有一个排兵力，与大部队联系不上，非常着急。排长提出，我们是不是趁敌人没有发现赶紧撤。我说这个村子的位置很重要，是我们通往金钟河桥的必由之路，如果被敌人占领，我们再进攻就要付出很大的代价。从敌人大摇大摆的行军情形看，他们并不知道我们已经占领了村子，更不了解村内我有多少兵力。我立即命令全排展开，进入工事，阻击敌人。

我把三挺轻机枪都架在主要路口，当敌人进至距我阵地 100 米左右时，全排战士突然一起开火。敌人毫无准备，当即被打倒十余人，其余敌人马上卧倒在地。阵地前有一条水沟，敌人大约有两个连被我火力压在沟内，不敢动弹。我方因人少，不便出击，敌因情况不明，也不敢进攻。

此刻，后续部队一时又上不来，我立即决定由我带一个班掩护，命排长领两个班主动出击。事先我告诉排长、班长：记住，一个“班”暂时称作一个“连”。布置好后，我就故意大声喊道：“一连掩护，二连、三连左右包抄，消灭敌人。”同时，我还令司号员吹起冲锋号。由于敌我阵地非常近，我的“命令”敌人也能听到。当敌发现解放军要发起冲锋，生怕被歼，仓皇后撤。我出击部队截住敌人一个连，俘敌 80 余人，我方仅负伤数人。

当天晚上，部队陆续赶到祈家阜子。师长刘转连表扬我说：“如果不是你在前面，让敌人进了村子就麻烦了，不知又要付出多少代价，才能重新占领村子。”通过这次战斗我体会到：在远距离奔袭作战中，指挥员必须靠前，才能及时掌握情况，作出正确判断，灵活指挥作战，否则就会贻误战机。同时我也感到通信联络对指挥作战影响巨大。如果当时我们能与主力部队保持联系，就不会让敌人大部跑掉。

各团陆续赶到祈家阜子后，师长刘转连召集各团长开会。他严厉批评了四二〇团在敌人炮火袭击时的慌乱表现，并命令四二〇团继续负责消灭八亩坨之敌，四一八团为前卫、四一九团为后卫，继续向目的地前进。

接受命令后，部队连夜出发，第二天上午 10 点多，赶到俞家岭附近，被一条河挡住去路。正当我们四处寻找渡河材料时，发现上游不远处也有部队在渡河。侦察得知原来是敌人的一个营正用芦苇搭成浮桥渡河后撤，我团马上组织进攻，先消灭了未渡河的一个连，并利用敌人搭好的芦苇浮桥冲过河去，缴了另两个连的械。此战共歼、俘敌一个营 400 余人。

部队过河后继续前进，天黑时赶到宁车沽附近。宁车沽原由东西两个村子组成，后来村子不断扩大，连在一起。通过审问俘虏得知，宁车沽有敌人一营守卫，同我们俘虏的敌人同属敌二〇八师。我当即命令一营长冯殿元率部伪装成敌人，由俘虏带路，借着夜色大摇大摆地向宁车沽走去。刚到村口就遇到敌哨兵："你们是哪一部分的？"冯营长机智地答道："我是二〇八师六十团二营营长。下午接师部后撤命令，现在天晚，过不了金钟河桥了。快带老子见你们营长。"敌哨兵一时也辨不清真伪，乖乖地领着冯营长直接赶到敌营部，生擒敌营长，再逼其下令全营缴械，就这样一枪不发，顺利解决了宁车沽之敌。这次战斗与《中国战典》乃至《陆军第四十七军军史》《陆军一四〇师战史》等书中的记载都不一样，这几部书均称：1948 年 12 月 14 日黄昏，第四十七军一四〇师四一八团在炮火的支援下，对宁车沽守敌发起强攻，经激烈战斗，歼灭国民党军营长以下官兵百余人，占领宁车沽。而今，当事人一营长冯殿元现还健在，他们也不知道何故战史的记载同实情不符。宁车沽战斗不是强攻，而是智取，没费一枪一弹。不是歼灭敌营长以下百余人，而是全歼一个营，俘敌 400 多人。1990 年冬天，我在广州遇见老师长刘转连，问起此事。他说，可能是当时战斗详报写错了，没有据实报告，我们也没有很好地把关，所以就将智取传说成强攻了。

我们占领宁车沽已是夜里 11 点多。经过一天紧张的行军打仗，战士们非常疲劳。但上级命令"占领金钟河桥"的任务还没有完成，我们连夜审问俘虏。据俘虏交代，宁车沽离金钟河桥只有两公里，守桥的敌人大约有一个营，还配备一个工兵连，并已在桥上安装好炸药，随时可能炸桥。此时跟进的四一九团也赶到了宁车沽。按师里的部署，攻占金钟河桥的任务由四一九团负责。他们团长和政委看到部队非常疲劳，就叫部队先休息，天亮以后再进攻。我感到这样非常不妥，因为攻占金钟河桥是我们这次行动最主要的任务。同时，利用天黑、敌人没有准备的有利时机，出其不意进行偷袭，可以顺利完成任务。否则，等到天亮后再进攻，易让敌人发觉，有可能炸桥逃跑。我和政委商量后就主动打电话，向师长请示：如果四一九团有困难，就让我团连夜攻占金钟河桥。但师长坚持由四一九团负责，因为该团入关后还没有打仗。可是他们却迟迟不行动，团长甚至说：如果黎团长要坚持打，就让他们打好了。但我们没有得到上级命令，不好擅自攻击，随后，政委杨敏再次向师长请示也没有获准进攻，我们只能干着急。

天亮时，敌人炸桥的声音将四一九团惊醒，团长才急忙组织进攻，赶到时敌人已经将金钟桥的一座桥炸坏。经过激战，四一九团付出百余人的伤亡代价，才赶跑敌人，保住了另一座桥。

占领金钟河桥之后，北塘之敌逃到塘沽。16 日，上级命令我师配合四十六军包围塘沽和军粮城之敌，我们连夜向军粮城进发。第二天抵达罗房后，又接四十六军首长电报，称军粮城已被该军占领，守城之敌已逃，令我师围歼新河镇之敌。

新河镇位于塘沽以西 20 多里，是塘沽至天津铁路旁的一个重要据点。我军如夺取新河镇，既可使塘沽之敌更加孤立，又可为部队攻取塘沽创造条件。

驻守新河镇的是敌交警第十总队，兵力 5000 多人。该部装备精良，都是清一色的美制卡宾枪。老兵多，作战经验丰富，战斗力较强。同时，敌人在新河镇周围筑有坚固的围墙、工事。围墙外设有 3 道铁丝网和用树枝设置的障碍。在外围新河火车站、造船厂和材料厂一带驻有保安第五团。塘沽车站及其以北地区驻有敌八十七军二二一师，兵力较强。新河外围地势开阔，是一片一眼望不到边的平坦的盐碱地。地下水位浅，挖不下一铁锨深，就能见水，很不利于攻城部队构筑工事，隐蔽接敌。

我们接受任务后，首先扫清了新河镇外围之敌，切断天津与塘沽敌人的联系。一切准备就绪后，上级命令由四二〇团配合四十六军一三七师主攻，四一八团和四一九团为预备队。

19 日一早，刘转连师长和一三七师师长肖全夫商定，一三七师从东、北、西三面同时攻击，一四〇师四二〇团由南面攻击。按照四十六军首长指示，由一四〇师师长刘转连负责，统一指挥。

早 9 时，攻击开始。刘转连将指挥所设在镇外一座水塔内，我和四一九团团长卢来发和师山炮营营长一同在指挥所内居高临下观察战斗进展。由于四周全是平地，在海河滩上很难构筑工事，加之敌人火力很猛，一三七师和四二〇团连续冲锋三次，均未奏效，伤亡颇大。打了几个小时，四二〇团攻占了新河车站大部，一三七师仅攻下车站外围，都未能攻进新河镇内。

我根据战场态势感觉到：虽然地形不利于我军进攻，但战前准备工作也不够充分，进攻时炮兵和步兵的协调存在一定问题也是重要原因，而突破口选择更不合适。此外，还有一个因素，就是轻敌，觉得此时的敌人已不堪一击，没有认真考虑正面守敌的实际战斗力。我向师长建议：应充分准备，再发动进攻。刘转连遂命部队停止战斗，令四一八、四一九两团预备队加入战斗，重新组织连以上干部看地形，选突破口和步炮协同。对于阻碍部队进攻的敌碉堡、工事，命山炮营位置前移，改间接射击为直接射击，保证准确有力地摧毁之。

下午 3 点，我军集中全部火力，猛轰敌人据点，大量杀伤其有生力量。随后主攻部队根据选好的突破口同时发起进攻。此时敌人已顽抗了近 8 个小时，斗志也渐渐丧失，军心不稳。我军很快突破敌人前沿，冲入镇内进行巷战。敌人大部被歼，逃跑的一部分也被四一九团的一个营围歼。到下午 4 点多战斗结束，我军共歼敌一个交警总队、一个保安团，俘敌 2400 余人。敌少将总队长、副总队长均被俘。这一仗，我们还缴获了 1000 多支美式卡宾枪。后来总部得知我们的战果后，抽调了大批卡宾枪支援友军部队。

新河战斗结束后，我师奉命留在新河车站东南布防，监视塘沽敌人。12 月 23 日，上级命令我一四〇师归建四十七军战斗序列。我团由新河车站进抵武清，旋即又转进廊坊地区构筑工事，组织阵地防御，防止北平守军南逃天津。

自我团入关以来的十多天内（12 月 12—23 日），在本师建制内，连续进行了十几天的战斗，由于全体指战员作战英勇顽强，组织指挥得当，取得了很好的战绩，部队伤亡不大，圆满完成了各项战斗任务，多次受到上级表扬。一四〇师师史对我团在祁家阜子的战斗给予了很高的评价，师史写道："四一八团主要指挥员由于行军中指挥靠前，发现情况及时，决心果断，取得了以一个排击溃阻我前进之敌一个营，并歼灭其一部的胜利。"

二、围困北平，改编傅作义部

1948 年 11 月初，辽沈战役结束后，全国的军事形势发生了根本变化。正如毛主席所说：我军不但在质量上早已占优势，而且在数量上也占有优势。国民党军队由全面内战爆发时的 430 万人下降到 290 万人，解放军总兵力则由 120 万人增加到 300 万人。11 月中旬，我华东野战军和中原野战军发起淮海战役后，成功地将徐州刘峙集团分割。毛主席从战备全局考虑，为防止平津地区之敌南撤淮海，决定提前发起平津战役，将傅作义集团就地歼灭于平津地区。此时，傅作义集团的动向有三种可能：一是西窜绥远，二是南逃，三是固守北平。蒋介石虽倾向南撤，但决心还没有定，而且国民党内部意见也不一致。有人主张南撤与刘峙集团会合，反对者则认为撤出平津，将损失整个华北。敌人正处于举棋不定、犹豫不决之时。但无论敌人是西窜，还是南逃，都不利于我军就地全歼敌人的计划；而固守北平，也会增加我军进攻时的损失。为此，毛主席运筹帷幄，要求东北野战军于 11 月 23 日秘密入关。第二天，又令华北野战军第三兵团杨成武部放弃攻打归绥，由西向东，突然包围张家口，目的就是吸引傅作义部西进救援张家口，以迟滞平津敌军南逃。

此时，蒋介石、傅作义认为东北解放军起码需要休整 3—6 个月，才有可能挥师南下，因此错误判断围攻张家口的仅是华北解放军。傅作义 30 日命令驻扎北平的嫡系部队三十五军乘 400 余辆卡车由北平增援张家口。这样一来，我军就成功地将傅作义的主力引出北平。

12 月 5 日左右，已秘密入关的东野先遣兵团程子华率两个纵队袭击密云，傅作义才发现我东北野战军已入关，赶紧收缩部队，令三十五军回撤。此时毛主席早已部署好，命华北野战军第二兵团杨得志、罗瑞卿部迅速出击，将敌三十五军困在新保安，围而不歼。三十五军被围后，傅作义又急令十六军、一〇四军由北平西进接应三十五军东撤。这样一来，我们又成功地将敌人两个军从北平城引出。只要将敌人诱出北平，就有利于我军分割包围，在野外运动中消灭敌人。此后，东野先遣兵团和华北二、三兵团积极配合，先消灭了增援的十六军、一〇四军，再全歼新保安的三十五军，最后解放了张家口，共歼敌近 20 万人，为围歼平津之敌创造了先决条件。

毛主席的战略意图非常清晰，就是先要引出傅作义的嫡系三十五军西进，这样就能拖住傅作义，防止傅部南逃，也就等于拉住了蒋介石。此后，随着东野主力的入关，迅速完成对傅作义集团的包围。我们师入关后，奉命远距离奔袭金钟河桥，就是为了完成包围傅作义集团，防止傅部从塘沽海运南逃。为攻打塘沽，七纵司令员邓华事先已侦察了地形，随后林彪又令刘亚楼再察。因塘沽一带地形易守难攻，不利于我军全歼守敌，最后野司决心暂时放弃攻歼塘沽之敌，先打天津，从而彻底完成对平津的包围。

1948 年 12 月底，我师奉命回归四十七军建制，开到北平和天津之间的廊坊，主要任务是防止北平敌人南逃，同时为攻打北平做战前准备，根据城墙实际的高度、厚度等情况，主要进行登城、巷战等临战训练，各级指战员都反复进行爬城演练。

1949 年 1 月 15 日，由野司参谋长刘亚楼率 5 个多纵队共 22 个师 34 万兵力向天津守敌发动总攻，仅用 29 个小时就全歼天津守敌，活捉天津警备司令陈长捷，天津之战胜利结束。天津的解放，震撼了北平守军，也彻底粉碎了傅作义集团由海上南逃的企图。这一切都是在毛主席的亲自指挥下取得的。

1 月 31 日，华北“剿总”司令傅作义将军在解放军四面包围之中，深明大义，接受中共中央提出的八项和平改编条件，幡然率部归顺，接受和平改编，宣告北平和平解放。

北平解放后，四十七军没有进城，奉命开到河北固安整训，并负责改编傅作义部第二六二、二六七师的任务。

3 月初，傅部两个师开到固安接受改编。第二六二师是傅作义部主力，而二六七师则是蒋介石的嫡系。由于改编部队此时还全部佩带武器，他们在撤出北平之前，分别选拔了大批谍报、特务及政工人员改头换面调整职务，企图破坏和平改编。为此，上级要求我们既要对傅部表示欢迎，又要提高警惕。为了顺利改编傅作义部，四十七军从全军中抽调连以上干部四百余人，分配到这两个师，按团的建制进行改编。

为了保证顺利、安全地改编，我们首先在这两个师中清查国民党特务。该部军官中有许多人暗中搞破坏，我们大都将他们遣送出去。当时对起义部队的改编政策很宽大。军官如果愿意参加解放军，主官一般改为副职继续留任；不愿参加解放军，还可以领取 3 个月的军饷回家。我们团就来了一位国

北平和平解放后，解放军炮兵部队通过前门大街

民党军的团长任副团长，工作了两个月，最后还是离开了部队。因为解放军的管理制度、训练方法与国民党军队完全不同，即使他们愿意留下，一般也不容易开展工作。营以上军官大都脱离了解放军，我们先后送走了约3000人。连排级干部还是留下了许多，士兵中凡年轻、家庭成分好的总共留下5000多人，编入我军，原部队番号取消。经一个多月的艰苦工作，我们顺利完成了上级交给的任务。

对傅作义部26万人的和平改编，是中国人民解放军建军史上的一大创举。在很短时间内，顺利地将反动军队中的官兵改造成革命队伍里的一员，这完全靠的是共产党的正确政策和人民军队的政治优势。他们中的许多人经过努力学习和思想改造，在此后的南下作战和抗美援朝战争中都表现不错，有很多人还提拔为营、连职干部。

固安整训期间，除了对傅作义起义部队进行改编，我们还在全军开展政治思想教育。

经过辽沈、淮海、平津三大战役，长江以北地区已基本解放，革命形势发展迅速。但是部分干部战士的思想跟不上革命形势发展的客观要求，特别是在家乡已经解放的基层干部中，一些人想回家。我们军就有个别基层干部，抗战时期参加革命，离家五六年，甚至八九年，从没有回过家，现在革命胜利了，更想回乡安家。当时部队规定，家属来探亲可以，但不允许干部战士回家探亲。但也有个别干部寻找种种借口想转业到地方工作，不愿留在战斗部队。例如我们团有个营长，是家里的独子，准备结婚。固安整训期间他因病住院，出院后就要求留在后方工作，不愿回作战部队。我的一个警卫员也偷偷跑回东北老家，参加地方工作。团里的管理股长是三八式干部，作战勇敢，部队到固安后他请假回家，没有再跟部队一同南下。

战士中思想不稳定的主要是东北籍战士，他们认为：我们既解放了东北，又解放了华北，已为革命作出了贡献，现在应该允许回家。特别是基层干部的思想对稳定部队最为重要，我们团就有七八十人在这一时期脱离部队回家。针对以上情况，我们在全团进行形势教育，批评一部分人的和平幻想和半途而废思想。通过组织新战士诉苦、挖根，组织老战士查忘本思想，正确认识了个人与革命的关系，进一步提高战士的阶级觉悟，树立将革命进行到底，彻底推翻国民党反动统治，解放全中国的信心。

1949 年 3 月初，党中央在西柏坡召开了七届二中全会。4 月，上级要求师以上干部进北平学习七届二中全会精神，同时还组织我们团营职干部进北平城参观了三天。

记得大约是 4 月中旬，我们从固安乘大汽车出发，两个小时就到了北平城。我们大都是从农村出来的，从未到过皇城，帝王古都，大家身临其境，自然是兴奋异常。我们参观了故宫、天坛、颐和园、长城等名胜古迹。短短三天的北平之行，开阔了我们的文化视野，丰富了我们的历史知识。过去，对我们这些农家子弟来讲，进皇宫是想都不敢想的事，只是在儿时听说书先生绘声绘色地讲过，现在我们亲自走进了紫禁城，亲眼看到了当年皇帝居住生活过的地方，确实收获不小，也有着不少难以言表的感想。

我们在北平看到的文物古迹，保护得都非常好。早在围困北平之时，党中央就下达了非常严格的命令，不仅明确要求保护好城内的故宫、天坛等文物古迹，对城外的古建筑也都一一指明，严令即使在战斗中也必须保护好文物，不许破坏。这一点在战争年代是非常不易做到的。我军基层干部、战士大都是农民出身，完全不懂什么叫文化遗产和保护文物的价值何在。为此，上级不仅颁布了严格的纪律，还进行细致耐心的教育。北平的和平解放和我军的严格纪律，才得以将古都北平的文物古迹、历史建筑完整地、原封不动地保留下来。这是中国共产党为保护中国传统文化、建筑、艺术遗产所作出的一大不可估量的历史贡献。

我们在北平住了三天，旅馆紧靠着有名的长安大戏院。当时，北平的一切文化生活照旧，每天晚上长安大戏院的戏照常上演，我们天天都去看戏。记得第一天晚上看的就是四大名旦之一的荀慧生演的《红娘》。当时一般的干部大都不知道荀慧生、尚小云的大名，名气最大的就是梅兰芳。

在北平参观期间，有两件事给我留下特别深刻的印象。一是我深深感受到广大北平市民对共产党、解放军发自肺腑的热爱之情。当时在北平最流行、唱得最响亮的歌曲就是“解放区的天是明朗的天”！近半个世纪以来，北平市民见过的兵实在是太多了，从世纪之初的八国联军进北京，到北洋时期走马灯一般的各路军阀，如皖系的段祺瑞、奉系的张作霖，还有张勋复辟时的辫子兵，无论是哪一支军队进北平，都给老百姓带来无穷的祸害；这以后北平又经历了八年之久的日伪军残暴统治；老百姓好不容易熬到了抗战胜利，迎来的则是“劫收”的国民党军队和横冲直撞的美军吉普车。北平城的老百姓从来没有见过像解放军这样一支纪律严明的军队。解放军进城后严格执行三大纪律八项注意，秋毫无犯。有些部队一时解决不了住宿，就露宿街头。许多部队还同驻地附近的单位、学校一起开联欢会，宣传革命的胜利，

1949年4月中旬，黎原（左一）从河北固安平生第一次到北平，在颐和园麒麟铜像前留影

帮助广大市民解决实际生活困难。人民军队以自己的实际行动赢得了北平老百姓的心，同老百姓真正做到了军民鱼水情。

另一个深刻印象就是对北平城的接收工作。党中央在接收北平时规定，对原有的社会制度不动，保持原有的生活方式、生活习惯，对一些清朝王公贵族、反动官僚政客的私人财产也都予以保护，照旧允许他们按旧方式生活。这样做，对稳定、团结旧政权的人员起到了积极的作用，赢得了各阶层人民的拥护和信任，甚至是一些过去反对我们党的上层人士，也逐渐转变了他们对共产党最初的态度。北平解放后，广大市民安居乐业，不仅原有的文化生活照旧，商业、服务业也都迅速恢复，王府井、大栅栏一带很快就再现了往日的繁华景象。

在北平参观时，有一件事令我很惊讶：北平城里的小偷在我们参观游览时，偷走了个别干部随身带的怀表、照相机、派克钢笔等物品。我们向公安机关报案后，谁也不再想着能找回被偷物品。当时北平公安机关还留用了许多旧政权的警察，他们同北平的黑社会仍保持着一定的联系。事后经他们的努力，居然将全部被窃物品原封不动地找了回来。这在解放区也是很难做到的，由此可见在城市接收工作中，北平是做得相当成功的，几乎是原封不动地将整个城市接收下来。

回顾我个人的成长经历，1938 年投奔延安参加革命，迎来了我人生的第一个春天。在延安，我用马克思主义理论武装了自己，明确了今后的人生道路；1949 年在北平，我又迎来个人生命中的第二个春天。记得 1946 年我们刚刚在松花江北站稳脚跟、上级对我们进行形势教育时曾说，争取五年解放全中国。当时我们感到革命的任务还很艰巨、困难，谁也没有想到解放战争会进展得如此之快，更没有想到我们四野是最先进北平的。作为四野的一名基层指挥员，我们从松花江一路打到北平城，以自己的实际行动实践着自己的人生理想，真正做到了理论和实践相结合。我在延安学习的新民主主义理论，通过这三年来的亲身实践即将全面实现，彻底消灭国民党反动派指日可待。所以说这是我人生的第二个春天，我经历了如此伟大的胜利，更坚定了我解放全中国的决心。

最后还有一段插曲值得一记。北平解放前，上级布置攻打北平时，分配我团的攻击目标是北平城南的大红门、小红门一线。事情真是凑巧，当时负责守卫这一地区的是国民党十三军的一个团，团长崔中洲是我黄埔同期、同队、同宿舍的同学。当时谁也不知道彼此正在北平城外对阵。

北平解放后，崔中洲在改编中选择回家，事后又南下上海，再次投奔国民党军队，任师参谋长。不久，在解放上海的战役中被我军俘虏，经教育后释放。当时他的妻室都在北平，他就回到北平做买卖。1954 年工商业改造时，他参加公私合营。“文化大革命”中被遣送回东北榆树县老家，直到十一届三中全会后才落实政策回到北京。

1988 年，北京黄埔军校同学会成立，我被选为副会长。一天，黄埔同学刘景林（时为河北省政协委员）来北京出席全国政协会议，来家里小坐。闲谈之中，他谈起崔中洲也在北京。我马上找到崔中洲，邀他一起参加黄埔同学会。后来我们经常见面，一起谈论军校的同学和往事，我们还联名给台湾的同学写信，邀请他们回大陆来相聚。一次偶然谈起平津战役，才知道他当时防守大、小红门一线。我们两人一个在城里，一个在城外，同窗同学差一点就真枪实弹地打了起来。

三、向江南进军，参加宜当战役

1949 年 3 月，平津战役结束后不久，东北野战军在休整期间根据中央军委命令改称中国人民解放军第四野战军。司令员林彪、政委罗荣桓，下辖 13 个军，总兵力约 88 万人。一个月后，四野在原有第十二、十三两个兵团基础上，成立了第十四、十五兵团，每个兵团辖三个军。我军隶属于第十三兵团，程子华任司令员、萧华任政委。

在组建四个兵团的同时，上级对各军军政主官作了部分调整。原四十七军军长梁兴初调任三十八军军长，原三十八军副军长兼参谋长曹里怀调任四十七军军长，政委仍由周赤萍担任，曹里怀是我进入东北时的老领导。我的老首长、一四〇师师长刘转连升任四十八军副军长，师长由四十七军副参谋长刘子云接任。

人民解放军经过辽沈、淮海、平津三大战役，大量歼灭国民党军的有生力量，已将战线推向长江中下游地区。为了配合渡江作战，钳制白崇禧集团，中央军委令四野十二兵团萧劲光部的两个军组成先遣兵团于 3 月初先行南下，攻取信阳，威胁武汉，配合第二、三野战军夺取南京。4 月 20 日，以张治中为代表的国民党和谈代表团在北平与我党进行谈判，达成初步协议，但南京政府却拒绝了我方提出的和平条件，和谈破裂。21 日，第二、三野战军发起了渡江战役。23 日解放南京。

在渡江战役发起前一周左右，我们四十七军奉命从河北固安出发，沿平汉路南下，向河南进军。此时，四野先遣兵团四十三军已先后解放了郑州、信阳、南阳等地区，河南境内仅安阳、新乡尚被国民党军占据。为此，四野命令十三兵团司令员程子华指挥第四十二、四十七军，会同华北军区第七十军发起安新战役。围歼安阳的任务由四十二军执行，攻克新乡由四十七军和七十军负责。

5 月初，四十二军首先向安阳敌军发起进攻，战斗不到两天，全歼安阳守军。

驻守新乡的国民党第四十军军长李辰熙与我军炮兵参谋长冉影系姑表兄弟。在大军南下前，冉影即受命先行化装潜入新乡与其联系。当四十七军和七十军完成对新乡的包围后，谈判也于此时开始。守敌在我四面包围之下无路可逃，被迫接受我军和平改编。新乡解放，为大军南下打开了通道。

其间，我师一度奉命驻防卫辉。我对卫辉县很有感情。中学毕业后我到开封报考军校时，还投考了卫辉师专。该校当年是河南的名校，在全省都很有名。我旧地重游，很是留恋。新乡解放后，我军继续沿平汉路以西向湖北进军。部队连续行军数十天，行程 1500 余公里，于 6 月初到达长江北岸的襄阳，准备渡江作战。

过去我们行军都是急行军，有明确的敌人目标和战斗任务，要求部队随时能够投入战斗。这次长距离行军，因沿途都已解放，途中几乎没有大的敌情，没有战斗任务，是旅次行军。每天部队行军约 30 公里，路线事先都有专人安排好，派人打前站，行军组织安排周到，物质保障充分，地方政府食宿安排得也都很周到，每天下午三四点就能到达驻地休息。

在近一个月的行军途中，正如毛主席所说的，解放军就是一支工作队、宣传队。我们途经的地区都是新解放区，部队官兵不仅严格执行三大纪律八项注意，还向沿途百姓宣传革命。团里有一个 20 余人的文工团、一个篮球队。每天一到驻地，我们都主动联络当地学校，和群众一起开联欢会、演出。当时正是夏收季节，战士们还常常帮驻地百姓收割、运输粮食。广大官兵以自己的实际行动，赢得了老百姓的欢迎和爱戴，军民关系非常好，部队士气特别高涨。

河南是我的家乡，此时全省都已解放。行军途中离家乡信阳不远，来回只需三四天，从感情上讲我很想回去看看家乡和亲友。我自1938年离家投奔革命后，已有11年没有回过家了。但当时部队仍处在战斗行军中，全国还没有解放，我们的任务是赶到湖北沙市渡江作战。从理智和受领的任务考虑，我明白是不应该请假回家的。特别是我家乡的亲戚朋友大都是出身地主、士绅家庭，从前我们之间的个人感情也还不错，回去后自然会同他们相见，但考虑到同他们接触过多，地方干部会有意见，不利于基层组织开展土改工作，容易引起矛盾。又考虑到父母也都早已过世，于是我决定继续率领部队前进，暂不请假回家。

6月初，我们南下到了湖北的襄阳、樊城。我们部队战士大都来自东北，不熟悉水性，不适应南方炎热的气候。为使部队尽快适应江南新环境和气候，保证顺利完成渡江作战，部队进行了20天的军事训练和政治教育。政治教育主要是树立将革命进行到底的决心；军事训练以山地战和河川战为主，着重演练渡江登陆作战，训练官兵掌握游泳技巧，并调整了编制和装备，以提高部队水上作战和山地作战能力。

黎原南下途中留影

襄阳城紧靠着汉江，自然成了我们最佳的训练场所。我们抽调全团游泳高手负责教学，要求每人都能游200米，同时还要求官兵掌握如何在水中展开战斗队形、避开敌人炮火袭击，以及遇到不同情况的应对方式。同时还训练战士掌握驾船技术和船上射击技巧，一般大船上都架有机枪，有的船还放置沙袋架上重机枪。经过20多天的整训，部队官兵提高了渡江作战能力，为渡江作战树立了胜利信心。

此时，我第二、三野战军已相继解放了长江中、下游的南京、上海等大城市和江南广大农村。不甘心失败的国民党军仍在做垂死挣扎，华中“剿总”白崇禧部妄图凭借长江天堑阻击解放军前进。四野的任务就是南下渡江，消灭白崇禧主力。此时，十二兵团已解放了武汉，我们十三兵团，为南下的右翼，主要作战对象是布防于长江中游北岸的湖北宜昌、当阳、沙市一线的华中“剿总”副总司令兼第一兵团司令宋希濂所部四个军。此时，正是夏收季节，宋希濂为了缓和补给困难，令所部北上抢购粮食。

四野获悉宋希濂部并未后退且尚在北进的情况后，令十三兵团迅速南下。我们四十七军的任务是于 7 月 11 日迂回包围宜昌以东 30 公里敌外围据点鸦雀岭，切断敌退路。

7 月 6 日，宜当战役打响。我们按预定计划向宜昌外围据点鸦雀岭进军。此时正值酷暑，战士们顶着烈日，背着枪支、弹药、干粮、水壶等数十斤负重强行军，途中不时有战士因中暑而掉队。南方气候潮湿，又多是山地、丘陵地形，部队战士一时还不能适应新的环境，非战斗减员与日俱增。经过一周的急行军，7 月 12 日午夜（比上级要求的时间晚了一天），我们才占领鸦雀岭。此时，敌人已在当天早上主动撤出，街上随处可见他们逃跑时留下的弹药和军用物资。我们沿途抓到三四百俘虏。审问俘虏得知，敌人一部逃向古老背，准备渡江南撤；另一部逃回宜昌。此时，我考虑上级交给我团的任务是切断敌人的退路，尽管我们占领了鸦雀岭，但并没有完成歼灭敌人的任务。为此我和政委商量，应积极行动，争取赶在敌人之前占领古老背。政委完全赞同我的意见，我立即致电师首长：首先汇报我团占领鸦雀岭时间，并主动提出继续南行追赶逃跑之敌。我的请求得到上级的同意后，全团立即紧急动员，以最快速度奔袭古老背。

从鸦雀岭到古老背近 25 公里，为了同敌人赶时间，我随前卫连行动，边行军边跟向导了解情况。

古老背（现改名虢亭镇）是紧靠长江边的一个大镇，沿江有 4 个码头，是通往宜昌的必经之路。此时离天明还有四五个小时，四周漆黑，我们仅靠月光下依稀可辨的小路拼命向前飞奔，一气奔走了 25 公里。天色渐明时，前方一股守敌发现了我们，向我们射击。我当即命令前卫连三营八连连长姜玉明带领一个班迅速扑向敌人，缴了敌人的枪。审问得知，他们是敌警戒分队。古老背除原驻的江防部队外，又多了昨天刚从鸦雀岭一带溃退而来的敌军两个营（另一个营已被歼灭），正在寻找渡船，准备早饭后过江逃跑。同时从俘虏口中得知镇上设置有临时街垒，离街半里处有坚固的地堡群，是原守备部队构筑的。我判断此刻敌人已无心抵抗，便指挥部队迅速攻击前进。

早晨8点左右，部队赶到古老背北面一线山头，发现山顶有人活动。因排长宋子林侦察时，不小心冲锋枪走火，暴露了目标。我当机立断，命令八连从正面发动攻击，先将敌人压下去。10分钟后，八连逼近地堡群，战斗打响。同时，我趁敌不曾完全占领工事，命随后赶到的部队当即展开队形，左右包围，抢占渡口，最先赶到的是九连连长朱昌一。

"朱昌一，给你两个向导，快带你们连，蹚过河岔插向西面轮船码头。能不能切断敌人退路，就看你们了！能跑多快就跑多快，决不能让敌人跑掉。"我命令道。

"大家跟我来！"朱昌一转身，带着战士向指定目标飞奔。

随后，我又向陆续赶来的七连、二连布置任务，令其迅速投入战斗。很快，各连从东、西、北三面对敌人形成包围之势，而南面是滚滚长江。

20分钟后，古老背西面的轮船码头附近，响起了激烈的枪声，随之东面也打响。现实情况说明，各连已成功插到敌人侧后，控制住了渡口，并切断了敌人水、陆两路西退宜昌的道路。这时敌正面抵抗的地堡群，枪声也渐渐稀疏下来。八连长姜玉明作战勇敢，在东北开原战斗中负伤，南下时腿伤仍未痊愈，拄着根棍子一瘸一拐地行军，当听到枪声一响，他就丢掉棍子，指挥部队趁势发起冲锋，他将全连8挺轻机枪集中到第一线，人人平端着，一边扫射一边冲过敌人地堡，向正街突进！随后赶到的二营也投入了战斗，大约一个小时就全歼敌人两个营，占领了古老背。

当我赶到江边码头时，发现岸上坐着黄呼呼一大片，足足有几百名国民党军伤兵和医务人员，一个个耷拉着脑袋，等待发落。这些人原计划吃过早饭后撤向宜昌，当我军枪声一响，镇中的守敌就拥到江边，不顾伤兵们的死活，抢先登船逃命。谁料，解放军神速，攻抵江岸，坐上汽船的军官慌忙命令砍断缆索，扔下三条木船，开足马力先逃了。而已逃上木船的敌人在我军及时赶到江边监视下，被迫下船缴械投降。同时，我军又向逃到江心汽船上的敌人喊话，敌无反应后，我们就用重机枪猛扫，给汽船上的敌人以大量杀伤。

就在我们占领古老背后约一个小时，敌华中"剿总"副司令宋希濂从沙市乘军舰到古老背视察阵地，他尚不知古老背已经被我们占领，正准备靠岸

2007年，湖北宜昌古老背渡口留影，1949年7月在此率部成功抢先占领渡口

登陆。我军发现后，立即开枪射击。他们见势不好，调头就逃。我因长途奔袭，没有携带重武器，所以让其跑掉了。新中国成立后，有一次黄埔同学会开会，宋希濂与我在一个小组，当他得知占领古老背向他们开枪的就是我们团后，他对我说："如果当时你们不开枪，我们上岸了，可能就成了俘虏了。如果你们有平射炮，我同样也跑不掉了。"

占领古老背渡口后，我曾向军部建议：派部队从这里渡江，绕到宜昌南面，切断敌人向南的退路。遗憾的是上级没有采纳我的建议。后来宜沙战役虽然取得胜利，却使大部分敌人逃到四川，给其后的战斗增加了难度。

我带领部队攻占古老背后，归建一四〇师。14日，一三九师奉命向宜昌进攻，敌人因有坚固的碉堡群掩护，而我军重武器尚未赶到，攻击受阻。15日夜，敌人渡江逃跑，宜昌解放，我军随后渡江追击敌人。

7月16日，一三九师四一六团追敌至白云山一线时，遇敌第二军两个师的阻击，并向我军发起反冲击，情况紧急。四一六团向军部告急，曹里怀军长急令我团前去增援。

白云山位于宜昌县的土城乡，海拔约1100多米，是宜昌江南第一峰。峰峦俊秀，矗立云霄，林荫蔽日，白云缭绕。山上有座白云庙，庙侧有条古老的石板路。石板似白布垂挂山间，直抵山脚，故曰"白布梯"。白云山是宜昌到三斗坪（现在修三峡大坝的地方）的唯一陆上通道，我们一路西行，越走道路越陡。19日天亮，我们赶到白云山脚下的一个小镇子。四一六团因攻白云山受挫，主力即撤到镇里休息、待援。我和前卫连进镇后找到四一六团团部了解敌情。他们对前面的敌情变化也说不清楚，我随后带着参谋前往敌人阵地观察。我用望远镜顺着“白布梯”自下而上地望去，白云庙、石板路，历历在目。据向导说，上山下山17里，山那边就是三斗坪，白云庙在峰巅上，正好是个歇脚站。我向两翼观察，发现左翼主峰分出来一道七八百米长的山梁，山势缓缓而下，直伸长江，好像一个巨人伸出的手臂，混浊的江水顺着“手臂”绕了一个弯儿，咆哮着流向东南。山梁上构筑有零星的野战工事，有敌军防守，此外再也没有任何通向山顶的路。

白云山守敌是国民党军第二军的一个团。第二军是宋希濂部的主力，敌人仗着山势陡峭，自恃“一人当关，万夫莫开”之利，只筑了简易工事，便可紧锁咽喉要道。

为了试探虚实，我决定组织佯攻，先侦察敌人火力部署，再作攻打方案。我命二连从正面进攻。敌人反击，又是打枪又是用迫击炮轰。火力很猛，子弹从“白布梯”上飞泻而下，压得二连官兵抬不起头来。正面进攻很困难。我立即命令部队停止进攻。派出侦察员继续侦察，寻找道路，同时令团政治处到镇里找向导。这时镇上一位姓石的猎人主动请缨，他说：“我常在白云山上打猎，知道一条小路，我给你们带路。”

我命令五连跟随向导，沿小路向山顶进发。五连连长姜玉明在攻打开原时身负重伤，离队治疗。王振义由四连排长直接提升为五连连长，指导员杨宗藩，五连是一四〇师授予模范称号的“开原先锋连”。

指导员杨宗藩带一排作为突击排，在猎人的引导下，秘密进抵右翼山脚下，找到了那条小路。这哪里是路，准确地说，是一条山水冲刷出来的不足一米宽的干水沟，成陡峭的斜坡沿山梁蜿蜒而上，直达主峰下面几百米的鞍部。突击排紧跟向导，奋勇向上攀登，二、三排和营重机枪排紧随其后。

天色渐晚，能见度越来越低，我从望远镜中影影绰绰看到五连向上攀登，战士们背着枪，顺着水沟向上爬。为吸引敌人的注意力，我命令担任正面佯攻的部队再次组织攻击。山顶上的敌人以为我军又要强攻，疯狂地进行反击，紧紧封锁“白布梯”。子弹如同雨帘，十分密集。

由于山势太陡，登山的战士只能手脚并用，脚蹬在沟面上的石头，手抓住沟边的小树枝或荆棘，吃力地向上攀爬。爬到半山腰，他们又遇到了既壁立又光秃的石崖，没有石缝可蹬，没有小树攀抓。战士们只好架人梯，一个个往上送。

战士们刚刚爬上山梁，还没有站稳脚跟，就被敌人发现。顿时山左、山右和山背后枪声大作，一齐压向五连。我立即命令担任佯攻的连队加强火力，压制敌人。敌人依旧疯狂地向五连射击，一点儿也不理会从“白云梯”下射来的子弹。五连战士冒着敌人的炮火，迅速展开，经过激战，夺下主峰下面的一个小山包。守卫小山包的敌人大部被歼灭，小部逃上主峰。

杨指导员带领一、二排的战士飞快进入敌人工事，站稳脚跟，向主峰射击。几分钟后，王连长带领三排战士跟上。随后，二营长宋德万派出的重机枪排也上来了。五连开始向山顶发起冲击。担任正面攻击的四连、六连，也沿着“白布梯”同时发起冲锋。

五连官兵很快冲到了顶峰，与敌人展开肉搏。我看到山顶上五连正和敌人白刃格斗，即令正面加大攻击力度，进行夹击。一时间，枪炮声响彻云霄，呐喊声震荡山谷。敌人慌了神，因不知我军有多少攻击部队，胆怯志衰，全线崩溃，仓皇逃跑。

部队冲上主峰后，枪声还稀稀落落地响着，到处都是敌人逃跑时留下的衣被、弹药和呻吟的伤兵，还有几大锅煮熟不久的大米饭和红烧猪肉，散发出扑鼻的香味，正好慰劳了饥肠辘辘的官兵们。

白云山一战，我团歼敌一部，俘敌1000余人，残敌向三斗坪逃窜，我们随后一路追击到三斗坪。三斗坪是位于宜昌长江上游约30公里的一个小镇，镇边长江上有个叫中堡岛的小岛，将长江分为大江和后河，大江宽约900米，后河宽约300米，是长江中下游最狭窄的地方（现在在这里建成了举世闻名的三峡大坝）。这里山峰陡峭，海拔高度在1000米以上，这里地势险要，山高水急，易守难攻，是历来兵家必争之地。抗日战争时期，国民党军队就是利用这里险要的地形，阻止住了日寇的进攻，守住了陪都重庆的门户。我们攻占此地，打开了向四川进军的大门。我们占领三斗坪后，敌人又逃向巴东，我团才奉命停止追击，返回宜昌，在洋溪休整。宜当战役至此胜利结束。

白云山一天的战斗，是我团同国民党正规军的最后一场战斗。白云山守敌是国民党军第二军的一个团，第二军是宋希濂部的主力，他们携带重武器，占据险要地形，企图阻止我军追击，掩护主力向四川逃窜。我团是在兄弟部队进攻受挫的情况下接受的任务。上阵地后，我根据白云山地势险要，易守难攻的情况，没有强攻。采取正面佯攻，吸引敌人的注意力，派部队沿小路上山偷袭敌人，并指挥炮火支援偷袭分队，一举攻下了白云山，打开了部队追击敌人的通道。当时敌人的战斗力还很强，战斗很激烈，部队伤亡100余人，侦察股长牺牲。

按照四野最初的部署，应在宜当战役中全歼宋希濂部。这是四野下达给十三兵团的任务。虽说全歼宋部不易，但只要指挥得当，歼灭其大部还是有可能的。但因我军没能按时赶到上级布置的奔袭目标，没有完成截断敌人退路的目的。今天总结宜当战役的经验教训，我认为存在以下三个方面的教训，值得记取：

第一个问题，是提前暴露了我军的作战部署。四野主力在发动宜当战役前，同敌人保持接触的主要是湖北地方武装两个独立师。因此，白崇禧、宋希濂错误地判断四野主力尚需休整，不可能很快南下渡江。此时正值夏收季节，敌人为了达到同我军划江而治，长期固守长江的企图，宋希濂部的四个军都到宜当以北抢收粮食，这正是我军消灭敌人的最好时机。四野根据敌我部队的实力、所在地区，明确划分了奔袭目标和任务，在运动中消灭敌人。但四十七军一四一师的一部到达当阳东北观音寺附近，由于思想麻痹，过于轻敌，遭敌第二军突袭，伤亡损失100多人，过早暴露了我军的作战意图。宋希濂发现是四野主力部队后，立即下令全线回缩后撤。因此，当我军赶到指定地点时，敌人已经后撤。

第二个问题，是没能按时到达指定地点，切断敌人退路。战役发动前，四野给各军下达的任务相当明确。我师的任务就是务必于7月11日前赶到鸦雀岭，切断敌人退路。此时我军大都已换上了美式装备，重武器装备由骡马拉运，同步兵一同行军。骡马在山路上行动困难，经常阻塞道路，导致部队行军速度缓慢。记得9日夜里，全师走了一夜，才前进了十余里，而此时我们距离目标还有50多公里。部队首长事先也没有考虑组织部队轻装前进，以致延误了战机，导致我师晚一日赶到鸦雀岭。

第三个问题，也是宜当战役最大的失误，就是没有将敌人全歼。特别是当我军占领古老背渡口后，没有主动渡江，切断敌人退路，导致江北之敌南逃。

7月13日，我四一八团占领古老背后，缴获了敌人一批运送伤员的渡船。我立即电报军长曹里怀，建议派部队渡江，当天就可以赶到宜昌以南，截断敌人退路。军首长认为没有渡江作战任务，没有采纳。直到14日夜，一三九师刚刚赶到宜昌城北，军长怕敌人逃跑，即令一三九师当晚进攻宜昌。由于敌人工事牢固，设防严密，进攻部队的重武器装备一时没有跟上，当夜伤亡几百人，仍没有攻下宜昌。

查四野战史，当时十三兵团曾电令三十八军明确要求十三日从古老背渡江，包围宜昌之敌，但不知何故他们当天没有赶到，也不知我们团已经占领了渡口。

以上这三个问题，实在值得我们好好反思。

宜当战役正是在南方最炎热的气候下发动的，部队连续作战，长途奔袭，追击敌人，非常疲劳。北方战士又不适应南方的水土气候，染痢疾、中暑、被蚊虫叮咬以致传染疟疾的人很多，非战斗减员严重。我们团上送休养的病号就多达四五百人，还不包括在团卫生队治疗的。个别连队病号高达七八十人，身体健康的战士只剩下十几个人，部队思想不稳定，普遍存在厌南思北情绪。宜当战役后，上级决定自8月中旬至9月上旬进行休整，主要任务是治病，建立卫生制度，改善生活，减少疾病，恢复部队的战斗力。同时进行思想教育，克服厌南思北情绪，树立克服困难，将革命进行到底的决心。

那时部队减员很大，如敌反击，我军会很被动。虽然各部队都做了应急准备，但在当时的条件下作战确实有一定的困难。好在敌人早已丧失斗志，不敢轻易进攻。我们赢得了宝贵的时间，经过休整，部队恢复了战斗力，9月中旬，我们进至湖南湘西，开始了一年多的剿匪战斗。

四、湘西剿匪记

宜当战役结束后，经过短暂的休整，9月中旬，我四十七军奉命继续向南挺进。9月底，我军抵达湖南常德、慈利、石门地区。10月上旬，为配合二野解放大西南，保障四野主力在衡宝地区作战的侧翼安全，军委命令四十七军挺进湘西，消灭驻守大庸的国民党第一二二军，并担任经营湘西，剿匪建政任务。

1949年，宜当战役后进入湘西剿匪，时任四十七军一四〇师四一八团团长的黎原（右一）和战友合影

大庸县，就是现在著名的风景名胜张家界，位于湖南省湘西土家族苗族自治州北部，澧水上游，是进入湘西的重要通道之一。明代初期设大庸县，清代更名为永定县。1914年再改为大庸县。1988年改设省辖地级市张家界市，辖两区两县，原大庸县改为永定区。

宋希濂自宜昌渡江南撤后，以国民党川湘鄂边区“绥靖”公署主任身份率残军退守巴东、慈利、大庸地区，依托鄂西、湘西一带的山地，企图阻止解放军向大西南进军。大庸是宋希濂部扼守的重要据点之一。驻防大庸的国民党第一二二军下辖二一七、三四五两个师，共6000余人。军长张绍勋根据宋希濂的战略意图，在慈利、大庸一线布防，二一七师负责防守大庸城。敌人除了利用四周的山地和澧水作屏障外，还构筑了一道六七里长、一丈多高的城墙，修筑明碉暗堡，控制全城；敌三四五师布防于大庸以东澧水沿线的溪口、岩口、狗子垭一线；军统特务、一二二军高参金亦吾，带“湘鄂边区反共救国军”2000余人，驻三岔口、小坪、大坪一带。敌人在大庸一带形成相互依托的防御体系。不久前，他们又得到国民党的空投补充，弹药、食物充足。

依据敌情，军长曹里怀命令一三九师由慈利出发，沿澧水两岸前进，向大庸城推进，作正面进攻；一四一师由石门出发，向九溪、桑植方向推进，阻击鄂西宋希濂部主力增援，保障一三九师左翼安全，并截断敌人逃往川、黔的退路；我团从沅陵出发，插到大庸城西的东山坪、后坪一线，封锁渡口，阻歼大庸城内残敌渡澧水后向永顺逃跑。

10 月 14 日，全军开始行动。四一八团从沅陵出发，进入湘西的大山之中。我们越往北走，山越高，路越窄。许多地方只能一个人面贴着百尺悬崖，侧身擦过。到了晚上，困难就更大了，每遇一个小沟或陡峭的地方，只能一人接着一人，或跪或爬，手脚并用，才能通过。前面的人过不去，后面的人只能原地等待，越积越多，部队前进速度极为缓慢，且马匹和重武器都过不去，只好退回沅陵。部队就这样走走停停，我正焦急之时，军部又来电催：限 16 日拂晓赶到目的地。

从沅陵到大庸后坪、东山坪一线近 100 公里路，为了加快行军速度，按时赶到目的地，我命令走在最前面的一营营长冯殿元率部丢掉背包，轻装前进，并命跟进的三营归一营指挥，不惜一切代价，按时赶到目的地。

部队出发前，我知道山路难行，特意改骑一匹善走山路的湖南小马。当我们攀越熊碧岩的一处悬崖时，马失前蹄，踩陷崖边的一块石头，前身失重，落下悬崖。幸好我没有骑在马上，只是被马缰绳拽了一下，险些跌落下去。从四都坪往北的山路更陡，许多地方都是悬崖绝壁，几乎没有路可走，战士们只能小心翼翼，手脚并用，侧身而过。部队经过整整一天一夜的急行军，终于翻过熊碧岩，于 16 日拂晓按时赶到目的地。我立即命令部队沿澧水岸边一字摆开，构筑工事，封锁渡口。

部队刚刚进入阵地，就听到大庸城里枪声大作，总攻开始了。大约一个小时后，大庸方向的枪声稀落下来，一三九师顺利攻占大庸。此时天已大亮，残余的敌人惊惶不安地从大庸城内逃出，其中还有不少人化装成老百姓的模样。敌人赶到渡口后也顾不得向澧水对岸侦察一下，急不择路，纷纷跳上渡船，向对岸划来。敌人刚一上岸，就全部钻进了我团的伏击圈，100 多人都成了我们的俘虏。

这一仗，四十七军全歼大庸守军一二二军，俘军长张绍勋、二一七师师长谢淑周、三四五师师长黄鼎勋以下 5000 多人，只有副军长丁树中去四川接新兵没有赶到，侥幸漏网。

我军打开湘西门户大庸之后，开始剿匪，经营湘西，为第二野战军进军大西南开辟通道。四十七军军长曹里怀、政委周赤萍奉命率军部及一四〇师、军直炮兵团、教导队进驻沅陵，成立隶属第十二兵团兼湖南军区领导的湘西军区，实行两块牌子一套人马。曹里怀、周赤萍分别兼任湘西军区司令员、政委。

2002 年 12 月 16 日，黎原（前排右四）携夫人梅林（前排右五）在湖南辰溪参加湘西剿匪胜利五十周年纪念大会留影

湖南在新中国成立前夕是全国闻名的匪患重灾区之一。而在湖南又以地处湘鄂川黔桂 5 省边陲的湘西地区最为厉害。湘西土匪，世说百年。其实何止百年、千年。《沅州府志》记载:“唐元和始，迄宋明各代，屡有贼祸，进攻沅州。迄清，特别是清末，匪患尤多。”

国民党、蒋介石在败逃大陆前，极力扶植湘西土匪武装，封官许愿，给钱拨枪，妄图利用湘西土匪武装同解放军长期对抗，将湘西变成“反共游击根据地”。在白崇禧、宋希濂的策动下，湘西地区的大股土匪武装，整编成 3 个暂编军、12 个暂编师。其他接受国民党封委的小股土匪更多，那时候司令、旅长、团长满天飞。据统计，新中国成立前夕湖南境内的匪特武装约 18 万人，百人以上、集股行动的土匪有 170 多股，仅湘西地区就有 10 万余人，100 多股，大致集中在如下地区：

永顺地区有匪 3 万余人，集股活动的有陈子贤的暂编第一军所辖暂四、暂十一、暂十二师，田植的暂编第三军所辖暂二、暂五、暂十师等 96 股，分散盘踞在永顺、龙山、桑植、大庸、古丈、保靖等县的大部分地区。

沅陵地区有匪 2 万余人，集股活动的有张玉琳的暂编第二军所辖暂六、暂七、暂八、暂九师和龙汉奎、徐亚南、聂焕章、周开宣等股匪 42 股，除已解放的溆浦、泸溪、永绥三座县城和沅陵、辰溪公路沿线外，其余地区和麻阳、乾城、凤凰三县全部为匪控制。

会同地区有匪3万人，集股活动的有伪国大代表龙怀林部和国民党忠勇救国军杨永清部等49股，除怀化、芷江、晃县、洪江、安江等城镇为解放军占领外，其他地区全部被土匪盘踞。

此外，还有两万多名土匪，结成小股，流窜各地。

湘西土匪横行，同这一地区的历史、地理、社会环境等因素密不可分。第一，湘西的地理环境便于土匪活动。武陵、雪峰两大山脉纵贯湘西，境内崇山峻岭，沟壑纵横，地形复杂，大庸有八八六十四坪，桑植有八八六十四洞，永顺有八八六十四岭，不少地方都是人迹罕至的原始森林。第二是交通闭塞，地瘠民贫，又是少数民族地区，经济文化落后，封建势力雄厚，许多土匪头子既是地主恶霸，又是国民党贪官污吏，"官、绅、匪"结为一体，既互相勾结，又互相争夺，割据一方，称王称霸。第三是世袭传代，三代、四代，乃至十多代，以匪为业者众。第四是有普遍性。湘西的土匪本来就很多，加之国民党实行养匪害民政策，对土匪头子封官加委，使得一些乡保长、地主、帮会头子都成了土匪。第五是反革命坚决。土匪本来就是封建势力武装，其骨干力量是国民党的地方团队和散兵游勇，受国民党特务操纵，反革命本质难改。第六是社会基础深。不仅受地主、恶霸、官僚控制，而且受家族、帮会和宗派势力的支持。湘西土匪横行，广大群众祖祖辈辈都受着他们的残酷剥削和血腥统治，灾难深重，田园荒芜，生灵涂炭。

在我军进驻湘西的最初阶段，大致从10月到11月上旬，因二野大军压境，湘西各路股匪在我强大军威的震慑和政治攻势的压力下，纷纷主动向我军投降。在不到一个月的时间里，投降的土匪就有湘西总队、"绥保"守备司令聂鹏升、暂编第一军副军长汪援华和武思光等部，共1.2万多人。同时，还有一些匪首，如匪暂编第七师师长胡震，暂编第八师师长石玉湘等，纷纷派人同我军接洽，表示愿意接受解放军的领导。

从10月初起，二野大军沿大庸、永顺、保靖、永绥（今花垣）大道向西挺进，各股匪一时间四散各地，有的观望，有的潜伏。至11月初，永顺、沅陵一带的匪特们不敢有大的捣乱破坏活动。但是，也有个别股匪比较猖狂。如土匪头子、古丈县伪县长、国民党暂编第十一师师长张平（有三千多人枪）在当地无恶不作，残害百姓，杀人如麻。当地群众的谚语说："天见张平，日月不明；地见张平，草木不生；人见张平，九死一生。”当大军压境时，张平蜗居在自己的老巢李家洞，还算乖巧。10月中旬，奉上级命令，四十七军军长曹里怀、政委周赤萍率一三九师、一四一师配合二野入川作战，整个湘西地区仅留下军直属队和一四〇师。一四〇师师直带领四一九、四二〇两团驻扎芷江、辰溪、怀化一线，按点守护县城和进剿公路两侧地区之股匪，确保水陆交通安全；我率四一八团驻西水北岸王村古镇待命。

大军主力入川后，张平便在李家洞召开恶霸、乡保长会议，组织所谓民枪民兵，疯狂杀害为解放军当向导、纳公粮的老百姓，袭扰过境小部队，对湘川公路交通构成威胁。他还四处扬言要攻打沅陵，消灭中共湘西区委、行署和湘西军区，反动气焰十分嚣张。当地人民对他更是恨之入骨，日夜盼望着解放军去解救他们。

为了确保湘西区委、行署的安全和湘川公路畅通，湘西区剿匪总指挥、四十七军副军长晏福生命令四一八团立即剿灭张平匪部。

10月20日，我带一、三营从驻地出发，过西水，向古丈县罗依溪一带开进。罗依溪的李家洞是张平的发迹地，也是他的老巢。21日，我们到达罗依溪地区后，即命令部队封锁道路，监视敌情，同时带领两营干部勘察地形，占据要点。

23日10时，我指挥一、三营同时行动，向土匪发动进攻。战斗部署是，三营从正面进攻古丈县城；一营插到古丈县城以东的桃江溪、高望界一线，截断县城与匪巢李家洞之间的联系，阻歼从县城逃向匪巢的土匪，突袭张平的老巢。不料走漏风声，部队扑空。土匪仗着人地两熟，化整为零，隐没于深山密林之中。随后，我令一营原地监视匪情，带三营开进县城。县城的老百姓都走上街头热烈欢迎我们，欢庆解放。我们在县城召开群众大会，发动群众，揭露土匪罪行，表明人民解放军剿灭土匪的决心。

第二天，我率部再次进剿张平匪巢李家洞，又一次扑空。随后，我组织部队在李家洞附近山上一连搜查几天，也未发现土匪。

通过几天的进剿，我对土匪的生成历史、居住环境、各股土匪之间关系有了一定的认识。对围剿土匪的战术开始进行探讨和研究。我决定停止进剿，将部队分驻在古丈县城、罗依溪、李家洞等地，发动群众，宣传中国共产党的政策，打好群众基础，争取人民群众的支持。我们在古丈县成立了临时人民政府，由四十七军剿匪指挥部秘书，一四一师宣传队队长张凤侠（后改名张侠）代理县长，展开建政工作。

不久，我团一营奉命到沅陵县酉水西岸的乌宿镇剿匪，这里位于古丈与沅陵之间。一营驻在这里，位置比较机动，既便于进剿张平匪部，又利于保卫沅陵县城的湘西行署和湘西军区等党政军机关。

一天，一营长冯殿元去沅陵向军首长汇报工作，住在老百姓家里，房东见他像个干部，主动问他，有一股土匪想投降，找不到门路，你能否帮忙？冯殿元一口答应下来。第二天，房东找到匪保安第五师（师长颜梧，兼伪沅陵警备司令）的一个团长，约定在山上一个庙里接头。冯殿元到约定地点与匪谈了两次，向其耐心讲解我军政策。匪团长按我们的期限如约带人投降，上缴各种枪械 250 余支。

以后，我又组织部队两次到古丈县李家洞袭击张平匪部。第一次还是扑了个空；第二次发现土匪后，我军枪炮一响，土匪立即逃跑，钻入大山之中。一营在李家洞驻了一晚，派出部队在附近山头搜索，也没有抓到土匪。

在这一段时期的剿匪中，我团由于初到湘西，情况很不熟悉，又缺乏剿匪作战的经验，在围剿张平匪部的几次作战中都没有达到预期目的。不过，经过我军的多次进剿，沉重打击了张平匪部的狂妄气焰，对于保卫川湘公路的畅通还是起到了积极作用。

10 月底，曹里怀军长决定四一八团也一同入川作战。当我们刚刚踏上西行之路时，四十七军留守湘西负责剿匪建政的副军长晏福生十万火急地发电军前指，要求四一八团留守，接替原一三九师和一四一师担负的沅陵、永顺两地区，特别是两地区公路两旁的剿匪任务，确保公路畅通。

沅陵地区辖沅陵、泸溪、辰溪、乾城、永绥、凤凰、溆浦、麻阳八个县；永顺地区辖永顺、大庸、龙山、保靖、桑植、古丈六个县。为确保后方的巩固和入川部队补给线的通畅，军首长决定四一八团留在湘西。

大军入川作战后，湘西形势越来越严峻。原来集结在湘西的四野、二野大军，已分别进军广西、贵州和四川；整个湘西二十多个县内，基本上只剩下一四〇师一个师的部队。四一八团党委根据当时的形势和任务，开会认真探讨今后的剿匪计划。我们认为越是匪众我寡，越要集中力量保重点，才能完成任务。最后，我们决定二营和团直进驻辰溪县，由团政委杨敏和副团长陈明友指挥，负责进剿该县土匪，保护沅陵到辰溪的交通线；三营进驻川湘公路沿线的永绥（今花垣）、乾城（今吉首）、保靖各城镇，一营作为团预备队驻沅陵和古丈之间的乌宿，由我负责指挥一、三营，活动于北线沅陵、永顺两个军分区十几个县。

11月上旬，三营奉命接替入川作战的二野部队，从古丈进驻到永绥、保靖一线。8日，三营长张继武率部队进入永绥县城；9日，成立永绥县临时人民政府，张继武代理县长。11日，保靖县委、县人民政府成立，由三营副教导员张庆荣任县长，一四一师留守处负责人杨满宏任县委书记。15日，二营一个排，经沅陵出发护送地方干部梁如泉等28人到达乾城县城接管旧政权，16日宣告乾城县人民政府成立。这些人民政权建立起来之后，立即在当地驻军的护卫下，积极宣传我党我军政策，广泛发动群众，组织剿匪护路，征粮支前等工作。永绥县还组织各界代表成立了以县长张继武为主任的“永绥县支前委员会”，加强支前工作的领导。

此时，土匪见我军兵力薄弱，更加猖狂地四处活动。他们不仅阻挠我军支前征粮，还扬言要把我军赶出湘西。为此，土匪经常武装骚扰我城镇，袭击我党政机关，杀害我军政人员，残害拥护我党我军的人民群众，抢劫过往车船和军用物资等。土匪的骚扰，致使我军及新建立的地方党政机关，日夜处于紧张的戒备状态。为了打击土匪的嚣张气焰，湘西区委把机关干部、后方留守人员，甚至正在疗养的轻伤病员都组织起来，发给武器，一面参加发动群众，征粮支前等工作，一面轮流站岗放哨，随时准备参加战斗。

11月底，一四一师驻永顺县留守人员遭当地股匪曹振亚、曹子西部围困。曹振亚、曹子西是国民党暂编第五师的正、副师长，有匪约两千余人。副军长晏福生接到一四一师留守的师政治部副主任阎跃庭的告急报告后，令四一八团派兵增援。我立即命令一营长冯殿元带领一、三、机炮三个连，迅速赶往永顺县城。土匪见我援军赶到，被迫缩回老巢。

一营主力到永顺县城的当天夜里，又接到阎跃庭副主任的命令，我留守四二三团副团长张学刚带领一部分轻伤病员，在永顺县西乡发动群众征粮，遭大股土匪袭击包围，要求迅速增援。营长冯殿元连夜带部队出发，拂晓时发现土匪。他迅速将部队展开，命令一、三连和机炮连的轻重机枪，六〇炮等各种武器，集中向匪群开火，打得土匪狼狈溃逃。

一四一师留守的教导队张副队长，奉命担任永顺县第七区区长，带领一个二十多人的区中队，在区公所所在地龙家寨一带发动群众。曹振亚、曹子西匪部欺负他们人少，根本不把他们放在眼里，一再叫嚣要攻打区公所，消灭区中队。曹部经常在龙家寨附近抢劫人民财物，还曾一度窜进龙家寨。为了改变区中队的困难局面，我团一营奉命进驻龙家寨。土匪见我援军来到，不敢再来骚扰。冯殿元还令一连进驻龙家寨北边的毛坝，配合区公所的同志，到全区各村搞宣传，征粮，发动群众，很快打开了工作局面。

在辰溪县，对我们威胁较大的是盘踞在茶田垄一带的张玉琳匪部。张玉琳是国民党暂编第二军军长，有 3000 多人。他见我们在辰溪驻军不多，便经常派小股土匪到辰溪县城附近骚扰。我团二营奉命进驻辰溪县城南的王安坪，监视茶田垄一带的土匪行动，并在副团长陈明友的指挥下积极展开进剿。第一仗，我们由于麻痹轻敌，中了土匪的埋伏，部队吃了些亏。随后在友军的配合下，第二次围剿茶田垄张玉琳匪部，连续激战三天，终于将这股土匪击溃。二营歼匪 120 余人，还击伤了一个匪首。

11 月下旬，团宣传队在队长陶然和副队长胡玉肖的率领下，奉命去永绥县进行宣传慰问活动，并就地协助三营发动群众。完成任务后，乘军后勤部运输队的汽车返回辰溪，途经泸溪附近，突遭徐汉章匪部的伏击。土匪的机枪、步枪向车队猛烈射击，还大喊“抓活的”“抓住解放军有赏”。土匪早已在公路上设置了许多路障，我军汽车无法通过。团宣传队和运输队的同志们立即跳下车，就地隐蔽，利用随身携带的武器还击，并让最后一辆汽车迅速返回驻地，请求增援。随后，我团五连一个加强排及时赶到，经两小时激战，毙伤匪十余人，残匪仓皇逃窜。

当时，我们一个团负责湘西沅陵、永顺两地区十几个县的剿匪和建政工作。我既要管军事剿匪，还要负责地方政权的建立和发动群众工作。团部干部一时也没有配备齐全，我常常是只带两个参谋在十余个县内到处奔波，有时连交通工具都没有保障。一天到晚只能休息三四个小时，非常紧张、疲劳。我除尽一切努力率部剿匪外，还积极争取了一批伪政府的职员和开明绅士，参与地方政府和支前工作。通过自己的亲身经历，我进一步认识到统战工作的重要性。统一战线是我党战胜敌人的一大法宝，在同武装匪徒作斗争时，我们特别注意争取中间势力的支持和参与，请他们出来帮助我们工作，进一步孤立敌人，起到了很好的作用。

我在实践中也逐渐摸索、总结出一套剿匪的战法：对付土匪不能采用正规战方式，要以集中对集中，以分散对分散，游击对游击，发扬艰苦奋斗的精神，克服一切困难，采取坚决、勇猛、迅速奔袭的动作，不怕扑空，一旦遇见土匪，应发扬以一当十，以百当千的猛打精神，力求将匪特全歼或歼灭大部。如小部队遭到土匪包围伏击，则应发扬死打硬拼精神，等待援兵。

1950年元旦前后，入川作战的一三九师和一四一师胜利返回湘西，我团奉命从湘西北部各县集结到榆树湾（今怀化市），归还一四〇师建制。此后，我军开始大规模剿匪。

1949年底，上级任命我为一四〇师参谋长。1950年1月，我告别了一起战斗多年的战友和团队，到芷江师部报到，就任新职。师长蒋克诚是老红军，年龄较大，身体不好，师里没有配副师长，日常军事工作基本由我主持。由于部队一直处于战争状态，机关建设不规范，参谋人员业务不熟，自身素质亟待提高。我任参谋长后，在抓好日常工作的同时，重点加强师机关的自身建设。我利用在军校学到的知识，并参考苏军条令，组织参谋人员学习，提高素质。同时建立健全各种工作制度，规范司令部的工作，努力提高师机关的工作效率。

入川作战部队返回湘西后，军里对剿匪工作重新进行部署。一三九师、一四一师分别进驻沅陵、永顺地区，建立军分区，分别负责该地区的剿匪和建政任务。我师负责围歼芷江、怀化、黔阳边境之杨永清、方世雄等股匪，并经营会同军分区。四一八团归建一四〇师后，师的部署做了相应的调整。四一八团进驻靖县、会同、通道（即所谓“南三县”）及绥宁西部地区；四一九团进驻怀化、芷江、晃县地区；四二〇团进驻榆树湾、安江（今黔阳）、洪江及绥宁北部地区（后依剿匪需要又作了一定的调整）。

此后，根据军里的统一部署，先后经过集中兵力全面进剿、划分区域重点进剿、巩固中心区反复搜剿、密切协同合剿边缘区残匪等多次反复围剿，前后历经大小战斗百余次，到1950年底，我们彻底清除了湘西地区百余年的匪患。

这一年剿匪工作，由于我军力量强大，政策正确，我们顺利完成了上级交给的任务。我到师部任参谋长后，一四〇师在剿匪中比较大的作战主要有：1月下旬对芷江、怀化和黔阳北部土匪的进剿；4月对怀化、黔阳、芷江以东之匪的重点进剿；9月对大树坳之匪的山地攻坚战，以及参加对边缘区土匪的反复围剿。

1月下旬，师共组织11个营的兵力，分别对盘踞在芷江、怀化和黔阳北部地区的杨永清、彭玉清、姚大榜、方世雄、肖德纯、曾庆明等股匪5000余人实施进剿，共歼匪800多人，迫使股匪多潜散于边缘地区，初步打开了芷江、怀化、黔阳、晃县的局面。4 月底至 5 月初，师主力又集中对曾庆明、彭玉清、张嗣基、李运忠（外号李摆子）等几股主要土匪进行了围歼，消灭土匪 700 多人，给重点进剿区土匪以沉重打击。

9 月，我参与指挥对大树坳土匪的攻坚战，是我在剿匪过程中唯一一次与土匪的阵地战，很有特点。

当时，湘西剿匪经过全面进剿、中心区重点进剿，已进入巩固中心区、逐步向边缘区进剿的阶段。此时盘踞于芷江、麻阳一带的股匪张嗣基、肖德纯、李运忠等部，经解放军的反复清剿打击，损失惨重，残部在湖南和贵州两省的边境流窜。朝鲜战争爆发后，残匪在国民党特务的煽动下，以为第三次世界大战就要打响，蒋介石将要反攻大陆，又聚集在大树坳一带，伺机活动。

大树坳是芷江西北的一个山村，北邻麻阳，西接贵州省铜仁，是两省三县的交界之地。它背靠海拔 1000 多米的米公山，面向沅水岸边的湘黔公路，山大林密，地势险要。匪首们选定这里作为他们的巢穴，并在大树坳西南的麻阳坡构筑了环形防御工事，修有地堡、交通壕、掩体等，据险防守。为了确保自身的安全，土匪们又在麻阳坡东、大树坳南的茅丛寨山修筑工事，派驻匪兵，与麻阳坡形成掎角之势，以便互相支援。为了长期与我军对抗，他们储备了大量的粮食、弹药等物资，妄图等待蒋介石卷土重来。同时，他们在麻阳坡的外围，派蒲老翠、聂焕章等 600 多人组成的小股土匪，活动于黄双溪、柑子坪、半坡、凉水井一带，以便于与麻阳坡互相策应，并不断派匪向我中心区窜扰，妄图诱歼我剿匪小分队。

我师驻芷江新店坪一带剿匪的警卫营得知消息后，营长王树才立即与驻麻阳尧市一带剿匪的友军一三九师四一七团三营联系，通报匪情，商议双方协同作战，围剿这些土匪。

经过周密布置，9 月 22 日，四一七团三营首先从北向南攻击，一四〇师警卫营随即由南而北发起攻击。土匪在我军的两面夹击之下，一触即溃，仓皇逃窜，我军立即分两路追击。第二天上午，我军追至大树坳一带，残匪大都龟缩到麻阳坡、茅丛寨的工事里，据险顽抗。

剿匪部队会合后，两位营长又一起分析匪情，商量如何攻歼被围困的土匪。据了解，茅丛寨由肖德纯匪部一二百人据守，有一挺机枪；麻阳坡则由张嗣基、李摆子等匪部约三四百人据守，有一挺重机枪、三挺轻机枪。两个山头地势险要，土匪又预先修筑有坚固的工事，我军如果贸然进攻，必定会增加部队的伤亡。为此两个营长商量后，决定首先将两个山头的土匪包围，同时修筑简易工事，加紧攻坚准备，并向上级报告。

以往我们剿匪，土匪大都是一打就跑，很难抓住。这次土匪竟然敢固守顽抗，正是我们彻底消灭他们的好机会。我接到警卫营报告后，立即同参谋们共同研究商讨，我决定加派一个步兵连、一个山炮连、一个迫击炮连参加战斗。我们还与麻阳友军一三九师四一七团联系，双方配合作战。同时四一七团也令参谋长钱锡侯率炮兵连一部与三营一同参战。

我迅速从芷江县城赶到师警卫营，听取王营长汇报，了解敌情，查看地形后，在营部召集开会，研究部署这次战斗的打法。最后决定，一四〇师各连负责攻打麻阳坡，一三九师部队负责攻打茅丛寨。炮兵也都分配了具体任务，分别负责摧毁土匪的地堡、火力点等工事，掩护步兵冲击。

第二天一早，笼罩山头的薄雾刚刚散去，总攻开始了。首先进行炮火准备。我军山炮、步兵炮、迫击炮等瞄准好土匪的地堡、火力点等目标，突然一齐开火。一阵猛烈的轰击，将敌人的工事大部摧毁。工事里的土匪死的死，伤的伤，其余残匪也乱作一团。炮声一停，突击部队立即在轻重机枪的火力掩护下，同时向敌人发起冲击。

攻打麻阳坡的突击队，是师警卫营一连和四一八团三连，趁着土匪被我炮火打得晕头转向之时，从麻阳坡山的东南角向土匪勇猛冲击，十几分钟就突破了敌人的阵地。此时，残余土匪利用尚存的工事进行顽抗，战斗打得很激烈。突击队冲上山顶以后，战士们冲锋枪、步枪和手榴弹一阵猛打，顽抗的土匪死伤一片，其余的大都缴械投降了。

与此同时，四一七团的两个突击连也向茅丛寨的土匪发动冲击。茅丛寨紧靠着大树坳村，山势陡峭，只有一条小路通往山上的天王庙。在上山的路口还有一个石头门，门两旁有土匪修的地堡。这是上山必经的要道。七连首先组织突击排攻击石头门旁的地堡。爆破手在我火力掩护下，首先将土匪的地堡炸毁，为上山打开了通路，突击部队冒着浓烟向山上猛冲。八连则从茅丛寨东边的新庄向山顶突击，他们在发起攻击前一天晚上就摸上去，隐蔽在离土匪阵地不远的地方。第二天，我军的炮火准备一停，他们随着冲锋信号的升空，一跃而起，迅速冲了上去，很快突破土匪阵地，配合七连攻进了敌人顽强固守的天王庙。

茅丛寨的残匪见我军冲进天王庙，知道无法固守，慌忙向茅丛寨南面的山沟里突围。我埋伏在这里的部队立即进行猛烈阻击，在山沟里展开了一场激烈的围歼战。残匪们见走投无路，纷纷缴械投降，少数企图顽抗的土匪大都被击毙。匪首李摆子和他的老婆，一边向树林里跑，一边胡乱向我军射击。我军战士紧追不放，最终将李摆子和他老婆当场击毙。从茅丛寨北山坡逃窜的残匪，也被我沅陵军分区埋伏的部队迎头痛击，一举歼灭。

我军攻下麻阳坡和茅丛寨以后，立即分散到附近的森林里继续搜剿散匪，又俘虏了一些零星的残匪。惯匪头子赵良臣的书记官蒋士林、李摆子的书记官舒杰夫都被活捉。匪大队长杨海洲躺在匪兵死尸旁装死，也被我战士活捉。这次战斗，共计俘虏匪师长张居、大队长杨海洲以下 169 名，击毙匪首李摆子、张嗣基以下 235 名，缴获重机枪一挺，轻机枪两挺，长短枪等各种武器 285 件。

当大树坳战斗正在进行时，匪首吴海堂率领一部分土匪，企图增援麻阳坡之匪。他们狡猾地窜到我军后方新店坪一带进行骚扰，妄图牵制我攻击麻阳坡的部队，以解救大树坳之匪。由于我军早有防备，已提前派出一四〇师警卫营一个排赶到新店坪，将这股来扰土匪击溃，保证了大树坳战斗的顺利进行。不久，这股土匪也被警卫营一连追剿，被迫投降。

大树坳战斗，创造了湘西剿匪中第一次山地攻坚围歼股匪的范例；又是在湘西第一次聚歼股匪最多的（400 余名惯匪）歼灭战范例。这次战斗，受到了湘西军区、湖南军区的通令嘉奖。10 月 11 日，又荣获中南军区首长的通报表扬。通报中说：“一三九师、一四〇师各一部，互相协同，以周密的布置、迅速的动作和勇猛顽强的战斗精神，在芷江、麻阳、贵州交界处，歼灭惯匪师长张居、李摆子以下四百余名，特予通报表扬。希继续发扬这次战斗的经验，争取创造更大的胜利。”大树坳战斗中，芷江县四区新店坪等村的翻身农民，在农会的领导下，自动组织起来支援解放军。全区共出动民工、民兵 200 多人，帮助解放军抬伤员，运弹药，做向导，保卫后方安全等，对于战斗的胜利起到了一定的保证作用。

大树坳战斗的胜利，使芷江、麻阳一带的形势起了根本变化。成股的土匪基本被消灭，零散的土匪也都隐藏于深山密林中不敢活动。麻阳惯匪聂焕章，只身逃到贵州铜仁、玉屏一带，被我四一七团八连排长慕容江带的“飞行队”追击抓获。

1975年，重返湘西，在芷江剿匪烈士纪念塔前留影（前排左四为黎原）

1950年10月中旬到年底，军又组织边缘区剿匪会战，分南北两区展开。南区在军长曹里怀指挥下，于10月19日以日行60公里以上的速度奔袭绥宁、靖县及雪峰山区的土匪。我师四一八团以两个营组成尖刀队，由会同直插匪穴靖县县城。各路进剿部队于20日拂晓前至指定地点，展开进攻，很快攻占了绥宁、靖县两城和土匪据点十余处，歼匪500余人。随后，我一四〇师配合友军在绥宁、靖县地区和雪峰山构成直径120公里的包围圈，6000余匪全部落入网中。各进剿部队经连续追击、围剿，至11月中旬，歼捕匪纵队司令龙怀林以下5500余人，整个边缘区土匪完全处于溃散潜逃和瓦解状态，战役第一阶段胜利结束。

第二阶段主要是就地铺开清剿散匪。11月中旬，我会同军分区集中九个连，将会同西南地区张伦麒、傅太和股匪包围，经十昼夜反复搜剿，歼匪1000余人。随后，我师又配合贵州部队围歼杨彪股匪于九龙山地区，经半月围剿、追击和搜剿，全歼该匪2500余人，俘匪首吴君庭。在此期间，我一四〇师四一九团协同贵州镇远分区友军，将杨永清、姚大榜股匪包围于晃县南部，歼匪“湘黔边区人民反共救国军”副司令姚大榜以下 2800 余人，俘匪总司令杨永清。

绥宁和靖县的土匪被歼后，大大震撼了龟缩在通道县城以“苗王”粟昌福为首的匪第十二纵队，该股土匪迫于压力，派人与我军联系，表示愿意归顺。12 月初，四一八团进驻通道县城，受到各界群众的热烈欢迎。通道县城和平解放后，粟昌福部改编为通道自卫队，但以原县长孙献廷为首的部分土匪持枪上山与我为敌。四一八团即对其展开进剿。经 20 余天的搜剿，将孙匪 200 余人全部捉拿归案，缴枪 300 余支，彻底解放了通道县。

此次边缘区会剿，到 12 月底胜利结束，我四十七军共歼土匪两万余人，基本肃清了湘西历史性匪患，解放了靖县、绥宁、通道三座县城及广大边缘地区，使 100 多万各族人民从土匪和封建势力的长期羁绊下解放出来。

1951 年，湘西剿匪胜利后暨赴朝前，一四〇师师长黎原、师政委赵平、师政治部副主任白平、师政治部主任肖良清（左起）合影

至此，我四十七军经营湘西一年多，广大指战员发扬吃苦耐劳、连续作战、英勇顽强的战斗精神，歼灭土匪 9.2 万余人，缴获各种枪支 7.98 万余支、各种炮 190 余门；解放了湘西 22 个县，使湘西的 350 万人民得到了彻底翻身解放，保障了二野向西南顺利进军，彻底割掉了湘西历史上的“盲肠”，粉碎了蒋介石妄图在湘西建立“反共游击基地”的计划。我们在剿灭土匪的同时，还抽调干部协助地方政府建立了湘西各级党委和政府，组建了 3 个军分区，2 个独立团，22 个县大队，共 2.98 万余人的地方武装。圆满地完成了经营湘西的任务，受到湘西各级政府和广大人民的高度赞扬。

湘西人民为了永远纪念人民解放军为湘西人民翻身解放所做的无私奉献和流血牺牲，特意在原四十七军军部驻地沅陵和原三个师驻地辰溪、芷江、永顺以及烈士牺牲的地方，建立了一座座剿匪胜利纪念塔、纪念堂和烈士纪念亭，经常组织悼念活动，进行爱国主义教育。

1951 年 2 月 15 日，一四〇师师直科以上干部湘西剿匪胜利暨赴朝作战前合影留念（前排左四为黎原、左五为赵平）

第七章　朝鲜临津江两岸，鏖战美国王牌军

一、集结北上，抗美援朝

1950 年 6 月，朝鲜战争爆发时，我正带着部队在湘西剿匪。朝鲜的局势随着美军的介入，越来越严峻。到了 9 月，麦克阿瑟指挥所谓“联合国军”在仁川登陆，很快越过三八线，将战火燃烧到鸭绿江边，严重威胁着我国的安全。

1950 年 10 月，我国政府决定组成中国人民志愿军入朝参战，抗美援朝，保家卫国。10 月下旬，第一批部队入朝参战，立即给美韩部队以迎头痛击，经过一、二、三、四次战役，将敌人赶回三八线以南，并占领汉城，取得了第一阶段作战的胜利，狠狠打击了美军的嚣张气焰，将战线大体稳定在三八线附近。

为了打败以美军为首的所谓“联合国军”，取得抗美援朝战争的彻底胜利，中央军委决定继续从国内增调部队入朝，实行轮番作战。1951 年 2 月 12 日，中央军委命令我四十七军：“为了粉碎敌之企图，坚持长期作战，以达大量消灭敌人，完全解决朝鲜问题之目的，决定采取轮番作战方针，组织第二番志愿军入朝作战”，并令我军 2 月底集结武汉，3 月北上。当时我师正分散在湘西 8 个县，有些地区分散以班、排为单位，执行清剿残匪的任务。时间仓促，任务紧急，而部队又高度分散，指挥交通极为不便。受令后我们及时组织部队就地收拢集结，以连、营为单位向指定地点集结。

我师于 2 月 15 日奉命由湘西芷江、会同、靖县、晃县、黔阳等县出发，告别湘西人民，徒步行军，经安江、洞口、大坪、邵阳等地，于 2 月 20 日到达湘潭地区集结。

为适应抗美援朝作战的需要，四十七军曹里怀军长、周赤萍政委经反复

1951 年 2 月，四十七军一四〇师告别湘西人民，奔赴朝鲜

考虑，对我一四〇师各级领导班子进行重大调整，将师、团领导班子中一些年龄较大的同志调出，补充一些年富力强的同志到各级领导岗位中，并任命我为副师长、代理师长。

我是 1949 年底刚从四一八团团长升任一四〇师参谋长，不到一年又任命我为副师长、代理师长。自 1949 年 4 月刘转连师长调离四十七军后，到 1950 年 11 月任命我代理师长，前后一年半的时间里，军先后调离三任师长。接任刘转连的刘子云师长半年后调任军参谋长；继任蒋克诚师长不到半年也调任军副参谋长；原四一九团团长陈福章接任师长后，未到职即调到长山列岛任军校校长，由我代理师长。在此次调整中，还将一些资历较老的干部调离，如师政委调任军政治部主任，新任师参谋长、政治部主任以上干部，全部由一四〇师所辖三个团的年轻主官担任。从这次调整中可以看出组织上对我的重视、信任。我深感责任重大，只有努力做好工作，才不辜负上级领导的信任和期望。同时，我也感到压力很大，因为我们的作战对象是以号称武装到牙齿的世界上头号帝国主义美国为首的“联合国军”，不同于以往的日本军队和蒋介石的国民党军队，这对我将是一个严峻的考验。

我在抗日战争和解放战争中，努力学习和运用毛泽东军事思想，通过在战争中的实践，积累了一定的军事斗争经验。此时，我带领的一四〇师这支部队又是抗战胜利后我在东北参与组建，并培养训练和指挥的部队，我对这支部队非常了解，对它的战斗力充满信心。我想有党的正确领导，上级的正确指挥，先期入朝部队的作战经验，我有信心和决心带领全师打好出国作战的每一仗，与兄弟部队一起打败美帝国主义，用实际行动保卫我们年轻的共和国。

作为一个军人，我也很想带部队入朝参战，在战争中锻炼提高自己，在保卫祖国的战斗中实现军人的价值。我自从17岁到黄埔军校学习军事，抱负就是为着打败列强。毕业以后，先后同日本帝国主义和国民党反动军队作战，并战胜了他们。能同以美帝国主义为首的列强部队较量，战胜他们，也是我的抱负和希望。

一四〇师新组建的领导班子，是一个团结精干、有朝气、有战斗力的班子。这个班子好就好在有一个好班长——政委赵平同志。赵平是河南荥阳县人，毕业于河南开封师范学校。1936年，他在河南阌乡县（今属灵宝）小学以教务主任的公开身份做抗日统一战线工作。1938年春，他到延安抗大学习，毕业后奔赴抗日前线，转战南北，一步一步擢升为一四〇师政委。赵平为人作风正派，坚持原则，团结同志，对军事主官的作战指挥坚决支持。1964年，赵平从四十七军副政委岗位上转业到第二机械工业部任政治部副主任。“文化大革命”中，他被林彪、“四人帮”迫害致死，夫人张铭鬲和几个孩子都跟着遭殃。张铭鬲被发配到陕西省合阳“五七”干校劳动，两个孩子赵小平和赵志强在干校放羊，另一个儿子赵志坚也被送去劳动。1970年四十七军由湖南移防陕西，军部驻临潼，我得知张铭鬲的情况后，驱车从临潼到合阳，看望张铭鬲母子，并把三个孩子都带到军里，让他们参军，把他们保护起来，也算是对老友亡灵的一点安慰吧。

我和赵平相处多年，他对我的工作非常支持。对一些重大军事行动和作战部署，考虑成熟后，敢于做决定，敢于负责任。如入朝后在铁原西北地区与敌争夺缓冲区时，我主张将阵地向前推进15公里，当时上下级均有不同意见，但赵平经过反复思考后，坚决支持我的建议。有人怕军里有意见，赵平说：“将在外君命有所不受！只要对整个战局有利，我们就干。如果上级怪罪下来，我是党委书记，由我负责，要处分就处分我，要撤职就撤我的职。”他的气节风范，使我非常感动，也激励我加倍地努力，干好工作。我经常想，也经常同一些老同志讲，我之所以在军事工作中做出一些成绩，主要是遇到了两个好政委。当团长时，遇到好政委杨敏同志，当师长时遇到好政委赵平同志，他们在重大军事指挥决策上，都积极支持我，并主动承担责任。如有不同意见，也能坦诚相见，同我交换意见取得共识。我们之间互相信任、团结，和他们一起工作、生活，都感到有依靠。在战争年代条件很艰苦，随时都有牺牲的可能，困难和危险随时相伴着我们，但我现在想起来仍很留恋那十几年的战斗生活，比起以后住大都市、出有车、食有鱼的生活，更感觉愉快幸福。

现在回想起那十多年的战斗生活，同老伙伴、老战友们在一个锅里吃饭、一个炕上睡觉，仍会令我兴奋。那是多么值得怀念的一段既艰苦危险又愉快幸福的经历。他们使我魂牵梦绕，终生难忘，经常夜不能寐。这些老战友有的在战场上为国捐躯，也有的像赵平同志一样在“文化大革命”中被林彪、“四人帮”迫害致死。我在四一八团任团长时的政委杨敏就是因工作上受压抑，不得志，忧郁得病而去。杨敏同志是湖北宣恩人，1920 年出生，比我小三岁，1934 年入伍，参加了长征，1945 年日本投降后随部队进入东北，1947 年 9 月到四一八团任政委，和我一起工作，1950 年调到一四一师，历任政治部主任、政委等职。后来又调任一三九师师长、五十五军参谋长、副军长，湖南省军区副司令员等职。现在写回忆录，想起当年和我一起在师、团领导岗位上的战友，我内心非常辛酸。

1951 年 3 月，我师在湘潭进行了一个月的整训。整训期间部队补充了兵员和武器装备，调整了编制。我师不仅齐装满员，除原来所属的四一八、四一九、四二〇三个团外，还增编了一个补训团，增补 4000 多名新兵。他们大都是由湘西各级政府动员参军的。以前有句老话称“无湘不成军”，而湘西人又生性勇猛。这批新兵参军前大都有被匪首恶霸裹胁入伙的经历，打过仗，放过枪，不像一般老百姓一听到枪响就害怕，因此单兵作战能力强，比其他省刚参军的农民勇敢，能吃苦。他们在抗美援朝中立功的特别多，有很多入伍时年仅十六七岁的小孩经过战场上的生死考验，回国后大多提职当了干部。

为了提高全体官兵的政治觉悟，我们揭露美帝国主义的侵略罪行，宣传“抗美援朝，保家卫国”的伟大意义，提高了国际主义与爱国主义思想认识，坚定了抗美援朝的必胜信心。与此同时，部队还进行了战术、技术训练，取得了较好成绩，为出国作战打下了初步基础。

3 月 28 日，全师乘车北上，于 4 月 9 日抵达鸭绿江边的长甸河口集结。4 月 12 日，四十七军军部率两个师由安东（今丹东）过江入朝。一四〇师为军的东路，由长甸河口出发，跨过了鸭绿江。入朝作战之初，除政委赵平和我外，还有副参谋长和政治部副主任两人，师领导班子总共四人，刚好坐一辆车。应该感谢军首长为我师配备的干部，少而精。大家团结一致，指挥得心应手。

为防敌机侦察和轰炸，入朝后部队都在夜间行军，白天休息。敌人夜间发现我部队后就放照明弹并轰炸。因此，志愿军在沿途一些岔路口的制高点上或相隔几里路就设一个防空哨，敌机来时即鸣枪报警，部队立即疏散在路两侧隐蔽，待敌机走后，继续行军。我们每天行军 35 公里左右，全师走了整整十天，经过朝鲜的朔州、青山石、军隅里、三所里，于 4 月 22 日进至顺川郡西北十余里新里地区集结。

在敌机日夜轰炸、我方没有制空权的条件下行军，全师近两万人，行军十天无一伤亡，安全到达目的地，主要经验是行军路线和宿营地选择得好，部队行军组织周密，纪律严明。行军路线和宿营地都是我同参谋长宗赓哲及参谋们共同在图上作业，选定的。我们当时使用的朝鲜地图是日本人测绘的，比较准确，通过等高线，可以看出山的高低、坡度，以及植被情况。部队行军、住宿尽量选择在山沟、阔叶林等隐蔽处，以防止敌机侦察和轰炸。当时有的参谋就好奇地问我："师长，您从未到过朝鲜，怎么知道山岭和森林等地形、地物？"我说："地图上都标示着呢。"当时部队参谋人员，包括许多指挥人员，都不会正确使用地图。为此，到达目的地后我就组织机关参谋学习，将识图作为一项重点学习内容。

部队一踏上朝鲜国土，就到处看到朝鲜人民遭受战争破坏所造成的悲惨痛苦景象。我们每到宿营地，朝鲜人民尽管生活非常困难，都尽其所有热情地接待我们，使我们受到了深刻的国际主义教育，更加增进了中朝人民的团结友谊，激发了全师官兵的战斗意志。

四十七军入朝后，作为战略预备部队驻防平壤附近地区，随时准备增强第一线及预防敌人从朝鲜半岛西海岸登陆作战。同时，上级还命令四十七军抢修四个机场。我们一四〇师担负修建顺川机场的任务。

顺川机场设在顺川以西十余里，我任修机场指挥部总指挥，由国内派来的铁路局袁局长和顺川郡人民委员长任副指挥长，还有苏联派来的两位工程

1951 年 4 月，在平壤附近的顺川修机场，一四〇师师长黎原（后排左四）、师政委赵平（前排左三）与苏联专家（后排右二）及战友们合影

师协助工作。指挥部设在机场一侧的地下工事内。两位国际友人同我们合作得很好，他们不仅在技术上认真指导，而且与我们的友谊也日益加深。当我率部上前线时，其中一位苏联工程师还将他的工作文具（两规针）送我作纪念。以后他还写信向我问候。

为了尽快让我空军入朝迎战敌机，我们到达顺川后的第三天就正式开工，到 5 月底按时完成任务。在一个多月的施工中，全师官兵发挥高度的积极性和创造性，冒着敌机频繁空袭，日夜奋战，克服了工具不足，材料供应不上的困难，完成了 60×2000 米跑道、12×20 米平行滑道、疏散滑行道各一条，30×100 米停机坪两个以及附属工程若干。共挖土方 5.549 万立方，打混凝土 8400 立方。工程顺利完成的经验是，施工组织科学。我们将机场分为四个工区，分别由四个团长负责指挥施工，每个工区都有上海交通大学的毕业生担任技术员，一天 24 小时不间断施工，每天出工多达 1.1 万人。那时为了安全，四个工区的指挥部都挖了防空洞，各指挥部同师指挥部的联络也通过交通壕、防空工事。其间，我们共遭敌人飞机狂轰滥炸 11 次之多，特别是 5 月 12 日，敌机一次投弹 600 余枚，大部分是定时炸弹，不规律地定时爆炸，一直延续了四五天，一度导致工程停滞。

当时，苏联两位技术专家建议挖掘、拆卸定时炸弹，我没有同意。他们就找到师工兵张主任，一起到美军俘虏营选了几个美军工兵到机场拆除定时炸弹。美军俘虏并不懂拆弹技术，盲目拆卸，将炸弹引爆，当场炸死了师工兵张主任和一个参谋两个战士以及两个美俘虏共6人，伤十余人，为此受到上级的批评。那天张主任出发前还打电话要我去，我因开会未到，侥幸躲过一劫。

此次修建机场，是在敌人飞机侦察袭扰和疯狂轰炸的情况下进行的，敌B–29轰炸机飞行高度高，我军防空雷达技术落后，难以发现敌机，配属我师的高射炮部队也发挥不了多大作用，有时敌人飞机来轰炸，我军还一炮未放，敌人的炸弹就将我们修好的跑道炸毁。我们立即重修，如此反复多次。广大指战员冒着轰炸的危险，夜以继日，加班加点，突击抢修，圆满完成了任务，为我空军及早投入战斗，粉碎敌人发动的空中“绞杀战”，保障我后方运输安全创造了条件。

赴朝初期在防空洞前留影

正当我们进入紧张施工之际，4月25日，我志愿军发动了第五次战役，参战部队连续奋战一个月，歼敌8万余人，并将我方阵地向前推进40多公里。5月22日，志愿军胜利回师休整之际，以美国为首的“联合国军”接受前几次战役教训，认为我军补给困难，只能打一个星期的攻势，纠集4个军13个师的兵力，有计划、有目的地进行多路反扑，我军对此估计不足，转移计划不周，担任防御的部队尚未到位，敌人即乘隙而入，造成被动局面。敌人一度占领蛇山、永平、华川、麟啼一线。我军在十分困难的条件下，边打边退，实行机动防御。同时为了稳定战局，志愿军总部决定令后方的二线战略预备队参战，并向四十七军下达了预先号令。

为准备上前线作战，我们在施工期间加强了临战训练，组织营以上干部到三十八军参观，学习他们同美军作战的经验。还对全师排连干部分三期集训，主要学习阵地攻防作战组织与指挥方面的知识，步炮协同及小分队伏击、袭击、遭遇等科目，并组织部队战士学习攻防战斗动作和射击、投弹、爆破等技术。部队除施工外，还坚持每天两小时学习，主要学习打坦克、防空等知识。干部还学会使用步谈机通话和苏式反坦克地雷的操作。其间，我们还邀请三十八军一一二师师长杨大易来我师介绍对美军作战经验，并请他协助组织了一个连的示范演习。通过临战训练，部队战术技术水平有了一定的提高，为打好出国第一仗打下了基础。

二、阵地防御，初战美国王牌军

此时，敌我双方经过两个多月的激烈战斗，部队都急需整顿，以利再战。我方需补充装备、给养，总结五次战役的经验，准备发动第六次战役；敌人也需要调整部队，准备发动夏季攻势。同时双方已在酝酿停战谈判，故双方战线大体僵持在三八线上。为掩护主力集结休整，待机歼灭敌人，志愿军首长确定各兵团以预备队一个师至一个军，投入作战，阻击敌人。

四十七军属十九兵团建制，兵团首长决定由我师接替六十五军防务，到临津江东岸阻击敌人。我和赵平政委到兵团指挥部仙女洞受领任务，兵团司令员杨得志、政委李志民、兵团副司令员兼参谋长郑维山向我们介绍了战场态势，交代了任务。命令我们“采取积极防御的作战方针，达到大量消耗敌人和坚决阻击敌人继续向西向北进犯，确保我临津江以东阵地的安全”。

在回来的路上，我和政委一起讨论作战命令时，都感到有些疑惑，这一命令前后有些不协调。既要我们“采取积极防御的作战方针”，又要我们“确保我临津江以东阵地的安全”。积极防御的作战方针可以理解为，根据一、二、三、四次战役经验，以少量兵力阻敌进攻，给敌以一定的杀伤后，防御部队主动后撤，诱敌深入到对敌不利的地区，我再集中主力予以反击，大量歼敌。所以兵力部署前轻后重，火力部署前重后轻，战斗形式以运动防御战为主，以空间换时间。但目前的情况不允许我们这样做，如果采取节节抗击的战法，一天退出一个阵地，十多天就可能退到平壤，那还怎么确保临津江以东阵地安全呢？因此，我和政委一致认为“确保我临津江以东阵地的安全”是重点。

6 月 19 日，我师奉命接替六十五军临津江东岸南起高作里、北至小峙目正面约 40 公里、纵深约 25 公里地带的防御。当时六十五军正在往下撤，见我们接防就问：你们来了多少人？当得知只有一个师的兵力后，就用怀疑的口气问：你们守得住吗？但结果却是我们不仅守住了没有再往后撤，而且还向前推了一段。

刚上阵地，我就率领各团长和参谋，冒着敌人空袭的危险，到师受命的防御地带内，反复勘察地形，详细分析探讨我方有利和不利条件，并结合地形认真研究敌人可能采取的作战方式、进攻特点和主要战法。经过认真的实地考察，结合上级赋予我师的作战任务，我提出了阵地防御的基本作战指导思想，政委赵平同志完全同意我的想法。为了统一认识，我们又召开了师党委会，以我的初步意见为基础，充分发扬民主，集思广益，经过激烈认真的讨论，取得一致认识。最后师党委决定：“采取阵地防御和寸土必争的方针，树立与阵地共存亡的决心，打好出国第一仗，达到确保临津江以东阵地安全的目的。”

根据师党委的决定，在具体指挥上，我认为在宽大正面抗击优势装备的敌人进攻，决不能平分兵力，要卡住敌机械化部队进攻的轴线，守住山地口子，以增强防御弹性。于是我决定一是要有重点地部署兵力，实行梯次配备。第一梯队展开两个团，右翼为四二〇团，加强师侦察营；左翼为四一九团，加强四一八团第二营和军侦察营；师预备队为四一八团两个营。整个兵力形成前重后轻的配置。二是火器要靠前配置。师团主要火器都逐级向前配置，并把友军转隶给我师的炮兵、坦克由临津江以西转移配置到临津江以东地区，以利于及时而有力地支援第一梯队战斗。三是加强第一线指挥。要求各级指挥员都向下深入一至二级指挥，师指挥所配置在主要防御方向的团指挥所附近，团、营指挥所要能直接观察战场，实施有力指挥。四是加速构筑和加修工事。部队接防后，在原有工事基础上（当时工事很少，也很简单，有的阵地还没有工事），立即积极加修工事，做到能打能藏。全师经过三天积极努力，防御准备基本就绪。我又到前沿阵地对第一梯队团的准备工作进行了检查，看到两个团的准备都比较充分，部署适当，士气高昂。我心里比较踏实，敌人无论把主要突击方向指向左翼或右翼，我军都有能力对付。

22 日上午，美军骑兵第一师以一个加强步兵连、一个坦克连的兵力，在大量炮兵、航空兵的支援下，向师防御阵地的右翼四二〇团三营防守地区实施突击。战斗打响后不到一个小时，我就赶到四二〇团三营指挥所，亲自观察掌握战场实际情况，及时指挥战斗。我发现敌人对火力依赖性大，冲击前以炮兵和航空兵，对预定目标及其附近阵地实施一个多小时的火力准备，倾泻数千发炮弹、炸弹和凝固汽油弹，随后步兵和坦克发起冲击。当敌人第一次冲击被击退后，又实施两小时的火力袭击，步兵、坦克再次发起冲击。针对这种情况，我注意发挥重火器和炮兵的作用，在敌展开攻击时，以突然猛烈的火力，实行拦阻射击，使暴露在阵地前的敌人遭到很大伤亡，失去进攻能力。同时，我指示防御分队，以少量兵力，利用工事和地形隐蔽自己，充分发扬火力，抗击敌人优势兵力的进攻。第一天在 230.4 高地抗击敌人进攻的是善于打阻击战的四二〇团八连五班。这个班在解放战争的一次阻击战中，曾以顽强的意志和作风，抗击了优势敌人的进攻，出现了身负重伤、坚持战斗、拉响爆破筒与敌人同归于尽的战斗英雄张有，从此这个班被命名为“张有班”。他们在第一天的战斗中，发扬英雄班英勇顽强的战斗作风，击败了敌人一次又一次的进攻，战斗到只剩一个人，仍坚守住了阵地。

当夜，我及时总结这一天的战斗经验，迅速调整部署：命师、团预备队连夜帮助一线部队抢修工事，团、营后勤人员及时为前线运送弹药、给养，做好继续战斗的准备。

第二天，敌人仍然把主要突击方向指向 230.4 高地，进攻兵力增加一倍，火力也更加猛烈，整个高地变成一片焦土，工事大部被毁。由于我们兵力部署得当，各防守分队夜间已做好了充分准备，又增加了新的坚守力量，各级干部及时正确指挥，坚持近距离开火，给敌人以重大杀伤，击退了敌人冲击。这一天，担任防守任务的三营连续击退敌连排规模的多次进攻，毙伤敌 80 余人，敌仍未突破我防守阵地。

经过两天激战后，敌人看到无法突破我方阵地，改变主要突击方向。6 月 24 日，美骑一师两个步兵营，一个坦克营，在三个炮兵群和数十架飞机支援下，向我师左翼四一九团防守的内外石桥西山发动猛烈进攻。内外石桥西山，是铁原经兔山、市边里至平壤交通要道上的一个重要制高点，距离临津江仅十多公里，如果该点丢失，就会给临津江以东防御造成很大困难。根据这一情况，我及时判明敌人企图夺取临津江以东阵地，将我师挤到临津江以西的企图。我指示部队要坚决扼守防御阵地。四一九团一营遵照师的指示，灵活运用战术，顽强抗击，在炮兵支援下，击退敌人两次冲击。12 时后，敌人又以两个步兵连伴随坦克发起冲击，敌先以坦克迂回到我防御阵地的左侧，在此防守的四一九团二连，虽然及时派出反坦克小组炸毁一辆坦克，但敌坦克火力猛、速度快、数量多，经过猛烈突击，一度占领二连一排阵地。我在团指挥所里看到这一情况，及时组织师、团属炮兵，一齐开火，猛轰敌战斗队形，使敌遭到重大杀伤。趁敌混乱之机，四一九团又组织三连对突入之敌进行反击，夺回了阵地。当天，我军击退敌人多次进攻，使敌被迫于 15 时后撤。此后，敌人的进攻持续了一个周，但都没有突破我师的防御阵地。

敌人经过一番整顿，又于 7 月 8、9 两日，对我师两个团的接合部 346.6 高地、大光里东山和师左翼与四十二军的接合部、军侦察营防守的 345.6 高地、279.2 高地发起进攻。敌希腊营一度从我师侦察营两个连之间突入，包围了一连一排，并攻占了二连一个排大部分阵地。我们及时组织反击，适时使用炮兵火力压制敌人，击退了敌人进攻，夺回了阵地。

自我师接防以来 20 多天的战斗中，敌人出动大批飞机、坦克，发动一次又一次的进攻，付出了约 600 人的伤亡代价，结果寸土未得，最后被迫后撤到桥洞、夜月山、天德山一线组织防御，使敌我之间形成一个 5—15 公里、宽约 20 公里的缓冲区。这说明我们采取阵地防御的战法是正确的。我们确定的指挥靠前，梯次部署，发扬火力和不断加修工事等四条措施也是正确的。部队越打越英勇，干部越打信心越坚强，战后受到第十九兵团司令部、政治部通报表扬。志愿军司令部充分肯定了我们阵地防御战法的正确性，并派人专门到我师总结经验，兄弟部队也派人前来参观学习。

这期间，在我们的阵地上出现了坑道战的雏形，这个新生事物的出现是全师官兵的一种创造性贡献。面对敌人强大火力的进攻，如何保存我方有生力量至关重要。当时我想到防空猫耳洞能藏 3—5 人，如果再挖深一些、大一些，用木檩加以支撑，就可以防炮、防空，减少部队伤亡。于是，我利用在军校学的六大教程之一的筑城知识（我在抗大当教员时也教这一门课，内容主要是野战工事的构造法，也有攻打城市坚固工事的方法，如为打开敌人的城墙缺口，挖地下坑道，然后埋若干吨炸药，以炸开口子。这也有计算公式，可根据城墙的高度和厚度计算出装置炸药的数量），研究阵地工事的加固和完善。我找工兵主任、工兵营长、作战科长、参谋长共同研究，绘制图纸，到阵地上实验，成功的就在全师推广。一开始是构造小型坑道，积土厚5—10米，每条坑道有两个以上的出入口，用木檩支撑。试验结果，这种坑道一般对大口径火炮，飞机500磅炸弹只要不直接命中，皆可以保证安全，可以躲避敌人火力优势，有效保存有生力量，长期坚守阵地。

在这个基础上，我们又研究了不仅能藏，还能打，还要有后勤生活保证的坑道。同时要求每一坚守较大山头阵地向前伸出的支撑点，也要构造阵地前沿的战斗坑道，坑口必须能发扬火力，能观察控制敌人进攻的制高点和冲击展开的道路。这样一来，坑道口就成了发扬火力的阵地。坑道的具体位置根据地形，在山顶下几米或十几米不等。通常一个阵地都要修两个以上的坑道口，以便互相火力支援，使进攻的敌人没有死角可利用。

在朝鲜坑道前留影

此后，我们的坑道又进一步发展到战斗坑道、交通坑道和屯兵坑道相连，伤员可经过主坑道（就是屯兵坑道积土20米以上，）运到后方坑道（积土厚，坑道口隐蔽，与后方联络方便）。坑道的配套成形和成熟发展，使部队的伤亡明显减少，大大增强了战斗力。在装备敌优我劣的情况下，我军利用坑道战，就可以避免敌人飞机、大炮轰炸造成的损失，保存有生力量；又可以坑道为依托，打退敌人的进攻。

坑道最早出现在我师朔宁以南 345.6 高地上，最初是一个班、一个排分别挖，十几米、几十米，逐渐连成一片，随后在我师其他阵地快速推广。后来报到上级，苏联顾问团还问我坑道是谁发明的，应给以奖励。我答复是广大指战员集体创造的，不是某个人发明的。坑道战初期的发展过程是：7、8 月形成坑道的雏形，这期间军和志司经常介绍友军来参观。到 9 月，志愿军党委开会正式提出在全军开展坑道阵地战，同时以志愿军司令部名义命令各部队，要求实行坑道阵地战的作战方针。

三、争夺缓冲区，将阵地前推 15 公里

阵地防御战取得首战胜利，增强了我们战胜敌人的信心，敌我之间 5—15 公里缓冲区的形成，也给下一步防御作战的指挥提出了更高的要求。

敌人经过与我多次较量，也在不断地改变战法，对白天攻下来的制高点，到了夜间不再坚守。这样，夜月山、天德山、418 高地等要点，白天敌人占领后，就架设电话、铁丝网，建立炮兵观察所；夜间留下少量兵力监视和控制阵地，大部分撤到纵深有利阵地防御。于是，敌我双方指挥员在缓冲区问题上展开了斗智斗勇。当时，为了弄清敌情和地形，缓冲区正面 20 多公里范围内我均跑遍了。区内有很多高程在 300 多米到 400 多米的制高点，占领这些制高点以后，铁原、涟川皆在我视界和火力控制之下。进攻时居高临下，可以作为出发阵地，攻击铁原、涟川两个方向的敌人。坚守时利用有利地形，也可阻击进攻之敌。

对待是否攻占缓冲区的问题，师里当时有两种不同意见，一种意见认为只要能守住现有阵地，不被敌人突破，就完成了任务，不必考虑攻占缓冲区；另一种意见则以我为主，认为控制了缓冲区，就掌握了主动权，改变背水作战的不利局面，而且可以增加我防御阵地纵深，增强我防御空间，还可以相机夺取敌人的阵地。在当时的条件下，我认为要实行积极防御，就是要利用一切手段争取主动，挤占中间阵地。当然在我挤占缓冲区后，敌人可能集中兵力火力反扑，若不能固守，就要付出重大代价。我经过认真思考，决定还是应该攻占缓冲区。我就同师里其他领导交换意见，统一认识后，立即召开团营干部会议。我在会上分析了形势，谈了自己的看法，指出当前整个朝鲜战场的形势对中朝人民军队有利，停战谈判已于 7 月 10 日开始，但我

师当面之敌还位于三八线以北地区。根据中央指示精神，要使敌人处于不利地位，实现停战谈判，还要靠打。边谈边打，以打促谈。我们前线部队，当前最主要的任务是掌握主动权，积极主动地寻找战机，控制并争取完全占领缓冲区，消灭敌人有生力量。我的意见得到了大多数干部的赞同，决定夺占缓冲区。具体做法是，首先在一线团开展“歼敌一个排、捉十个俘虏、击落两架敌机”的竞赛活动。同时有计划地组织小分队深入缓冲区，利用夜暗以伏击、反伏击、袭击等战术手段，袭扰、疲惫、消耗和挤掉敌人，争取尽快控制和占领缓冲区。

7 月 13 日，我抓住当面之敌美军第二十五师、土耳其旅接替美骑一师、希腊营防务的有利时机，决定在缓冲区内组织一次捕俘伏击战。由师侦察营一连副连长张维宪带领二排、三排担负此项任务。张维宪受命后与营、连指挥员一起，对设伏地区、插进去和撤出来的道路、抓到俘虏后带回的办法，以及可能出现的各种情况的处置等问题，都作了详细分析和认真的研究、部署。14 日，该连按计划出发，利用夜暗潜到敌经常活动的 312.8 高地和仙壁地区，秘密构筑工事，战士们边挖土，边伪装。他们冒着酷暑、顶着淫雨，潜伏三昼夜，饿了就用雨水拌点炒面充饥，炒面吃完了就用水维持着。战士们眼睛熬红了，脚被水泡肿了，始终耐心地等待着，大小便都在工事里解决。终于如愿以偿地等来了敌人。17 日早 8 时左右，美二十五师一个步兵营，分两路向 346.6 高地运动，其尖兵连正向伏击区前进。9 时 20 分，该连进入了伏击圈，待战已久的副连长张维宪及时发出“开火”信号，伏击分队所有火器同时开火，打得敌人惊慌失措，乱成一团。张维宪和排长于海原分别率领五班和七班趁机向敌发起冲击，经 15 分钟激战，毙伤敌 36 人，俘敌 2 人，这是我师入朝以来第一次俘敌，缴获无后坐力炮 1 门，轻机枪 2 挺、自动步枪若干，报话机一部，取得了在缓冲区内第一次伏击战的胜利。

这一仗鼓舞了士气，坚定了信心，使干部更加明确在缓冲区内必须采取主动行动，控制缓冲区，才能争得主动权。7 月 19 日，师又组织了一次捕俘战斗，毙伤敌 32 人，俘敌 1 人，并缴获部分枪支。接着，在当面之敌美二十五师和土耳其旅接防的 20 多天时间里，师和各团都不断组织小分队在缓冲区内实施伏击、反伏击、捕俘和袭击，打得敌人不敢轻易进入缓冲区，被迫退至 207.2 高地、马巨里、287.2 高地一线组织防御。我师完全掌握了在缓冲区内活动的主动权。

7月31日，我在师侦察所观察发现天德山敌情有变化，即令侦察连查明该高地情况。当晚，该连副连长张维宪率领二排沿仙壁、312.8高地、417高地，向天德山搜索前进。8月1日凌晨到达天德山。经侦察发现，我当面之敌又一次换防，美骑一师再次接替二十五师，美三师接替土耳其旅。我考虑到已掌握缓冲区内主动权，应抓住这一有利战机，进一步夺占缓冲区。我与师其他几位领导商定后，来不及向军里请示，即果断地确定四一八团和四一九团各派一个营出击，经过两个多小时的激战，攻占了铁原以西10公里和临津江以东近30公里的缓冲区内的大马里、夜月山、天德山、418高地、大虎洞、272高地等制高点。师及时对占领缓冲区的部队进行动员，指出坚守这一地区的重要意义；要求部队不分昼夜抢修工事，以抗击敌炮兵和航空兵火力袭击；同时组织各级后勤部门，及时运送弹药、给养，巩固所占阵地，使师阵地向前推进了15公里，控制了铁原至涟川的交通线，使我处于有利的防御态势。

这一作战行动受到彭德怀司令员和志愿军司令部的通报表扬。头一天，军里还有个别领导同志批评我说："上面没有让打，你为什么要打？你把部队打光了，还当不当师长？拿什么打第六次战役。"当时赵平政委为我分担了很大压力，他主动承担责任，对军领导表示："要处分先处分我，我是主犯，阵地向前推进是党委讨论通过的。"此举令我非常感动。

虽然我们初战得胜，占据了有利地势，迫敌于不利地位。但我明白敌人决不会就此甘心，一定要疯狂地进行反扑。为此，我要求部队日夜不停加修工事，补充弹药给养，充分利用地形，了解敌情，制定作战预案，准备抗击敌人大规模的进攻。

8月7日，美骑一师先以一个步兵营、一个坦克连，向四一九团八连防守的夜月山进攻，战斗持续11个小时，我多次击退了敌人排至营规模的冲击。次日，敌人又增加兵力，连续不断地攻击。防守365.2高地的八连三班终因寡不敌众，除一人负伤外，包括排长在内的9人全部壮烈牺牲，阵地一度被敌人占领。四一九团及时组织七连雨夜进行反击，全歼立足未稳之敌，阵地失而复得。这次战斗共击毙敌人200余人，缴获各种武器40余件。此后敌人一个月内未组织大规模的进攻。八连三班因作战英勇顽强，战后荣立集体特等功，并被志愿军总部命名为"夜月山英雄班"。

9月18日，经过休整后的美三师十五团和美骑一师七团一个加强步兵营，在 64 辆重型坦克和大量炮兵、航空兵支援下，再次对四一九团防守的大马里、夜月山发动全面进攻。我坚守部队与敌战斗十多个小时，共击退敌人七次进攻，部分阵地曾一度被敌突破和占领，经我坚守部队与敌人反复争夺，终于夺回阵地。这一天激战，共毙伤敌 360 余人，毁伤敌坦克 6 辆。这两次战斗都受到志愿军司令部和政治部的通报表扬。

这时，军党委根据战场形势的发展变化，预计敌可能很快要向我发动更大规模的攻势作战。同时，考虑到我师在三个月作战中已十分疲惫，为了争取主动，决定调整作战部署，将我师换下来进行短期休整。

我师从 6 月 19 日上阵地，至 9 月 23 日，在三个多月的时间里，与美军王牌部队骑一师等多次交手，进行大小战斗百余次，顶住了敌人多次攻击，守住了阵地，并向前推进了 5—15 公里，共击毙击伤敌人 3150 人，俘敌 15 人，缴获各种枪支 200 余支，毁伤敌坦克 19 辆，缴获坦克 2 辆，汽车 14 辆，击落、击伤敌机 7 架。在粉碎敌人的夏季攻势中，作出了一定的贡献。23 日，我师奉命撤出阵地，至二线休整，将一线阵地的防守任务分别移交给第一三九、一四一师。

四、坚守 345.6 高地，再战美国王牌军

1951 年 7 月 10 日，敌我双方代表开始举行停战谈判，但美方对谈判并无诚意，从一开始就采取拖延政策，不断提出一些无理要求，依仗其海空优势，在陆地分界线划分问题上蛮横地拒绝我方提出以三八线为军事分界线的合理建议，竟然想将军事分界线划在我军阵地后方，妄图不战而攫取 1200 平方公里的土地。当遭到我方驳斥和拒绝后，美军便狂妄地叫嚣“让炸弹、大炮和机关枪去辩论吧”。于是先后发动了“夏季攻势”和“秋季攻势”。

敌人的“夏季攻势”从 8 月 18 日开始，主要是在东线朝鲜人民军防守的正面进行，先后动用了美韩军队 7 个师的兵力。其进攻遭到朝鲜人民军的顽强抵抗，我志愿军积极进行战术反击配合，使其图谋未能得逞。特别是在 773.1 高地（敌称为“血岭”或“血染岭”）和 851 高地（敌称“伤心岭”），敌人遭到人民军防守部队强烈的抵抗，损失很大。

敌人的“夏季攻势”被粉碎后，经过短时间的调整，于 9 月 29 日又发动了“秋季攻势”，这一攻势主要在我志愿军防守的西线地区进行，敌企图

将战线向北推进10公里，即所谓的“詹姆斯敦线”。敌以美军第一军进行主攻，以美第九、第十两军和南朝鲜第一军配合。美第一军以其王牌——骑兵第一师和美第三师、英联邦第一师以及南朝鲜第一师，在大量飞机、坦克和炮火的支援下，对我六十四军、四十七军防守的临津江东西两岸的夜月山、天德山、马良山一线约40公里正面发起猛烈攻击。敌遭我重创后，于10月8日又以美第二师（附法国营）、南朝鲜第八师，后又加入美第七师、美第二十四师、南朝鲜第二师、南朝鲜第六师向我东线第六十七军、第六十八军约20公里正面发起攻击，均遭到我顽强抗击。整个“秋季攻势”，敌人虽侵占我460多平方公里的土地，却付出了79000多人伤亡或被俘的代价。到10月22日，敌人被迫停止进攻，其所发动的“秋季攻势”被彻底粉碎。

在粉碎敌“秋季攻势”中，从9月29日开始，敌在我四十七军正面，集中美骑一师、美第三师和希腊营共5个多团的兵力，首先将其进攻重点指向天德山及其以西418高地。我防守阵地的一四一师每天抗击着敌两个步兵团的猛烈进攻，平均击退敌十余次的集团冲锋。激战至10月5日，我歼敌4500余人，夜月山、天德山一线阵地已变成一片焦土。在我人员大部伤亡和三面受敌包围的情况下，我军主动撤出阵地。此后，敌投入更大兵力向天德山以西我334高地至高作洞地段防守之四二一团阵地进攻。敌每天以一个团以上的兵力，在飞机、大炮、坦克的配合下，与我展开反复争夺战。至10月7日，我又歼敌3000余人。与此同时，在临津江东岸驿谷川东南地区担负防御任务的我第一三九师，连日来也在激战中打退了敌成团、成营的强大进攻。仅10月1、2日两天，四一五团就先后打退敌3—4个营的23次进攻，给敌以重大杀伤。我四一六团防守的严岘阵地曾抗击敌两个团兵力的进攻，与敌激战三天四夜，打退敌29次冲锋，歼敌1200余人，守住了阵地。

这时，我师作为军第二梯队正在后方休整待战。前方捷报频传，鼓舞着我们时刻准备参战。10月10日，军令我师再次开赴前线接替一三九师防务，要求我师以坚守阵地和阵前反击相结合，积极打击、消耗敌人，彻底粉碎敌之“秋季攻势”。于是，我又指挥着全师官兵与美骑一师进行了一场你死我活的较量。

就整个“秋季攻势”来说，在我四十七军防守方向，敌我反复争夺最激烈、战斗最残酷的地点，是345.6高地附近地区。在这一地区一三九师和我师先后都投入大量兵力与敌进行搏斗。

据日本陆战史研究普及会编写的《朝鲜战争》史料称：在“秋季攻势”中“美国第一军所付出的代价远比预料的要多”。“特别是骑兵第一师损失”更大。“中国军队采用的仍然是迟滞行动。只有美骑兵第一师正面是另一种情况，完全出乎想象的激烈战斗反复进行了两周时间。”“这里的中国军队和其他正面不同，拼命地死守阵地”，“就是剩下了一个士兵也要死守高地，而且好像是不惜投入兵力进行反冲击”。

《朝鲜战争》中又说，美军骑兵第一师作战地区在驿谷川东南地区，其攻击计划是麦克支队（第七十坦克营、第十六侦察连）沿涟川至挂湖洞的公路突进，骑兵第五团、骑兵第七团分别攻击 222 高地至 272 高地之间和 339 高地至 418 高地之间地区，夺占驿谷川东南地区的各阵地。

10 月 8 日 5 时整，美军“以 200 榴弹炮和 155 加农炮为主，约百门火炮同时开始进行了进攻的火力准备。在炮击的间隙，多达数百架的战斗轰炸机当空乱舞，倾泻着凝固汽油弹、火箭弹和机枪弹，极为激烈的炮击和轰炸持续了一个小时。6 时整，第一梯队开始攻击，然而就在进攻发起线开始出发之际，受到了从未经受过的激烈的拦阻射击”。

“左翼的麦克支队由于遭到火炮和迫击炮猛烈的拦阻射击及密集的雷区的缘故，在进攻发起线上进退不得，就这样度过了一天。”“第五骑兵团以八个营并列进攻，虽遭受相当的损失，但仍继续前进，在火力转入突击支援射击时发起冲击。但是，就在炮火延伸的同时，中国士兵登上山顶阵地，立即展开了和血染岭、伤心岭同样的机枪和手榴弹的弹幕，中国炮兵也实施了摧毁冲击的射击，冲击的官兵没有一个生还，第一次冲击就这样完全地失败了。”之后，美军又进行了多次冲击，“仅夺占了 222 高地及 272 高地一角，但这一角接着遭受了喘不过气来的反冲击，高地又被夺了回去”。

“右翼第一梯队的骑兵第七团情况也完全相同”，“冒着弹雨好不容易进到山脚下时，两个营却已失去了战斗力”。“中国炮兵这样有组织地进行射击，这还是战争以来的第一次”。中国炮兵“甚至还实施从来没有过的炮兵对炮兵的炮战，使得美国炮兵很为惊慌”。

美国人写的《朝鲜战争》中还说：10 月 4 日，美骑兵第八团加入战斗，攻击 418 高地也“毫无进展”；10 月 5 日、6 日、7 日又连续进攻，虽然夺占了 313、346.6、287.2 等高地，但也“遭受了重大损失”。“272、346（我方地图为 345.6）、230（230.4）各高地仍未能夺下来”。“骑兵第五团虽然对可怕的地堡用火炮、迫击炮和坦克予以猛烈射击，但怎么也不能发起冲击。空军不断地用凝固汽油弹和1000磅的炸弹进行攻击，好像也起不了多大作用。中国军队将深达2米以上的堑壕像网络似的布满阵地，在棱线的暗处隐藏着用于斜射、侧射的横洞式枪眼，在山背后布置了无数的避弹用的坑道，采用和血染岭、伤心岭一样的战法。于是该团打算以假冲击支援射击和叫喊声诱使中国士兵从山上阵地出来予以阻击，以削弱其兵力。不久中国士兵就不受假冲击支援射击和叫喊声欺骗。这期间曾利用这一点发起冲击，一度夺取了山顶，但立即因不惜投入兵力的反冲击，在增援到达之前又被击退下来。这样到10月12日也未能夺取272、346（345.6）、230（230.4）各高地。”中国军队“在10月12日（注：应为16日）夜里放弃了272高地，骑兵第八团将其占领”。以后美军又对346（345.6）—230（230.4）高地进行多次攻击，特别是16日、17日进行了更猛烈的攻击，直到18日才占领。（注：这还远未到达驿谷川畔，仅占领我防御地区的部分前沿阵地和浅近纵深的阵地。）中国军队在“这样窄小的346（345.6）—230（230.4）高地，实际经受住了16天的猛烈进攻”，“在这个小小的山丘上死守了16天之久，这可是名副其实的死守”。

该书提出“中国军队为什么如此顽强地固守？美军判断为不过是警戒阵地或迟滞阵地的驿谷川南岸阵地，这是一个让人不可思议的问题”，并引用美国公开史料说：“中国军队开始表现出对争夺土地的坚决性，改变了以前的机动防御战术。”但该书始终未能对“中国军队为什么只固守驿谷川南岸地区而在其他方向……没有进行大的抵抗”这一疑问，给出令人信服的答案。

该书作者虽是站在美军立场上论述作战过程，但所写内容大体上符合实际。书中所提出的疑问，从他们的立场出发，也是可以理解的。书中所指的驿谷川南岸，实际上是指朔宁东南至驿谷川东南，高作洞北侧至418高地南侧，约二三十平方公里的地区（争夺的重点以345.6高地为中心包括250、273、287.2等高地，不过三四平方公里）。

我军负责防守这一地区的部队先后是第四十七军一三九师四一五团和一四〇师四二〇团（四一六团、四一七团、四一八团也参加了部分作战）。10月10日前是第一三九师四一五团防守，10日晚由一四〇师四二〇团接替防守。从10月3日敌正式发动进攻到10月18日结束，两个团各坚守了近8天时间。敌依仗其装备优势特别是在飞机、火炮和坦克上的优势，对我各阵地实施毁灭性轰击，平均日落弹二三万发，工事几乎全部被毁，阵地上的草木全被敌凝固汽油弹烧光，被炸起的浮土达 1 米多深。敌步兵连续多日在其炮兵、航空兵的支援和坦克兵掩护下实行重兵多路的集团轮番攻击，尤其是 10 月 6 日、10 日、13 日、16 日、17 日，敌人集中兵力最多，攻击最为猛烈；并且还以火力假转移、迂回包围、夜间偷袭等多种手段，妄图给我造成更大的杀伤，夺占我阵地。

我防守部队均坚决顽强抗击，灵活适时地机动兵力，积极周密地组织反击（反冲击），巧妙地运用火力，与敌反复冲杀，寸土必争，发扬死打硬拼、人在阵地在，就是剩一个人也要守住阵地的精神，顽强地守住了主要阵地。此役，我师在 16 天的防守作战中，共毙伤俘敌 14694 人，俘敌包括美骑兵第七团三连连长库特斯等 4 名军官。仅有 278.2 高地、218.4 高地和 272 高地等部分连、排阵地在防守分队全部壮烈牺牲的情况下，被敌攻占；250 高地防守分队的排长看到敌人居高临下向 250 高地进攻，误认为主阵地 345.6 高地失守而自动率战士撤离；345.6、230.4 等高地防守分队则是奉命于 18 日 3 时主动撤出，其余阵地均牢固地在我军占领之下。敌人不仅远未能将战线向我方推进 10 公里，甚至连美骑兵第一师推进至驿谷川畔的计划也未能实现。

四一五团、四二〇团之所以能够抵抗住有 160 多年历史的美军最精锐的骑兵第一师的猛烈攻击，守住阵地并令美骑一师遭受前所未有的重创，主要是我们的作战方针已从机动防御转为阵地防御。

345.6 高地阵地是我们 6 月 19 日上阵地时构筑的，当时防守的是四二〇团。8 月 25 日，四一五团接替四二〇团防务（9 月 23 日前四一五团归一四〇师指挥），又对工事进行了加固和完善。10 月 10 日，四二〇团又接替四一五团的防务。345.6 高地上的战斗激烈程度要超过“血染岭”和“伤心岭”，战斗打得更艰苦。“血染岭”和“伤心岭”是在东线，标高近 1000 米，敌坦克、炮兵受到地形交通限制，无法前进到进攻阵地前沿，敌火力发挥受限。而 345.6 高地交通方便，能展开二十多个重炮群。进攻部队美骑一师战斗力远比进攻“血染岭”和“伤心岭”的部队强。“血染岭”和“伤心岭”每个山头进攻时间仅一周，而美军进攻 345.6 高地持续了两周。敌人伤亡人数也远远超过“血染岭”和“伤心岭”。

这次战斗充分发挥了坑道的作用，每一山头均构筑了坑道，山头与山头、山头与山脚均有坑道贯通，345.6 制高点与前沿各支撑点 272、250 高地间均有两米深的交通壕连接，交通壕内均构筑有大小猫耳洞、防空洞和伤兵坑道，可以简单包扎治疗白天不好转移的伤员。各支撑点的通讯联络主要靠有线电话，并以缴获的敌无线电话 BC1000（能联络距离几公里）作为辅助通讯工具。

18 日，我军主动撤出 345.6 高地，这是一次成功的撤退。

前一天下午，我接到四二〇团报告 242 主阵地失守，230 高地失守，敌人由左侧绕到我主峰一侧。一营营长韩庚在一、二连阵地均被敌人占领的情况下，要求增兵一个连，发动反击，夺回 230 高地，以解除主峰和整个四二〇团阵地的威胁；二营营长顾宏美仍坚守 345.6 主峰，但已遭敌人坦克的三面包围。16 时，坚守主峰正面高地的五连排长、战斗英雄张德富报告五连阵地已失守。根据以上情况分析，345.6 阵地已被敌人突破占领一部分主阵地，没有兵力增援很难坚守，我即令师警卫二连陈富贵率部队带两部缴获的 BC1000 步谈机（通话清楚）以最快速度赶到 345.6 高地，找到韩庚、顾宏美，令二人同我直接通话，报告阵地情况，以利我对当前情况的判断。

根据两位营长的报告分析，当时情况相当严峻，需要增加两个连以上的兵力，乘夜间将敌人反击下去，才可坚守。我当即同赵平政委、宗赓哲参谋长商讨。我的意见是当天撤离 345.6 主峰，因我已无机动兵力反击。此时已是 20 点，不但反击准备来不及，闹不好人地两失。况且阵地上还有好几位骨干和 100 多名伤员，不主动撤离，损失惨重。他们同意我的意见，立即向上级报告获准后，我迅速组织部队往下撤，并派师团担架上到前沿阵地，一个洞一个洞地检查，决不能丢掉一个伤员。当夜 12 时，部队安全撤离阵地，没有留下一名伤员。

我在组织 345.6 高地撤退的同时，还令四一八团二营在离主峰 2 公里的驿谷川以南的鱼积山里南山组织防御，阻止敌人进攻。一直到现在，这里还是停战线。

18 日，美骑一师以伤亡 4000 人的代价，占领了一座空山。我们达到了大量杀伤敌人、保存有生力量的目的。对 345.6 高地的战斗，我非常满意，重创了敌王牌部队，充分显示了我军坚强的战斗力，也为停战谈判创造了有利条件。

在粉碎敌人“秋季攻势”的战斗中，我师还有两个比较突出的战例，值得一述，那就是上浦坊南山和鱼积山里南山反击作战，它成功地创造了歼敌建制整连的范例。

上浦坊南山原是一三九师四一六团的预备阵地，当与该山相连的 287.2 高地被敌攻占后，它便成了我左翼的前沿。10 月 10 日夜，我师四一八团六连一、三排奉命前去接防时，四一六团原在该地的分队，还没有来得及构筑工事和交防即已撤出。敌人侦察发现该地空虚后，美骑一师的一个营遂以 287.2 高地为依托，沿山脊抢占我上浦坊南山阵地。11 日晨 6 时，奉命接防的我四一八团六连一、三排在毫无准备的情况下，于上浦坊南山山顶与敌遭遇。我军首先以短促猛烈的火力，将敌先头分队击溃。这时敌人发现我兵力不多，阵地又没有工事，遂又以整排、整连规模轮番进行攻击，均被我打退。战至黄昏，双方都有较大伤亡。六连先上去的两个排，仅剩 9 个人，退至主峰西侧的一块小高地上与敌对峙，敌凭兵力优势占领了主峰。

正在上浦坊南山附近看地形的四一八团一营营长张树廷听到枪声，判断是六连与敌人交战，就一面向团、师报告，一面主动带领一连前去增援。当赶到南山时，敌正向我六连坚守的阵地强攻。因情况危急，张营长未及详细观察，就组织部队从正面反击，先后使用两个排的兵力，均遭遇敌猛烈火力的压制，未能奏效。

我接到张树廷的报告后，立即赶到四一八团指挥所了解情况后，急令二营参谋长刘恒作、副教导员刘振和带二营一部前去救援，并负责统一指挥。刘振和带领六连二排、四连一、三排迅速赶到上浦坊南山，将阵地上的官兵重新组织起来，统一编队，统一指挥，先攻敌一点，然后扩大战果，终于全歼美骑一师七团一连、三连全部，火器连大部，共毙伤敌 308 人，俘敌上尉连长库特斯等 6 人，缴获轻重机枪 16 挺，步枪 100 多支，夺回了主峰，恢复了阵地。此战后被军事科学院组织编著的《抗美援朝战争史》誉为：“创造了阻击战全歼美军 2 个建制连的范例。”

鱼积山里南山是驿谷川以南，距 345.6 高地 2 公里的一个小山包，当时由我四一八团四连在此防守。敌人占领 345.6 高地一线后，为了实现其占领临津江以西的企图，即于 10 月 23 日晚 10 时炮击四一八团四连三排防守的鱼积山里南山阵地。24 日拂晓，美骑一师五团一营两个连向鱼积山里南山阵地发起冲击。我三排勇士顽强阻击，连续打退敌人 5 次冲锋，歼敌 100 余人后，于下午 3 时，奉命撤到连主阵地。三排阵地被敌人占领。

我得到报告后，立即赶到四一八团指挥所了解情况，组织二营全营力量反击，并指挥炮兵分队和四一八团侦察排支援二营。二营集中了5个排的兵力，营长冯麟元亲自指挥，于10月25日晚上10时，在炮火支援下，实施反击。他们兵分三路，向敌人占领的三个山头同时发起猛烈进攻。经过6个多小时的激烈战斗，歼美骑一师五团一营三连全部及一、二连一部，计毙伤敌300余人，俘14人，缴获90火箭筒1门、60炮2门、无后坐力炮6门、轻重机枪30挺、枪100余支，于25日清晨夺回阵地，受到军首长嘉奖。在这次战斗中二营长冯麟元英勇牺牲，冯麟元同志是河北冀中人，1946年在东北长春参军，一直表现很好，在多次战斗中表现得勇猛机智。

26日晚11时，我令四一九团七连接替四一八团四连守备的鱼积山里南山阵地。七连进入阵地后，连夜抢修工事，加紧战斗准备。27日5时，美骑一师五团两个营在飞机大炮的掩护下，向我阵地发起猛烈的进攻。我英勇的七连官兵，发扬大无畏的革命英雄主义精神，顽强苦战16个小时，打退敌人大小冲锋20余次，毙伤敌430多人，守住了阵地。全连荣立集体一等功，多人荣立战功。27日晚，我们将阵地交给一三九师，撤至二线阵地上古井、陵洞、黑万洞地区休整。

这两次战斗都是在敌人“秋季攻势”最猛烈，我军阵地大部分被迫向后收缩时发生的。我们在阵地被敌人占领的情况下，面对强敌，敢于组织反击，夺回阵地，歼灭守敌，并坚守住了阵地，以军事上的胜利，为停战谈判创造了有利的条件。这两处阵地一直到停战时，仍牢牢地控制在我军手里。

粉碎敌人“秋季攻势”后，我第十九兵团召开军、师长会议总结作战经验（我因正指挥作战，由副师长丁振愈代我参加会议）。杨得志司令员在总结粉碎敌人夏、秋两季攻势的战斗时，表扬了一四〇师。他说：“黎原同志指挥靠前，不怕危险，亲自跑遍全师每个阵地，掌握一线情况。其间多次遇险，在前沿坐的汽车被炸毁，司机牺牲，警卫员也多次受伤。他率领部队一上阵地，就积极修工事，将简单的工事逐步发展为坑道，适时将运动防御变为阵地防御，不仅顶住了敌人进攻，还将阵地向前推进了5—15公里。面对敌人的疯狂进攻，在阵地丢失的情况下，敢于组织阵前反击，不但夺回了阵地，还整连整连地歼灭敌人，我们的各级指挥员都要向他学习！”

这些话是军首长和丁副师长会后向我传达的。我听后在高兴的同时，认识到这不仅是对我个人，更是上级领导对我师全体官兵英勇作战的肯定和对我们的鞭策，成绩是全师官兵的。

五、龙化里整训，老战友来访

粉碎敌人“秋季攻势”以后，四十七军奉命于11月底将防务移交给三十九军，撤至后方休整。我带领一四〇师于12月中旬后撤到顺川郡东平安里、龙化里等十几个村庄集结，师部住龙化里。

龙化里是个50多户人家的小村子，村里只有3个成年男人，一个是里委员长，一个是教师，一个是医生。青壮年男人都上了前线，只留下女人和孩子们。这种性别比例，令人不难看出战争的残酷。朝鲜的冬季寒冷多雪，零下三四十度的气温是常事。1952年新年前的一段日子里，雪特别大，大地上的积雪足足有3尺厚，白雪皑皑，一眼望去，根本分不出田野、道路和村庄。

部队转移到休整地区后，先后进行了整编、“三反”、粉碎敌人细菌战、整党、授奖、总结作战经验、组织军事大练兵等活动。在整编中，缩减了机关人员，充实了连队，扩大了技术兵种，加强了火器。在授奖中，我师获军授予锦旗的有：四一九团八连三班“肉搏血战英勇坚守夜月山”，四二〇团八连炊事班“炊事班的榜样”，四一八团四连“死打硬拼歼敌制胜”，四一八团六连“反复冲杀痛歼犯敌”，四一九团七连“前赴后继顽强固守”，四一八团七连十班“勇猛冲杀”，四二〇团三连七班“坚守阻击以少胜多”，四二〇团八连五班（张有班）“荣立战斗第一功”，四二〇团八连七班“英勇机智以少胜多”等9个荣立集体一等功或二等功单位。多人荣获朝鲜“二级独立自由勋章”“三级国旗勋章”“一级战士荣誉勋章”“二级战士荣誉勋章”等。

整训期间，我在军事上主要抓了两方面的工作，一是组织有关人员认真总结前一段粉碎敌人“夏、秋季攻势”的作战经验。二是在此基础上，全师官兵有针对性地开展了军事大练兵，主要进行技术、战术训练，并突出以干部为主的原则。我主要抓干部培训，师、团都办了多期干部培训班，培训各级干部、参谋人员和专业技术骨干。通过军事训练，部队的技术、战术水平和专业兵的保障能力，都有较大提高，为以后的作战打下了较好基础。

就在我们大力开展整顿训练期间，还迎来了祖国人民赴朝慰问团和朝鲜地方政府、人民群众的多次慰问，大大鼓舞了部队的士气和求战欲望。国内许多文艺界名人如梅兰芳、程砚秋、新凤霞、侯宝林、老舍等都来到我们师驻地进行慰问演出，看望部队，鼓舞士气。在前线演出是相当危险的，有一次演出炸伤了两名杂技演员。慰问团成员中还有我的一名老乡张轸。他原是国民党河南省政府主席兼第十九兵团司令，祖籍河南。他原属河南军阀刘镇华的镇嵩军，早年留学日本士官学校，反对过蒋介石，是国民党地方武装，始终不为蒋介石所信任。1949 年春我们军解放信阳时，他率部由信阳退至湖北贺胜桥后起义，所以谈起往事很投机。一见面他就对我说："你叫关俊彦吧，河南息县人，我早就知道你，很有名气。你为家乡人民争光啦。"他的话让我很吃惊。他为人豪爽，新中国成立后担任国家体委副主任，作贺龙的副手，主管武术。他通过新旧两种社会的亲身体会，对共产党由衷地敬佩，痛恨美帝国主义，同情朝鲜人民，支持抗美援朝。记得还有一次，沈阳来的慰问团在我师进行慰问演出后，正在吃饭时，突然遇敌机轰炸，险些造成人员伤亡，真是万幸！

在此期间，还接待了我的老部下、朝鲜籍老战友宋德万来访。宋德万原是我师四一八团二营营长，他从参军后，整个解放战争期间，一直在我任团长的四一八团工作，是我看着他从一名青年学生成长为部队基层指挥员的。一年多前，我们正在湘西剿匪时，朝鲜战争爆发，他和其他朝鲜籍干部战士一起，奉召回了朝鲜。部队入朝后，我就听到他已经任平壤近卫师少将师长，负责平壤和金日成的警卫和安全工作，很得金日成的信任。他也非常关心老部队的情况，多次用各种方式和我们联系，由于战事紧张，一直没有机会见面。当他得到我们在龙化里整训消息时，战事也相对地平稳一些，就带着随员，来看望我们了。

对宋德万的来访，志愿军各级领导都很重视，军里通知我们要接待好。1951 年 12 月 28 日他直接来到师部，我组织机关人员列队欢迎他，召开全师干部大会，请他介绍回国后的情况。他对在我军受到的培养锻炼，对中国人民志愿军在朝鲜最困难的时候，入朝参战，并连续取得几次战役的胜利表示感谢和祝贺，对我们四十七军，对一四〇师，更表达了特殊的感情，对我们刚刚粉碎了敌人的"秋季攻势"并取得重大胜利表示祝贺。他在师部住了一天，就到他的老部队四一八团去了，四一八团全团上下热烈地欢迎他的到来。他在四一八团会见老朋友，同老战友座谈，回顾在四一八团时的战斗经历，介绍朝鲜的情况，两天后才依依不舍地离开了老部队。

宋德万，祖籍朝鲜釜山。日军侵占朝鲜后，进而又侵占我国东北，它为了长期霸占我东北，以帮助中国开发东北为名，强迫朝鲜移民中国东北，宋德万随其父辈被迫来中国吉林延边屯垦。日本投降时，宋德万正在吉林工业大学上大学。由于蒋介石发动内战，他无心继续学业，想回延边家里。几经周折，走到吉林榆村穷困潦倒，饥饿晕倒在街上，我命人扶他到部队查病，喂饭。他的身体恢复后，便要求参军。他有文化，肯钻研，进步很快。开始在营部当文书，后来当参谋，又到四一八团二营任副营长、营长。1950 年 4 月，他在回朝前，专程到芷江师部看我，除表达惜别之情外，还向我请教带兵打仗的经验。当时我曾把我 1938 年 3 月抄录在笔记本上的一首岳飞的词《满江红》，撕下来给他，作为临别纪念。这首词曾激励我投奔共产党，抗日救国，希望对他也能有所启迪。据他讲，在极其艰苦的环境中，这首词对他起到了很大的鼓舞作用。

据宋德万介绍，从四十七军回朝鲜的 3900 多人共编成一个团，回到朝鲜后编为第十八联队。原在四一九团担任营长的张教德担任团长，宋德万担任副团长。1950 年 9 月 15 日，美军以 7 万之众在 260 余艘舰艇、近 500 架飞机的配合下，从朝鲜峰腰部的西海岸仁川登陆，迅速向汉城、水原方向发展。与此同时，以美国为首的所谓“联合国军”和南朝鲜军队共 10 个师从正面向朝鲜人民军进攻。朝鲜人民军被迫退却，许多部队来不及转移，即被击溃、打散。十八联队亦遭到很大伤亡，团长张教德在大田同美二十四师作战时光荣牺牲，剩下的 700 多人由宋德万带领，在敌后开展游击战，坚持四个多月，并使队伍发展到 2000 多人。

志愿军入朝第一次战役取得胜利后，宋部同我志愿军在铁原、涟川会师。他们克服许多艰难困苦，坚持敌后战斗，辗转回到后方，受到金日成首相的接见，并给予高度评价。金日成认为中国回来的十八联队是很有战斗力的部队，能在敌后坚持四个月，并能安全地撤回，简直是奇迹，遂将十八联队扩编为近卫师，任命宋德万为近卫师少将师长，驻守平壤。朝鲜近卫师是仿照苏联红军制度建立起来的，在人民军中地位很高。近卫师的战士到其他部队可以当排长，师长出去要当军长。可见金日成对宋德万的重视和信任。

1953 年贺龙元帅到朝鲜访问时，第一个接见的就是宋德万。当时国内很多报纸都刊登了贺龙元帅和他握手的照片，还介绍了他在解放军工作的经历，我们当时看到都感到很高兴。不幸的是，他过早辞世，年仅 40 余岁，非常可惜。

六、防守临津江西岸，“零敲牛皮糖”

我师在顺川郡经过10个月的休整，于10月20日奉命出发南进，经9天夜行军，于29日进至注乙洞、新寺洞及其以北地区，并于11月3—5日接替临津江西马良山、内基谷、注乙洞地区三十九军一一六师防务。由于防务地区正面较宽，约29公里。师决定所属的三个步兵团全部展开，按四一八、四一九、四二〇团的顺序由右至左都配置在一线，各团留一个营在二线担任预备队，师指挥所设在注乙洞南山。我师当面之敌为英联邦师和南朝鲜军第一师，由西向东部署在高旺山东西地区。

部队接防前，四十七军张天云军长带我和赵平政委到三十九军看阵地。张天云军长和三十九军吴信泉军长以前在一个部队，彼此很熟。看完阵地后，张军长就带我们去三十九军军部看吴军长。我们谈到当前的战争形势时，吴信泉军长提到了“零敲牛皮糖”的作战思想。这是我第一次听到“零敲牛皮糖”这个提法，听后感到很新鲜，就问吴军长是什么意思，吴军长解释说，这是毛主席根据朝鲜战争形势提出的战略思想。

1952年，四十七军一四〇师与三十九军一一六师换防欢送会上，政委赵平（左一）、师长黎原（左二）、师副参谋长傅清尘（左三）等合影

1951 年 5 月，毛主席在致彭德怀的电报中，根据我军连续五次战役后的经验指出：“历次战役证明，我军实行战略或战役性的大迂回，一次包围美军几个师，或一个整师，甚至一个整团，都难以达到歼灭任务。”因此，我军每次作战似宜野心不要太大，只要求每一个军在一次作战中歼灭美、英、土军一个整营，至多两个整营也就够了。这样积小胜为大胜，全线加起来就能给敌很大打击。“这就是说，打美、英军和打伪军不同，打伪军可以实行战略或战役大包围，打美、英军则不要实行这种大包围，只实行战术的小包围，即每军每次只精心选择敌军一个营或略多一点对象而全部地包围歼灭之。”5 月 27 日，毛主席在召见志愿军副司令员陈赓、参谋长解方时，将上述思想形象地比喻为“零敲牛皮糖”。

我听到这一思想后不禁眼前一亮，回想我师在粉碎敌人“夏季攻势”和“秋季攻势”中将机动防御转变为阵地防御，加修工事坚守阵地，小分队阵前反击，在缓冲区主动出击和伏击敌人，消灭敌人有生力量，夺占缓冲区等，不正是毛主席“零敲牛皮糖”的战法吗？由此我更加感到毛主席的伟大，他在千里之外就能洞察瞬息万变的战场情况，提出正确的战略思想和指导方针，确实是英明。毛主席这一思想，在前线已得到了很好的贯彻。一年来，我志愿军第一线各部队在防御作战中贯彻“零敲牛皮糖”的作战方针，依托以坑道为骨干的防御阵地，对敌连排支撑点发动了大规模进攻，取得了丰富的小歼灭战经验。仅 1952 年 9 月至 10 月的一个月内就歼敌三万余人，受到了毛主席的电报表扬和鼓励。我作为一名中高级指挥员，决心在接防后认真贯彻毛主席的这一思想，带领部队主动寻找战机，歼灭敌人有生力量，巩固和发展战场上的有利态势。

此次接防是在与敌直接接触的情况下进行的，前沿小规模的战斗时有发生。由于我们进行了深入细致的思想动员和周密的组织工作，顺利完成了防务交接。我和各团主要领导先于部队到达集结地区，向一一六师了解情况。部队到达集结区后，又组织一线营、连、排长和部分班长提前到接防单位了解情况、熟悉阵地，作好接防准备。交接过程中双方本着“妥交稳接、严己宽人”的精神，交出了风格，交出了团结。我师于 11 月 5 日 24 时前接防完毕，一一六师于 11 月 6 日零时全部撤出阵地。

此后的一段时间，敌虽未发动大规模的战役性进攻，但连、营规模的战术性进攻还是时有发生。就在我接防后的第三天，敌即以两个营的规模在飞机、大炮的火力支援下，向我四二〇团四连防守的121高地进攻。四连依托坑道防御工事，以坚守与阵前反冲击相结合，将敌击退，歼敌250多名。该连七班班长王选文荣立一等功。

当时，朝鲜停战谈判仍在进行之中。战场上敌我处于相峙状态，双方阵地对峙距离很近，缓冲地带缩小，为保持阵地安全而进行的缓冲区争夺战十分激烈。我按照“零敲牛皮糖”的战略思想，为消耗疲惫敌人不断开展冷枪冷炮活动，积极组织小分队以伏击、偷袭等手段，在缓冲区主动打击敌人。如11月7日，四一九团一连两个班，利用夜暗偷袭高栈下里南山敌警戒阵地，经七分钟战斗，即歼南朝鲜伪军16名，俘虏1名。11月12日夜，四一八团侦察排两个半班潜入敌158.7高地以东无名高地内设伏，仅经5分钟战斗，即全歼英联邦师二十八旅的一个巡逻班，毙敌12名，俘敌1名。11月24日夜，四一八团二连七班在基谷里东山158.7高地巡逻，发现敌约1个排的兵力在该地设伏。该连立即组织4个班隐蔽接敌，反敌伏击，歼其大部；敌不甘心失败，又组织两个排的兵力增援，我二连以七个班的兵力先敌占领阵地，突然以猛烈的火力杀伤敌人，全歼增援之敌。一连串的胜利，更加坚定了我贯彻“零敲牛皮糖”的作战方针，继续组织部队攻占敌连、排阵地，与敌反复争夺，大量消耗敌人有生力量。其中最有代表性的是强袭100高地的战斗。我将在后面专门讲述这次战斗的概况。

在敌我对峙防御中，我们还利用各种条件，不断开展政治攻势。如小分队活动时向敌阵地发传单，用炮兵打宣传炮弹和阵地广播等手段瓦解敌人，争取到一些敌人特别是南朝鲜伪军投诚。例如1953年春节除夕一个晚上，南朝鲜军一个班七个人带九支步枪和一些手榴弹等向我四二〇团三营投诚。总之，我瓦解敌军工作非常活跃。

为有效的保存自己，消灭敌人，我们一上阵地就边打仗边加修工事。特别是经我小分队积极活动，组织部队“打点”，攻占敌100高地，狠狠打击了敌人的嚣张气焰，使战线相对稳定下来。为准备粉碎敌新的冒险进攻，我们又投入更多的力量加修工事，在“三八线”北侧修筑一道坚固的“地下长城”。

在与敌人近距离对峙而我方又无制空权的情况下，部队加修工事非常艰苦，战士们完全是手工作业，长时间在坑道内点着油灯照明，使用钢钎打眼，用弹药箱运石渣，每天猫着腰干十来个小时。特别困难的是坑道内没有通风设备，放炮后硝烟很难迅速排出，洞内气味恶臭。但为了同敌人抢时间，我们的战士不等硝烟散尽，就打湿毛巾捂在嘴上冲进坑道内，继续施工。当时坑木供应很困难，战士们不得不利用夜暗冒险去阵地上收捡被炮火掀翻、炸断的一截截树木，或组织小分队到阵地背后各处残留的小树林砍伐，用来代替坑木。修建堑壕、交通壕，有时前沿阵地因距离敌人太近，战士们不得不一手拿枪，一手拿镐，强行施工。

我们的部队作风的确很过硬，虽然条件艰苦，但施工进度很快。全师仅从1953年1月4日至2月20日，即在原有阵地上增修坑道209.2公里，各种掩体4958个、暗火力点112个，加（整）修交通壕202公里，堑壕1公里，架桥29座，动土方13.7万立方米、石方1.07万立方米，将全师防御地带构成逐山逐点连绵的坚固阵地。特别是师前沿227高地和马良山阵地，构筑了能容纳1个营的五层屯兵坑道，储备了10—20天的粮、弹、水，不但可以扛住敌人飞机、重炮轰击，而且具备了独立作战，长期坚守的能力。

我师经过五个多月的防御作战（其间一三九师四一六团于1953年1月下旬接替四二〇团防务），不但未失寸土，而且攻占了多处敌人支撑点阵地。1953年4月5日，我四十七军受命将防务移交给第一军，撤至谷山以东地区集结。我师按规定时间将防务移交给第一军第一师，各级均留有副职担任顾问，协助接防部队作战指挥。

我师交防后于4月6日拂晓前撤出阵地。部队进到谷山郡之西的林洞、宇油洞、大洞地区集结、休整，并对五个月来的防御作战进行总结，同时担任志愿军机动作战任务。

七、强袭100高地

强袭100高地，是我师在临津江西岸防御作战中，积极贯彻毛主席“零敲牛皮糖”战略思想，主动寻机歼敌，并大量消耗敌有生力量最为成功的战例。

敌遭我不断打击后，士气低落。我师为更有效地消灭敌人，在各部队熟悉地形、掌握情况的基础上，把握时机，采取“以攻为守，反复争夺，攻必克、战必歼”的作战原则，选敌较突出的要点，以偷袭或强袭的手段攻歼敌人。歼敌后，对不利于防守的要点则迅速撤回，对需要坚守的要点，则坚决防守。1952 年 12 月 11 日，我四二〇团、四一九团强袭 100 高地等敌人的三个要点的战斗，就是一个比较突出的例子。

100 高地是一个长约 70 米，宽不过 50 米的小山包，位于临津江西岸水郁市北我四二〇团的正面，因为敌人占领较久，工事比较坚固。该高地以南 1000 米处是敌高阳岱东山阵地，两地形成掎角相依，同为敌临津江西岸防御要地。高栈下里新村东北山高地在我四一九团正面。这三个要点离我阵地较近，均为南朝鲜军队防守，是敌人防御阵地前沿的桥头堡，防守严密。我们决心强袭这三个要点，其中高阳岱东山高地在敌纵深；高栈下里新村东北山离敌主阵地较近，夺占后不利坚守，只能在歼敌后破坏其坑道工事，立即撤出；而 100 高地离我阵地最近，又是战术要点，夺取后应坚决固守。

根据地形判断，显然攻打 100 高地是三点中的重点。因此，我决定于 12 月 11 日零时 30 分，对这三个要点同时强袭。四二〇团四连、六连和团侦察排，共 13 个班，强袭李伪军一师十五团九连（欠 1 个排）和 1 个炮兵观测班盘踞的 100 高地；八连一、三排强袭敌九连在高阳岱东山高地的 1 个排；四一九团六连 4 个班强袭高栈下里新村东北山高地的敌人 2 个班。

强袭分队经过 20 多天的准备，于 10 日下午分别在阵地坑道里举行了宣誓大会。战士们集体向毛主席、朱总司令像宣誓。师宣传队演唱组还专门为这次战斗创作并演唱了《红旗插上一〇〇》等节目。四二〇团孙政委代表师首长，把宣传队用彩绸红纸装饰、有领导题词的光荣弹（用红纸包起来的手榴弹）赠给担任突击任务的干部战士。有的战士没有拿到光荣弹，孙政委当场题字，亲手送给他们。晚 9 时，强袭分队整队出发。

我在部队攻击前的五六天，就一直蹲在第一线四二〇团二营指挥所，或来往于高阳岱东山高地和 135 高地之间，了解情况，掌握第一手资料，并根据天气情况，和师团有关人员一起制订攻击计划，确定了攻击时间。我们对战前和战中的指挥工作都考虑得很细致，要求攻击部队务必在 11 日零时 30 分打响，速战速决。

当日午夜，北风呼啸。美韩军队在大青山脚下的探照灯，射出道道光柱，从东向西胡乱扫动，给夜空和地面投下一抹抹光亮，清晰地照到阵地前被炮火打得斑斑驳驳的积雪。随着探照灯毫无目的地扫动，敌人阵地上的值班机枪时而也哒哒地狂叫，喷出的曳光弹在夜空中划出道道弧线。11 日零时 30 分，担任突击队的四连、六连和团侦察排的战士们同时跃出堑壕、掩体，向100高地扑去。战士们腾身跃起，像利剑、似旋风，无声敏捷地前进。

按照预定作战方案，攻击部队采取偷袭方式，隐蔽接敌，打响后转为强攻。四连担任正面进攻，六连和团侦察排从侧后两翼迂回。部队没吹冲锋号角，没有攻击前的炮火准备，就像寂静的夜晚一样，一切行动都在悄无声息中进行。

当四连到达敌防御工事前沿时，被敌哨兵发现，枪声划破了寂静的夜空。突击队立即变偷袭为强攻，战士们的冲锋枪一齐向敌开火。盘踞在100高地上的南朝鲜军队，从熟睡中惊醒，匆忙开枪抵抗，有的人眼睛还没有睁开就被打死了，有的往工事深处钻。四连迅速冲进敌交通壕，控制了100高地主峰。顷刻间，南朝鲜军队完全被枪炮声震醒，纷纷从洞里窜出，企图夺回主峰。100高地上的枪炮声如同爆豆，根本无法分清敌我。

我及时命令守备在121高地的四二〇团一营20多挺重机枪和高射机枪，一齐开火，从正面扫射100高地，压制敌人火力点。我师炮兵也一齐开炮，压制敌人的炮群，封锁敌人后方及纵深。为了迷惑和牵制敌人，我还命令与南朝鲜军对峙的7个阵地，一齐向当面阵地之敌开火，进行佯攻和实攻，配合突击部队作战。

强袭100高地的四连、六连和团侦察排分别从不同方向攻上主峰，会合后随即按照事先分工，肃清坑道内的敌人。敌人在高地背面一共修了班坑道8个、带盖的藏兵洞35个，正面修筑有铁轨枕木筑成的地堡和坑道式的掩蔽8个，阵地四周架设了4道铁丝网。突击队员就像掏鼠洞一样将敌人一个个地从洞里和地堡里赶出来，负隅顽抗的就坚决消灭。战斗前后仅进行了17分钟，到零时47分胜利结束。

战斗进行得如此顺利是与战前的周密侦察分不开的。12月8日，为了摸清敌人兵力部署，四二〇团孙绍荣团长带领六连刘玉飞连长和团侦察排一行5人，利用夜暗，潜伏到100高地背后，冒着零下十多度的严寒，卧冰爬雪，一丝儿不动地在敌人鼻子底下蹲守了一天一夜，观察100高地地貌、地形、道路以及敌人带盖掩体、地堡、坑道掩蔽部和相连的交通壕，同时确定各突击队的作战任务。孙团长侦察时看得非常仔细，不放过任何一个疑点。他从敌人扔出的罐头盒或高地的一堆新土中找出一个个藏兵洞……就这样，从左到右，从前到后，共发现35处工事（藏兵洞）。

就在四二〇团强袭100高地的同时，我还分别组织部队强袭高阳岱东山和高栈下里新村东北山的无名高地。战斗都是在零时 30 分打响，这两处高地敌人驻兵较少，数分钟内就完成任务。歼灭这两个高地的敌人后，我强袭分队迅速返回。

100 高地易主后，我估计敌人肯定要来报复，立即命令部队作好应战准备。果然，当天早 8 时，敌人即以一个营的兵力在 12 个炮连、30 多辆坦克、54 架次飞机的支援下，开始向 100 高地反扑。我随即组织四二〇团一营、二营和侦察连，共 5 个连，与敌人对战，先后打退敌人连续三天的进攻。第四天，孤注一掷的敌人，集中重炮猛轰我阵地，炸弹将阵地削掉了一米多，由标高 100 米变成 99 米，但阵地还牢牢地控制在我们手中。

南朝鲜军队在四天的反攻中，共投入兵力近 3000 人，进攻 23 次，100 高地 6 次易主。四二〇团毙伤敌 1170 多人，击毁坦克 3 辆，击伤 5 辆，击落飞机 5 架，击伤 4 架。我指挥配属炮兵团和各团炮兵连，重点打敌人冲击的坦克、步兵群及敌前沿和纵深炮群，将敌人的炮兵打成哑巴，使得吹嘘炮火优势的敌人不得不发出悲叹哀号。据美联社电讯称："中共军的炮弹把我们的战壕炸得像一块奇怪的墓地，被击毙的士兵们的手臂、腿和头颅，堆积如山。"

随我师采访的新华社记者在《志愿军》报头版上，以"五十二部（四十七军代号）在涟川西北歼敌千余"为题，对这次战斗进行了详细的报道：西线的战斗比较激烈，10 日深夜，我五二部向涟川西北约 10 里长的战线上向李伪军第十五团 3 个阵地发起反击，在很短的时间内，最快的打了 3 分钟，时间长的也只打了 17 分钟，就全部占领阵地，消灭守敌。计消灭敌人 1 个连部、两个步兵排、1 个火器排和 1 个炮兵观测所，共 252 人。我在攻占上述 3 处阵地后，其中 2 处攻占后即撤离，另 1 处位于临津江西岸的水郁市北山（即 100 阵地），经过 4 天的争夺，仍为我控制。11 日夜里，敌人向水郁市北山（100 阵地）炮轰通宵。12 日黎明敌即集中全力反扑这一点。一天之内，敌人向这一小小山岭上，打了 4 万多发炮弹，配合作战的坦克 40 多辆，飞机 55 架次，投掷炸弹 100 多枚、凝固汽油弹 80 多枚，自上午 8 时起将近 10 个钟头内，敌向我连续反扑 10 次，每次使用 4 个多排的兵力，有两次攻击并有 7 辆坦克伴随步兵冲锋，主峰曾 6 度易手，我守备部队亦进行了 6 次反击，最后一次在黄昏时分终将从正面和侧翼反扑的两连敌人击退，夺回全部阵地。在这一天的激战中，计歼敌 1 个营大部，共 500 多人，击毁敌军重型坦克 2 辆。从反击战开始到现在，已歼敌 1170 多人。

同日，《志愿军》报头版还以题为《五十二部一夜攻占敌阵地三处，荣获志愿军首长通令表扬》，志愿军首长在通令表扬中说：你部刚刚接防不久，即积极寻机歼敌，而且打得甚好，望继续努力，不轻敌，不急躁，精心研究敌人，不断提高自己，在准备好、有把握、攻必歼的原则下，继续寻机歼敌。同时，志愿军总部还要求我写个总结材料报总部。为此，我写了《强袭 100 高地等三处敌阵地的体会》上报志司。志司领导审查后，转发志愿军各部队，并送《志愿军》报。《志愿军》报于 1953 年 2 月 7 日全文刊发。现略去战斗经过部分，摘录几点战斗体会：

一、对敌数点，最好是敌一个团的建制，同时进行强袭，是较易成功的战术手段。这种打法不仅可以分散敌之兵力、火力，也使敌短时间内不易辨别我主攻方向，难下决心。此次战斗在打响后 45 分钟，敌纵深炮火才开始射击，除 100 高地我以两个班守备准备反复争夺外，其他两点我在打扫战场和撤退途中，都未遭敌炮击或兵力反击，有力地证明了这一点。在我兵力使用上，应选择一个兵力较多，取胜把握较大的为主要攻击点，如这次以 100 高地为主要攻击点，对次要各点的攻击，目的在于保证主要攻击点的成功，但决不等于佯攻，也要积极夺取阵地，歼灭敌人。同时强袭数点，可节省炮弹，因目前敌我对峙，打敌一点与打敌数点，需要压制敌火力点数目差不多。此次我消耗的炮弹，比志司规定的标准尚少四分之一。

二、出击前必须反复潜伏观察，切实查明敌兵力、火力点、副防御布置情况，摸熟地形，具体选择多箭头冲锋道路，是战前重要的准备工作。此次二、三支队（即四一九团、四二〇团）都先后派遣干部两次到敌前沿和侧后潜伏观察。三支队长亲自带部夜摸，做到心中有数，交代各班，任务具体明确。摸地形时，要大胆接近敌人，这样越摸越能发现问题。三支队八连摸高阳岱东山地形时，仅摸过第一道铁丝网，就认为里面没有铁丝网，因之我炮火就没有过多破坏里面的铁丝网，以致攻击部队进到敌环形铁丝网时，受到意外的挫折（编者按：各路攻击部队要携带轻爆破火器，不应过分依赖炮火）。摸地形或接敌运动时，要与炮兵取得联系，每分钟以冷炮打一二发炮弹，用炮弹的爆炸声，掩护部队的脚步声。如被敌发现，我炮火即可马上支援。

三、强袭一点所使用的兵力，一般与敌相等或多敌一半就够用。因为事先准备充分，而敌之兵力火力却来不及展开，便于我突然以短兵火力接近敌人，一举解决战斗；如兵力过多，反而拥挤，易遭伤亡。打援的兵力也不需要过多，在敌可能来援方向放一个班即可。如水郁市西南小高地之敌，虽离敌 100 高地甚近，又同是一个建制，但因摸不清情况，不敢出来增援。

四、对敌一点采取多箭头突击法，最好在 4 路以上（编者按：多箭头攻击队形不应呆板规定 4 个以上，必须根据敌人火力、工事及地形的具体情况而定），可展开我之优势兵力、火力，使敌顾此失彼，只要一路冲上主峰，就可解决战斗。但主攻方向应选择在敌侧后，以便于包围歼灭敌人。此次我分 5 路强袭 100 高地，各以 4 路强袭另两处高地，主攻部队都放在敌侧后，与正面形成包围后，只经 3 分钟到 17 分钟的激战，即将 3 处敌人全部歼灭，绝少漏网。为了保证各路同时打响，应以插敌侧后的主攻方向为准，因为后路到达预定位置较远，若助攻方向先打响，则易被敌发觉我进攻意图，增加主攻部队运动的困难，很难全歼敌人。在各路进攻的同时，可在不同方向采取佯攻，以分散敌之注意力，吸引敌之火力。如此次我即在高栈上里东山向敌打枪、打信号枪，使敌向该处打炮一小时之久。

五、在战前一周应组织好临时步炮联合指挥所。步炮指挥员要共同看地形，共同拟出作战方案和各种情况的处置，以保证步炮协同一致。具体区分各炮的任务。

破坏射击的程度，应要求达到破坏敌工事 70%以上，特别是必须彻底破坏在预定突击方向的铁丝网。破坏后应进行检查，未达到要求的再继续破坏。此次高阳岱东山之铁丝网未彻底破坏，增加了步兵伤亡。

破坏射击的时间，应提前数天进行，但要善于变更，不要形成规律，以便麻痹敌人。为防止敌修复被破坏的工事，必须专炮负责监视。此次是提前五天进行破坏射击的，开始时敌夜间戒备加严，等到三四天后，见我每天只是连续破坏并不攻击，又松懈麻痹起来。

压制射击的任务，主要是压制危害我攻击部队最大的敌火力点、攻击目标附近之炮火力点，及纵深化学迫击炮阵地。对敌纵深远程炮火，可指定部分压制或扰敌射击之。

压制射击应在步兵打响以后，开始即给敌各火力点（预定目标）几个急袭射击，然后以等速射击，掩护步兵打扫战场。对敌可能增援的方向，应组织拦阻炮火。各团、营、连组织阵地上的直射火力，在打响后向敌附近各直射火力点行短距离突然射击，作用很大。如攻击100高地时，组织了×门步兵炮、×门无坐力炮、×挺高射机枪进行直射，×挺重机枪、×挺轻机枪进行近距离直射，这些火器都有具体分工，由专人掌握，将敌附近之直射火力点全部压制住，一个半小时未能发射。

八、防守西海岸，胜利凯旋

1953年4月，我一四〇师撤出一线阵地后不久，我即奉命调任一三九师师长。一三九师是四十七军建制内的老部队，其前身是1930年10月在江西萍乡成立的红军独立第一师，参加过土地革命战争和二万五千里长征，抗日战争后改番号为三五九旅，转战晋察冀边区，参加了保卫陕甘宁边区，南泥湾大生产；解放战争时期，成为东北民主联军独立第一师，参加过东北剿匪建政、三下江南、夏季攻势等重要战役。1947年9月东北民主联军第十纵队成立，该师编入十纵序列，为二十八师（后为四十七军一三九师），先后参加了辽沈战役、平津战役、南下和入川作战、湘西剿匪以及抗美援朝等重要战役、战斗，辽沈战役著名的黑山阻击战中，坚守主阵地101高地的就是该

1953年4月，一四〇师撤出一线阵地后不久，黎原（左）调任一三九师当师长，与师政委方毅华（中）、师政治部副主任郑文翰（右）合影

师，被公认为四十七军主力师。上级调我到一三九师任师长，这显然是对我的信任。我自己也暗下决心一定要倍加努力，把工作做得更好。

我接任一三九师师长时，部队已从前线转移到谷山郡的花溪地区整训。不久，四十七军就受命到朝鲜西海岸接替三十八军防务，预防美军的登陆作战任务。6 月 10 日，四十七军开始接替原三十八军防务，我师接替一一二师在汰香山、南浦里、新里、元兴里地区防务。在交接过程中，双方发扬互敬互让、服从大局、团结友爱的精神，于当日 24 时前顺利交接完毕。

志愿军西海岸防御指挥部给四十七军的命令规定："为歼灭一切可能向我防御地带登陆与空降之敌，应将主要兵力兵器集中于汰香山至新里、艾山江口至卧龙山地域，坚守、抗敌登陆，歼敌于海上、滩头。"四十七军将主要防御方向交由一三九师负责。我们接防前是由三十八军主力师一一二师防守。接防后，彭德怀司令员亲自到西海岸汰香山我师四一五团阵地视察。他来前没有通知兵团和军里，由我直接到四一五团向彭总汇报。彭总在听完汇报后，为我们介绍了朝鲜战争的形势，要求我们必须搞好海岸防御，决不让敌人从朝鲜蜂腰部的西海岸登陆进攻。彭总还在阵地上与我们一起共进午餐。以前总是听说彭总很凶，但我却感到他很平易近人，吃饭时与战士们一起拉家常，很亲切。彭总亲自到我师阵地视察防备，更加坚定了我们的防御西海岸的决心。

我们接防时，防区尚无构筑像样的阵地，因此接防后的首要任务就是根据"西海指"和军的命令，选择阵地，确定防御部署。为此，我先带领各团、营指挥员对防御地带，特别是前沿进行全面勘察，具体确定前沿和各支撑点位置部署防御。部队按部署展开后，我就紧接着检查各部队施工情况，完善海防工程。

1953 年 7 月 27 日，朝鲜停战协定签字，战争结束。部队开始集中训练，一线分散单位适当收拢，并封闭了部分坑道工事。1953 年夏，我师与一四一师换防，改为军预备队，调至肃川铁路以东九里、内洞里等地区进行改装，按照中央军委签发的《国防军编制表》调整兵员，补发武器装备，部队战斗力有了进一步提高。随后，全军开展文化教育，进行军政整训和帮助朝鲜人民医治战争创伤，重建家园，恢复和发展生产的工作。大岭河、松石岭大坝遭敌机轰炸，河堤坝被毁，数万亩良田荒芜，当地政府和人民群众处于饥饿之中。我们得悉后，主动向军里请求承担修建水坝任务。获准后，我师以

1954年回国前，黎原（左三）在朝鲜与战友合影

四一七团为主开始施工，从一里以外炸石取土，肩挑人抬，经半个月紧张劳动，修复了四座水坝，使大部分农田得到灌溉，每年可增产粮食20多万斤。当地政府和人民为了感谢中国人民志愿军，向施工部队赠送了“最难忘的国际友谊”和“中朝人民大团结”两面锦旗。

1954年9月中旬，我军奉命将防务交六十八军后，于17日开始乘火车经新义州口岸胜利回国，归广州军区建制，部队到湖南衡阳、郴州、广西桂林地区进行营建施工和训练。

抗美援朝战争胜利结束后，军委决定：由东北军区司令员邓华（原志司副司令员）负责召集参战部队有关人员在沈阳总结三年抗美援朝战争经验，参战部队每个军抽调一至二名领导参加，并由苏联顾问团帮助总结。1954年9月，我由一三九师师长升任四十七军炮兵副军长，后又改任副军长兼参谋长。军里决定由我代表四十七军到沈阳参加总结。

10月，各部队参加总结的人员陆续到沈阳集中后，被编成了战术、战役若干组，分头收集材料。总结一开始，我们就在指导思想上与苏军顾问团发生了分歧。苏联顾问要求我们用苏军第二次世界大战的模式进行总结，如在总结攻防作战时，分析每平方公里有多少门大炮，多少辆坦克。在总结阵地防御作战时，按苏军条令将防守阵地分成一、二防守地带，再将每个防守地带区分第一、二、三阵地，其距离也完全套用苏军条令。

我们认为这样总结反映不出抗美援朝战争的实际情况，因为在抗美援朝战争中，我们是以弱对强，以劣势装备对抗绝对优势装备的敌人，在战斗中避开敌人火力的优势，发扬我军作战勇敢，善于近战、夜战的长处，机动灵活出其不意地打击敌人。在运动战时期的作战中，基本是突然包围敌人，切断其退路而歼灭之，或将敌人诱至预设战场，突然围歼。

在阵地对峙条件下的攻防作战中，我们不可能像苏联卫国战争那样，用坦克掩护步兵冲击，炮兵进行对抗射击。我们的具体战法是以坑道为骨干，以山地为支撑点。当敌人火力准备时我进入坑道，敌人冲击时我出坑道以短兵火器消灭敌人。为防止敌人突破，在主阵地后面设有预备阵地，也是根据地形构筑的支撑点。如果按照苏联的要求，甚至阵地之间的距离都要有严格的规定，第一阵地距离前沿要 1.5 公里，第二阵地距第一阵地 2 公里；第一战壕到第二战壕要 150 公尺等等，非常机械。我们的坦克、大炮在实战中受到敌人空中和地面优势火力的限制，特别是坦克。我们从未有用坦克率步兵向敌人冲击，只是将坦克放在提前修好的掩体内作火力点使用。前一天晚上视察好阵地，利用夜里将坦克潜伏到前沿阵地有效射程内，每辆坦克事先都明确任务。天刚蒙蒙亮，趁敌人还没有准备之时，突然打上三五发炮弹，击毁其坦克或碉堡、火力点等，打完后马上转移到后方，藏在事先挖好的工事内掩蔽起来，以防止敌人飞机、炮火攻击。

至于炮兵，在攻防作战中也是临时支援步兵，为了防止敌人飞机和炮火的打击，总是频繁转移阵地。不要说集中成百门炮，一个连的炮都不敢集中在一起使用，当然炮兵集中射击效果最佳。通常以营为单位，18 门炮一起射击。但我们没有制空权，一旦集中，美军发现后，飞机、大炮很快就会把我们的阵地炸烂。我们一个连 6 门炮都不敢集中，常常是分为 3 组，将 2 门炮隐藏在山沟里、坑道内。但是，火器分散，并不等于就是分散火力。火力一定要集中，从不同方向、角度集中射击。这些特点都不是美、苏教科书上找得到的。因为他们的长处往往是我军的短处，我们就要利用他们的短处，发扬我们的长处。

为此，我们经常同苏联顾问发生分歧，几乎是天天争吵。我曾跟苏联顾问说，我们作战时根本不是按照你们的战术打仗，否则早被美帝消灭了。如果按照苏军的经验，白天一公里内集中 30—40 辆坦克，不用一小时就会被美军强大的火力消灭。

此外，在一些小问题上，我们也经常同苏联顾问见解不一。比如我们平时工作或开会，大家总是老李、小张这样彼此称呼。苏联顾问就特别看不惯，他们强调下级见上级时必须喊“报告”、称职务。其实这只是形式问题，并不能因为叫小张、老李，就是没大没小，这恰恰反映了我们部队官兵平等的民主作风，但这一切并不会影响下级严格执行命令。对于此事，我们向苏联顾问解释过多次，但总是说服不了他们，他们根本不能理解八路军、解放军在艰苦的战争年代形成的优良传统，在他们看来这都是游击习气。总之，我们认为用苏军战法总结我军作战经验，不能反映我军作战的特点。但当时中苏关系密切，苏联处处以老大哥自居，我们刚刚建国不久，各方面都还没有经验的情况下，只能按他们的要求去做。所以，经过一年多的总结，最后虽然定稿，却一直没有正式出版，主要原因就是不能反映我军抗美援朝作战的实际情况。

但是这一年多的工作总结，对我个人来讲是一个很好的学习机会。首先，我对朝鲜战争有了全面的了解。总结中，我们从 1950 年 10 月的第一次战役，到 1953 年 5 月的“夏季攻势”及金城反击战，进行了系统的研究，对

1954 年 10 月至 1955 年 7 月，黎原代表四十七军参加志愿军抗美援朝作战经验总结工作后与战友合影

各次战役过程、经验及教训进行了认真总结，从而加深了我对战争全局的了解和认识。我未能参加前五次战役，一直感到很遗憾。这五次战役都是运动歼敌战。通过参加总结补上了这一课。

其次，在总结中联系自己参战的实际经历，提高了军事指挥水平。1951年6月我初上阵地时，正是战局对我不太有利的时候。美军司令李奇微研究了我运动战打法，根据我方后勤运输供应不上，部队战士随身携带粮食、弹药，一次战役仅能持续一周左右的情况，改变了战术。在我发动进攻前几日，敌人每日后退30余公里，退到既设阵地防守，这正好是我军一夜行军的距离。当我军赶到时，天已大亮，敌人可得到空军和炮兵支援，使我不易进攻，更不能切断其退路。因此，我第四、五次战役战果不大。我部上阵地时，正是第五次战役即将结束，敌人开始反攻，我军向后撤退的时候。当时我军指导思想还是以空间换取时间的运动战的思想，各部队都没有进行有效的抵抗，致使敌人长驱直入。我感到再这样退下去，敌人就有可能攻到平壤。所以，我师上阵地后就树立了“坚守阵地，寸土必争，决不后退一步”的思想。改变了以往部署，由运动战转为了阵地战，有效地阻止了敌人的攻势。我师首先在阵地上挖坑道、猫耳洞，后来在全线推广，成为以后阵地战的主要作战形式。在防守中我师还主动出击，相机将阵地向前推进15公里，取得了较好的战绩。现在看来，这些决定是正确的，作为一个中高级指挥员在瞬息万变的战场上，就是要积极主动创造性地完成上级交给的各项任务。

再次，通过总结，我系统学习了苏军第二次世界大战的经验。它虽然不适应朝鲜山地作战，但对未来常规战争还是有一定参考价值的。这对进一步提高我的军事指挥能力有一定帮助。

最后，参加总结的成员都是各部队的优秀军事指挥员，他们均有较高的军事指挥水平和丰富的作战经验，大部分是老同志，在为人处世方面也堪称楷模。如六十七军军长齐威同志，五十四军军长蓝文兆同志，三十八军副军长江潮同志，从他们身上我学到了很多东西，对我后来工作很有帮助。

九、入朝作战的体会

我从1951年4月率领一四〇师入朝作战，至1954年9月回国，在朝鲜度过了三年零五个月。其间三次受领作战任务，与美军王牌部队——美骑一师多次交手，虽然我们的武器装备还不如他们，但我们以劣势装备战胜了他们，圆满完成了作战任务。每当回忆起这段历史，我就感到欣慰甚至自豪。就我个人来说，这是我几十年的战斗历程中最具有挑战性的。我在极其复杂困难的情况下，面对强敌和生疏的环境，有时作战决心得不到直接领导的支持，甚至是反对的情况下，冒着风险顶着压力，适时果敢地做出了后来被实践证明是正确的决定，取得了对战局有重要影响的胜利。

一是在1951年6月，首先提出了阵地防御的指导思想。志愿军入朝初期的前五次战役，基本上打的都是运动战，1951年6月，志愿军总部确定的也是“运动防御与反击相结合”的拉锯战。6月中旬，我们师受领作战任务时，是处在第五次战役即将结束，我军后撤、敌人推进的情况下，十九兵团命令我师接替六十五军防务，仍以“积极防御的方针”阻敌继续向西向北进犯，确保我临津江以东阵地安全。按当时的理解，“积极防御”就是运动防御，以一部兵力阻敌一定时间，以时间换空间，然后退却诱敌于我有利地区，再以进攻（反击）消灭敌人。当时兄弟部队介绍情况时谈的也是这方面的经验，他们的作战兵力也是按这样部署的。例如配属的炮兵即部署在远离前沿10多公里的兔山地区，并且还随时准备后撤。当时，我想，接防时的前沿距纵深的市边里城不足20公里，离朝鲜首都平壤也只有100多公里，如果按原来的战法，我们的防御地带，一旦被敌人突破，我军后撤，就会直接使我军处于极其不利的地位，甚至会直接威胁平壤的安全。因此，必须守住现有阵地，这是关键的关键。那怎样守住阵地呢？为此，我夜不能寐，反复思考，最终决定：不论上级提出什么样的方针和兄弟部队的做法怎样，我们应当从实际出发，为守住阵地，必须确立“阵地防御”的指导思想。我首先在师党委会上提出了这一问题，并强调还要下定“寸土必争，与阵地共存亡”的决心。会上，虽然也有不同意见，有的同志担心“阵地防御”不符合上级意图，是冒险！但经过充分讨论还是统一了认识。后来经过实战检验，事实证明确立“阵地防御”的指导思想，是正确的、必要的。由于确立了“阵地防御”的指导思想，我们没有像兄弟部队介绍的那样，兵力部署前轻后重，而是在第一线部署了足够的兵力，配属的炮兵也相应地从原在临津江以西兔山一带，调整到临津江以东，并选择了多个前进的预备发射阵地。由于确立了“阵地防御”的指导思想，部队一上阵地就不停地加修工事，在堑壕里修猫耳洞，在猫耳洞的基础上，再继续不断地深挖，便形成了坑道，并创造了坑道战法。由于确立了“阵地防御”的指导思想，加强培养了部队英勇顽强、死打硬拼的战斗作风，抗击敌人数倍于我的兵力，在飞机大炮和坦克火力支援下，轮番地集团冲击，与敌反复争夺，即使在剩下一个人的情况下也要与敌血战到底，没有上级命令，绝不后撤半步。创造了在极其惨烈的情况下，外国人认为是“不可思议”“难以理解”地“死守”住阵地的“奇迹”，并且涌现了许多可歌可泣的功臣和战斗英雄。三个月以后，即1951年9月，彭德怀司令员在一次作战会议上，正式明确地提出，今后战争的样式主要是“阵地攻坚与阵地防御”，从而改变了“运动防御与反击相结合”的作战样式。这也证明我在此之前提出的“阵地防御”的指导思想是正确的、必要的。

二是据情决定将防御阵地向前推进5—15公里。我师接防以后，依托阵地防御，经过几次粉碎敌人的试探性进攻，使敌人的主力未敢继续推进。经侦察和捕俘了解，敌人白天进攻未能得逞后，晚上便撤回数公里至10多公里的阵地防守，敌我之间出现的缓冲区比较大，且敌人的前沿阵地防守也不够严密。同时又了解到敌可能于8月3日换防（美骑一师接替二十五师，美三师接替土耳其旅）。我认为这是难得的好战机，便据情决定将原防御阵地向前推进，攻占敌部分前沿阵地，改善我之防御态势。经过周密的组织准备和部队的英勇作战，推进获得了成功，一举攻占敌夜月山、天德山、272高地等一线阵地。右翼四二〇团推进5—10公里，左翼四一九团推进15公里，进逼铁原以西涟川以北，直接威胁敌前沿及铁原至涟川的交通运输安全。不但扩大了战场空间，在改退为进中夺取了四五百平方公里的土地，而且还完全改变了我背水作战的局面，为准备中的第六次战役和后来粉碎敌人“秋季攻势”创造了极为有利的条件。如果没有这个推进，也就不可能有后来在粉碎敌人的“秋季攻势”中的激战4昼夜毙敌800的“天德山英雄连”，以及345.6高地顽强防守、上浦坊南山歼敌建制整连等战例，因为这些地方都是我们推进前的敌人阵地或缓冲区。虽然，后来敌在发动“秋季攻势”中夺占了夜月山、天德山、272高地等要点，前进了4—5公里，但直到停战划分军事分界线时，也只占去我所推进占领缓冲区的一半。这无论在军事上还是政治上都是一个重大胜利。

然而在当时决定向前推进时，也是冒着很大风险的。一方面是因还没有得到上级的指示，上级只是要求确保临津江以东阵地安全，并且还交代过，如遭敌大举进攻守不住时，部队可以退过临津江，在市边里一线组织防御；另一方面，也担心如攻占敌前沿阵地不成或在推进过程中遇敌大规模进攻，就有可能使我军遭受难以想象的损失。但我认为作战必须从实际出发，有利的战机必须及时抓住，作为一个共产党员和中高级指挥员，要积极主动，勇于承担责任，遂果断地定下了决心。虽然取得了成功，但当时有位领导还是气愤地批评我擅自作出的决定，说是破坏了准备发动第六次战役的大局，甚至还说，你这个师长还想不想当了。直到志愿军司令部对推进作出了充分肯定，并给予了表彰，原来批评我的这位领导才消了气。

三是坚定地指挥345.6高地的防守和适时地组织后撤。345.6高地是在粉碎敌人"秋季攻势"中，打得最为艰苦、最为惨烈，也是战果最大、敌人视为畏途的一个典型战例。一三九师四一五团于8月25日接替我师四二〇团的防务，归我指挥。该团同样按"阵地防御"的指导思想积极加修阵地工事，顽强固守每一个阵地。虽然9月23日一三九、一四一师接替我师防务（四一五团回归一三九师指挥）。但他们也都同样按"阵地防御"的指导思想和"寸土必争"的原则，抗击敌人在"秋季攻势"中发动的疯狂进攻。10月10日我师再上阵地接替一三九师防务时，也是敌"秋季攻势"正疯狂之时。345.6高地及其附近阵地先后由一三九师四一五团和我师四二〇团防守，是敌人特别是美骑一师企图通过进攻占领驿谷川畔的主要目标，因此，敌人对该地区的进攻运用的兵力、火力最多（美骑一师整师、数十门火炮和几十辆坦克以及大量的航空兵），进攻的手段也多（用炮兵航空兵火力对我阵地进行毁灭性轰击，坦克掩护步兵轮番的集团攻击，火力假转移、假冲击、坦克迂回包围、夜间偷袭等），但其进展甚微。10月18日夜3时，我主动撤出345.6高地，在其后阵地继续防守，敌人远未达到将战线向我方推进10公里进占驿谷川畔的目的，却付出了1.4万余人的代价。在10月10日以后，345.6高地战斗的日日夜夜中，包括10月12日四一八团在上浦场南山歼敌一个建制整连的战斗中，以及在其后鱼积山里南山反击战中，我都一直实施着坚定的指挥，特别是在四二〇团防守345.6高地的分队撤离时机的掌握与撤离的组织上，我是冒着很大风险的。虽然撤出了345.6高地是经过上级批准的，但时机掌握不好或组织不好，也会遭受很大损失，如撤离过早，敌人会乘势投入更多的兵力开展进攻，夺占我更多的阵地。如果撤离过晚，就有可能人和阵地皆失，因为当时的兵力已没有能力抵御敌人在天亮以后的再次进攻。由于时机掌握得恰到好处，又加上组织严密、交代具体，因而做到了圆满撤离，包括伤员、牺牲同志的尸体以及武器弹药，全部撤回，并且未让敌人察觉，天亮后，敌人还误认为 345.6 高地上还有我防守分队，又实施了猛烈的火力袭击后，才小心翼翼地爬上 345.6 高地。

四是周密组织指挥了 100 高地争夺战，创造了在敌我阵地对峙的情况下组织战术性攻击，夺占敌人要点的经验。100 高地战斗，是我师 1952 年 11 月接替三十九军一一六师防务一个多月后进行的。当时敌我阵地对峙，相距仅几百米至 1 公里，为寻找战机主动歼敌，在我积极组织小分队活动，在缓冲区设伏歼灭敌侦察巡逻分队或多次偷袭敌突出的警戒阵地，积累了经验，并通过不断组织侦察掌握敌人活动规律的基础上进行的。是我师组织战术性进攻（反击）的一次成功尝试。先于夜间成功地攻占 100 高地，全歼守敌 100 多人，又接着打退敌营连规模的 20 多次反扑，仅以伤亡 200 多人的代价，取得了歼敌 1170 多人、击毁击伤敌坦克 8 辆、飞机 9 架的较大胜利。我总结的攻歼 100 高地经验，受到志愿军总部的重视，《志愿军》报上全文发表，对以后部队的阵地攻击作战产生了积极影响。其后，1953 年 3 月，我们军第一四一师所组织的上浦坊东山即“老秃山”攻坚战中，就吸收了 100 高地战斗的有益经验，并取得了很大成功，歼灭了更多的敌人。

回顾上面这些，并不是想说明我个人多么高明、功劳多么大，就我个人来说，也只不过是多年来学习马列主义、毛泽东军事思想在实践中的运用和多年实战经验的积累与发挥罢了，再就是作为一个共产党员和指挥员的政治责任感，促使我不得不勤于思考，亲自到第一线勘察、组织侦察，在掌握情况的基础上，敢于承担风险，抓住战机，适时定下决心和组织指挥。在想到这些时，我绝对没有忽略上级的领导、指挥和领导班子的团结与支持，以及部队广大指战员高度的政治觉悟、英勇顽强的战斗作风和不怕牺牲的战斗精神。没有这些，我的想法再好、指挥能力再强，也无法完成上级赋予的任务，实现我个人的人生价值。这里我想特别强调的几点是：

一、组织上的信任和班子的团结是我能顺利完成指挥任务的重要条件。入朝前，我从一个团长，在一年多的时间内连续提升到师的主要领导岗位，并且调整一些比较年轻的同志担任副职，这就为我大胆开展工作创造了更好的条件。我们师的领导班子是非常团结的，特别是师政委赵平同志对我的工作非常支持，甚至在有些问题上主动为我承担责任。作为一个指挥员，能得到上级的信任和领导班子的支持是非常幸运的，这不仅使我感到心情舒畅，能集中精力考虑作战问题，还使我更加自信，在复杂困难的情况下，敢于定下决心和大胆地实现自己的决心。

二、坚强有力的政治工作和部队英勇顽强的战斗作风，是实现指挥员决心、完成作战任务的重要因素。我们受领作战任务之初，就对部队进行了广泛的政治动员，号召部队打好出国第一仗，向祖国人民报喜。随后，又不断根据作战任务和当时情况，适时提出新的口号和组织必要的活动，如开展构筑工事和消灭更多敌人的杀敌竞赛战场立功活动，开展战场宣传鼓动送光荣弹（手雷、手榴弹）活动、开展神枪手、神炮手活动，及时印发捷报，宣扬构筑工事的先进模范人物和作战功臣英雄的事迹等等。在与敌对峙的情况下，还积极开展了瓦解敌军的工作。这些对鼓舞斗志，保证作战任务的完成发挥了很大的作用。

三、各种保障和后勤供应工作在作战中发挥了重要作用。作战中的各种保障包括侦察、通信，对核生化武器的防护、工程、交通等等，这里我要着重介绍侦察和工程保障在我师的三次作战中发挥的重要作用。我师三次受领作战任务，都是侦察先行或与指挥员一起先于部队进到受领作战任务地区进行侦（勘）察，了解情况。侦察分队还要到阵前侦察、捕俘，察明敌情、地形，供指挥员定下正确决心和组织指挥，在与敌对峙的情况下，师团观察所的观察员也主要由侦察分队担任。在粉碎敌“秋季攻势”前，我师将阵地向前推进5—15公里，侦察分队抵近侦察所了解的情况，是我定下阵地向前推进决心的重要依据。100高地攻歼战成功的组织与实施，是与之前的反复周密的侦察，包括指挥员夜间深入到敌阵地前（侧）的侦察密不可分的。

我师三次受领的作战任务都是防御作战，我们又确定“阵地防御”的指导思想，因而构筑阵地工事和做好工程保障就显得尤为重要。我师第一次接防时，防御地带内基本上还未建立起防御体系，也几乎没有修什么工事。我们接防后，我常亲自深入一线分队检查，指导兵力部署、火器配置和阵地构筑，要求前沿各阵地尽可能地建立环形防御阵地，利用一切时间抓紧抢修工事，特别提出要树立长期坚守，以阵地为家的思想，要求各阵地构筑各种火器的正射、侧射和隐蔽射击的各种掩体，防敌炮击的避弹坑、猫耳洞，以及要修筑休息和储存弹药的地方。而且我们还不断地检查和交流修筑工事的经验，并进一步要求把修筑的短洞发展成坑道，各掩体、堑壕、交通壕与坑道相连。经三个多月的不断加修，即在敌发动“秋季攻势”之前，已经建立起比较完备的支撑点式的防御阵地体系，各主要阵地还构筑了有坑道、掩体、堑壕、交通壕相连的各种战斗设施和生活设施。在防御地带内则主要修筑多种炮兵、坦克向前机动及后勤供应的道路（急造军路），在临津江上修筑了水面下桥，还采取了许多伪装措施，修了一些假阵地、假炮兵发射阵地，以欺骗迷惑敌人。在临津江西岸与敌相峙阶段的阵地防御中，主要是不断加修坑道、交通壕和抢修被敌炮兵、航空兵破坏的道路和工事。这些，在作战中，无疑都发挥了重要作用。

我师在朝鲜的三次作战中，属于在异国以劣势装备与“武装到牙齿”的美军作战，所需作战物资不能像过去在国内作战那样，可以就地取之于民、取之于敌。在那里既不能就地进行补充，而且又是在敌人强大的航空兵和炮兵火力对我后勤交通进行封锁、破坏的条件下作战，后勤供应与保障的困难程度可想而知，特别是 1951 年夏秋，正赶上朝鲜北方多年不遇的暴雨灾害和美军对我后方交通线实行大规模空中封锁的“绞杀战”，困难更大。但我后勤战线的官兵，经过精心组织、顽强奋战，克服了许多难以想象的困难，仍然较好地保障了武器、弹药、各种装备以及施工所需的各种器材、物资的供应和伤员的转送，有效地保证了全师作战任务的完成。

第八章　在广州军区的十五年

一、回军任职，主管军事训练工作

1954年，时任四十七军炮兵副军长的黎原

我参加志愿军抗美援朝战争经验编写委员会的工作于1955年7月结束。后我被任命为四十七军副军长兼参谋长，这时才回到湖南衡阳军部正式到任，主管军事训练。

军事训练是军队和平时期的中心工作。各单位都是第一把手亲自抓训练，但当时四十七军军长张天云同志身体不好，另一位副军长刘兴隆又分管别的事情，因此领导军事训练的重任主要落在我的肩上。当时，部队回国不久，多数单位主要搞营建，有的还搞国防施工，在军事训练上同广州军区范围内已经过几年正规化训练的兄弟部队比较，我们军的训练水平相对地落后一些，当年全军战术训练仅总评为及格，而射击训练则总评为不及格。从1956年开始，全军每年约有百分之七十五的建制团，和百分之八十五以上的建制连队执行全训任务。军政训练的时间是按七比三或六比四的比例进行的，军事训练又主要突出射击等技术和连以下分队的战术训练。按照训练总监部颁发的训练大纲的要求要完成规定的指标，任务是十分繁重的，所以当时我的压力是比较大的。为了尽快改变这种状况，我们军不得不作出较大的努力，而我作为分管军事训练的副军长理所当然地要付出更多的心血。

我们用了比较大的力气，首先是抓军事训练的思想发动（政治动员）和训练中的思想政治工作，其次是在训练预备期中大抓教学法集训，使各级主管训练的干部和班长以上的骨干首先学会并掌握将要进行训练的内容和教学方法。这种教学法集训，每年春都由军或师及各团分别组织进行。例如1956年春节前，军就在衡阳江东招待所组织了全军连以上干部的教学法集训，由各师师长亲任连长，重点解决了班排分队战术和射击等技术的教学法问题。尔后各团又组织班以上干部的类似集训，从而使各级干部基本上达到了当时军委训练总监部所强调的“按级任教”的要求。各级分管训练的领导干部绝大多数都能亲自动手备课、施教。在训练过程中，我们在狠抓对部队训练检查指导的同时，也抓紧了干部自身的训练——首长司令部训练，即学习本级和上一级的战术原则、组织指挥和有关的军兵种知识等内容。我们每年都完成160—180小时的指挥员训练和参谋训练。经过几年的努力，逐渐改变了我们军在军事训练方面的被动局面。1956年部队的射击训练和各兵种的专业训练达到了良好水平，战术和共同科目训练也达到了及格以上水平。1958年全年步兵武器射击的第一、二、三基本练习、夜间射击和单枪战斗射击均总评

四十七军军长张天云（前排右五）、政委陈发洪（前排右三）、副军长黎原（后排右四）等军领导在湖南衡阳合影

为优秀。在此期间我还参加了南京军事学院的函授学习（每年集中三个月时间面授，在工作岗位上完成规定的读书内容和作业）。

按照总部和广州军区的要求，各级领导都把军事训练作为中心工作来抓，部队训练的热情也很高，训练内容也逐年增多。例如1955年、1956年部队步兵武器的射击训练只进行了基本射击第一、二练习，战术只训练到团。而1957年、1958年步兵武器除完成第一、二、三练习和夜间射击等基本射击训练外，还进行了战术射击训练，战术也进行到师。特别是1957年野营拉练时，军还组织一三九师进行了实兵实弹的战术演习，这次实兵演习也是广州军区的重点探索课题。规模较大，军除组织本军一三九师（包括一四一师一个团）和军炮兵团等单位参加外，军区还加强炮一师的两个团、四十二军的坦克自行火炮团、舟桥八十四团一个营、军区防化营的喷火和烟幕分队，还有少量飞机配合，训练和演习内容主要是组织与实施在核武器条件下对预有防御准备之敌的进攻等，目的是为探索在使用原子武器条件下的战斗行动与组织指挥。因而演习的课程就是《加强步兵师在使用原子武器条件下对预有防御准备之敌的进攻》。为了搞好这次演习，军区和军都十分重视。军党委和军首长分工由我来具体组织领导。因而我对这次工作一开始便抓得很紧。几乎是提前半年就到演习地区附近的桂林步校成立了导演部，由我亲自领导并利用沙盘作业、图上作业和现地训练等方法，对导演人员及调理人员进行培训，反复多次地进行推演。充分的组织准备工作，对保障部队实兵演习的成功起了重要作用。

正式演习于12月上中旬进行，分为考核演习和示范演习两个阶段。考核演习于12月3日开始，参演部队在驻地受领任务后，火车输送至桂林以北预定地区集结，指挥员受领任务，组织战斗，按时发起攻击，进行现地推演，用时十天。示范演习于12月14日开始，军区组织团以上干部参观见学。参演部队采取先分段战术作业，尔后在空军和炮兵配合下进行实兵实弹演习。这次演习不但使参演部队得到了很大的锻炼，而且使军区部队特别是我们军各级指挥员、参谋人员战术训练的组织指挥能力都有了很大提高。虽然演习中也有一些形式主义的东西，但对部队整个训练水平的提高还是主要的，为诸兵种合成训练走向正规化建设还是非常必要的。部队经过这样连续几年的磨炼，训练成绩逐年上升，许多基础科目由1955年的不及格到及格，再到良好，甚至跃为优秀以至“全能全优”。

1960年，为了落实和贯彻中央军委扩大会议精神，在部队掀起学习毛主席著作高潮的同时，我们军在训练中又强调和重视运用毛泽东军事思想，破除迷信和教条主义，坚持以我为主，开展传统练兵；狠抓了战术、技术和基础训练，重视应用训练，苦练了近战夜战本领；各级干部亲自任教，大胆实践，与战士一起摸爬滚打，使训练质量不断提高。5月，军组织90余人的训练考核团，在军长李化民和我的率领下，分别对第一四〇师和一四一师进行了考核。共抽考了150个班，其中优秀130个班，良好27个班，及格2个班，不及格仅1个班；抽考77名干部，其中优秀59名，良好17名，及格1名。无论干部、战士考核成绩的优秀率都在80%以上，这是很能说明问题的。

当然，在军事训练实践中也出现过这样那样的问题，例如学习苏军经验，在某些方面有生搬硬套和搞形式主义的现象，在纠正过程中，开展“反教条主义的斗争”又挫伤了一部分军事干部的训练积极性等。通过这个时期军事训练工作的实践，使我有如下深切的体会：

学习、借鉴苏军经验，必须结合我军实际，保持我军的优良传统。对学习、借鉴苏军经验，我是拥护的，但对当时的某些做法却是有不同看法的。当然，在行动上由于受组织原则的约束还是贯彻执行的。新中国成立初期，我军相继建立了新的军兵种，武器装备也得到了一定程度的改善，迫切需要进行正规化的训练。由于我军当时尚缺乏正规化训练经验，且我军自己的合成军队作战经验还是不足，就是有也有待系统的总结。因此中央军委决定学习借鉴苏军经验，翻译苏军条令、教材，聘请苏军顾问是完全必要的、正确的，我是完全拥护的。但在实践过程中遇到一些具体问题我又是有自己的看法的：一是苏军顾问中虽绝大多数都工作认真负责，但他们中不少人却主观傲慢，不太尊重我们中国同志的意见。我在参加志愿军抗美援朝战争经验编写委员会工作中，就曾与苏军顾问有过接触，也有这方面的感受。当时在编写委员会的苏军顾问负责人是一位中将，他硬要我们按照他们的伟大卫国战争即苏德战争的经验来总结抗美援朝的战争经验，因为两者有很多不同的情况，我们提出一些不同的意见，但他仍要坚持，为此邓华同志还做了不少调解工作。1957年春，广州军区司令员黄永胜陪军区顾问团来四十七军检查训练工作，首席顾问拉维雅金中将，提出要考核军区、军、师、团各级领导干部的实弹射击，因为大家没有思想准备，打的成绩不很理想，黄永胜没有打上靶，我打得还比较好。拉维雅金当即拉着我对黄永胜讲：“他可以提升为军长。”黄永胜则开玩笑地说：“那我没打好该撤职了吧？”拉维雅金马上说：“你眼睛有病，打不好不能怨你。”这虽然是一个笑话，但也可以从一个侧面看出苏军顾问的主观和把领导干部本身的训练水平看得过重，亦即过分强调了“按级任教”，而忽视了干部的全面素质和在训练中的群众路线。

二是对苏军当时的作战理论、原则，特别是诸军兵种联合作战的理论、原则，我认为是比较先进的，一些理论数据、计算方法也是比较科学的，但多适用于敌我双方作战装备优劣相差不大、在中等起伏地地形上作战的情况，并不完全适用于一切情况。苏军条令、教材上有些规定也过于机械，缺乏必要的灵活性。苏军顾问在检查指导部队训练时也要求过严，抠得过死，例如冲击时要端枪前进，散兵线要求间隔 6—8 步，顾问检查时亲自用步丈量，多几步少几步都认为不行；从堑壕跃出冲击，连挖几个踏脚孔，冲击时先出哪个脚都不能搞错……因此在训练中出现了一些照搬照套苏军经验的教条主义现象，部队也有强烈反映。为此，1957 年 1 月在广州军区训练工作会议上我曾提出过意见，后来又撰文向《八一杂志》和《解放军报》投寄。但在组织原则的约束下，我还是强调了要认真贯彻执行上级的指示，按条令、教令、教材实训。1957 年底组织一三九师的实兵野营拉练和进攻战术演习时，在情况设置上基本都是按当时的条令、教材，有意选择在中等起伏地上实施的。但在具体组织上如重视夜间活动、组织对空对地面的警戒、加强小分队的活动等，也尽量吸取了抗美援朝战争的作战经验。

二、奉调广州军区任副参谋长

1960 年 7 月，我被调到广州军区司令部任副参谋长，负责协助军区领导抓军事训练工作。

“反对教条主义”以后，1957 年至 1958 年上半年，全军对如何学习、借鉴苏军经验问题出现了不同认识，在军内报刊上也登载了一些领导同志的不同观点的文章。一种观点认为学习苏军经验必须结合我军实际，反对任何形式的教条主义和形式主义；另一种观点认为苏军经验是好的，就是要先学到手再考虑如何灵活运用的问题。因此，在部队训练思想中也产生了一些混乱。1960 年中央军委提出了“少而精”的训练原则。同时强调训练必须与战备紧密结合，各步兵部队应结合战场实际，重点研究解决技术上“打得准，联得上，开得动”和战术上“合得成，摆得开，捏得拢”的问题。总参谋部在1961年颁发的训练大纲中，将训练内容作了精简，减少了理论基础科目和师以上规模的合练及演习，突出了战备应用训练。在技术训练方面，主要进行单兵、单炮、单车的战斗动作训练和小分队的战术训练等；强调精讲多练，苦练两百米内的硬功夫。我作为军区分管军事训练的副参谋长在工作实践中主要抓了以下几点：

一、认真贯彻军委总部的训练方针和原则，探索“以我为主”的训练规律

我到军区工作以后，就不断深入部队，在训练实践中同机关、部队的同志一起调查研究，探索贯彻军委总部训练方针、原则的办法和“以我为主”的训练规律。1962年2月2日，我在军区党委会议上的发言就比较集中地反映了我当时对军事训练工作的认识和我在工作中的实际情况。我在发言中肯定了1961年全区军事训练的主要成绩，总结了军事训练的基本经验，并对1962年军事训练主要抓什么和怎么抓的问题，提出了个人的看法和意见，我在总结经验中强调党委抓总，第一把手管训练是加强对部队训练的领导，贯彻“少而精”方针，提高训练质量的关键；在部队训练方法和训练作风上，我提出要实、要活、要严、要钻，练字当头，苦练精兵；在训练计划制订上则要上下结合，留有余地，突出重点，照顾一般。我还提出解决好如何正确认识和贯彻“少而精”的训练方针，正确处理战备训练与正常训练的关系，学与用的关系等几个方面的训练指导思想。这些认识和意见都是我通过训练实践的深切体会，从客观规律中总结和提炼出来的基本经验，因而也得到了军区党委的肯定，并要求全区部队和院校在训练实践中认真地贯彻执行。

二、抓紧对干部的培训，使正确的训练方针和训练指导思想得以贯彻落实

有了正确的方针和指导思想，能否在训练实践中得到贯彻落实，干部是一个非常重要的因素，因此我们军区在训练中是非常重视对干部的培训工作。除要求军、师组织好对干部的培训（团重点培训班长）外，军区也曾多次组织团以上干部集训，比较重要的有1962年5月的湖南车江（四十七军一三九师驻地）集训，1963年2月的广东馒头山（四十一军一二一师驻地）集训。这两次集训都是在军区首长的领导下，由我具体组织实施的。我

们把参加集训的军、师、团三级干部，按连排班编制组织起来，由我担任连长，大家过连队生活，像连队干部战士一样的训练和管理。车江集训主要解决统一训练指导思想，改进训练方法和严格养成教育三个问题。按照我军的传统练兵方法，参照苏军有用的经验进行实训。射击训练从基本射击到战术射击、战术训练从单兵到班排连等科目，怎么训练的方法问题，在集训中基本上都得到了解决。就是在这次集训中，听说南京军区在群众性练兵活动中涌现出一个具有把我军传统练兵方法加以创新发展的郭兴福教学法。我们就立即与南京军区联系，邀请该军区十二军一〇〇团第二连连长郭兴福同志带着这个班，来车江为我们军区集训的团以上干部作表演。这样，我们军区学习和推广郭兴福教学法，实际上要比总参后来向全军推广郭兴福教学法早了两年。馒头山集训则主要是解决全区部队怎样加强夜间训练和防御战术等问题。通过集训，首先提高了团以上干部对夜间训练重要性的认识，并进而在摸爬滚打的实践中，解决了夜间训练的训练内容、训练方法以及防御战术的原则和藏（躲）、打、杀、反等训练思想问题。为了更好地将部队的训练与战备工作紧密结合，1964 年 8 月，军区又组织 4 个战备值班师的 626 名连以上干部到海南岛的吊罗山体验山岳丛林地区的行军、宿营、战斗和野战生活，解决了部队在热带山岳丛林地区走、住、防、联、打的问题。使部队的训练更有针对性，也更加深入扎实。为进一步提高基层干部的训练能力和管理教育能力，加强基层建设，军区还在 1963 年用半个月时间在桂林四十七军一四一师驻地组织召开了连长、指导员经验交流会。这些措施对解决当时部队训练和行政管理中存在的问题，提高训练质量和干部的行政管理水平都起到相当大的作用。

为了提高干部作战的组织指挥能力，我们在军事训练中还十分注重抓干部司令部的军事理论和组织指挥的训练。1960 年后，部队在掀起学习毛主席著作的高潮中，军区又组织了几次团以上干部学习毛主席军事著作和军兵种知识的集训。特别是通过学习毛泽东军事著作的集训，使全军区的中高级干部对毛泽东军事思想中的有关人民军队、人民战争及其战略战术的理解，更加系统化和理论化，也更加自觉地坚持以毛泽东军事思想为指针，来指导我军的建军和作战。我在组织集训中由于自身过去在建军作战中对毛泽东军事思想有着深切的体会和深厚的情感，因而在工作中我是狠下功夫的。1961 年 5 月，我军新的战斗条令颁发后，我们又组织全区干部对新战斗条令的学习。

这实际上是对毛泽东军事思想学习的进一步深化。军区还根据军委“少而精”的训练方针，狠抓了团以上首长机关的训练和演习。1960 年至 1962 年结合战备方案只进行规模较小的实兵演习。1963 年至 1964 年军区则分别组织了军区、军（省军区）、师三级首长机关率部分实兵的战役演习。结合作战预案，按照我军的传统战法并参考苏军经验组织实施，取得了比较好的效果。例如 1963 年秋，军区在广西柳州组织的反空降战役演习，参演的各野战军和省军区，均按军区要求，由军政第一把手率领导班子和指挥机关，在预定作战地区进行了持续两天两夜的演习。其演习规模，参演领导干部的到位率和逼真程度，都是军区历史上少有的。

三、改革训练方法，开展群众性练兵比武活动

1958 年“反教条主义”以后，在总结“按级任教”经验教训的基础上，经过一段时间的探索，逐渐恢复和发展了我军群众性的练兵方法，实行官教兵、兵教官、官兵互教，即按级任教与专长任教相结合的传统练兵方法，从而调动了广大官兵的练兵积极性。1962 年，中央军委针对国民党当局的军事骚扰活动，向全军发出了“备战整军，增加全训师，大搞训练”的指示。我们军区从实战需要出发，为适应东南沿海和印支半岛两个作战方向的需要，又狠抓了部队技术战术的基础训练，近战夜战的训练，以及渡海登陆作战和特种地形条件下的适应性训练。1963 年，军区又根据现代战争特点和要求，狠抓了专业兵种的技战术训练。并于 8—10 月先后组织炮兵、通信、侦察、防化等兵种参加的“三手”（神枪手、神炮手、技术能手）的大比武。各兵种部队互相交流了经验，进一步推动了练兵热潮。1964 年元月，中央军委根据叶剑英元帅的建议，又向全军发出号召，立即在部队中推广南京军区的郭兴福教学法。广州军区积极响应，再次邀请郭兴福及其教学示范班来广州军区部队表演、传授经验，并在全军区内开展了学习郭兴福教学法的运动，各军、（省军区）师（军分区）参照郭兴福教学班表演的思想和方法，结合各军、兵种和专业分队的特点和实际情况，都培养了自己的典型，并组织巡回表演。这些先进典型的大量涌现，基本上都成了各单位的尖子班、尖子分队。

为了检查、观摩推广郭兴福教学法的效果，检阅群众性的练兵成果，同时也是为参加总部组织的全军大比武做准备，军区于 5 月，组织了 9 个步兵连和 21 个炮兵连的建制连比武。6 月底至 7 月初，又在湖南耒阳（四十七

军一四○师驻地）举行了尖子班汇报表演、比武大会和选拔赛。各军、省军区和军兵种共有137个建制班、1902人参加表演和比赛。这些尖子班、尖子个人的表演，不仅反映了他们较高的技战术水平，部队勤学苦练的精神和过硬的思想作风，而且也反映了我们军区认真贯彻军委训练方针和推广郭兴福教学方法所取得的重大成果。在表演项目中，还有不少是属于部队发明创新的成果，表演受到了军队和地方（领导干部）参观者的普遍好评。在接着于8月参加的信阳、济南全军大比武中，广州军区共获得一、二、三等奖288个。其中的夜间训练科目、一四一师侦察连的武装泅渡（在44分钟内泅渡1000米水面，并做潜水、水上防空等动作，在接近对岸时对20个目标进行实弹射击，消灭了19个），四十七军通信营一个通信班武装潜渡黄河（沟通联络，仅用313分钟）、工程兵表演发明创造的“抛射法架设徒步吊桥”等项目，均受到了军委总部的赞扬与褒奖。叶剑英元帅和陈毅元帅在两地分别看了比赛和表演，看后都给予了赞扬。

练兵大比武活动，对推动群众性练兵运动，对培养典型、养成刻苦钻研、勤学苦练技术战术的良好风气；对技术基础训练水平的提高，起到了积

1964年，全军大比武时，黎原（左二）骑马带部队勘察地形

极作用。但是也出现了某些单位拼凑尖子、搞花架子等形式主义和过分偏重技术基础训练，忽视其他课目训练的偏差。这些虽然是少数单位的个别现象，但也引起了各级领导的重视，军区也采取有力措施进行了纠正。

我那时年纪还算较轻，身体又好，精力充沛，加上军区领导对我又是大胆放手地使用，因而，我总是不知疲倦地积极工作。不是身临部队训练第一线，便是亲自组织和领导比武竞赛等活动。脑子里成天都在思考有关训练的问题，决心为军区党委和军区首长当好参谋，当好助手，搞好全区部队的军事训练，使之走在全军的先进行列。

然而，正当军事训练，特别是群众性练兵形成高潮之际，1964 年底林彪出于其政治上需要，派他老婆叶群带工作组到广州军区一二七师一个连队进行所谓调查研究，认为军事训练搞得过于突出，影响了政治教育。林彪则借机夸大全军军事训练中出现的某些重大问题，认为军事训练“冲击了政治”，要求改变这种状况，强调军队建设要“突出政治”，“政治可以冲击其他”，并要求在教育训练中应压缩军事训练的时间，压缩军事训练指标。就这样，正在持续发展的军事训练高潮被压了下去。使 1965 年及以后的一段较长时间，军事训练工作受到了很大的挫折和影响。

三、组织东南沿海作战前指和赴越南老挝进行战场勘察

1962 年部署粉碎蒋军阴谋窜犯大陆的战备活动。20 世纪 60 年代初，台湾当局乘大陆经济遇到暂时困难之机，在进行小规模骚扰破坏的同时，积极进行战争准备，阴谋窜犯大陆。为此，中央军委于 1962 年 5 月下旬召开紧急会议，部署粉碎蒋军窜犯大陆的准备工作和确定采取的措施。中共中央于 6 月 10 日向全国发出了准备粉碎蒋军进犯东南沿海地区的指示。广东毗邻福建，是东南沿海地区的重要组成部分，根据中央军委的指示，广州军区立即组织了东南沿海作战的前线指挥所，由当时的军区司令员黄永胜担任前指司令员，指定我担任前指参谋长，临时抽调军区司令部、政治部、后勤部以及各军兵种部分领导和机关工作人员组成精干的前指工作班子。前指组成后，即在珠江宾馆集中工作和学习。在我具体组织领导下，主要进行了以下工作：

一、加强敌情研究，掌握敌人动向。除重点研究蒋军现有兵力、编制体

制、作战特点，特别是其登陆作战的特点外，重点加强了对美蒋军现实情况和动向的研究。为此，我专门指定主管情报的参谋人员及时加强与总参和军区各有关情报部门的联系，并建立了每日必议的敌情研究制度。

二、制定机动作战预案，组织前指演习拉练。根据敌可能实施登陆的地区和兵力，及我可能投入作战的部队数量，前指在研究和熟悉战区地形和海岸情况的基础上，拟制了粉碎蒋帮窜犯大陆的初步作战预案。根据预案的设想，我又率领前指人员、车辆并携带通信指挥工具，在广州至粤东之间地区按战时指挥要求，进行了为时一周的拉练。其间，我们组织了指挥所的开进、防空、展开和转移等演习，以检验和提高前指的组织指挥水平和机动能力。

三、组织拟参战部队主官入闽进行战场勘察。为立足主动，军区设想，一旦蒋帮在福建和粤东以大规模兵力登陆，除组织粤东地区现有的两个军参战以外，还要调战役预备队第四十七军入闽作战。为此前指又组织该军军师长于6月15日至6月底，进入福建漳州、厦门、泉州地区进行战场勘察。行前，我在珠江宾馆亲自向李化民军长等人介绍了敌情背景、军委的决策与军区的作战意图。

四、具体掌握和熟悉参战部队的备战情况。各参战部队于5月底进入紧急备战，在前指的督促下，将分散在外执行生产、施工任务的部队及时进行收拢，并按照战时编制进行整编，补充兵员，调整武器装备，进行战备思想教育，抓紧临战应急训练等。从而进一步熟知了部队的战备水平。

通过以上这些工作，前指已基本上建成一个机构健全、业务熟练、机动灵活、能适应大兵团作战的精悍的指挥机构。由于我们充分的备战活动和对敌之阴谋公开加以揭露，进而迫使蒋帮不得不放弃大规模军事窜犯的冒险计划。8月2日，中央军委下达了恢复经常性战备状态的指示，前指的工作随之结束。但这次紧急战备活动，无论是以对军区部队、机关还是对我个人来说，都经历了一次极重要的、近似实战情况的锻炼，其经验是宝贵的。

赴越南老挝进行战场勘察。进入20世纪60年代中期，美国对印度支那的武装干涉不断升级，不仅加剧了亚洲的紧张局势，而且严重地威胁到中国的安全。1964年8月5日，美国制造了“北部湾事件”，连续轰炸越南的义安、鸿基、清化等地区。当时，周恩来总理和人民解放军罗瑞卿总参谋长分别致电越南胡志明主席、范文同总理和文进勇总参谋长，表示中国的关注和

1964 年，黎原（右一）、陈发洪（右二）率队赴越南北方勘察地形

对越南抗美斗争的支持。第二天我国政府发表声明，宣告“越南民主共和国是中国唇齿相依的邻邦，越南人民是中国人民亲如手足的兄弟，美国对越南民主共和国的侵犯，就是对中国的侵犯，中国人民绝不会坐视不救”。

在这样的情况下，中央军委经与越南方面协商，决定由广州军区和昆明军区组织有可能执行援越抗美任务的部队军师指挥员和少量参谋人员到越南、老挝境内可能作战地区进行战场勘察。两个军区共同组织一个勘察团，昆明军区由副司令员陈康带队，广州军区由我和政治部副主任陈发洪带队。总参指定陈康为团长，我为副团长。广州军区的成员有四十七军的军长、一二七、一三九、一四一师的师长、军区的炮兵司令员、工程兵主任和有关的作训处长共 30 多人，于 1964 年 8 月赴越南北方勘察地形，历时两个多月。

勘察过程中，我们首先听取了越方当地的驻军对预定战区地形、道路等情况的介绍，参观了越军部队阵地和工事构筑。尔后我们又率勘察组在越方有关人员引导下，进行实地勘察和图上对照，并在各主要的战役战术要点上，根据地形和道路特点，研究了我军一旦受领中央军委赋予援越抗美作战任务后，部队行动的主要方向、进出道路和作战手段等初步设想。在越南北

在广州军区工作期间与老战友合影（前排右一黎原、右二陈海涵、右三梁兴初、左二李化民）

部预定战区勘察结束后，根据军委和总部的要求，我们又用了几天时间对老挝靠近越南的相关地区进行勘察，以便战时参战部队实施大范围的机动和利于与昆明军区入越作战部队的密切协同。通过历时80天的实地勘察，使拟参战部队的主要指挥干部初步熟悉了越、老战区的地形特点，了解了当地人民风俗习惯。为部队准备执行援越抗美任务创造了必要条件。

1965年5月，我被调回四十七军当军长，1970年随部队调防西北，离开了广州军区。

第九章　在湖南“三支两军”

一、执行中央重要批示和决定

1965年5月，时任广州军区副参谋长的我被调回陆军第四十七军任军长。

1966年5月，“文化大革命”开始。这场运动被林彪、江青两个反革命集团所利用，因而造成了全国整整十年的动乱。我就是在湖南全省出现“天下大乱”的形势下，奉党中央、毛主席之命，率领四十七军在湖南执行“三支两军”（支左、支工、支农、军管、军训）任务的。关于“三支两军”问题，邓小平同志说：只讲一句话不好，光戴高帽子不好，一定要讲两句话。第一句话：当时军队不出面不能维持局面，出面是正确的，“三支两军”是起了积极作用的。第二句话：“三支两军”给军队造成的危害是很大的，带来了许多坏的东西，对军队的威信损害很大。比如派性，还有一些“左”的东西，相当大的成分是从那里来的。

四十七军的广大干部战士是在对史无前例的“文化大革命”并不十分理解的情况下，参加“三支两军”工作的。在党中央、毛主席、周总理的直接关心下，在湖南广大干部、人民群众和驻湘部队广大指战员的支持配合和不懈努力下，较好地完成了党中央交给的稳定湖南局势，促进人民群众大联合、大团结，促进工农业生产和社会经济发展的任务。另一方面，在实际工作中我们也犯过错误走过弯路。

（一）中央文革小组的“二·四”批示和中共中央的“八·十”决定

“文化大革命”始于1966年5月16日即中共中央“五一六通知”，到1966年底，全国局势已开始出现混乱。特别是在江青“文攻武卫”口号的挑动下，混乱形势加剧发展，各地造反组织派系林立，武斗不断升级。在湖南省内就有跨行业的较大群众组织不下六七十个。他们除互相间不断斗殴外，还随意批斗省、地、县委及政府领导，搜查封闭办公机关，致使地方党政工作完全处于瘫痪状态。社会一片混乱，尤以长沙、湘潭、衡阳、郴州等铁路沿线的大中城市最乱。

1967年1月24日，湖南省军区开始支左。四十七军驻湘部队在省军区的安排下，也相继派部队在衡阳、零陵、郴州等地区支左。

2月4日，经湖南省军区报中央文革小组批准，对“湘江风雷”和“红旗军”两个群众组织在极少数坏人指使下，在打、砸、抢活动中所干的一些坏事进行清算，由省军区统一部署，参加支左的各部队同时行动，三日内共抓捕大小头目一万余人。经审查绝大多数人当即释放，一小部分人被关了起来，社会秩序有所好转。

湖南长沙的群众组织以支持和反对省军区的支左工作分成了两大派，一派是支持省军区支左工作的以“长沙高司”为代表的“湖南省红色造反者联合会”（简称“红联派”）；一派是反对省军区支左工作的以“长沙工联”为代表的“湖南省无产阶级革命造反派”（简称“工联派”）。“工联派”不断组织集会、游行，并到省军区大院静坐、绝食、示威，两派斗争日趋剧烈。6月6日，长沙两派群众组织在争论中，于中苏友谊馆发生武斗，打死10人、伤多人。造成湖南“文化大革命”以来的第一起惨案。事件迅速在全省蔓延开来，各地的群众组织由于受长沙两派的影响，也大都分成两大派，互相斗争起来，社会秩序更加混乱。“湘江风雷”和“红旗军”组织的群众对省军区的“镇压”也有怨气，要求翻案，并派代表上京告状，湖南省军区的支左工作陷入困境。

湖南的混乱局面惊动了毛泽东主席。毛主席要周恩来总理亲自解决湖南问题，并批示要省军区彻底“放人”，把关押的群众组织的骨干分子释放出来。6月11日，周总理要湖南省已站出来表态支持群众组织的领导干部章伯森（省委候补书记、副省长）、梁春阳（省纪委副主任）和在湖南省军区检查工作的广州军区副司令员詹才芳，到北京汇报情况，协商解决矛盾。12日下午，周总理在京西宾馆接见他们时，决定立即召集四十七军、湖南省军区、独立师和两派群众组织的代表及地方干部、省委书记华国锋、万达等组成湖南赴京汇报谈判代表团，到北京向周总理汇报、谈判。

7月7日，我代表四十七军进京参加谈判。7月10日晚9时，周总理在京西宾馆第二会议室接见湖南驻军代表。陪同接见的有康生（中央文革小组顾问）、杨成武（人民解放军代总参谋长）等。总理先按单位一一点了湖南省军区和四十七军等单位领导的名，询问了大家的籍贯、年龄、参军时间等情况，并问了每人对两派群众组织的基本态度。当总理问我对“湘江风雷”的看法时，我回答说：“‘湘江风雷’起初都是青年学生、红卫兵小将组成的，他们在运动中有些过激行为，犯了一些错误，但就此定为反动组织，予以取缔是不合适的。应该加强引导和教育，领导的责任在于疏导，帮助他们分清敌友。”总理对我的发言表示赞同。

周总理接见之后，湖南赴京的各方代表立即按总理指示精神和部署，认真组织学习，具体研究、协商制止武斗问题。然而，当时在湖南长沙斗红了眼的群众组织，依然刀光剑影地进行着武斗，致使铁路运输中断，电讯不通，形势十分严重。

周总理得知此情后，即于7月20日凌晨在京西宾馆二楼会议室，再次接见湖南赴京汇报代表团。总理在宣布对湖南铁路和长沙邮电大楼实行军管的命令后，指示我回湖南派部队把长沙秩序维持起来。他向造反派明确指示：铁路是国家的命脉，不能中断，双方不得介入。岳阳到衡阳、郴州这条铁路线由部队管起来，邮电大楼、公用企业军管起来。最后总理又问：“你们双方各派三人，今天去，搞好，后天就回来，行吗？”我和大家都异口同声地回答：“行！”

21日，我率“工联派”和“红联派”各五名代表和铁道部的代表乘专机回到长沙。当天即召集有关群众组织和铁路部门的负责人开会，传达周总理的指示，要求立即恢复铁路交通。经过各方的谈判协商，当场达成了恢复铁路交通的协议。7月25日，我从长沙飞回北京向周总理汇报。

7月28日凌晨2时15分，周总理又接见代表团全体人员。会议一开始，他就批评了群众组织抢长沙马坡岭军火仓库和“工联派”的五名代表被扣、湖南省军区司令部被占领、湖南医学院被围困等问题。要求大家按达成的协议办事，保证把这些问题解决好。总理同时着重宣布：中央决定以四十七军为首来解决湖南问题。并说：“调四十七军来维持长沙的秩序，你们要尊重中央、中央军委的决定，这是最高统帅批准的。”“你们两派都要打电话回去，凡是四十七军的汽车，保证畅通无阻，不许扣留，扣了就是撕毁协议。现在省军区瘫痪了，中央军委决定由黎原同志领导的四十七军负起整个湖南文化大革命的责任。”总理还为我们军机关进驻长沙等事宜作了安排。

当日下午，湖南赴京汇报代表团的两派群众组织代表在《关于立即坚决彻底制止武斗的协议》上签了字。参加签字的群众组织共62个，签字者82人。我作为湖南驻军代表、四十七军军长和湖南省军区政委谭文邦一起，也在协议上签了字。

我率领四十七军受命担负湖南的“三支两军”任务，这是党中央、毛主席的决定，也是周总理对我的信任，我决心身挑重担，谦虚、谨慎地进行工作，决不辜负党中央和中央领导的重托。我当即打电话给湖南衡阳的军部，向军里的其他领导同志作了传达。军党委立即召开会议，讨论如何贯彻执行中央决定，并确定由副军长郑波带一部分干部战士先到长沙开展工作。同时决定留一三九师继续执行衡阳的支左任务，一四〇师移驻湘潭，一四一师抽调部队到长沙，一二七师抽调一部分干部到株洲执行支左任务。四十七军军部由衡阳移驻长沙。

8月7日，毛主席批示同意《中共中央关于湖南问题的若干决定》（即“八·十”决定）。8月10日，中央发表了这个决定。决定的出台，曾两次报送毛主席审阅。第一次是8月4日，毛主席审阅时在第一条中间加了一段话：“从这里接受教训，未经调查清楚，何必那样匆匆忙忙地根据一面之词发出‘二·四’批示呢？因此中央要负主要责任”。第二次在8月7日审阅时才批“已阅，同意”。可见，湖南当时所出现的群众斗群众和军民之间、以及省军区与野战部队之间的矛盾和混乱局面，主要是中央文革小组的“二·四”批示造成的。

12日晚9时22分，周总理在人民大会堂安徽厅接见湖南赴京汇报代表团全体人员，公布中央《决定》。《决定》共四条，其主要内容：一是讲湖南省军区支左和中央文革小组“二·四”批示的错误；二是讲改组湖南省军区和成立省革筹小组；三是号召各群众组织加强团结，狠抓革命，猛促生产；四是坚决制止武斗，不准再搞打砸抢。总理逐条宣读，边读边解释。他说：中央已经决定改组省军区并将着手成立以黎原、华国锋、章伯森等同志为首的有革命群众组织代表、军队代表、革命领导干部参加的湖南省革命委员会筹备小组，领导全省的无产阶级“文化大革命”和工农业生产。总理还进一步解释说：中央经多次研究认为，四十七军一定能够领导好湖南的“三支两军”，黎原军长也一定能组织领导好“省革筹”小组。之后，周总理又耐心地做各群众组织代表的工作，要他们紧跟毛主席的战略部署，坚决贯彻执行中央《决定》。中心意思是希望他们信任、支持和拥护四十七军的工作，切实把《决定》落实好。

（二）成立“省革筹”小组与批判“省无联”

湖南赴京汇报谈判代表团回到长沙之后，立即根据中央的《决定》和周总理的指示精神，由我和华国锋、章伯森等与有关各方协商，提出了湖南省革命委员会筹备小组名单，上报中央审批。经中共中央批准的湖南省革命委员会筹备小组迅即成立，共由 15 人组成。组长由我担任，副组长由华国锋、章伯森担任。成员中有驻湘军队各大单位主要领导干部 4 人，省政府机关领导干部 2 人，主要群众组织的负责人 6 人。“省革筹”小组是全省的临时权力机关，下辖有办公室、文革办公室、抓革命促生产指挥部和文攻武卫指挥部等办事机构。

“省革筹”小组成立不久，正在全省纷纷实现大联合时，一股极左思潮却涌动起来，妄图阻止前进的大好形势。这个极左思潮的代表组织就是“省无联”。

“省无联”是“湖南省会无产阶级革命派大联合委员会”的简称，是省会长沙一些极左分子操纵的 23 个群众组织大联合的产物。早在湖南组织赴京谈判代表团和在北京谈判时，一些极左派的骨干分子为争夺代表名额和“省革筹”小组成员名额等问题，即对周总理大为不满，并到周总理联络员办公室门口静坐，无理取闹。他们对毛主席的指示阳奉阴违，公开攻击周总理，反对“省革筹”小组，攻击驻省解放军。他们认为“‘省革筹’实质上是旧政权的翻版”，主张湖南必须大乱，积极参加武斗。公然宣称“试看明日之湖南，必将是极左派的天下”。

10 月 10 日晚，我在省委礼堂接见“省无联”组织的负责人，代表“省革筹”小组和四十七军表态，旗帜鲜明地说：“‘省无联’是跨行业的组织，不符合毛主席、党中央指示的按行业、按系统、按班级大联合的精神，‘省革筹’小组和四十七军不予承认。”我的话音刚落，立即遭到他们的强烈反对，并喊出了“打倒湖南新资产阶级司令部头头黎原！”“反对湖南带枪的刘邓路线！”等错误口号。许多群众组织的头头还火气冲冲地从台下冲到台上，对我围攻谩骂。

当时，正好周总理陪同阿尔巴尼亚总理谢胡访问武汉。他听说了湖南

“省无联”的事情，便打电话给我，让湖南省组织群众代表去武汉汇报情况。10 月 8 日，由“省革筹”小组成员、四十七军副军长郑波带领湖南造反派代表到达武汉。于 9 日晚 10 时 55 分在武汉军区礼堂二楼受到了周总理的接见。

周总理听了有关“省无联”的情况汇报后，当即表态说，我支持黎原的做法，支持“省革筹”小组的决定。希望造反派们不要搞无政府主义，并警告极左派代表说：“你们已经到犯错误的边缘了。湖南的领导权由四十七军掌握，你们只能参与其中。”周总理还说：“毛主席对黎原同志很称赞。他对一些问题很耐心。黎原同志处理问题很有思想。当兵打仗的容易急，他很谨慎，毛主席很欣赏这个。”这是对我的工作的极大支持。

传达了周总理的指示精神后，一些群众组织纷纷发表声明，表示要与“省无联”划清界限。“省无联”组织开始分化。“省革筹”小组给中央写了一个报告。总结“省革筹”小组成立两个月来的工作，分析了湖南当时的主要问题是极左派的干扰。毛主席看后，批示给林彪，要我到北京去汇报情况。10 月 24 日，林彪在周总理等人的陪同下又接见了我。我详细地汇报了湖南“文化大革命”的情况后，林彪首先肯定了我们报告所反映的实际情况。他接着说，湖南突出的问题是极左派的活动，有坏人在后面策划，所以他们才敢冒天下之大不韪，才敢无组织、无纪律地胡来。因此，要发动群众将坏人揪出来。林彪又说：“湖南的问题很多，和平解放不和平。烂摊子大，国民党的底子厚，加上两个政客（指刘少奇、陶铸），两个军阀（指彭德怀、贺龙），湖南是反革命的三结合。由于这三条线，湖南的黑手很多，黑线很长。在‘文化大革命’中暴露是件好事，现在是否都暴露完了，不一定。我们要宣传毛泽东思想，他闹他的，我们宣传我们的。要沉住气，不要出了点乱就大惊小怪……”

林彪后面的讲话我越听越觉得不是味，心想，这显然是在跟毛主席、周总理唱反调，支持“省无联”让“他闹”。我当时还想，林彪的这些话要回去传达，湖南定会出现新的动乱。但又不敢不传达，因为林彪是写进党章的接班人。

周总理对湖南省军区改组、知识青年上山下乡、做好造反派工作等问题作了指示。我回到湖南于 10 月 30 日开会向干部和群众组织负责人传达了林彪批极左的讲话和周总理的指示，对湖南正在进行的批极左思潮在广大群众中起到了一定的稳定作用。但林彪关于“三条黑线”的讲话，却又引起了全省极左思潮的死灰复燃，到处出现抓“黑三线”，打击一大片，混乱局面再次出现。特别是在长沙的极左分子到处宣传极左谬论，煽动“用暴力推翻‘省革筹’”，真是疯狂到了极点，使“省革筹”小组的工作更加难做。我及时将情况向周总理作了报告。

1968 年 1 月 2 日，周总理在北京接见了由中央举办的武装干部毛泽东思想学习班的学员，听取了湖南班负责人郑波关于“省无联”情况的汇报，并审阅了有关材料，当即作了批判“省无联”的指示。

1 月 24 日晚 9 时，周总理和中央文革小组接见湖南在京学习班的全体人员。会上，总理明确表态说：“今天是宣布‘省无联’破产的大会。‘省无联’是旧社会遗留下来的社会渣滓的大杂烩。‘省无联’的纲领，是反社会主义的纲领，是反无产阶级专政的纲领，是反对伟大的、光荣的、正确的中国共产党的纲领，他们要重新建党、建政，说现在中国是资本主义，公然反对共产党，反对社会主义。……‘省无联’的问题是个脓包，现在开了刀，小手术，好解决。”

依据周总理的指示，我们先后召开“省革筹”小组会议和军民大会，彻底批判了“省无联”。并发动全省各级群众组织，采用多种形式，深入开展批判“省无联”的反动纲领和罪行。猖狂一时的“省无联”立刻“土崩瓦解”。他们的主要头头畏罪潜逃，逮捕了几个坏头头。2 月 21 日，长沙又召开了有 20 万人参加的大型集会，庆祝“工人代表大会成立”。各主要群众组织纷纷宣布撤销总部，所属人员回本单位参加大联合。至此，湖南全省跨行业、跨地区的群众造反组织，开始逐渐解散，全省的形势明显好转。

（三）中央领导的“三三〇”指示与省革委会的成立

1968 年 1 月 7—9 日，“省革筹”小组在学习中央“两报一刊”（即《人民日报》《解放军报》和《红旗》杂志）的元旦社论时，提出争取在第一季度内成立省革命委员会。1 月 26 日，“省革筹”小组发出《关于筹备省革命委员会的通知》，提出“初步决定于 3 月 1 日前成立省革命委员会”。

2 月 10 日，华国锋召集有关单位负责同志开会，研究成立湖南省革委会的准备工作。他说，周总理在京接见湖南学习班代表时说，希望湖南省在 2 月份成立革命委员会。2 月 12 日，“省革筹”小组召开会议，进一步讨论成立省革委会问题。我在会上也表示要加大步伐，成立革委会。华国锋说，现在全国形势大好。湖南形势也是大好。广大群众迫切要求建立省革委会。我省周围已有许多省成立了革委会，都把我们包围了，形势逼人。我们要下决心在2月25日成立省革命委员会。会后，各项准备工作立即紧张起来。

正在我们紧锣密鼓地筹备成立湖南省革命委员会的时候，2月19日，接到周总理的电报：25日成立省革命委员会的条件不够成熟，是否改在3月份。周总理还指示说，成立革委会的工作要扎实。根据周总理的指示精神，“省革筹”小组立即召开会议研究，推迟了成立省革命委员会的日期。

1968年2月底，湖南“省革筹”小组认真研究并起草了给中央的《关于成立湖南省革命委员会的请示报告》。《报告》虽然没有提成立省革委会的具体日子，但一切准备工作都是按3月10日成立的时间来要求的。《报告》上报后，直到3月中旬才接到中央通知说，省一级的夺权，“应事先取得中央同意派代表来京同中央商量”。

1968年3月16日，我和湖南“省革筹”小组副组长华国锋、章伯森等，赴北京向中央汇报成立省革命委员会的问题。

3月30日21时许，中央领导在人民大会堂福建厅接见了我们汇报团的全体成员。参加接见的有：周总理、陈伯达、康生、江青、姚文元、黄永胜、叶群、汪东兴等，主要是讨论湖南“省革筹”小组《关于湖南省成立革命委员会的请示报告》。

会议一开始，江青便带着不满的情绪，发牢骚地说，湖南的情况我不太熟悉。我只参加过半个会，有的人我还不认识。湖南的问题我没有插手，别人也不让我插手。

接着，她和陈伯达等又询问了湖南批“省无联”等情况。我和华国锋等作了些汇报。

江青说，造反派是有阶级性的。造谁的反？造我们的反！“省无联”是不是戚本禹支持的那一派？那时他们只要戚本禹单独接见，我是很生气的。并说，现在主要是右倾保守，右倾投降，右倾分裂。你们把党内的与社会上的混淆了。

江青见湖南“省革筹”小组的报告上没有写“中央文革”，很生气地说：你们的报告没提“中央文革”。“中央文革”要“稍息”了。好吧！我们“中央文革”的四个人可以退席，你们自己去开会吧！你们整个精神是取消“中央文革”。“二月逆流”就是取消“中央文革”。“中央文革”是无产阶级司令部的重要组成部分。你们这样干，还叫革命委员会呢！你们眼睛里没有革命的领导，只有保守的领导。

江青真的悻悻地退出了会场。过几分钟后，她又回来了。接着说，《报告》第三段也要改，要直接点刘、邓、陶的名。湖南只点王延春的名，张平化呢？你们要大批张平化。还说，龙书金（省军区司令员）要结合，这个干部不结合不合适。

我接着说，龙书金同志可以结合，可以当主任。

周总理也说，龙书金要结合，看摆到什么位置。

长达三个多小时的接见，几乎都是江青一个人在讲。本来是周总理主持会议，但江青却没有把总理放在眼里。周总理没有理睬江青的牢骚话，他耐心地对我们说，《报告》的语言要朴素、准确。

接见一直到31日零点30分才结束。这次接见的内容被称为“三三〇”指示。

接见之后，湖南“省革筹”小组赴京汇报的负责同志立即进行了认真的研究，对给中央的《关于成立湖南省革命委员会的请示报告》又作了一次修改。修改后的报告显然是在江青的干扰下，并按其讲话内容突出了反对右倾保守主义、右倾分裂主义、右倾投降主义的思想。

4月6日，中共中央、国务院、中央军委、中央文革小组印发了经毛主席审阅和批示“照办”的《关于成立湖南省革命委员会的批示》。批示说：“中央同意湖南省革命委员会筹备小组关于成立湖南省革命委员会的请示报告”，并“热烈祝贺湖南省革命委员会的成立”。中央批准成立的湖南省革命委员会，由160人左右的委员组成。常务委员会由35名委员组成。其中革命群众代表16名，军队代表9名，革命领导干部代表10名。由我任主任，龙书金任第一副主任，华国锋、章伯森、杨大易（省军区政委）、刘顺文（解放军政干校校长）、胡勇（长沙“工联负责人”）、叶卫东（“湘江风雷”负责人）任副主任。

1968年4月8日，在湖南省会长沙隆重举行了有30万人参加的“湖南省革命委员会成立和庆祝大会”。我和龙书金、华国锋、杨大易等都在会上讲了话。

大会通过了《向毛主席的致敬电》，还通过了《给中国人民解放军驻省部队指战员的慰问信》。会后，举行了声势浩大的大游行。4月10日，《人民日报》《解放军报》联合发表了热烈欢呼湖南省革命委员会成立的社论《芙蓉国里尽朝晖》。全国各大报纸也都报道了这一消息。

二、全面治理湖南混乱局面

湖南地处华中，位于长江中下游的洞庭湖畔，北接湖北，南邻两广，东靠江西，西临川黔，地理条件十分优越，号称三湘大地，鱼米之乡，在政治、经济、文化、交通等各个方面，在全国都占有十分重要的地位，且又是毛泽东主席的家乡。因此，稳定湖南，对于全国来说有极其重要的意义。

自从周总理宣布中央《决定》，以四十七军为首来解决湖南问题后，我就反复思考如何开展工作。面对一片混乱的湖南局势，我理出了一条“稳定中心区，狠抓重点区，以点带面，发展全省”的工作思路。所谓稳定中心区就是稳定省会长沙。稳定了长沙，各地区的问题也就迎刃而解。所以，首先把长沙的问题解决好这是战略要点。所谓以点带面，发展全省，就是要在解决好长沙问题的基础上，大造声势，加强工作，把中央有关政令、规定，通过解放军宣传队广为宣传，使之家喻户晓、人人皆知，自觉执行，进而把全省的形势稳定下来。

我的这个工作思路和想法首先得到了四十七军党委一班人的积极支持，接着又得到了新成立的“省革筹”小组成员的支持。这样，在军地双方的领导层达成共识后，也就更加有利于实际工作的开展了。

1967 年 9 月初，“省革筹”小组的公告发表后，使一年来处于无政府主义的湖南民众有了新的政府，也看到了全面治理湖南混乱局面的希望。

稳定中心区。自四十七军移驻长沙后，首要任务是制止武斗抢夺武器弹药，维护铁路交通和社会秩序。而核心问题是制止武斗。当时，在长沙各群众组织之间的矛盾和斗争，集中体现在武斗上。例如 8 月中旬，发生在长沙郊区易家湾的武斗，连坦克都动用了，双方都有死伤。四十七军当即派代表找双方的头头做了许多工作，才达成了停火协议。8 月 21、22 日发生在长沙的另一起武斗中，部队也有四人负伤，一名救护车司机不幸中弹身亡。在此同时，全省各地的武斗也是此起彼伏，频频告急。搞得支左部队如消防队员救火一样紧张，疲于应付。

我们抓住这些武斗给国家和人民造成的严重损失和后果，发出了《给全市无产阶级革命派的一封公开信》，号召长沙市的人民起来制止武斗，促进革命大联合，再不要干“亲者痛，仇者快”的事情。这封信在社会上宣传后，对于教育广大群众、制止武斗起到了一定作用。

为了治理交通秩序，9月1日，“省革筹”小组又与四十七军联合发出《关于恢复交通运输的联合通告》，要求全省革命造反派和广大人民群众，积极协助交通部门尽快恢复交通运输，以保证生产和生活物资的供应。公告提出对破坏交通运输的少数坏人和情节严重的肇事者，“必须受到法律制裁”。9月2日，“省革筹”小组与四十七军又在长沙东风广场召开有20万人参加的“拥军爱民”大会。我在会上讲话时号召全省和全长沙市的军民要增强团结，特别是要加强各革命群众组织之间的团结，把大好形势继续推向前进。通过这些活动，全省特别是长沙的社会秩序和交通运输秩序都有了明显好转。

9月12日、13日，“省革筹”小组又召开会议，学习中共中央、国务院、中央军委、“中央文革”于9月5日发出的《关于不准抢夺人民解放军武器、装备和各种军用物资的命令》和毛主席的最新指示。会议认为，毛主席、党中央关于增强党性、克服派性的指示，对我们长沙针对性很强，教育意义很大。因此，我们要从根本上制止武斗，搞好社会秩序，必须先抓好整风学习和收枪。会议决定，各革命造反派组织总部的常委，都要集中学习三天，促进团结。要认真贯彻“九五”命令精神，大搞宣传，把收枪工作抓到底。迅速把长沙市的“革筹”小组建立起来。

为进一步落实“九五”命令，四十七军于9月22日专门召开会议研究收枪问题，会议分析了收枪形势。认为在长沙市失散到社会上的枪支共两万余支，而收回的仅有五千多支，任务还相当艰巨。因此决定必须把收枪工作的重点放在基层，部队派往各基层单位的宣传队伍也要旗帜鲜明地大胆抓好这项工作。

随着我们工作的不断深入，长沙的社会秩序和各群众组织的大联合形势也在不断发展。很快，“市革筹”小组成立。看到形势趋于稳定，我那紧绷的神经和悬着的心才得以缓和下来。虽然我的工作压力很大，工作、生活都处于非正常状态，办公、开会地点、甚至连吃饭都不能让造反派知道，否则受冲击，开不成会，吃不了饭，只好“打游击”……所有的困难都被我们一个一个地战胜了。

1968年2月28日，长沙市革命委员会宣告成立。从此，长沙作为湖南的政治、经济、文化中心开始逐渐趋于稳定了。在稳定中心区的同时，我们还狠抓各重点区的稳定工作。

湘潭问题的有力解决。湘潭紧靠长沙，所属韶山是毛主席的家乡。“文化大革命”中湘潭的两派，由于受长沙两派的影响，斗争很激烈，武斗不断，严重地影响和威胁到来自全国各地人民群众和国际友人前往韶山参观的安全。周总理对湘潭的“文化大革命”特别重视。因此，我们在抓稳定中心区的同时也狠抓湘潭的治乱工作。先后发出通告，不准在韶山地区设置联络站，派出部队制止武斗，做两派大联合工作，组织部队收缴武器等。但仍有少数不听劝告的人，盘踞在湘潭锰矿等主要据点，拒不交枪，对立情绪很大。为了稳妥解决湘潭问题，我们拟定了以政治攻势为主，同时派武装部队进驻的解决方案。方案得到中央的批准后，在派出飞机散发传单、向广大人民群众进行宣传解释的基础上，派武装部队从三个方向进驻湘潭市。部队受到了广大人民群众的热烈欢迎，踞守据点的武装人员被迫交出了武器。部队立即组织两派群众坐下来办毛泽东思想学习班，开展革命大批判。湘潭地区一年多的动乱局面也好转起来。此后，赴韶山的人和车辆也畅通无阻了。

衡阳问题的正确解决。衡阳也是湖南的重点区之一，不过与湘潭的问题不同，因此，采取的方法也就不同。

四十七军根据1967年1月23日中共中央、国务院、中央军委、“中央文革”小组《关于人民解放军坚决支持革命左派群众的决定》，抽调了以军政治部副主任为首的一批干部到衡阳支左，与衡阳军分区、广州军区后勤部十九分部等其他驻衡军事单位，共同组成了衡阳驻军支左领导小组，统一领导衡阳地区的支左工作。按照中央“二四”批示和湖南省军区关于镇压“湘江风雷”的指令，抓捕了“湘江风雷”骨干213人并宣布对该组织采取专政措施，衡阳的社会顿时出现短暂平静。当时驻军支左办便按照《人民日报》社论“夺走资本主义当权派的权”的精神，参照上海“一月风暴”和山西、贵州、山东等省的做法，和一些群众组织、地市领导干部，于1967年2月15日夺了衡阳地委、专署和衡阳市委、人委的党政大权。夺权之后的领导机构实际上是一派掌权。加上掌握主要权力的解放军领导干部对情况又不太熟，工作中的缺点、错误逐步显露，便引起一些群众组织，特别是那些受过打击和压制的群众组织的反对，而且越来越强烈。“衡阳革委”没了权威，两派矛盾日趋尖锐，武斗事件频频发生。我在参加湖南赴京汇报代表团期间，知道镇压“湘江风雷”搞错了，曾先后打电话，指示四十七军和衡阳驻军支左领导小组赶快转弯子，改正错误，但却改得不快。直到《中共中央关于湖南问题的若干决定》公布后，衡阳驻军支左领导小组成员在反复学习中，才认识到所犯错误。公开声明退出“衡阳革委”，并向群众作了检讨。此后，经四十七军研究决定，驻军支左领导小组的成员全部撤回原部队，衡阳的支左任务由一三九师派人接替。衡阳的问题才得以解决。

道县问题的妥善处理。零陵地区的道县是全省的县级重点区。起因是一个造反派组织将县武装部的武器抢劫一空，并在县城打死工人、农民各一人。引起各地农民群众纷纷组织“贫下中农最高人民法院”，展开大规模的杀地主及其子女的杀人活动。后来，地主家庭成员也起而报复。一时间，双方互相残杀，越杀越眼红，并波及江华、江永等县。我当即告诉郑波副军长令一四〇师派炮兵五二〇团进驻道县，与县武装部共同组成支左领导小组，对县公检法、电讯、气象等单位实行军管，并组成宣传队下乡宣传中央及省的有关指示，下令制止武斗和非法杀人。8 月 30 日，县城两派对立群众组织发生武斗，不听劝阻，双方开枪打死 4 人。炮五二〇团迫炮营三连指导员郭学高在制止武斗中不幸中弹牺牲。部队当即抓住这一悲痛事件，贯彻“九五”命令，大力宣传武斗的危害，收缴并封存了各群众组织手中的武器。同时又向农村加派部队，坚决制止乱杀人事件。9 月 12 日，“省革筹”小组发急电，指出农村中成立的“贫下中农最高人民法院”为非法，予以取缔。9 月 27 日，又再次发出公告，到 10 月初这一恐怖杀人事件完全得以制止。据不完全统计，在这一事件中，被杀的有数千人之多。这实质上是当时大搞“阶级斗争”为纲所造成的恶果。

贯彻中央“七三”布告。1968 年 7 月 3 日，中共中央、国务院、中央军委、中央文革小组为了迅速制止广西一小撮阶级敌人破坏交通、抢劫援越物资、抢劫部队武器装备、杀伤解放军指战员等反革命罪行，发出了经毛主席批准的“七三”布告。布告要求立即停止武斗、恢复交通、无条件地交回抢去的物资和武器装备，对确有证据的现行反革命分子，必须依法惩办。当时，湖南衡阳也出现了类似严重事件，并影响到在湖南境内有 40 列援越物资积压运不出去。周总理几次打电话给湖南，要求大力宣传贯彻“七三”布告，迅速解决铁路交通阻塞问题。7 月 10 日、11 日，省革委会先后召开常委会和军民大会，传达贯彻周总理的指示和“七三”布告。之后又召开电话会议进行贯彻，并由华国锋等代表省革委会亲赴衡阳解决铁路通车问题，收到了明显效果。7月15日，湖南驻军支左领导小组将宣传“七三”布告的情况上报中央，毛泽东主席看后作了批示。中央于7月19日向全国作了转发。湖南省革委会和驻军支左领导小组受到很大鼓舞，继续向全省军民深入传达贯彻。从此，使湖南的混乱局面从根本上得到了好转。

三、落实党的政策，保护革命干部

在“文化大革命”中，由于林彪、江青反革命集团的严重破坏，使大批党内外干部遭受迫害。当时，周总理虽然处在十分困难的地位，但他却从党的根本利益出发，为保护革命干部作了坚持不懈的努力，费尽了心血。我们四十七军在湖南“三支两军”中，在对待干部问题上是以周总理为榜样，坚持按党的政策和周总理的指示办事，尽力保护好各级干部。

当时，从中央到地方，直到农村，凡属带“长”字的干部，都被造反派作为走资本主义道路的当权派揪出来批斗打倒。不是关在“牛棚”，便是下放劳动。湖南也不例外。中国共产党所领导的千千万万干部，是经过党的长期培养，在革命斗争年代经受各种考验成长起来的。他们对共产主义有着坚强的信念和对党无限的忠诚。新中国成立后，在各条战线发挥着他们的重要作用，虽然他们在工作中难免有失误、犯错误，甚至个别干部蜕化变质，但不能因此而打倒一切，否认共产党领导下的干部队伍。因此，我们尽力做好保护各级干部的工作。

我们在具体做法上决定采用以下四种措施：一是政治上关怀，派人去看望，以表明态度，表示关心；二是必要时组织人去“抢”，将被揪斗、被关押、有伤病的干部“抢”救出来加以保护，该治疗的治疗；三是“顶”，对有些明显错误的事，坚决顶住不干；四是举办学习班，名曰思想改造，实则加以保护，使其免遭皮肉之苦。

例如，在实际工作中，我们就以公检法军管组收监的名义，将随时都有可能被造反派整死的长沙警备区司令员张本科“抢”出来，送到部队营区进行保护。后来经过我请示周总理同意，又从北京派专机将张本科及另几位挨整的省军区的军师级领导干部接去北京治病和休养。又如湖南省在批判走资派和资反路线中，有些群众组织多次提出要对原省委第一书记张平化进行大批判，江青也提出要批判，省革委就一直顶着没有对他组织过批判。从思想上说，我们四十七军的主要领导同志和绝大多数指战员，由于对“文化大革命”中把所有领导干部都当成“走资本主义道路当权派”批斗打倒的做法不理解，以致在行动上不积极、不配合，所以多次遭到江青一伙和湖南许多造反派的批评和攻击，说四十七军黎原右倾，江青当面指责我是老保，但我们对这种压力坚决地顶住了。

最煞费心计的还是保护湖南省副省长孙国治和湖南省委财贸政治部主任张兰明等人。1967 年六七月，孙、张等人卷入派性，被一派群众组织胁迫参加武斗，逃至浏阳一带。为团结孙、张和该派群众组织回长沙，我以“省革筹”小组组长和四十七军军长名义，写信先派人去劝说，后又派副军长郑波前去做工作，并商定好保护方案。孙、张等人消除顾虑，返回长沙被秘密安置在市东郊的电力学校。不久，消息走漏，造反派三天两头去学校冲击揪人。于是，我便给周总理写了一个报告，建议将孙国治等人送到北京保护。周总理同意了我的建议。孙、张等人到北京参加毛泽东思想学习班，后回长沙作为领导干部代表参加了省革委“三结合”的领导班子，继续工作；再往后，孙国治担任了省长、省人大主任，直到离休。

1968 年 9 月，湖南省革命委员会第三次全体会议作出决定，明确规定将原省、地、市、县党、政机关的干部，除在革委会工作的以外，其余都要集中起来，拉出机关大院，开办毛泽东思想学习班。10 月 11 日，原省直机关的干部数千人参加了第九期毛泽东思想学习班开学典礼。为加强组织领导和护卫这些干部，我们还抽调了一千多名产业工人组成工宣队，配合解放军干部战士参加学习班的安全保障工作。当时，全省共有一万多名各级干部参加了县以上举办的学习班。这种做法，也有效地保护了一大批干部。

在对待受到林彪、江青等人压制和打击的中央和国务院有关领导同志的问题上，我们也没有受到林彪、江青一伙反动路线的影响，仍然是坚持按照党的政策办事，力所能及地加以保护。

1969 年 10 月，在林彪发布“一号命令”，宣布全军进入一级战备状态的同时，叶剑英元帅被下放到湖南。叶帅来长沙之前，周总理给我打电话说：“叶帅到湖南去，搞点调查研究，可以安排他到几个厂子去看看。叶帅年纪大了，你们要很好地照顾他的生活，一定要保证他的身体健康。”经我与省革委和四十七军的主要领导商量后，对叶帅的接待作了周密安排。叶帅到长沙时我前往机场迎接，先后安排住在省接待处宾馆的九所四号和蓉园一号，并派省革委机关接待组组长肖根如、四十七军保卫处副处长赵福和，还有服务员、炊事员、警卫员、护士各一人，专门为叶帅服务。叶帅很受感动，多次对我说：我是来下放锻炼的，你们对我生活上照顾得这么好，不合适。我说，您是中央领导同志，年纪大了，应该得到照顾。叶帅在湖南期间，我和四十七军的其他领导还多次去看望过他。后来，1981 年 10 月 15 日，叶帅在一份有关材料上批示说："我二月逆流贬居长沙，当时黎原同志任四十七军军长，驻长沙。我在长沙受到各方面歧视，而黎原同志尚敢与我公开来往，在看人看事上有独立见解。"我听到此言之后感到十分欣慰。

1969 年 10 月中旬，时任国务院农垦部长的王震，也随陈云、邓小平等领导人下放江西。因王震是湖南人，又长期在湖南坚持武装斗争，还是四十七军前身三五九旅的老领导。所以，他无论是对湖南这块土地，还是对四十七军，都怀有深厚的感情，也十分关心湖南的"文化大革命"情况。因而他在下放期间，曾几次从江西来过长沙。对于王震同志的到来，我们也给予热情接待和关照，对此，他本人感到十分满意。

四、毛主席巡视湖南

我在主持湖南"三支两军"工作期间，毛主席曾三次来到湖南视察工作。第一次是在 1967 年秋，即在"文化大革命"的关键时刻，毛主席视察了华北、中南和华东地区，调查了解河北、河南、湖北、湖南、江西、浙江、上海等省市"文化大革命"的情况，并作了重要指示；第二次是 1969 年 6 月，即党的九大之后，全党全国正在贯彻党的九大精神之际；第三次是 1970 年春，即四十七军即将调赴西北，撤出湖南"三支两军"任务之时。前两次，毛主席都听取了我们对湖南工作的汇报并作了重要指示。我们也都认真地进行了传达贯彻。

第一次：在毛主席到湖南来之前，周总理给我打电话说，毛主席要去长沙，你们要注意保证主席的安全。当时，长沙的社会秩序很不好，我们"省革筹"小组的几个主要负责同志为这个问题研究了几次。认为请毛主席进城住不大安全，建议在大托铺机场附近找房子住，或干脆不下火车。通过汪东兴请示毛主席，主席说最好不下火车。于是我马上调一四一师一个营担任大托铺的警戒。还请大托铺机场的空军安排了备用直升机。

9月17日，毛主席乘专列到达大托铺火车站。18日上午，通知我和华国锋、章伯森到火车上去汇报。

毛主席先问了我的家庭身世和四十七军部队的一些情况，我一一作了简要汇报。接着，我和华国锋、章伯森向主席汇报了湖南“文化大革命”的情况。毛主席当面作了指示。杨成武、汪东兴等还传达了毛主席在上海、杭州等地所作的一些指示。

当我们汇报到湖南湘潭问题解决得很顺利，有几万工人群众受蒙蔽时，毛主席说：在工人阶级内部，没有根本的利害冲突。在无产阶级专政下的工人阶级内部，更没有理由一定要分裂成为势不两立的两大派组织。有些人当了保守派，犯了错误，是认识问题。有人说是立场问题，立场问题也是可以变的嘛！毛主席又说：革命的红卫兵和革命的造反组织要实现革命的大联合。两派要互相少讲别人的缺点、错误，别人的缺点、错误，让人家自己讲，各自多作自我批评，求大同、存小异，这样才有利于革命的大联合。

毛主席还说，要正确地对待受蒙蔽的群众，对受蒙蔽的群众不能压，要做好思想政治工作。

在干部问题上，毛主席指出，绝大多数的干部都是好的，不好的只是极少数。“对党内走资本主义道路的当权派，是要整的，但是他们只是一小撮。”我们的干部中，除了投敌、叛变、自首的以外，绝大多数在过去十几年、几十年里总做过一些好事，要团结干部的大多数。要扩大教育面，缩小打击面。在批判斗争时，要用文斗，不要用武斗，也不要搞变相的武斗。要允许干部犯错误，允许干部改正错误。不要一犯错误就打倒。他还说，要解放一批干部，让干部站出来。正确地对待干部，是实行革命三结合，巩固革命大联合，搞好本单位斗、批、改的关键问题，一定要解决好。

关于干部教育问题，毛主席说，干部问题，主要从教育入手，扩大教育面。不仅武的（军队），还有文的（党政），都要进行教育，加强学习。中央、各大军区、各省、市都要办学习班，分期分批的轮训。半年之内争取办好此事，否则一年也可。今后，争取每年搞一次，时间大体上两个月左右。

毛主席还说，对红卫兵要进行教育，加强学习。要用我们自己的经验教训，教育他们。

毛主席离开长沙以后，我和华国锋、章伯森即向干部和造反派头头传达了毛主席的指示。10月3日、4日，我们又专门开会研究办毛泽东思想学习班的问题，决定“省革筹”小组和四十七军联合办学习班。

10月7日，中共中央正式发出了《毛主席视察华北、中南和华东地区时的主要指示》，要求“组织群众认真学习”。12日，《人民日报》发表了《全国都来办毛泽东思想学习班》的社论，从而在全国掀起了一个大办毛泽东思想学习班的高潮。

10月19日，“省革筹”小组在原中共湖南省委党校举办了省第一期毛泽东思想学习班，各地、市、州、县的革命群众组织负责人，已站出来或将要站出来的革命干部，军分区、人武部的负责同志共约1100余人参加，主要学习毛主席南巡指示。经过20天学习，取得了明显效果，促使各地、市、县大联合得到了进一步的巩固和发展。

11月6日，我们又举办了第二期，目的是促进省会长沙各群众组织按系统、按行业、按班级实行革命大联合。接着，又继续办了第三、四期，都取得了较好效果。与此同时，各地、市、县、各厂矿、农村公社、城市街道等也都掀起了大办学习班的高潮。从而推动了全省大办毛泽东思想学习班高潮的深入发展和各地、各单位的大联合。

第二次：1969年6月，正当全省在贯彻党的九大精神之际，毛泽东主席又来到湖南视察。6月28日，毛主席接见了我和华国锋，在座的有汪东兴。我和华国锋首先汇报了湖南省的“文化大革命”情况。

当汇报到我们组织宣传队到厂、校帮助搞斗、批、改的经验时，毛主席指示说：是的，各派关系解决不好，就不能把广大群众团结起来。路子走对了，就对了。

当汇报到对各派群众都不能打压时，毛主席指示：要把这个问题解决好，不能压。

毛主席对落实政策问题指示说：对敌人也要区别对待。有些老工人有没有参加过国民党？不见得，搞清楚了根本不要处理。抓人多了不好处理。

当汇报到去年取得农业丰收的原因时，毛主席指示说，大寨好，就是好在自力更生，奋发图强。去大寨学习的人多了，成了灾。你们要搞自己的大寨。

在汇报干部解放情况时，毛主席指示：“干部解放，有些人调换一下地方。”“犯了错误改正就是”。还说：“群众分两派，各解放各的干部。一个单位分成两派已经三年了，要联合起来。”

接见快结束时，毛主席说，看来湖南形势好，抓“点”抓得比较早。我和华国锋请毛主席再作指示时，毛主席说，我是想问问情况。你们看到形势好，并注意另一方面的想法是对的。

毛主席最后指示说：要抓革命，促生产，促工作，促战备。

毛主席视察湖南，接见我和华国锋后作出了重要指示，经与湖南驻军支左领导小组主要负责同志研究，决定于7月5日至10日以湖南驻军支左领导小组的名义，在湘潭召开全省支左工作会议，先在地、师级主要领导干部中传达（地、市革委会主任绝大多数为军队师以上干部），到会人员共71人。会议开始由华国锋传达了毛主席的最新指示，接着是分组讨论和大会发言。到会人员对照毛主席的指示，检查了工作中存在的问题，作了诚恳的自我批评。最后由我作总结，我认为这次会议开得好。通过学习提高了认识，统一了思想，明确了方向，增强了信心。我们还根据毛主席的最新指示精神，归纳成11个问题，逐个对照分析湖南的情况，指出存在的问题，提出解决的措施和任务，明确了今后工作的努力方向。湘潭会议之后，由于湖南遭受严重的洪灾，省革命委员会和灾区地方革命委员会及驻军领导，都要集中主要精力抗洪救灾，因而，往下传达学习毛主席6月28日的指示便推到了10月底以后的省革委四次全会，并和当时全省的加强团结、做好工作、准备打仗等工作紧密地结合起来进行。

第三次：1970年4月，汪东兴陪同毛主席由江西途经湖南时，再次接见了我、华国锋、卜占亚。此时，中央已决定四十七军调防西北。因此，我见到主席时，就向主席汇报了部队调防的准备工作。不久，我就随部队离开了湖南。

五、抓革命，促生产，促工作，促战备

“抓革命，促生产”，在“文化大革命”中一直是中央的一个十分明确的指导思想。除毛主席、党中央重视和强调必须以革命带动生产之外，周总理在实际工作中对这一条抓得很紧，广大干部和群众也很关心和努力。所以，湖南省在工农业生产、基本建设和科技工作等方面，仍取得了一些进展和重要成就。

“三支两军”中的黎原（正面左一）到农村体察民情

1967年9月“省革筹”小组成立后，我在工作中一直很重视加强对工农业生产的领导。仅在9、10月份就先后召开全省电话会议、群众誓师大会、成立生产指挥机构会议、生产动员大会和经验交流会等，来推动和促进生产工作。

1968年1月13日到19日，“省革筹”小组召开全省抓革命，促生产工作座谈会。讨论了1968年湖南省国民经济发展的方针和大体的安排部署。4月，省革命委员会成立后，我们又在领导机构中设立了生产指挥组，负责生产建设等各项经济工作。6月23日，省革命委员会在第二次全委会上，又讨论通过了《关于进一步贯彻执行毛主席“抓革命，促生产”伟大方针的决议》。要求各级革命委员会要加强对生产工作的领导，把发展工农业生产，列入重要议事日程。1969年3月，省革委会根据全省生产建设形势发展的需要，作出调整和加强生产指挥机构的决定。1969年4月下旬，省革委又召开计划工作座谈会，研究1969年的国民经济发展计划，确定了大力发展农业，加强大小“三线”和基础工业建设、安排好市场的方针。

随着全省局势的渐趋稳定，国民经济生产建设等工作也逐步回升和恢复。全省1969年工农业生产总值比上年增长了11.4%，1970年又猛增了23.1%。当然，其中有一部分是恢复性的。

（一）在农业生产方面。我们根据党中央的指示精神结合湖南的实际情况，着重抓了以下一些工作。

及时召开生产会议，推动农业发展。1968年5月和6月，省革委会先后在大通湖农场和耒阳县，分别召开湘北地区和湘中、湘南地区“抓革命，促生产”工作会议。10月5日至23日，又召开了全省农业战线抓革命，促生产会议，着重研究了发动冬季生产高潮和组织第二年农业生产大跃进的问题。这些都推动了农业生产形势的发展。

学大寨，抓典型。从1964年起，湖南省就响应毛主席的号召，在农业战线开展学大寨的群众运动。仅1968年全省就先后派出4万多名代表赴大寨参观取经，掀起了一个学大寨的高潮。1969年6月，毛主席视察湖南后，为了落实毛主席“你们要搞自己的大寨”的指示，省革委会决定在全省大力宣传新田县、安乡县两个农业学大寨的先进典型。并召开现场会推广两县在学大寨中，通过自力更生，战胜各种困难，夺得农业大丰收的新经验。

兴修水利，防洪抗灾。为了争取农业生产的稳定增长，湖南省革命委员会利用冬春农闲季节，组织广大农民群众，大兴修建农田水利工程。1968年11月冬，动员常德、益阳地区五万多农民，整修了荆江分洪南大堤；接着又动员组织四万农民，经过50多天的奋战，胜利完成了荆江分洪的长江上车湾裁弯工程。该工程把长江的一处河道取直后，缩短航程30余公里，每年可增加流水排泄量5000亿立方米左右，还可增加良田1.8万余亩。1969年是湖南省洪灾较重的一年。6、7月，长沙和沅水、澧水流域连降暴雨，造成特大洪灾；8月上旬，湘东、湘中、湘北地区又连降暴雨，出现了湖南有气象记录以来最为严重的山洪内涝，并造成严重损失。我与省革委其他主要领导成员和省驻军负责人，都分赴各重灾区去指挥抗洪战斗，先后动员和组织了数十万军民参加抗洪抢险救灾工作。灾后，我们又领导灾区人民做好生产自救工作。

（二）在工业生产建设方面。1967年底，韶山铁路建成通车。1968年下半年到1970年初，先后有：湖南拖拉机厂试制成功了东方红—30型拖拉机，全省第一条双万伏高压电线路（柘溪至湘潭）建成投产，株洲冶炼厂自己设计兴建的锌系统正式投入生产，涟源钢铁厂 500 吨氧气顶吹转炉建成投产，湘潭电机厂制成中国第一台矿用大型电力机车，湘潭钢铁厂一号高炉建成投产，以及全省基本上实现了煤炭自给等。

为了尽快把湖南省的钢铁生产搞上去，省革命委员会于 1969 年 6 月作出决定，修建湘东铁路，加速湘东铁矿的建设，7 月又决定恢复和扩建涟源钢铁厂。1970 年 3 月 2 日，湖南省革命委员会常委会还专门研究了枝柳、湘黔铁路湖南段等重大工程的建设问题。之后，又迅速成立工程指挥部，并动员一百余万民兵参加了铁路建设大会战。

在抓工业建设中，总的说还是顺利的。但也发生了两起与我有关的小风波。

一是在枝柳铁路的选线问题上。1970 年 1 月，铁道部工程设计人员经过一年多的勘察设计，将湖南段提出两个方案来征求湖南省的意见。方案提出：一是经常德、沅陵往柳州；二是经石门、大庸、吉首至柳州。铁道部倾向于第一方案。因为比较起来，这一带地理条件好，工程量小些，可节约资金。但我当时从有利于湘西经济开发的角度考虑，极力主张采用第二方案。我说：从长远看，制约社会主义建设，影响国民经济发展的地区主要在农村，特别是山区。而湘西地理条件差，水陆交通比较落后，现在有个修铁路的机会，就应该把这个机会给他们。至于要多花钱，这要从国家、从人民的长远利益考虑看合算不合算。华国锋等同志也极力支持我的意见。但铁道部仍从节约资金考虑，决定按第一方案上马。湖南省接到通知后，我和华国锋等人仍坚持第二方案。后经反复协商争取，铁道部最终采纳了湖南的意见。

二是在湖南煤炭外援问题上。湖南省革命委员会成立后，经上下努力，煤炭工业的生产建设发展很快，实现了基本自给，而一向缺煤的广东却需要得到有煤省的支援。1970 年初，时任广东省革命委员会主任的广州军区某领导，打电话给我，要我将湖南省靠近广东边界处的一部分煤矿交给广东经营。我当时感到这个指示不好执行，因为这是一个涉及跨省调矿的大问题。于是我将这个问题告诉在省煤炭系统支左的军后勤部处长武学秀，让他和地方有关的负责人很好研究一下，结果都不同意，省革委会常委经研究也不同意。在左右为难的情况下，我只好将这个问题和意见向周总理作了汇报，周总理也同意按湖南省革委会的意见办。由于我对某领导的这个指示没有执行，他便认为我有骄傲情绪，组织纪律观念不强，多次在有关会议上对我进行批评。有时甚至借批评武学秀来不点名地批评我，当时我很是想不通，感到十分委屈和不公。

（三）在战备工作方面。1969 年 3 月 2 日，在中苏边境发生了珍宝岛事件。之后，随着苏军不断在中苏边境制造挑衅事件，中共中央于同年 8 月 28 日向全国军民发出命令，要求“坚决响应毛主席提高警惕、保卫祖国、要准备打仗的伟大号召”，充分做好反侵略战争的准备。湖南省革命委员会在贯彻中央命令时，决定以“命令”为武器，深入开展革命大批判，促进革命大团结，促进生产、工作和战备。

10 月 18 日，四十七军接到林彪发布的“一号命令”。为防止苏联对我进行突然袭击，全军各部队立即进入一级战备状态。这样，湖南全省的战备工作也更加紧张起来。于是，省革命委员会在不断深入进行战备教育的同时，还大力抓了城市人民防空工作，成立了以我为组长的“湖南省人民防空工作领导小组”，立即在全省各地发动和组织了一个军民共同修建人防工程的群众运动。并制订了各城市人口疏散方案；整顿民兵组织，加强民兵队伍建设。通过战备，各市、县很快组建了 58 个民兵独立团、上千个民兵营、连，共有基干民兵 23.7 万余人；成立了省战备办公室，以加强对全省战备工作的组织和指导，并大抓了大小“三线”建设等。

正当全省军民战备工作日益紧张之时，第四十七军接到毛泽东主席亲自批发的中央军委命令，决定四十七军“编入全国战略预备队，在适当时机进驻指定地区”。军党委先后三次召开会议，认真进行学习，表示坚决执行命令，落实战备，搞好调防准备。

根据军委命令精神，军党委研究决定并报中央军委批准，立即调整了部署。逐步将第一三九师、一四〇师、一四一师部队都撤出“支左”单位和生产基地，分别移至长沙、衡阳、岳阳等铁路沿线执行战备任务。第一二七师因已调入重建的第四十三军，于 1968 年 10 月就撤出了在湖南的“支左”任务。

1970 年 3 月，四十七军接到中央军委关于调防离开湖南的命令。3 月 19 日、20 日，周恩来等中央和中央军委领导人，在北京分别接见了湖南省革命委员会、省军区和四十七军的主要领导，包括我、华国锋、卜占亚、杨大易、张立宪、刘凌等，对湖南的工作、四十七军调防等有关方面作了许多重要指示。

4月1日下午，四十七军召开“三支两军”干部座谈会。我在会上讲话时指出：根据广州军区党委指示，“三支两军”的野战军干部原则上统一交给省军区领导，4月底交接完毕。希望各单位党委和领导要做好工作，“做到回部队的愉快，留下的安心，军里和省军区都满意。留下的不仅要愉快，还要做好‘三支两军’工作”。后来，移交给湖南省军区包括副军长刘善福、副政委李振军等在内的各级干部共1090人。同时，四十七军还奉命将新组建的第一四五师、一四六师和南湾湖等生产基地，也移交给湖南省军区领导。

部队离开湖南前，湖南省革命委员会设宴为四十七军师以上干部饯行。华国锋代表省革委会讲话，他赞扬四十七军先后两次在湖南大的历史转折关头立了功。一次是解放初期的湘西剿匪，为湖南扫除了百年匪患；一次是“文化大革命”中促进了全省各派的革命大联合。他讲得非常动情。我也代表四十七军讲话。因当时我还兼着省革委会主任，所以我一方面代表四十七军对湖南省革委会和全省人民表示感谢，一方面强调搞好军民团结，加强战备，共同对敌。

我调离湖南后，中共中央决定由华国锋任湖南省革委会代理主任、党的核心小组组长。三年来，我和华国锋同志在工作中互相支持，和谐相处，结下了深厚友谊。他给我留下的印象是：为人忠厚，待人诚恳，对党忠诚，作风正派，严于律己。湖南省革委会成立后，省革委的领导大都搬进省委大院，但他仍坚持住在原来的一套普通宿舍。许多人劝他搬家，他就是不肯，并表示住在哪里都是一样为革命工作。“文化大革命”时学校停课闹革命，大学也停止招生。参军成了许多干部子女的唯一出路，因为在部队还可以学习，有提干的机会，否则只能上山下乡。当时他的子女要想参军，可以说就是一句话的事，但他坚持不肯让子女参军，别人劝他也不听，坚持送子女上山下乡，接受贫下中农再教育。

经过充分准备之后，四十七军部队于4月28日至5月19日，先后分别从岳阳到衡阳间的19个火车站登车离开了湖南。为了保守军事机密，四十七军调防没有向外公布，地方也没有组织群众性的欢送活动。

我率四十七军离开了湖南，同时也正式结束了我在湖南近三年的“三支两军”工作。

四十七军驻守湖南近 20 年，特别是三年的“三支两军”工作，部队广大指战员与湖南人民有着鱼水深情，我和地方政府、各级领导、全省人民为湖南的繁荣稳定并肩战斗，湖南是我的第二故乡。当我踏上北去的列车时，依恋和回忆油然而生。

第十章　西北九年

一、调防陕西，准备同“苏修”打仗

1969 年 3 月，珍宝岛事件爆发。珍宝岛位于我国黑龙江省虎林县境内，在乌苏里江主航道中心线中国一侧，面积不足一平方公里。20 世纪 60 年代中苏关系恶化后，两国边界紧张局势逐渐加剧。苏联边防军多次侵入我国领土珍宝岛，我边防部队被迫进行自卫反击。3 月 15 日，苏联边防军 100 余人在 20 余辆坦克、装甲车支援下对珍宝岛发动三次进攻，与我守卫部队激战近 10 个小时，我部顽强抵抗，击退了苏军的进攻。

苏军在珍宝岛事件中遭到很大损失，一直想寻机报复。当时，中央军委判断：“苏修”的报复手段有三种，即大打、中打和小打，但我方必须立足于准备大打的可能。中央军委立即进行战略调整和部署。10 月，军委命令四十七军由湖南调防陕西，归属兰州军区，准备同“苏修”打仗。

当时，周总理前后两次找我谈话，征求我的意见，是随部队到西北准备打仗，还是留在湖南主持全省工作。总理希望我留在湖南主持地方工作，并要我早作决定，以便及时向毛主席报告。我自己反复权衡了几天，经过认真思考，我决定率军北上，保卫祖国。我是一名军人，自从参加革命后，一直在军队中工作，从一名普通干部成长为军长，特别是担任着中央战略预备队的军长，当祖国面临外敌威胁时，保家卫国，是军人的天职。此时，湖南省的地方形势也日趋稳定，地方工作基本恢复，华国锋同志完全可以主持全省工作。我向总理汇报了我的情况，最后经党中央批准，同意我率军北上。我立即布置一系列部队调防的组织准备工作。

1970 年 4 月初，我们军各部队已先后在京广铁路沿线的岳阳、长沙、衡阳一带完成了集结，为移防西北作准备。

在具体的行动组织和准备工作中，军司令部和后勤部有计划地抓好“三分开、四固定”，抓紧时间抢修车辆，集中物资，计划采购。为保证部队有序开进，还组织机关干部分队勘察预定集结地点内的火车装载站，进行试装演练，力争最大限度地进行科学满载，尽量为国家节约车皮数量，以实际行动坚决贯彻和落实军委和军区提出的“交好、走好、到好”和“齐装、满员、保密、安全”的指示和要求。

1970 年 4 月底至 5 月初，全军在作好充分准备的基础上，分别从岳阳、长沙、衡阳三地所属的 19 个车站装载，编组成 67 个列车梯队实施战备调防大机动。至 5 月底，四十七军按既定顺序，各部队分别到达陕西的指定驻防地区，军部驻陕西临潼，全军行程 1400—1700 余公里，未发生任何事故，完全遵照军委要求，圆满地完成了调防任务。

部队到达指定地点后，为了防止侵略者的大规模空袭，按军委要求千军万马转入地下的指示精神，全军以营为单位，下火车后立即全部开进山沟，利用事前勘察好的地点，在黄土高原上挖窑洞，一半在地上，一半在地下，当地人俗称挖地窝子。全军官兵基本上是按照一个营一条川，一个连一条沟进行挖建，不准进老百姓的民房。这也是整师整团乘车行军到下车驻地的防空大演习。

我们还派各级干部到黄河对岸的驻军参观学习他们挖地窝子的经验。部队进沟、进川后，全部进行营建施工，工程进展迅速。到年底，全军各师、团基本完成窑洞营区建设，受到总后勤部的表彰。总后还在我军召开有北京、沈阳、武汉、兰州等军区各级领导出席的现场会，对四十七军立足战备、艰苦奋斗建营房的做法给予了较高评价。

经过一段时间的战争准备，未发现“苏修”有向我大规模进攻的迹象。同时，全军进川、进沟分散驻防，交通不便，给部队的备战、训练、管理带来诸多不便；加之部队挖窑洞时缺乏经验，一些窑洞漏水、开裂等情况时有发生。为此，我们从利于战备和部队建设考虑，于 1972 年开始，对部队部署进行了合理调整，对部队营房进行了改、扩建。部队营房逐步转入相对集中、便于管理、生活更为方便的以砖、瓦、石为主材的营房。为了保障基建施工和改善部队生活，我们还组织官兵就地取材，自建砖、瓦、石材厂和肉食、蔬菜等副业生产基地。

四十七军的前身是八路军一二〇师三五九旅。部队调防西北后，原三五九旅旅长王震同志曾到四十七军视察，他勉励我们要把三五九旅的艰苦奋斗精神发扬下去。我和本军的多位军、师领导在抗日战争时期也都在南泥湾参加过当年的大生产运动。经军党委研究，报军区批准，我们决定继承老部队的光荣传统，创建生产基地，以支持和保障部队的战备训练，加强部队全面建设。为此，我曾亲自率领有关人员到黄河滩和南泥湾选择农场和生产基地。

20世纪五六十年代，政府修建三门峡水库时曾迁移了许多农民，在陕西大荔县朝邑地区（黄河滩）留下大量荒地。从1971年7月开始，军决定抽调一三九师四一七团进驻黄河滩，垦荒生产。经过一年努力，开垦荒地八万余亩，生产小麦、油菜籽，到1973年冬共收获1500余万斤，解决了部队部分粮、肉、菜的供应。此后经过不断努力，到1974年发展成为较为规范的团一级农场——黄河滩农场，受到总后勤部的表扬。与此同时，军又抽调某师的一个团在南泥湾建立生产基地，除生产玉米等杂粮外，还开垦了稻田约500亩。

为了发扬自力更生、艰苦奋斗的创业精神，在部队营建期间，军决定由某师的一个团筹办水泥厂，专门生产营建所需的水泥。到1973年，该厂已能年产水泥2.4万吨，不仅为部队营建提供了保障，解决了应急需要，而且也创造了财富，支援了国家建设。

四十七军调防西北初期，在营建任务十分繁重的情况下，还发扬吃大苦、耐大劳的优良传统，圆满完成了上级赋予的多项国防施工任务。1970年11月至1972年4月，根据总参谋部指示，军抽调两个团到陕西汉中修建大型飞机生产基地。部队在施工中克服了机械和运输工具不足等众多困难，经一年四个月的奋战，顺利完成了20余公里铁路专线和10余万平方米厂房的基建任务。1971年6月，军接军区指示修建延安机场。受领任务后，军立即成立工程指挥部，率四个工兵营担负施工。至1975年3月，圆满完成机场施工任务。经上级组织验收，评价为：“速度快，质量好，符合质量需要。”

二、勘察战场，制定预案，抓战备训练

珍宝岛事件后，军委判断“苏修”很有可能扩大边界冲突，进一步发动侵略战争。但战争何时爆发，无法确定，我们要做好大打、早打的准备。部

队进行了全面动员，随时准备投入战斗。对于来犯之敌，中央判断主要有三个方向：一是从中蒙边界的二连浩特经大同、张家口到首都北京最近，直线距离仅 560 公里；二是陕西榆林、绥德、延安方向；三是酒泉以北河西走廊一线。确定这三条路线的一个主要因素，就是地势平缓，有利于机械化部队大规模展开，还有水源。因此军委在西北进行了战略预备队部署，四十七军驻防西安以北的机动位置上。

为粉碎敌人的侵略，制订作战方案，我们组织师团干部和参谋人员分两批进行了战场勘察。7 月，我率领四十七军各师师长、参谋长、后勤部长及军、师机关相关干部 60 余人组成第一批战役勘察组，分别对陕西的延安、榆林，山西的忻县、大同等预想战区的地形、道路、河流等进行了比较详细的勘察。勘察过程中，我们听取了当地驻军设防情况和地方政府的介绍，对各战役要点和关口，现地研究了未来作战预案。此次勘察，历时一个半月，行程 7200 余公里。接着又组织了第二批勘察，两批勘察共组织全军 100 余名团以上主要领导及参谋人员，对预定战区内的 90 多个县市的有关地形进行了勘察，增强了战备观念，熟悉了预定战场地形、道路特点，充分掌握了各地的设防条件。在此基础上，为确保部队做到能藏、能走、能打的要求，勘察后，我将参加勘察的军师机关人员集中起来，用半个多月的时间整理出资料、图表，拟制战备预案。我们在两次组织军、师、团主要干部进行战役勘察基础上，共同研究，初步制订了预想阻敌作战、反空降以及向战区开进的机动方案。

对影响部队机动的河川，我们又组织军、师侦察、工兵部门对战区内黄河、渭河的主要渡口进行勘察。工兵详细了解了从内蒙五原到陕西潼关 1300 余公里黄河段上的 74 个渡口和从临潼至潼关的渭河段上 18 个渡口情况，并根据勘察的实际结果，绘制了要图，拟订了部队渡河保障计划。紧接着又狠抓部队各项战备制度的落实。根据中央军委颁发的《等级战备规定》，军在多次试验和反复征求意见的基础上，针对部队实际情况制定了战备工作经常化、制度化、规范化的具体细则。从各种战备制度上保证了部队能一声令下，迅速执行作战任务。然后按预定作战要求，反复组织演练。1971 年初，军两次召开反空降作战会议，并组织了四个反空降值班营和三个师的司令部，进行摩托化步兵营反空降演习，有效保证了反空降作战方案的落实。四是把落实战备方案和野营拉练结合起来，在拉练中检验和演练作战方案。如

1971年，反空降演习时，四十七军军长黎原（中）与参谋长张哲（左）研究方案

1970年底，××师和××师分别将连以上干部和部队拉到当年宜川、瓦子街战役现场进行演练；1972年11月至12月，各部队在预定战场进行打坦克演练；1973年底，××师从收拢部队向战区开进到对仓促转入防御之敌进攻的演练；1974年底，军率两个师和军属炮兵团、高炮团向两个战役出击方向机动演练等，都使各级战备议案得到了进一步的检验和落实。

战备训练，是部队执行战略预备队任务的重要条件。过去部队多年参加地方“三支两军”及施工生产任务，军事素质受到一定的影响。现在要结合作战方案，狠抓战备训练，有计划、有目的地通过训练，全面提高部队的作战能力。

首先是重点抓好干部和司令部训练。提高干部的军事素质，并通过干部带动、提高战士的军事素质。为加强干部训练，军从1972年开始组建师以上炮兵和其他专业干部教导队，训练技术干部，每期4个月；各师组建干部轮训队，训练基层干部。师、团、营领导除参加军、师的分批培训外，还要到轮训队担任连、排、班长，同广大官兵一起摸、爬、滚、打，培训骨干。

军、师教导队和轮训队从1971年至1973年各举办四期，轮训基层干部3000余人，从而有效推动了官兵战术水平的全面提高。各级司令部在训练中，还加强本级司令部参谋人员的业务训练。从识图、用图开始，对图上作业、文电起草等多方面业务技能进行训练。军、师还通过组织首长司令部，配备通信工具到现场进行演练，从而使参谋人员的业务能力有了较大提高。经兰州军区对军、师司令部的考核，均取得了令人满意的成绩。

第二，围绕“四大技术”课目，狠抓射击、投弹、刺杀和打坦克的基础训练。在训练中，要求各级干部必须轮流下部队蹲点，跟班作业，具体进行传、帮、带，以确保训练时间和训练计划的落实。为保障部队有良好的训练条件，明确要求各师建立一个符合训练要求的基地；各团要修建一个适用的综合训练场。通过上述措施的贯彻执行和广大官兵的努力，部队训练水平普遍有明显提高，在 1972 年兰州军区年终考核中，四十七军的总成绩名列第一。

为了更好地提高部队的机动作战能力，从 1970 年开始至 1974 年，每年都进行一次年终全军大拉练，以检验训练成果，在接近实战条件下锻炼部队的机动作战能力。在野营拉练的同时，我们沿途还大力开展群众工作，拉近了军民关系，扩大了四十七军的影响。1972 年至 1974 年的大拉练，还侧重演练反空降演习、打敌集群坦克的演习。这些演练都是根据现场地形特点制定方案，以锻炼各级指挥员指挥能力。

全军战备训练工作，经过全体指战员的努力学习，军事素质有了明显提高。军区皮定均司令员对四十七军在战备训练中各项考核成绩、条令制度的执行、机关作风等均给予较高评价。他多次召集军区所属各军和省军区的有关领导到四十七军开现场会，介绍和推广经验。而四十七军本身军事素质的提高，也使部队更具信心地成为能走、能打、能执行战略预备队任务的强有力部队。

在加强战备工作的同时，我们还结合我军的建军宗旨，努力加强部队思想政治工作，教育广大官兵要有吃苦耐劳的精神，并开展“热爱大西北”的爱国主义教育。我们利用野营拉练途经洛川、延安枣园、杨家岭等革命圣地的机会，进行生动的革命传统教育。部队先后在毛主席接见三五九旅南下干部的边区礼堂、南泥湾生产基地和杨家岭党的七大旧址进行八路军艰苦奋斗精神和党的优良传统教育，令全军官兵更加熟悉了解我军的优良传统，为部队扎根大西北打下了坚实的基础。

三、任兰州军区副司令员

1975 年，我到兰州军区任副司令员。这次任命，是以皮定均司令员为首的兰州军区领导和各级机关主持正义，不懈努力的结果。

在“文化大革命”期间，许多大省如浙江、安徽等省的革委会主任大都兼任大军区副职。我是1960年升任广州军区副参谋长（正军职），1965年调任四十七军军长，此后不久又兼任湖南省革委会主任。四十七军调防西北后不久，兰州军区皮定均司令员就向中央军委建议任命我为军区副司令员。论资历我也够格担任大军区副职，但广州军区的个别领导和少数别有用心的人，坚决反对任命我为副司令员。

“文化大革命”期间，一次我带四十七军数十位干部出席军区会议，当时他们向我打招呼说：“会议期间有文工团来慰问演出。某文工团是某派支持的，你们不要去看他们的演出。另一个文工团才是真正的革命派，应当支持。”我心想既然都是军区安排的演出，自然不会有问题。如有政治问题，也不会允许他们演出。因此，我对此事并没有在意，出席会议的四十七军代表两个演出都看了。事后就有人说：四十七军支持某派，反对某派。这件事引起了他们的不满，说我不听招呼，目无领导。

此后不久，又有一事令他们对我更为不满。当时，广东省缺少能源，煤炭供应主要靠湖南。中央曾有指示要求保证北煤南运。因此，他们就想通过军区的隶属关系，要求我将湖南靠近广东的几个煤矿划归广东。这涉及到地方行政归属问题，并非简单的军事隶属关系。我自然不能同意，并向周总理汇报了此事。总理完全同意我的意见，否决了他们的决定。从此，他们公开指责我同军区搞对立，处处为难我和四十七军，还污蔑四十七军是“贺龙的土匪部队”（四十七军前身是贺龙领导下的八路军一二〇师三五九旅）。

我当时担任四十七军军长，兼湖南省革委会主任，又是中央候补委员，他们不能随便罢我的官，就借口延安坦白运动这件事大做文章，紧抓不放，非要拿特务这顶帽子开刀，污蔑我是国民党派到延安的特务。他们擅自成立专案组，不断外出调查，希望找出证据打倒我。和我一同参加革命的老同志阮庆，当时在广西省供销社工作，被造反派打倒。军区为了抓到我当特务的证据，就不断派人到地方，向省供销社施加压力，打击迫害阮庆，对他大搞逼供信，甚至采取24小时车轮战，要他承认我是特务，完全是法西斯的一套。他们从1967年开始迫害阮庆，持续长达八年之久。但阮庆始终坚持真理，实事求是，宁折不弯。直到粉碎“四人帮”后，阮庆才得到彻底的平反。

1968年，他们因四十七军在湖南“支左”时执行中央决定而同军区发生分歧，以反对派性为借口在军区办“学习班”，将四十七军副军长，副政委，政治部正、副主任，三个师的师长、政委（包括全军战斗英雄、副师长郝忠云）以及团职干部近百人集中到广州。“学习班”规定了“十不准”，比如不许请假，不许外出等，完全是“坦白运动”时搞的那一套。这批干部都是因为在工作中支持我，因而惹恼了他们。在学习班上便强迫他们交代工作中存在的所谓派性问题、反军区的言论，同时还要求他们揭发黎原反对军区的罪行。“学习班”持续了近两年的时间，该班结束后，有的干部被分配到生产建设兵团，大部分干部得不到重用。

1969 年党的九大期间，因我兼任湖南省革委会主任，被选为中央候补委员。但他们仍不甘心，想操纵选举，四处动员、交底。最后我以微弱票数当选，得票数同当时被诬为“二月逆流”靠边站的老帅们差不多。他们想以此丑化、嘲笑我。当时就有同志戏称：“黎原的得票数同元帅一样多。”

四十七军调防西北后归兰州军区，皮定均司令员想提拔我任兰州军区副司令员，个别人仍借口我历史问题尚未调查清楚，坚决反对。当时，皮定均亲自过问此事，并主动向总政主任李德生建议组织调查组，彻底调查。最后军委决定由兰州军区、广州军区、总政各抽出三人组成工作组，共同调查。

工作组为此调查了我在国民党中央军校十一期的同学、区队长以及军校政治处负责人。军校十一期第二队区队长、复兴社支部负责人王立哉（新中国成立后任解放军后勤学院教员）以及复兴社成员王伟等都证明我在校时没有加入过复兴社。王立哉特意向组织报告：“关俊彦（我的原名）是农村来的，读书时的成绩也不突出，特别是他没有什么社会关系，不具备复兴社社员的标准。我当时是复兴社支部负责人，我们支部的七八个人我都认识，绝对没有关俊彦。”工作组还到我的家乡和战斗、工作过的地方，向许多熟悉、了解我历史情况的同志进行调查。

经过两年多的调查，最后工作组作出结论：黎原同志没有政治问题，从未参加过特务组织。所谓受国民党之命到延安长期潜伏更是无稽之谈。黎原同志到延安参加革命，是经过武汉八路军办事处罗炳辉同志的介绍，经党组织同意到抗大学习的。他参加革命后，在战争年代敢于同敌人英勇斗争，不怕牺牲；在和平建设时期，工作积极、努力，表现突出。我的老同学阮庆、廖政武也多次向组织证明：我们三人经武汉八路军办事处介绍，一起到延安参加革命的具体过程。此事一直拖到 1975 年 5 月经叶帅批准，中央军委正式任命我为兰州军区副司令员，从此我彻底甩掉背负多年的政治包袱。

四十七军由湖南调防西北后，部队能够坚决完成军区领导布置的各项战备、训练、营建任务，特别是继承了三五九旅吃苦耐劳的精神，受到军区的表扬。从 1971 年开始，军区领导就决定从四十七军抽调一些干部充实军区机关和领导班子。经过认真考核和严格挑选，四十七军数十位师团职干部陆续调到兰州军区机关和宁夏省军区新的工作岗位。继我之后，四十七军先后又有 5 人调任兰州军区副司令员，两人升任副政委，提拔了 20 多名正、副军职干部，师团职干部更多。这一事实充分说明四十七军的干部是有工作能力的，四十七军绝不是他们所污蔑的“土匪部队”。而留在湖南工作的原四十七军干部，大都受到迫害、排挤，没能充分发挥他们的能力和受到重用。

我上任之时，正赶上八大军区司令员对调。原福州军区韩先楚司令员调任兰州军区任司令员。韩司令员是“四野”的老领导，参加过抗美援朝，对我的工作能力和以往的表现非常了解。根据新领导班子的分工，我负责分管作战事宜。

1976 年，兰州军区司令员韩先楚（右二）在副司令员黎原（右一）陪同下勘察地形

一上任，我就陪同韩先楚司令员赴酒泉导弹发射基地视察。每到一处，都同广大指战员交流，了解国防战备建设情况，并针对不同情况，同基地指挥员一起制订作战方案。

四、整顿兰州铁路局

1976年10月，党中央粉碎了“四人帮”篡党夺权的阴谋，结束了十年“文化大革命”的混乱局面。在“文化大革命”期间，兰州铁路局受“四人帮”的干扰破坏，派系问题相当严重，是一个重灾区，许多老干部、老劳模、老工人不是被打倒，就是“靠边站”，使得内地通往大西北的火车一度中断。由于兰州铁路局的瘫痪，往来乌鲁木齐和西宁的列车也无法正常运行。许多工矿企业因煤炭无法运输而无燃料被迫停产。西北地区冬季天寒地冻，夜晚气温常降到零下30度，因无煤取暖而影响老百姓的正常生活。

兰州铁路局是铁路系统的一个大局，全局干部、职工及家属多达30余万人。党中央对兰州局的问题非常重视，华国锋同志多次对兰州局工作进行指示，他亲自出席全国铁路工作会议，将兰州局的混乱局面同受“四人帮”严密控制的上海地区同时提出来，并指出：“中央将采取有力措施，解决‘四人帮’严密控制和严重破坏的一些地区和部门的问题。”

1977年1月初，为解决兰州铁路局的混乱局面，党中央决定成立工作组，指定我为组长、甘肃省委书记宋平同志为副组长，并从铁道兵选调500余名干部组成中央工作组，进驻兰州铁路局及所属车站，消除“四人帮”影响，恢复正常工作秩序。

我和工作组的同志首先深入到兰州铁路局的干部、职工家中调查研究，做深入细致的思想工作，并在不长的时间内改组了兰州局领导班子，重新配备了各级干部和班组长，使他们能够正常工作。工作组入驻一个月，基本解决了铁路堵塞的情况，2月份恢复生产，3月运输能力节节上长，装载量大幅提高，超额完成当月计划，扭转了连续19个月完不成装车计划的被动局面。

4月12日，华国锋、李先念、陈锡联等中央领导接见了中央工作组的同志，会上我向中央汇报了初步整顿的情形。中央对工作组的成绩予以肯定。回到兰州后，工作组又到问题比较多的基层站点做深入细致的工作，陆续解决了一些基层问题。4月，兰州局装车、装煤量创造了历史最好水平，5、6、

7 三个月各项经济指标均超额完成计划。

从年初工作组整顿开始，到 7 月历时半年，兰州铁路局的混乱局面终于得到彻底解决，恢复了正常工作秩序。该局所辖的路段及通往新疆和青海西宁的火车都可以畅通无阻。

五、贺兰山集训和到玉树果洛地区视察

从兰州铁路局执行任务归来后，军区领导班子成员有一定的变化，工作分工也作了相应的调整。我的新工作是负责分管全军区训练。1978 年，军区军事训练工作的一项重要内容，就是组织师以上干部集训，集训课题为陆军师坚固阵地防御作战。我对组织这一次师以上的干部集训很重视，决定以军区司令部军训部为主，作战部协助，并同司令部管理局、军区政治部、后勤部相关人员组成集训办公室。集训地点设在宁夏贺兰山。

集训领导班子组建后，我们抓紧制订集训计划，并严格按计划要求全面展开各项工作。集训于 1978 年秋在贺兰山举行，首先进行理论学习，主要解决对坚固阵地防御战地位、作用的认识，尤其是战争初期所起的重要作用。因为战争初期，只有充分利用有利地形，构筑坚固阵地或利用既设阵地组织有效防御，大量杀伤、消耗、分散和阻滞敌人的进攻，才能减煞敌人的锐气，争取时间，保证国家由平时迅速转入战争状态，以利全军有序展开。

在这次集训中，我们还在现地勘察的基础上，组织集训干部参观防御阵地、炮兵阵地和对相关阵地进行的抗力试验，并进行步兵团野战阵地进攻演习。

集训结束后，参训干部普遍反映：这次集训很受教育，通过集训学到了很多知识，集训的各项组织工作周密细致，有条不紊，为他们提供了很多管理指挥部队的经验以及对未来作战有很大的帮助。

我在兰州军区工作的几年，跑的地方不少，但南部地区去得不多，特别是青海南部的高原严寒地区，我还没去过，其他军区领导和机关的同志去的也很少。1978 年秋天，我决定去青海玉树县果洛地区检查一次部队的军事训练工作。

玉树果洛地区，地处青海省南部，也是青藏高原的东北部。区内主要是昆仑山脉及其分支可可西里山、巴颜喀拉山、阿尼玛卿山，海拔在四千五百

米至五千米以上，多为终年积雪的山峰和冰川。这个地区的气候特点是干燥寒冷，冬长夏短，少雨多风，日照时间长，日温差大。这种自然环境条件，带给人们日常生活的影响，最常见最普遍的现象是，烧开水只七八十度就开了，做米饭夹生，馒头吃着粘牙，食用之后引起胀肚胃肠不适。初到高原的人，受低氧、低温的影响，全身各系统都会发生一系列改变，海拔越高，改变越大。这种自然环境条件，还不仅仅是对人员有影响，对武器装备及对其性能和威力的发挥，也都有程度不同的影响。比如汽车，它的油路、电路都必须作出相应的调整。因为缺氧，其燃发力就差，发动机就不易启动。供油系统也容易形成气阻，耗油量要增大约百分之三十，运行过程中，水箱常出现"开锅"，车速应该减小一个档次，载重量也要减少约三分之一。

我从军区司令部作战部调了一名年轻的青海出生的参谋，又从门诊部选了一名医生，再从司令部汽车队调了一名司机并配上一台北京吉普。我们四个人一台车，便"千里走单骑"去青海南部玉树果洛高原严寒地区。

我们从兰州出发，行程 200 多公里，到达青海省会西宁，海拔高度从 1700 多米上升到 2200 多米。在西宁停留了一天，听取汇报后，就向第二个目的地恰卜恰出发，途中还参观了塔尔寺。该寺修建于公元 1500 年（明嘉靖三十九年），建筑壮丽，光彩夺目，是喇嘛教格鲁派六大寺庙之一。在东南亚一带享有盛名。离开塔尔寺，过日月山，越倒淌河，很快便到了目的地恰卜恰。这里海拔已达 3000 米以上，但我们还没有发生明显的高原反应。在这里也只住一日，就向果洛藏族自治州政府驻地玛沁进发，我们在途中兵站住了一个晚上，再经两天的车程，才到达目的地。这一路上，前三分之一的路段还比较好，越往后山越高，路越险。过了鄂拉山口，就主要穿越在阿尼玛卿山的高山密林之中，路旁的玛卿岗山顶，海拔已逾 6000 米。

在玛沁也逗留了一日，我们就向最后一个目的地玉树进发。基于同样原因，这也用了两天时间。从玛沁出来，直到花石峡，一直是前天走过的回头路，一直在阿尼玛卿山上蜿蜒穿行，路很难走，所以到玛多（黄河沿）之时，就天黑宿营了。第二天从玛多一出发，就是翻越巴颜喀拉山。巴颜喀拉山是长江黄河的发源地，同时又是两河的分水岭，长江在南，黄河在北，因此，跨越了巴颜喀拉山，也就等同于同时跨越了长江和黄河。从花石峡，翻巴颜喀拉山至清水河这个路段，由于山高路险，气候恶劣，素有鬼门关之称。在鬼门关里，我们都有强烈的高山反应，用天旋地转，翻江倒海来形容

1978年，黎原在青海玉树果洛地区视察

毫不为过。四个人当中，三个年轻人的反应，倒比我来得更为强烈。玉树位于通天河西岸，是青海省通往川藏的交通要冲，同时也是青南、川西、藏东的物资集散地。玉树和果洛地区，同样都有丰富的林木资源，盛产水草、鹿茸、麝香、贝母、大黄等药材。我们在玉树，视察部队听取情况汇报后，就踏上了归途。途中，再过鬼门关，又在玛多、西宁各住了一晚。经过约十二三天时间，行程逾两千公里，顺利地返回了兰州。

这一次青海南部的高原寒区行，对于我们几个人，特别是对于我个人来说，确实是一次严峻的考验。视察中对于部队提出的要在高原寒区建立温室，以改善部队长期吃不到新鲜蔬菜的状况，实行自给自足的要求；部队生活艰苦，物质文化生活单调等问题，回军区后我都指示有关部门，积极给予支持和解决。对我的视察，部队反响很强烈，很受鼓舞，说我是兰州军区自组建以来，副参谋长、副主任以上，到该地区来的领导干部中的第二个人。也就是说，虽不是绝无仅有，确也是屈指可数。回兰州之后不久，我就接到中央军委对我的新任命。这样，这次青海南部高原寒区之行，为我在兰州军区工作画上了圆满的句号，它给我留下了美好的回忆。

第十一章　在基建工程兵

一、调入基建工程兵

1978年12月，中央军委决定调我到基本建设工程兵，担任副主任。

基建工程兵成立于1966年，是我国社会主义建设时期一支劳武结合、能工能战、以工为主，承担国家急、难、险、重基建任务的部队，是我军的一个新兵种。

1966年我国第三个五年计划期间，实行边备战边建设，三线建设规模不断扩大，基本建设任务越来越繁重，但施工企业队伍老化，家属拖累重，调动困难。周总理和邓小平同志倡议把部分施工队伍整编为基建工程兵，同年3月，中央批准国家建委的报告，同意组建基建工程兵。8月1日，国防部发布命令，授予基建工程兵部队番号，决定在兵种领导机构组成前，在国家建委暂设领导机构。

1978年1月，经中央批准，成立了中国人民解放军基建工程兵兵部，为大军区级。这时部队已经发展到近50万人，分布在全国28个省、市、自治区，担负着国家基本建设重点项目和国防工程施工以及水文、铀矿、黄金地质普查勘探、生产和战备通信等任务。

我到基建工程兵工作，外界有很多猜测和传说。由于“文化大革命”期间在湖南我和华国锋同志一起工作过一段时间，很多人认为我到基建工程兵任职，是华国锋同志的安排。事实上此事同华国锋同志根本无关。当时他身兼党政军主要领导，非常忙，根本无暇顾及这些事。同时，他对自己要求非常严，绝不会越过组织，安排干部。

事实上，调我来基建工程兵的真正原因有两条，一是基建工程兵部队扩编太快，部队管理跟不上，缺乏军事指挥干部。基建工程兵领导机构成立后，担任兵种领导的都是从各部委抽调的干部，他们大都离开部队多年，对部队管理有些生疏，因此急需调派熟悉部队管理的干部，加强部队的管理。二是我与当时主管基建工程兵的谷牧副总理和李人林同志都有过工作接触，他们了解我。我和谷牧同志相识是在1977年。1977年1月至9月，中央指派我率工作组进驻兰州铁路局，解决兰州铁路局的“文化大革命”遗留问题。当时基建工程兵领导机构尚未成立，铁路交通等由国家建委兼管，谷牧副总理分管建委工作。我多次向他请示汇报解决兰州铁路局的工作问题，他对我的工作比较满意，印象也不错。时任基建工程兵主任的李人林同志，是新四军五师的老同志，1951年四十七军入朝参战时，他曾任四十七军政委，我当时任四十七军一四〇师师长，工作中接触较多，比较了解我。后来他到地方工作，也时常利用出差等机会到老部队来看望；我到北京开会时也常去看望他，我们关系一直很好。所以基建工程兵选调军事管理干部组建兵部机关时，他首先想到我，和谷牧同志一起向军委建议，要我来任副主任，主管部队管理和训练。

对到基建工程兵任职，我没有任何思想准备。从内心讲，我是不大愿意来的。我从参加革命以来，一直在野战部队工作，熟悉部队的作战训练，热爱军事指挥工作，对工程建设和施工生产不熟悉。当时兰州军区政委萧华同志找我谈话，宣布军委的命令，他说：“军区也不同意你去，总政征求过我们的意见，我们没有同意，现在组织已经决定了，你就去报到吧。”

1979年1月，我离开兰州，到北京基建工程兵任职。当时基建工程兵领导机构刚刚成立不久，领导干部尚未配齐。李人林同志任主任、党委书记，副主任有张孔修、王森，杨杰任副政委。1979年3月，中央决定谷牧同志兼基建工程兵政委，党委第一书记。1979年4月，增补我为党委副书记。后来又陆续调入黎光任副政委，朱光任副主任，夏夔任政治部主任，逐步配齐了领导班子。

我到职后，因我是中央候补委员，李人林同志对我很热情，迎接我时对我说：“不知道你以前做过政委工作，要是早知道，当初就直接推荐你当政委了。现在任命已下，以后再改吧。”当时，机关买了两辆红旗轿车，他自己用一辆，把另一辆给我用，让我负责部队日常工作，很信任我。

我在基建工程兵工作时间不长，1979年1月报到，1981年底部队就酝酿撤销，1983年11月正式撤销，我在基建工程兵工作时间总共也就三年多。

二、贯彻“十二字”方针，整顿部队作风纪律

基建工程兵自1966年成立，先后经过几次大规模扩编，到1979年我去任职时已发展到近50万人，有9个军级指挥部，3个师级办公室，32个支队（师），156个团，5所技术学校，分布在全国28个省、市、自治区，部队高度分散，担负的任务五花八门。

我到任后，分工负责部队的日常管理和教育训练。为了了解情况，管理好部队，我用了一年左右的时间，到部队调查了解情况，指导解决问题。部队团以上单位我都走到了，我还深入到偏远的一线连队和施工工地。一次，我到交通部队检查工作，提出要看看在青藏高原修路的部队，交通指挥部主任伍坤山同志劝我不要下到基层连队，因为那里高原缺氧，条件艰苦，怕我年龄大了，身体吃不消。后来在我的一再坚持下，他陪同我一起上了青藏高原。一到高原，很多年轻同志都出现了高原反应。我在兰州军区时曾到过海拔4000多米的哨所，没有任何高原反应，大家都说我身体比年轻人还好。当我们到达海拔最高路段的施工连队驻地时，战士们都非常高兴，他们说从来没有这么高级别的首长来过他们连队视察工作。他们当兵几年，有的甚至连

1979年，在海拔5000米的青藏高原上，基建工程兵副主任黎原听取修路部队汇报工作情况

师长都没见过。部队在高原缺氧的条件下施工非常艰苦，我指示有关部门，尽快解决他们住宿和劳动保护等问题，改善他们的工作、生活条件。

通过一段时间的调查研究，我对基建工程兵有了初步了解。我感到一是部队教育训练和管理水平不一。老部队和一些从其他兵种成建制改编过来的部队，教育训练和管理水平还好一些，部队还有个部队的样子。如北京指挥部的六支队，是铁道兵十二师成建制改编过来的，部队建设各方面都做得不错。但少数新组建的部队，特别是工改兵的部队，教育训练和管理水平较差，存在的问题相对比较多，如煤炭指挥部四十四支队。二是部队高度分散，分布在全国各地，承担的任务也是复杂多样，如建筑安装、煤炭、水利、交通、冶金、石油、化工、地铁和国防施工等等，管理教育难度大。三是受社会风气的影响，少数部队思想比较混乱。

根据上级指示和部队的实际情况，我着重抓了部队作风纪律和养成教育。党中央为基建工程兵制定了“劳武结合、能工能战、以工为主”的“十二字”方针，高度概括了基建工程兵的性质和任务，是毛主席建军路线在基建工程兵的具体体现，也是我们部队建军的方向。基建工程兵平时寓兵于工，可以执行艰巨的施工任务，在战争和严重自然灾害等紧急情况下，也能够开赴前方，抢修抢建，必要时还可以直接参加战斗。但部队有的同志对“十二字”方针认识不够，认为基建工程兵就是负责施工建设，抓好“劳”和“工”就可以了，不必像其他部队那样抓政治和作风纪律建设，能完成生产任务就行，平时不太注意部队的教育训练和管理。还认为“以工为主”就要以“工”改“兵”为主，以落实经济政策、搞奖金为主等。

我们从基建工程兵既不同于野战军，又不同于地方企业的特点出发，按照“十二字”方针的要求，从三个方面对部队进行整顿：

第一，大力加强政治工作。政治工作是我军的生命线。这就要求我们的工作，无论内容还是形式，都要适应这支部队的特点。把施工队伍整编为基建工程兵，是一件相当艰巨复杂的工作，这就要求部队官兵首先要在思想作风和生活方式上实现一个大的转变。这一转变是什么？就是要在政治上培养有高度政治觉悟、全心全意为人民服务、献身四化的革命精神；在生活方式上要实行集体化、军事化。为了实现这一转变，针对基建工程兵的性质、任务和“十二字”方针，我们从端正入伍动机、明确为谁当兵、为谁施工这一问题入手，不能简单地认为穿上了军装就是军人，要在全体官兵中真正树立起全心全意为人民服务的思想，树立“劳动为荣，艰苦为荣，当基建工程兵光荣”的思想。有的官兵虽然穿上了军装，但他们的思想并没有入伍。他们参军的目的只是考虑工资待遇、家属团聚、子女就业、职务安排等。因此，不从政治上提高觉悟，就不可能调动大家的积极性，生产建设工作也不可能做好。再先进的装备也要人去操作，没有好的思想和过硬的技术，机械装备不但发挥不了作用，还可能起负面影响。这就要求我们在基层培养和建立起行之有效的政治工作制度，培养和建立一支强有力的政治工作骨干，发挥党的核心领导作用。为此，我们深入开展学习雷锋、学习英雄模范，发扬革命英雄主义，开展技术能手、革新能手、施工管理能手的“三手”活动和社会主义劳动竞赛；要求政治工作骨干及时掌握干部战士的思想动态，摸清部队的思想脉搏。领导干部要亲自下基层调查研究，有针对性地进行教育。基建工程兵既然是军队，就和企业不同，政治教育要多一些，工作要抓紧一些、细一些。在物质鼓励、福利待遇等方面，要从全军的大局出发，不能和地方一样搞。当然，基建工程兵和野战军还不一样，发点奖金无可厚非，但要坚持精神鼓励为主，物资奖励为辅的原则。同时要明确物质奖励是奖励先进，不能搞平均主义。

第二，抓好部队的管理。进行作风纪律整顿，严格执行“三大纪律八项注意”，做到令行禁止，雷厉风行，一切行动听指挥。一个作风疲沓，纪律涣散的部队不可能把生产搞好，我们的优越性就发挥不出来。过去打仗时部队强调服从命令听指挥，现在搞工业建设也同样要有高度的组织纪律性。现代化程度越高，越需要严格的纪律，不然就要打乱仗。解决这一问题的关键，在于各级领导要为人表率，以身作则。要求群众做到的，自己必须首先做到，这样才能把部队的作风纪律带起来。良好的纪律作风要靠日常养成，要贯彻条令条例，就要从点滴抓起。部队出操、站队、点名、内务卫生、军容风纪、一日生活制度等必须严格要求。这不是为了搞形式、图好看，而是在日常生活中培养严格的纪律、良好的作风。为了达到这一目的，各级干部都要深入基层，和战士同吃、同住、同劳动，支队领导每年要有 4 个月的时间深入基层。基层干部平日要 24 小时在部队和战士“三同”，处处以身作则，真正把部队带得生龙活虎。带部队的方法和带工人的方法是不同的，企业并不要求干部成天和工人在一起，但部队就必须做到这一点。只有在平时狠抓养成教育，严格要求，大胆管理，才能培养部队敢打敢拼的过硬作风。

例如，基建工程兵十二支队修建天山国防公路，在零下三四十度的严寒下，不怕苦，不怕累，按时保质完成任务。如果平时散散漫漫，吊儿郎当，在施工中就不可能保证完成任务。在严于治军，严格管理的同时，我们还经常不断地对部队进行遵纪守法教育，组织部队学习国家法律、法令和军队的条令、条例，批判各种错误思潮，抵制资产阶级思想的侵蚀，使广大指战员树立法制观念、纪律观念和共产主义道德观念。

第三，认真解决“两低一差”的问题。各级党委加强对施工生产的领导和部队教育训练，大力提高部队施工技术水平、管理水平，这样才能把部队建设成一流的部队。重点抓好几个技校和各支队教导队的建设，加强各级、各类干部轮训，提高部队管理和技术水平。

经过一年多的教育整顿，部队管理教育水平有了很大提高，明显改善了基建工程兵的形象。

三、整顿四十四支队

在部队整顿过程中，我带兵部和煤炭指挥部两级工作组 25 人，到存在问题最多的霍林河矿区，对四十四支队进行重点整顿。从 1979 年 5 月 27 日出发到 7 月 10 日结束，历时 40 天。

霍林河煤矿是 1976 年上马的，先后从吉林辽源和抚顺煤矿抽调职工近 800 人，再从吉林招收技工 1400 多人，并吸收哲盟和白城子知青 3500 多人，组成霍林河矿区建设指挥部。1978 年 4 月，以矿区建设指挥部为基础又征收了 3500 名新兵，10 月 4 日授予军旗，正式成立基建工程兵四十四支队，下辖四三一和四三二两个大队，一个建材指挥所，共 12000 余人。成立一年来，支队虽然完成了各级组织建设、新兵训练、技术骨干培养、设备引进等生产准备工作，但也存在着许多严重的问题：

一是工程进度十分缓慢；二是设备损坏相当严重；三是物资、资金浪费惊人；四是机构臃肿、人员大量窝工；五是纪律废弛，作风涣散。造成上述问题的原因是多方面的，经过工作组调查研究，我们认为问题的根子在领导，主要表现在以下几个方面：

一是建军路线不正，没有认真贯彻执行“十二字”方针。从企业调来的支队主要领导，对“十二字”方针的理解有很大的片面性，错误地认为“以

1979年，在吉林霍林河矿整顿基建工程兵四十四支队时留影

工为主”，就是“以工改兵为主”“以落实经济政策为主”“以奖金为主”，认为“部队管理没啥了不起，无非是出操站队一二一”，忽视部队建设，放松政治思想工作，靠发奖金调动积极性。虽然职工大都参了军，换了装，但思想并没有入伍，整天考虑的就是家属随军、子女就业、福利待遇等，有些人甚至不发奖金就不上班，没有加班费就不干活。个别党员党的观念淡薄，不重视党的建设，过去一年全支队只发展了18名党员。传达中央文件时，许多党员都不参加，有的党员甚至整年不交党费，不过组织生活。支队领导对部队中许多严重违法乱纪事件也不追究、不处理，甚至出现了开枪打人等犯罪分子长期逍遥法外的现象，影响恶劣。

二是思想路线不对头，缺乏实事求是的精神。少数领导干部习惯于讲大话、讲空话，报喜不报忧，问题成堆，生产上不去，群众批评说是“大手大脚大浪费，大轰大嗡大窝工”。但支队领导却盲目自满，到处宣传“四个大”，自认为工作是“人员大集结，部队大整顿，施工大准备，工作大前进”。1979年初，露天矿剥离设备还没有到货，支队就大吹大擂，宣布“五一”开工，结果电台作了广播，省报发了消息，根本没有实现，又拖到

“七一”，亦未实现，造成很坏的影响。许多工作经不起检查，一问都说没问题，一查处处是问题。有的同志对此尖锐地批评道：“不实事求是，报喜不报忧，找不到问题，这是支队的致命伤。”

三是领导班子内部不团结，在干部提拔上存在宗派倾向。支队主要领导是从抚顺来的，在干部使用上有亲有疏，不能一视同仁。对抚顺籍的干部大量提拔重用，有不少人连提两级，甚至三级。相反，对原矿区指挥部的干部使用不当，原指挥部34名科级干部降为参谋、干事、助理员。部队整编以后，支队主要领导就把干部、军务、工程等重要部门都换成抚顺的干部掌权。群众批评他们是“一朝天子一朝臣，人、财、物权一把抓”，严重挫伤了广大干部和群众的积极性。

当然，有一些问题是客观因素造成的。部队整编时按照军政企三合一的体制，原矿区75%以上的工人都参了军，实行一套班子、两块牌子。这种“包下来”的体制，给部队建设带来许多困难。编余的1700多名老弱病残职工，也不得不全部编在连队，致使部队军民混杂，男女共处，不便管理。有一个中队有59名女工，25人已婚，19人怀了孕，6人生了孩子，都住在中队。有的中队还办了托儿所，真是军队不像军队，百姓不像百姓，根本无法管理。再加上家属随队、子女顶替等切身问题也无法解决。改兵之后取消了加班费，奖金也比地方企业拿得少，不少人不安心部队工作，要求脱军装转业。这种体制使建设和施工单位不分，经济责任不清，不能监督制约，吃“大锅饭”，造成严重浪费。像霍林河这样一个现代化的大型矿区，总体规划牵涉各个方面，把矿区建设、施工生产以及地方政府的各项工作都由部队承担，作为一个师级单位，是难以胜任的。实践证明，这一体制很难适应矿区和部队建设的发展。

此外，霍林河地区自然状况恶劣，建设条件差，全年只能施工六个月左右，还缺水、缺电，交通不便，运输困难，大量材料和设备不能及时运进，也是造成矿区工程进度慢、造价高的一个客观原因。

找到问题的症结后，工作组立即对四十四支队进行全面整顿。首先，工作组用半个月的时间下到基层，甚至蹲到连队，实行“五同”，连续召开几十个座谈会，接触上千人。我还亲自同支队部门以上领导和各大队主要领导逐个谈话，力求掌握第一手材料。在调查大量事实的基础上，我们反复研究，认真分析，形成了政治工作、干部路线、施工生产、组织编制、技术训练、管理教育、装备管理、财务开支等八个专题材料，弄清了问题，抓住了症结，做到心中有数。

二是发动群众，揭露矛盾。工作组帮助支队召开营以上干部参加的整风动员大会，各大队也召开连以上干部大会，层层发动群众。各单位用五天时间，背靠背地揭矛盾、摆问题，并推荐代表到支队党委扩大会上汇报意见。在群众揭发的基础上，工作组将八个方面的专题材料，向支队党委作了系统报告。这些材料有事实根据，事例典型，问题集中，对支队工作做了一次全面剖析，引起党委的很大震动。

三是帮助支队党委认识问题。在问题揭开之后，我们用三天时间帮助支队党委开展批评与自我批评，查原因，找根子，透过现象看本质，从思想上提高认识。工作组实事求是，热情帮助，不扣帽子，不打棍子，摆事实，讲道理，以理服人。既指出存在的问题，分析主观原因，又肯定已有的成绩，承认客观存在的不利因素，使支队领导口服心服。党委成员深有感触地说，工作组是“满腔热忱，耐心帮助，惩前毖后，治病救人”。

四是边整边改。我们一手抓整顿，一手抓生产，动员全支队官兵大干一百天，掀起了施工生产热潮。整顿期间，我们还召开“打击犯罪行为，反对不良倾向大会”，当场拘留了四名犯罪分子。批判了无政府主义和违反纪律的典型事例，并集中一个星期在全支队进行法纪教育。在整顿后期，工作组帮助支队召开政工、干部、行管、装备、财务、施工等专业会议，以会代训，建立起二十多项规章制度。同时，经煤炭部同意和兵种党委批准，对四三一大队领导班子作了个别调整，并从沈阳军区选调一名支队政委和一名副支队长，抽调 80 名营连干部充实和加强各级领导班子。

这次整顿，基本达到了预期目的，部队上下反映很好，可以说是初见成效。支队党委通过整顿，充分认识到部队存在的问题，关键在党委没有坚决贯彻执行“十二字”方针，没有坚持政治建军，使部队建设走了不少弯路。党委同志面对部队和矿区建设中的问题，感到惭愧不安，心情沉痛。党委书记、支队长思想触动很大。他主动检查了自己在提拔干部问题上的宗派情绪，对抚顺来的干部亲，对其他干部疏，对“文化大革命”中保过自己的人破格提拔重用。副支队长认识到自己盲目骄傲，报喜不报忧，讲大话、空话。党委成员一致表示，要认真总结经验教训，以实际行动改正错误，弥补损失，挽回影响。通过整顿，部队面貌发生根本变化。广大指战员艰苦奋斗，大干快上，施工生产成倍增长。以整顿前的5月为例，全支队完成建安工作量仅27万元，整顿开始后的6月提高到62万元，7月完成180万元，是整顿前的6倍多，相当于上半年的总和。

通过对霍林河矿区四十四支队的整顿，工作组在总结经验教训的过程中，也发现基建工程兵基层组织建设中存在的一些带有普遍性的问题。为此，我们根据实际情况，向兵部提出建议。其中一个核心问题就是体制问题。军政企三合一的体制已不适应现代化企业建设。但由于历史的原因，目前仓促、盲目地分开，会造成官兵思想波动，影响矿区企业建设。我们同意当时煤炭部贾慧生副部长提出的意见，加强矿区指挥部的领导力量，先把"五局两行一场一厂"（商业局、粮食局、邮电局、税务局、公安局、中国银行、建行、农牧场、五·七电厂）管起来，其他工作暂时继续由四十四支队负责，在一两年内逐步稳妥地向指挥部移交。

二是企业所在地的省市政府派遣地方干部参与部队管理的方式不可取。霍林河矿区在哲盟，行政区划归内蒙古。据说内蒙古要派一批干部。我们认为矿区指挥部应由煤炭部直接领导，所缺干部原则上从四十四支队抽调，不宜再从省区调进干部，以免增加工作上的复杂性。

三是尽量不要采取部队把一个企业基本包下来的办法。这种办法带来的问题很多。军、政素质不高，编余人员不好处理，家属随队、子女顶替等问题无法解决，基建工程兵的优越性更发挥不出来，这个教训是很深刻的。

四是组建新的部队，要有良好的基础。最好从老部队成建制抽调中队、区队或大队，在这个基础上扩编，再从地方吸收技术干部和技术骨干充实部队。这样既有军政骨干，又有技术力量，队伍整齐，便于管理，能很快形成战斗力。新建立的部队，要集中一段时间整训，使部队真正在思想作风和生活方式上实行一个革命化的转变。

经过整顿，四十四支队面貌有了改观，但由于原有体制等因素造成的问题不好解决，后来在精简整编时撤销了该支队。

四、十二大代表风波和部队撤销

我到基建工程兵任第一副主任、党委副书记，实际上处于二把手的位置。最初，我积极配合李人林主任工作，双方相处得非常好。李主任是红二方面军的老战士，长征前不幸被捕。西安事变后，国共实现第二次合作，他当时还关在国民党的监牢里。组织上得到消息后，通过八路军办事处把他救了出来。他文化水平不高，但对党很忠诚。

我到基建工程兵工作一年左右，领导班子在部队建设等问题上逐渐产生分歧。我认为基建工程兵作为一个兵种，是人民解放军的一个组成部分，一定要按部队的要求严格管理，兵要像个兵样，要正确处理好“劳”和“武”、“工”和“战”的关系，抓好部队管理教育。但兵种有些领导只是强调“劳”和“工”，忽视“武”和“战”，不注意部队管理教育和作风纪律养成，只要完成生产任务就行。另外在干部使用上不按政策规定办事，越级突击提拔干部，如机关一名连职干部不经党委讨论，直接提拔为管理处正团职处长。机关同志对此意见很大，向我反映，我向谷牧同志作了汇报，谷牧同志批评了他们，从此他们对我就有了看法。

1981 年 6 月，党的十一届六中全会召开，中央同意华国锋同志辞去党中央主席、军委主席职务。不久，党中央决定于 1982 年 9 月召开十二大。从 1981 年下半年起，各单位开始推选十二大代表。

由于我同兵种有些领导同志在工作中产生一些矛盾，引起不满，利用我和华国锋同志在“文化大革命”中的工作关系以及我 1976 年写过一篇宣传华国锋同志的文章借题发挥。一是说我吹捧华国锋，有政治问题；二是无中生有指责我给基建工程兵推荐干部是拉帮结派，下基层视察工作时指使下属写文章吹捧自己。并以此为由，通过党委常委找我谈话，要我“自动”辞去十二大代表候选人资格。

我是十一届中央候补委员，兵种副主任，党委副书记，理当是十二大代表候选人，自然不肯接受。我多次在常委会上解释，但都毫无结果。为此，我又在基建工程兵党代表大会主席团会议上作了一次书面发言，部分内容抄录如下：

关于十二大代表候选人问题，我发表个人意见。在常委会和全委会上讨论撤销我代表候选人问题时，我始终保留自己的意见，并一再要求常委把我的意见向上级报告。刚才常委们根本没有谈到这个问题，我现在要问：常委向总政报告了没有？！如果已经报告了，总政有什么指示，到现在我还不知道。所以我有必要把我为什么保留意见和有关领导同志的指示向主席团的同志说一说。

关于“文化大革命”中的表现，我也在常委会和全委会上说明，在“文化大革命”中，我是受林彪、黄永胜一伙人迫害的，在敌我问题上界限是清楚的，中央已经作过结论，并有案可查，组织上还可以调查。可是他们既不作调查，也不听我申述，就武断地说我是“给自己评功摆好”，说我是“代代红”，说我是“造反派”，就这样毫无根据地从政治上否定我、丑化我。这个问题不是一般问题，这是给一个人从政治上下结论。可是到现在，常委拿不出具体的调查材料和有根据的结论，按我们党的原则怎么能允许这样轻率地、粗暴地从政治上否定一个人呢？！

我认为撤销我候选人的理由是不充分的，这种做法也是不正常的。确定我作为候选人和撤销我候选人是个组织原则问题，政策问题。所以我始终保留自己的意见，并一再要求常委把我的保留意见向上级报告。

我要再一次说明，我之所以要保留自己意见，并不是争个人得失问题，而是因为这是个组织原则和政策问题。我是一个中央候补委员、党委副书记，在这样庄严的党代表大会上，不拿出充分的理由，就轻率地撤销我代表候选人资格，这就必然会使到会同志产生误解，以为我政治上有什么问题，中央作了什么结论。这样使我今后怎么能在这里工作呢？所以我今天再一次向主席团说明情况，请主席团同志考虑。

其实，他们提出的那些问题并没有真凭实据。关于歌颂华国锋的文章，在当时的形势下，许多人包括一些中央领导同志表态时都说过一些过头的话。这是有历史原因的，应该客观看待。此事先后反映到谷牧、王震、叶剑英同志那里，他们也都谈了自己的意见或作了指示。谷牧同志亲自同我谈过：“七六年中央粉碎‘四人帮’是件翻天覆地的大事，广大群众和干部都兴高采烈。当时华国锋同志在叶副主席、李副主席等支持下，粉碎‘四人帮’是有功的。但华国锋同志把一切都归于自己，是不对的。当时对华国锋同志讲几句好话，那没什么了不起，坦然置之，我也支持过，我也讲了；叶帅也多次讲过这个问题。你写这篇文章，有些过分之词，我认为没什么了不起的，是一般问题。当不当代表要正确对待。他们要你辞去，是没有道理的……那篇文章是否影响你当代表，要由总政决定。我认为华国锋同志的问题，同你没有什么关系。”

王震同志在有关材料上批示："九旅（指三五九旅）知识分子干部现在很少了，黎原同志是比较好的一个干部。关于华国锋同志，说一些过头话，大家都有过，还是应该选一届中委。我同意谷牧同志的意见。"

叶剑英同志在给中组部部长宋任穷和总政韦国清主任的批示中曾写道："我'二月逆流'贬居长沙，当时黎原同志任四十七军军长，驻长沙。我在长沙受到各方面的歧视，而黎原同志尚敢与我公开往来，在看人看事上有独立见解。我同意王震同志、谷牧同志的意见。"

此外，指责我拉帮结派、自我吹捧也都是子虚乌有的事。我调到基建工程兵时，兵部机关刚刚成立不久，各个部门都缺管理人员。干部的来源主要有两个渠道，一是上级选派，二是兵种领导推荐选调。我当时曾推荐过两个人，并经过党委讨论通过，哪里有什么拉帮结派的问题。关于下部队宣传报道一事，是指我到四十四支队整顿时，基层的一个干事写了一篇报道，说我到基层后不搞特殊化。此事，我当时根本不知情，以后看到样稿，反映的也都是实际情况，根本不存在指使他人吹捧我的问题。

尽管对我的指责都是无稽之谈，更有中央领导同志的批示，但他们还是我行我素，在下边搞小动作，开会时不通知我，选举时不让我参加，执意要把我的候选人资格取消。但是在会上还是有人仗义执言，交通指挥部主任伍坤山同志就在会上挺身而出，质问为什么不选黎原当党代表，他到底有什么问题？但最终在他们的排挤下，我被无理取消了代表资格，不过能听到上级老领导的批示和评价，同志们的关心和支持，我心里感到很欣慰。

1982 年，中央酝酿百万大裁军，准备撤销基建工程兵建制。应该承认，成立基建工程兵，在"文化大革命"时期三线建设规模不断扩大，基本建设任务异常繁重的情况下，为保证国家建设和国防建设发挥了重要作用，作出了重大贡献。但在改革开放的新形势下，基建工程兵军政企三合一的体制，已经无法适应和发展，而且由于内部管理混乱，影响部队形象。所以杨得志总参谋长找我们兵种领导征求意见时，尽管其他人都表示反对，我明确表态赞同撤销。

1983 年到 1986 年，随着形势的发展变化，基建工程兵完成了它的历史使命，除水电、交通、黄金部队和报社交给武警外，其他部队陆续撤销。

为了写好回忆录，我翻出多年以前的工作笔记，找到一篇我在基建工程兵党委常委会上的申述说明，其中涉及我当选九届、十届、十一届中央候补委员的情况说明。同时这段文字也可以作为我“文化大革命”经历的一段补充，摘抄如下：

关于“十二大”代表候选人的问题

为了让常委在审查我候选人资格问题时做出应有的判断，我想有必要把我担任党的九届、十届、十一届中央候补委员的有关情况作个汇报。

（一）“九大”前后的一些情况

我和四十七军部队是1967年7月开始参加湖南“支左”的。在中央召集湖南两派谈判中，中央作了关于湖南“文化大革命”决定（即“八·十”决定）。周总理代表中央宣布成立湖南省革命委员会筹备小组，我任组长，华国锋任副组长。当时湖南斗争情况十分复杂，一方面群众组织各派之间经常发生武斗，局势很乱，需要花大力气稳定局势；另一方面黄永胜一伙要插手“文化大革命”，夺取湖南的领导权。而他们这一套是和当时中央的指示精神相对抗的。这样就出现了一场对湖南领导权的控制和反控制的斗争。对于我个人来说，面临两个选择，或者是按周总理指示和湖南的实际情况办，或者是按林彪那一套去办。我当时的态度是明确的，湖南“文化大革命”问题是中央授权周总理处理的。因此，只能根据周总理的指示精神和湖南的实际情况去办。所以，我就经常向周总理请示、报告，而每次都能得到周总理及时的指示。这就不可避免地成为林彪一伙控制湖南的障碍。例如广州军区某些领导为了控制湖南的领导权，在成立省革委会安排领导班子时，他们就提出一系列的名单要安插进去。我没有同意，并向周总理报告了。结果周总理批准了我们的名单，使他们的目的没有达到；又如，他们要在湖南衡山给林彪建立豪华的行宫，要把原有的招待所等单位迁走，把景区封闭划出几十公里的禁区，并且这些建设费用还要湖南出。此事，我及时报告了总理，周总理没有同意。广东为了扭转北煤南运，他们竟想以广州军区的名义，命令我把湖南南部边界的煤矿划给广东，这个我们也没有同意，并得到周总理的支持，如此等等。这仅仅是几个例子，这类事情还有很多。总之，对于林彪一伙这种企图控制湖南的一套，我根据湖南广大干部和群众的利益，采取了抵制的态度，这就触怒了他们。他们已下决心把四十七军在湖南搞臭，把我搞掉。

为此，他们搞了一系列的阴谋活动。首先是大造舆论，说四十七军在湖南支左“犯了方向路线错误”，说“四十七军部队很糟”，“是土匪部队”（意思是指四十七军的老底子是三五九旅，是贺龙的部队），“反广州”，“不听话”，甚至造谣说“四十七军要夺广州军区所属三个省的权”（当时四十七军一四一师在广西支左，一二七师在广东支左，一四〇师在湖南支左）。他们利用各种机会造这个舆论，把四十七军搞得抬不起头来。

另一方面在军内就派人改组四十七军，从广州军区派来了政委、副政委、副军长、政治部主任，接着把原来的副军长、副政委、政治部主任都送进了学习班审查；四个师的师长、政委大部分送进学习班，不进学习班也靠边站了。全军420个干部办学习班专案审查，其中团以上干部67人，整死了一四〇师主任海空同志，搞残废了好几名。

为了压我屈服，明里指责我有错误，要我在军党委会上、军区党代会上作检讨，暗地里派人四处调查整理我的黑材料，想把我打成历史特务、“五·一六”分子。据了解情况的同志事后揭发，他们派人跑了十几个省，找了几十个人调查。为了把我搞成历史特务，他们甚至对调查对象搞刑讯逼供。为了整我，他们还先后两次向中央发电报，诬陷我有历史问题和有严重错误，要求中央撤掉我省革命委员会主任职务。这样就使四十七军和我在湖南工作处于非常困难的境地。可是因为党中央、周总理对湖南情况比较了解，当时湖南形势又比较好。因此，党中央、周总理一直没有同意，他们的目的没有达到。在此期间他们仍不甘心，进一步散布流言蜚语，造谣中伤。就是在这种情况下，他们不得不让我参加了党的第九次代表大会。在选举时，他们又操纵选举，到处串联，控制我的选票。结果我以勉强超过半数，当选为中央候补委员。

“九大”以后，这个斗争并没有结束。到1969年下半年，中央根据战备形势，军委开始考虑四十七军调防到陕西。这时他们认为赶走我从而直接控制湖南时机到了，于是进一步加紧了阴谋活动。他们一方面派卜占亚控制湖南；另一方面指使他派去的人在四十七军内部整我。

卜占亚是林彪一伙阴谋策划、有计划安排到湖南的。他与黄永胜一伙联系密切，地方工作中重大问题，他不请示党中央，而请示黄永胜。

卜占亚到湖南下车伊始，就宣布四十七军的“罪状”，最主要的一条就是不宣传林副主席，不紧跟林副主席。说林副主席指示湖南要挖刘少奇、贺龙和国民党三条黑线，可是四十七军不抓阶级斗争，把一群黑线人物、牛鬼蛇神都放出来了（指解放了一批地方干部，其中包括湖南地下党的干部），还胡说我们对“老机”“老右”亲。事实是1969年11月叶副主席到湖南休息，我们安排叶帅住在原来毛主席住过的地方，配备了警卫、公务人员和医务人员。我们一些领导同志经常去问候叶帅，这也成了我的一条罪状。

卜占亚到湖南的第二天，在他主持召开的第一次省革委核心小组会上（我没有参加）就大放厥词，说黎原对“老机”“老右”那么亲（指叶副主席），为什么住那么好的房子？派那么多人去照顾？那么多伙食费哪里报销？卜占亚当场下令第二天就把叶副主席从长沙赶到湘潭，住在暖气不好的房子里，把我们配给的警卫、公务、医务人员都撤掉了。叶副主席有病没人管，只好找到四十七军留在湖南工作的原保卫处副处长找一辆车送去看病。

卜占亚在会上还指责我对“无产阶级司令部”的人不亲。所谓无产阶级司令部的人，就是黄永胜的老婆项辉芳、邱会作的老婆胡敏到湖南选妃子。她们不找我，我也没去看她们。

在军内，他们抓紧部署，继续整四十七军。1970年3月为了部署四十七军调防的有关工作，中央召集四十七军、湖南省军区、广州军区和湖南省委负责人到北京开会。定于3月20日周总理等代表中央接见我们。而黄永胜一伙背着中央，抢先中央，避开华国锋和我，于3月19日找丁盛、卜占亚、四十七军原政委等人开黑会，要继续整四十七军。他们这一套完全是和党中央、周总理唱对台戏的。周总理第二天代表中央正式接见我们时，明确肯定“湖南工作已有了基础，形势很好，成绩很大，有汪东兴同志可以作证。”汪答:“我在湖南走了几个地方，湖南的革命形势、生产形势都不错”。我是军长，又要随部队去陕西，可是他们却借口我在外边“支左”，部队调动的具体部署都不让我知道。三个师长、三个师政委、先后三个军副主任的升调这样重大问题都不通过我。总之，直到“九·一三”事件之前，我虽然已被他们排挤离开了湖南，可是还在军内外继续整我。

（二）“十大”前后的一些情况

1971年“九·一三”林彪自我爆炸以后，部队很快开展了批林整风运动。这时总政治部明确指示关于1970年3月19日黄、吴、李、邱召开黑会的问题，要兰州军区彻底查清。军党委经过二十多天会议把问题揭开了，报告了总政。黄永胜在3月19日讲话摘记如下:“四十七军同湖南省军区的关系，四十七军要负主要责任，走要把屁股擦得干干净净，不能拖泥带水，不然，走了和尚走不了庙，和尚也走不了。四十七军把‘高司’整倒不对，还有“红联”是工学农。黎原说‘高司’不能联合，没有阶级观念，‘高司’是最早的造反派，真正的造反派。”还说：四十七军过去就是不听我们的话，当面一套，背后一套，实际是骄傲，拒绝别人的批评。在广州军区双代会搞得乌烟瘴气，军区为难被动，我是广州司令，你们搞不好，我脸上也不光彩。四十七军关键在领导，有党委嘛！对黎原不批评帮助，他到了新地区还要犯错误。旧账不还，还要欠新账。吴法宪接着说：“四十七军是四野的，大家都是四野的，大家都有责任。你们搞好了是四野的光荣，要为林副主席争光”。吴还说：“对黎原斗了没有，错误要批判，帮助他改正错误。”中央对四十七军的问题十分重视，于 1973 年 3 月份召集兰州军区、陕西省委、陕西省驻军以及西北四省军区有关领导干部到中央汇报，解决西北的问题。四十七军由我和副军长胡伯华和政委参加。会议期间，经中央首长李先念、李德生等同志多次指示和同志们的批评帮助，四十七军原政委检讨了自己的错误，并向中央写出了《我的检查和交代》的书面材料（中共中央办公厅 1973 年 3 月 11 日印发）。会议后期形成了中共文件，明确了四十七军内部在与林彪反革命斗争中的是非，文件上点名批评了四十七军原政委。会后，为贯彻文件精神，召开了陕西省委常委（扩大）批林整风会议。四十七军团以上干部 70 多人作为一个大组参加会议，集中解决四十七军原政委等人犯错误的问题，明确了是非界限，肯定了四十七军在湖南支左中不执行林彪反革命集团那一套是正确的。经过上述一系列会议，实际上肯定了我是受林彪一伙打击迫害的，给我平了反。

与此同时，湖南省也对卜占亚的严重问题开展了揭发批判，形成了文件，明确指出卜占亚上了贼船，积极地参与了林彪篡党夺权的阴谋活动。

党的十次代表大会正是在批林整风取得胜利的形势下召开的。由于我个人在同林彪反革命集团斗争中的表现有了明确的结论，在代表大会上选我为十届中央委员会的候补委员。

（三）“十一大”前后的一些情况

党的十一大，是在揭批“四人帮”的斗争正在深入开展时召开的。当时我已任兰州军区副司令（我是 1975 年叶副主席、邓副主席主持军委工作时公布的那批命令时下的命令）。粉碎“四人帮”之后，中央指示要发动群众揭开甘肃问题的盖子。当时军内外的斗争都很激烈，而地方上领导力量又比较薄弱。兰州铁路局被一群帮派骨干把持着，盖子揭不开，搞得铁路交通中断，造成西北地区很多厂矿停工停产。1976 年底，中央派我到兰州铁路局任工作组长，带着铁道兵的 500 名干部和甘肃省委宋平同志一道解决兰州铁路局问题。在中央的直接领导下，经过近一年的工作，问题基本解决，我于 1977 年 12 月归建。

1977 年 8 月召开“十一大”。这次大会上选举中央委员时，一般每个大军区有三人当选。其中除司令员、政委外，有一名副司令或副政委当选。就是在这种情况下，我当选为十一届中央候补委员。

以上就是我先后当选三届中央候补委员的一些情况，实际上也是我在“文化大革命”中一些主要经历。当然十年“文化大革命”是一场浩劫，我们党犯了“左”倾路线错误。我那时在第一线“支左”，毫无疑问也执行了这一条错误路线，肯定是说了很多错话，办了一些错事，但就其性质来说是党内的功过是非问题，我愿意在今后的学习中客观地、全面地进行总结，从中吸取教训。但是，在与林彪、江青反革命集团的敌我性质的问题上，我和他们之间的界限是清楚的。我认为对于敌我性质的问题和党内的是非功过问题，应该严格区分开来，这样才有利于党内团结，同心同德搞好工作。

至于我个人作为“十二大”代表候选人的资格问题，我认为应该由组织上决定，相信兵部党委常委和党代表大会会根据中央有关指示和总政治部指示精神，按照我个人的实际情况作出判断和决定。

以上汇报请常委审议。

第十二章　黄埔军校同学会

一、黄埔军校同学会的成立

1983 年基建工程兵撤销后，我离开了一线工作岗位。同年被选为第六届全国政协委员，后又连任一届。我离开一线工作岗位时 66 岁，身体尚好，还愿意继续为国家的发展建设做些工作，于是先后参加了全国老龄委员会、老年基金会、老区建设促进会、黄埔军校同学会的工作，创办了白石桥干管处老年大学，其中倾注精力最多的是黄埔军校同学会的工作。

黄埔军校是国共两党第一次合作的产物。军校于 1924 年 6 月 16 日创立于广东黄埔长洲岛，故称黄埔军校。后校名几经变更，校址多次变迁，现仍在台湾凤山续办，仍续称为黄埔军校。黄埔军校培养出大量的军事政治人才，他们为中华民族的独立解放，为新中国的创立作出了重大贡献。但是由于历史的原因，政见的不同，黄埔师生发生了分化，同室操戈。而后又天各东西，隔海无音几十年。黄埔军校在大陆共办了 23 期，培养学生 28.5 万多人（史称 30 万），分布在海峡两岸和海外。他们当中很多人都在两岸担任军政重要职务。

十一届三中全会以后，我党拨乱反正，解放思想，消除极左思潮的影响，提出了实现祖国和平统一的战略构想和“一国两制”解决台湾问题的构想。徐向前元帅审时度势，提出黄埔师生抛嫌释怨，为民族大义携手合作。这一提议得到党中央的支持和广大黄埔师生热烈响应。旅居美国的黄埔一期生宋希濂、李默庵、九期生蔡文治和到美国探亲的黄埔一期生侯镜如等人，率先响应徐向前的号召，为了促进祖国的和平统一，于 1984 年 2 月在美国发起成立旅美黄埔军校同学会，并公开发表宣言，热情呈词：“国家统一，民族

1985 年，在书房阅读文件

第一，统一至上，建国至上，切盼全体军校同学及其家属奋发努力促进中国统一运动。”

在旅美黄埔军校同学会成立的同时，大陆的黄埔军校同学也在徐向前的领导下，紧锣密鼓地进行着成立黄埔军校同学会的筹备工作。邓小平得知这一利国利民的事情，立即予以支持，加速了筹备工作的开展。我参加了黄埔军校同学会的筹备工作。

1984 年 6 月 16 日，黄埔军校建校 60 周年纪念日，黄埔军校同学会宣告成立。来自国内 100 多位有影响的黄埔同学和来自海外及台湾的黄埔同学 200 多人，欢聚在北京人民大会堂，召开黄埔同学会成立大会。会上，徐向前元帅教诲同学“祖国尚未统一，同学仍须努力”。时任全国政协主席的邓颖超，也是当年黄埔军校政治部主任周恩来总理的夫人，以及中共中央总书记胡耀邦等党和国家领导人出席会议并发表热情洋溢的讲话。会上，黄埔军校同学公推徐向前为黄埔军校同学会会长，李赣驹任秘书长，程元任副秘书长。我被选为理事。

黄埔军校同学会成立后，为了发动同学做促进和平统一的工作，在全国各地还成立了八个地区黄埔军校同学会。

在工作实践中，我们觉得这种按地区设置的同学会，很不适应开展工作的需要。如西北地区五省区同学会设在西安，同学会领导鞭长莫及，无法领导；东北地区同学会会址和办事机构设在辽宁省沈阳市，而吉林、黑龙江两省只设联络组，省辖市（地）只设指定的联络员。这样既不适应垂直领导又不适应横向领导。加之，正副会长、正副秘书长，分住在几个省多个县，别说开会，就是见一面也很不容易，许多问题就不能得到及时商定和解决。而省辖市（地）被指定的联络员，又因为情况不明，交通不便，没有经费，起不到应有的作用。从会员人数、经费落实、机关人员编制诸方面看，也问题不少。如武汉地区同学会，管理湖北、湖南两省，而湖北的黄埔同学有 1311 人，湖南的同学是 3579 人。两省同学人数相差甚大，武汉地区同学会极不好对湖南的工作实施管理。这种情况不利于发挥同学会作用。

1987 年春天，在全国政协六届五次会议上，我和高存信、宋希濂、程元、郭汝瑰、张伯权等 10 位担任政协委员的黄埔同学，谈起各地区同学会的事，大家不谋而合，当即联名写了一个关于建立各省、市、自治区黄埔军校同学会的提案，送到大会提案委员会。

11 月 11 日，中央统战部对我们 10 人的提案做了答复。各省、市是否都成立同学会尚需进一步研究。至于个别必须建立省级机构的，应报请省政府等有关部门批准，编制经费仍由各地方自行解决。与此同时，徐向前也给习仲勋和田纪云写信说："原来成立的黄埔军校同学会各地区同学会，因跨省领导，很不方便，资金也无法落实，大家一致意见，归省统一领导，取消地区同学会，其编制人数不必一律，根据各省市同学人数多少而定。请你们一并批示。"徐帅的信进一步引起中央的重视。1988 年 3 月，中央统战部下发成立各省、自治区、直辖市黄埔军校同学会的通知，各省市纷纷成立黄埔军校同学会。

首都北京，黄埔同学有 700 多人，从黄埔一期到二十四期都有，且知名度高的黄埔同学比较多。为了充分发挥黄埔同学的积极性，联络同学感情，发扬黄埔精神，促进祖国和平统一，在中央统战部没有下发文件成立各省、自治区、直辖市黄埔军校同学会之前，黄埔军校同学会总会与中央统战部、北京市委早有酝酿，建立北京黄埔军校同学会。中央统战部下发成立各省、自治区、直辖市黄埔军校同学会通知后，北京市委即向中央报告。中央统战部和劳动人事部、财政部，于 1988 年 5 月 10 日批复同意，下发北京市委、市统战部落实。

1988 年 6 月 16 日，北京市黄埔军校同学会正式成立。成立大会在北京中山公园中山堂召开。参加大会的有黄埔军校同学 520 余人。其中还有 3 位从台湾来京探亲的黄埔同学作为来宾参加大会。中央统战部代表、北京市副市长何鲁丽、北京市政协主席白介夫、副主席封明为、北京市委统战部部长李伯康及北京市有关部门负责人，黄埔军校同学会（总会）会长侯镜如、副会长郑洞国、程元，理事黄维、阎揆要、曹广化、廖运周等人到会祝贺。大会推举黄埔四期生李运昌为北京市黄埔军校同学会名誉会长，二期生覃异之为会长，高存信、赵子立、文强和我为副会长。会议还选举产生理事 41 名、顾问 20 名。李运昌、侯镜如、何鲁丽、白介夫等在大会上讲话，对北京市黄埔军校同学会的成立表示祝贺。

1990 年 2 月，北京市黄埔军校同学会召开第一次会员代表大会，因为会长覃异之、副会长赵子立调到总会任副会长，大家推选高存信任会长，增选裘树凯为副会长，田申为秘书长，王立哉为副秘书长，主管机关工作。我在第一、第二、第三届会员代表大会上都被选为副会长。1996 年 2 月高存信会长去

1988 年，黄埔军校同学会领导合影，左起黎原、高存信、侯镜如、李默庵、阎揆要、覃异之、文强、赵子立

世，我受命代理会长，1998 年 4 月经会员代表投票，选为会长。2001 年，我被选为黄埔军校同学会（总会）副会长并兼任北京市黄埔军校同学会会长。

二、广泛联络，做好海外黄埔同学的工作

1988 年北京市黄埔军校同学会成立时我任副会长，1996 年任会长。十多年来，我在做好总会工作的同时，把主要精力放在抓好北京市黄埔军校同学会的工作上。

黄埔军校同学会的宗旨是:“发扬黄埔精神，联络同学感情，促进祖国统一，致力振兴中华。”徐向前元帅明确指出:“在做好国内工作的基础上把工作要点放在海外与台湾。”聂荣臻元帅也指出:“同学会的重要工作是做台湾工作，做台湾黄埔同学工作。”

我对做好黄埔军校同学会的工作有着强烈的使命感、紧迫感和责任感。我在不同会上多次讲这一观点。我自己更是身体力行。不论是受全会同学委托，出访美国，拜访旅美校友，或带团访问澳门，与港台澳同学联谊；还是自费去欧洲旅游，赴德国、美国、香港探亲；或是接待海外同学或同学的二代三代，都时时刻刻从促进祖国统一大业出发，联络感情，增进友谊，宣传黄埔精神。

1988 年 11 月，我受留美黄埔军校同学会的邀请，受广大大陆校友的委托，作为黄埔军校同学会成立后第一位使者，赴美访问，以了解旅美校友的情况，联络感情，沟通思想，互通信息，更好地开展同学会的各项工作，为促进祖国和平统一大业作贡献。此行，我共在美国住了两个月，往返于纽约、巴尔的摩、华盛顿、佛罗里达等地。

我到纽约，宋希濂学长亲自到机场迎接。11 月 12 日，我由纽约到华盛顿，李默庵、蔡文治、陈学明、戴坚等同学都热情迎接，盛情款待，并组织居住在华盛顿的黄埔校友进行座谈。

李默庵时年 86 岁高龄。他在抗日战争中，他曾参加忻口会战，这是国民党军和八路军第一次联合作战，他当时任国民党军长，他指挥部队打得很英勇顽强，功载史册。1949 年他深明大义，在湖南与程潜率部队起义后，去香港、加拿大，后定居美国。我在华盛顿期间，李将军不顾耄耋高龄，亲自驾车接我聚谈。从他的言谈话语和发表的文章中，深深看出老将军身居海

1988年，在美国与黄埔一期学长李默庵、顾林夫妇合影

1988年，在美国黄埔同学的欢迎宴会上，黄埔一期学长宋希濂（左）、黄埔六期学长沈策（右）与黎原合影

外，心系祖国，爱国之心不减当年，令人敬佩。

蔡文治将军是1946年军调处三人小组国民党代表，旅居美国的黄埔军校同学及亲属联谊会会长。他对同学会工作非常热心，那里不像国内，有国家支持，他们没有编制，没有经费，为了同学会活动全是自己掏腰包。一位同学得病受伤急用钱，他无私解囊一出手就支援7000美元。受伤同学深受感动，他安慰说，咱们一家人不说两家话，有难共当。他眼睛不好，开车不便，为了同学会工作，就由年过七旬的夫人开车接我到家里聚谈，其情谊和精神使我铭记在心。

戴坚是黄埔七期。他不仅是一位标准的军人，也是一位有名气的诗人。他常常以诗作抒发爱国思乡的情怀，还翻译了16部著作在祖国出版。同学们都亲切地称他是武夫中的文士，是儒将是铁肩先生。为了表达他与家人思念祖国的心情，他给女儿当顾问，让女儿亲手在办公室搞了一个“中国城”，规模虽然不大，但新颖别致，独具匠心。他性情豪放，对黄埔同学、对同学的亲属、对祖国来美国的朋友极为热情。他常说：爱国是一家；一家人不说两家话；有了爱国这个前提什么都好说。

旅美黄埔军校同学会副会长陈学明（十六期），经过刻苦钻研，成为一位园艺学博士，在鸡鸭饲养和瓜菜栽培的科学研究上很有成就。为了祖国的富强，为了把他的研究成果奉献给祖国，他不仅受聘担任浙江大学顾问，还受聘担任包玉刚先生捐资兴建的宁波大学顾问。为了现场教学，他长年累月，奔波于杭州、宁波一带。他顾不了家，顾不了孩子，他的美国太太常埋怨地说，他太爱他的中国。

黄埔十一期同学王苠，十四期同学刘概真，两个人是从台湾到美国的。在座谈会上，知道我曾担任过兰州军区副司令员，非常羡慕，认为黄埔同学能当上人民解放军的高级将领很荣耀。会后，两人都真诚地邀请我到家里做客。我也一一登门拜访，促膝倾谈，加深友谊。

但也有个别同学有顾虑。他们虽然身居美国，却仍在台湾领取退休金，与台湾有着千丝万缕的联系。我的一些同期同学不敢公开与我见面，但为了吐露对和平统一的心声，便于夜深人静时给我打电话。我对老同学的顾虑表示理解，一再安抚他们，欢迎他们随时回国看看。

中国驻美国大使韩叙，知道我来华盛顿，极为重视，给予了热情接待，指示使馆武官处设宴会欢迎我，并请在华盛顿的黄埔同学参加。宴会期间，同学们回忆往事，展望未来，气氛热烈融洽。

11 月 24 日，我由华盛顿返回纽约，继续与住纽约的校友走访交谈。

12 月 7 日，中国驻联合国军事代表团团长杜宽怡宴请我。他除了特别邀请旅美黄埔校友外，还邀请了美国耶鲁大学教授，我河南息县老乡、小学校友、美籍华侨赵浩生先生，邀请了曾出任纽约警察局局长的美籍华人莫虎先生，莫虎先生的父亲莫去轩、母亲许谨、姐姐莫利亚等知名人士。大家对我的美国之行都表示了极大的热情。

12 月 26 日，我去华盛顿、巴尔的摩辞行，准备回国。在华盛顿还拜访了美国老年人学会。

1989 年元月 3 日，黄埔一期张雪中将军的儿子张光华，黄埔二代赵天竹（黄埔七期赵子立之子），听说祖国大陆来了一位黄埔军校的使者，几经周折，打听到我的住址、电话，两个人即从佛罗里达开车到达华盛顿找到我，邀请我到家里过新年。在佛罗里达我参观了张光华先生设计的中国城。这个中国城是由大陆、台湾、华侨三方投资为弘扬中国古老文化，民间风俗习惯而建的。我们在佛罗里达度过了一个愉快的 1989 年新年。

元月 11 日，我从华盛顿返回纽约，14 日和平民主促进会为我举行盛大欢送会，到会的有 30 多人。黄埔校友和热爱和平的朋友们频频举杯，遥祝祖国繁荣昌盛，早日完成统一大业。

我在访美期间，也发现在台湾或在海外长大的黄埔同学二代三代，由于从小受国民党的宣传，对大陆的情况不了解，一提起大陆，提起共产党，就认为是穷、暴政、杀人、不民主、不自由。需要通过广泛的接触、宣传，让他们解除顾虑，到大陆看一看，目睹祖国的变化和大陆人民的生活状况，激发他们的民族情感和爱国热情，关心祖国和平统一事业。我遇到这些人，也积极做工作，让他们了解共产党，了解祖国。在美国期间我看望了赵子立学长的儿子、儿媳等一些黄埔二代，向他们介绍国内的情况，做他们的工作。

元月 18 日，我满载旅美黄埔校友以及他们家人对祖国思念和祝愿的深情厚谊，回到北京，我一下飞机，就激情满怀地将赴美见闻介绍给同学，介绍给同学的二代三代。随之，我又在黄埔军校同学会（总会），北京市黄埔军校同学会介绍访美的情况。《人民日报》（海外版）、《北京日报》、《黄埔》杂志等报刊，纷纷刊登了我的访美报告。

1998 年 7 月，我和夫人梅林赴德国海德堡探亲，历时两个半月。其间，我还旅游了法国、英国等欧洲14个国家。这一回，因为行程紧，旅居欧洲的黄埔同学人数少，又住得极为分散，我很想借此机会看望几位同学，未能如愿。但仍不失时机地在旅途中，宣传爱国革命的黄埔精神，宣传中国改革开放的大好形势。

在法国，我认识了世华旅游公司经理文惠林先生。文先生是从台湾来的，在巴黎经营旅游公司已经13年了。他的父亲、叔叔都是黄埔生，当他听说我是黄埔生，北京市黄埔军校同学会会长时，他把我视为父辈，很是尊敬，给予了极为热情的接待。文先生向我介绍了在台的许多黄埔同学，还介绍了我在台同期同学张建勋、陈桂华的情况。他还向我谈吐了在台的黄埔同学和黄埔二代三代，都反对"台独"，希望祖国早日和平统一。他说，他在巴黎做旅游工作十多年，接待过很多旅居海外的黄埔同学及他们的子女来欧洲旅游，交谈中，得知他们都希望祖国早日实现统一。

中国的改革开放已经有30年了，中共中央的"一国两制"和平统一方针，也宣传了30年。然而在台湾和在海外的个别黄埔同学，还死守着个人成见，对共产党仍有敌意。洛杉矶校友会原来是一个反共的标杆团体，他们组团来大陆后，经我们做工作，参观访问，回去以后立场也变了，在当地华人中影响很大。我到美国时，洛杉矶副总领事许世国对我说，他们回来后变化很大，对祖国大陆的看法变了，经常和我们联系，为大陆做宣传。

2001年11月，我和夫人梅林在美国探亲期间，纽约黄埔同学会会长姚鑫华牵头，与台湾旅美空军联谊会、四海同心会等团体共同集会欢迎我。共有40多位黄埔同学参加，他们大多都是从台湾来的，有早期从大陆毕业的同学，也有晚期凤山毕业的同学。中国驻联合国军事代表团团长陈锋少将、黄埔军校同学会理事沈策学长也出席了集会。事先，陈锋少将、沈策学长都跟我打招呼，参加同学集会的人中有一些人还对共产党耿耿于怀，可能会提出一些很难回答的问题，叫我有所准备。

姚鑫华会长宣布开会，介绍了来宾，讲明座谈会主旨，让大家畅所欲言。台湾旅美空军联谊会会长曾汉华先生第一个发言。曾汉华时年80多岁，抗日战争时期，参加中美联合空军，打击日军，作战有功。他火气冲冲地发言，因为在此之前，他还没有面对面地与我军高级将领说过话，眼下有机会，他就把压在心头几十年的所谓的怨恨都倒了出来。由于他的情绪比较激动，我们有些同志坐不住了，想马上进行驳斥，沈策学长也站起来想制止他，我说：不要急，让他把话讲完。他讲完了，我最后说，这些都是历史问题，我们应该向前看，鲁迅先生有句诗，“渡尽劫波兄弟在，相逢一笑泯恩仇”，我们要尽弃前嫌，团结起来，共同为中华民族的伟大复兴作贡献。会后我又单独与他谈话做工作，使他思想有了转变。后来陈锋武官给我打电话说：曾汉华想通了，他最近可能要到大陆去。这说明，对我们有意见，反对我们，甚至十分仇视我们的人，只要我们把情况、道理讲清楚，工作也是可以做通的。

后 记

2006年4月17日，我儿子黎辉策划并出资举办宴会，庆贺我90岁生日。近百名亲友聚集一堂，为我祝寿。我当时心情十分激动，感慨良多。宴会上我有一个讲话，表达了我当时的心情，现抄录部分，作为回忆录的结束语：

我们这一代人经历了天翻地覆改朝换代的年代，从推翻三座大山到把一个贫穷落后的殖民地旧中国建设成今天国民经济总产值位居世界第四的繁荣富强的国家，是几代人努力的结果，我的许多战友为此献出了年轻的生命。我是幸存者，我能历经风雨走到今天，是来之不易的，是值得庆贺的，在这里我要感谢所有关心我、爱护我，在我身处困境时敢于仗义执言保护我的各级领导、战友和朋友们。

我青年时代考入黄埔，毕业后奔赴延安走上革命道路，从士兵到将军。经历了抗日战争、解放战争、抗美援朝战争，实现了一个革命军人的崇高理想和自我价值。晚年担任黄埔军校同学会副会长，北京市黄埔军校同学会会长，继续为促进祖国和平统一事业发挥余热，我感到自豪和欣慰。

我的家庭是幸福的，我和老伴梅林风雨同舟、相濡以沫，共同走过了40余年的人生岁月，孩子们也非常孝顺。我的晚年是快乐的，生活是充实的，我是一个幸福的老人。

回忆录的撰写，王志民同志帮助收集资料并整理了初稿，李振祥、田文、张家裕、王清魁等老同志帮助修改补充了部分章节，金以林同志在我口述的基础上，补充完善了大部分内容，秘书胡朝绪同志做了许多后期工作。在此，向他们一并深表感谢。

书中难免会有不准确的地方，敬请读者和知情者谅解、指正。

黎　原

2008 年 10 月

补　记

老伴黎原耗费近十年心血，收集求证史料撰写的回忆录，今天终于和大家见面了，而他却在该书出版之前永远地离开了我们。该书是他留给我们十分珍贵的精神财富和情感记忆。

在最后整理编辑出版回忆录的日子里，我一遍又一遍地翻阅他的遗作，风风雨雨、酸甜苦辣涌上心头。回忆我们共同生活的岁月，如闻其声、如见其人。仿佛他从来没有离去，他只是在那扇虚掩的门后静静地午休，或是坐在家里的暖廊中轻轻地翻阅着手中的报纸。他的音容笑貌，永远留在了我和孩子们的心中。他不只是回忆录中那个投笔从戎的热血青年，身经百战屡立战功的将军，忍辱负重鞠躬尽瘁的领导干部，心系统一余热生辉的老人，他还是一个无私无畏、光明磊落、爱憎分明、聪敏睿智、有血有肉的人，是我的好老伴和孩子们的好父亲。

他从沧海横流惊涛骇浪中走来，早年，他把绝大部分的时间和精力都投入到了工作之中，离休后，才回归到家……这个宁静的港湾，家人和孩子们对他倾注了全部的爱。从物质生活到精神生活，都尽量满足他的需求。无论工作多忙，也要抽时间陪他外出，陪他聊天。他和我们在一起，度过了非常温馨快乐的晚年。这些美好的回忆，将永远陪伴着我和孩子们。

他是一个兴趣特别广泛、求知欲极强的人。从工作岗位退下来以后，就发起成立了总政白石桥干管处老年大学。他既是校长，也是一名积极、认真的学员。二十多年来，除住院、外出，他都坚持听课、记笔记。哪怕是戴着助听器，吸着氧也决不放弃！晚年，他仍然思路清晰、记忆力超凡，对所有的新生事物保持着浓厚的兴趣。比如他非常关心经济问题，自己学习经济学知识，钻研股票期货、通货膨胀、流通性、货币投放量等等。有时，他还认真地上网查找资料，事先把问题写成小条，向做金融的孩子当面“请教”。

孩子看他求知心切，除了回答他的问题外，还专门为他买了几本《经济学图解》供他自学。

他一生孜孜不倦，与时俱进，离而不休，壮心不已，晚年生活充实多彩。他关心国家大事和军队建设，《新闻联播》和《海峡两岸》是必看的电视节目，住院期间也不例外。每天花大量的时间阅读报纸，他的小本上密密麻麻地记满了各种事关国民经济，人民生活的数据，贴满了剪辑的报纸资料。对国民生产总值、消费指数、物价指数等繁杂的数字倒背如流；他对中国成功举办奥运会赞不绝口。参观世纪坛的奥运展览，从一层看到顶层，认真看了，细心听了，把奥运会的历史和发展弄得清清楚楚。逢会必讲，逢人必谈，满怀激情地宣传奥运精神，为在北京举办奥运会感到骄傲自豪！他多次到奥运场馆中心区——水立方、鸟巢、体育馆、森林公园等地参观留影。2008 年 8 月 18 日到鸟巢观看田径比赛，可以说是十万观众中年龄最大的老人。他参观各种纪念馆、展览馆都十分认真，有时提出的问题把死记硬背讲解词的解说员问倒了。我们常风趣地说：他的门票钱花得值！

他寻找当年战斗和生活的足迹，激情满怀话今昔。每到一地他都要去烈士陵园或烈士纪念塔敬献花圈、默哀，缅怀为国捐躯的烈士和战友。1999 年 7 月，他到黑山阻击战纪念馆参观，在瞻仰烈士陵园时发现有一座 1994 年修建的陵墓，冒充是阻击战 101 高地的总指挥。其墓大、碑高为该陵园之首，比真正的 101 高地总指挥贺庆积同志的墓大出几倍。墓碑上刻有编造的郑三、丹红的“简历”，墓是他们的女儿维丽亚·阿伊木汗修建的。黎原看后非常气愤，当时就向地方民政部门反映了情况，回京后又打电话给一些原三五九旅和四十七军的老同志核实有关情况，他们均表示没有此人，并无不感到震惊和义愤！为了进一步澄清事实，9 月 9 日，他还召集部分在京（共 8 人）原三五九旅机关干部后又一同到东北野战军第十纵队工作的老同志座谈，他们均参加了黑山阻击战，有的还亲自参加了 101 高地的战斗，大家一致认为这两个人的历史纯属虚构。2002 年 7 月，他又来到黑山，看到墓地依然如故。为此，他再次向有关部门和单位以及总政、军委领导书面反映情况，要求严肃查处此事，还历史本来面目，以告慰先烈英灵。

他是一个生活态度积极、达观向上的人。到了晚年，他也经常到外地或京郊旅游走访，他的足迹遍布了祖国的大江南北和北京的各个区县。无论是到农村还是工厂，他都进行深入的社会调查，到农民家中聊家常，询问当地的支柱产业、人均收入、养老问题、教育问题、医疗卫生，等等；参观鸡舍、猪圈、牛场、果园、养鱼塘、沼气池等，了解农民利用沼气做饭、照明的情况；走访农村污水净化站，详细询问水的循环利用问题；到京郊南村地热宫参观了解用地热养鱼种植瓜果蔬菜等技术。他经常坐着轮椅、戴着氧去超市或农贸市场了解肉、蛋、蔬菜的价格、产地……，菜农们好奇而热情地一一作答。

他热爱生活，兴趣广泛，栽花种草，美化环境。20 世纪 90 年代他从广州带回几盆名贵花木，由于多方面原因先后衰败和枯亡，他心疼了好长时间。我们家搬到哪儿他就栽种到哪儿。原基建工程兵大院内的绿化、家门前的一草一木都凝聚着他的心血和汗水——从购买苗木到栽种管理都亲自过目和督办。他 1979 年调入基建工程兵后，利用星期天、节假日，风雨无阻领着干部战士挖地种草、栽花植树，大大改善了机关干部战士的工作、生活环境。他几次去改造后的前门大街、大栅栏观光。国家大剧院、梅兰芳京剧院落成后，他专门去那里看京剧，和我们提起梅兰芳到朝鲜慰问志愿军演出的情景。他参观老舍故居，与其家人讲述着老舍去朝鲜和志愿军在一起的日子，他们为之十分感动。他还经常兴致勃勃地买回一些电动玩具，和家人一起娱乐，沉浸在孩童般的快乐中。

多年的军旅生活，使他养成了锻炼身体的好习惯。在四十七军，他经常和干部战士一起打篮球。几十年后，球友相遇，笑谈当年，不亦乐乎。前几年，他常到干休所打台球、乒乓球，每天去文津街俱乐部游泳或打网球，是国兴北京八十不老网球队队员，直至 2005 年因离不开吸氧而停止。从青年时代起他就一直坚持早晚两次的体育锻炼。到了晚年，即便戴着氧也在家中坚持锻炼，按时起床，定时散步，长年不间断地打他自编的“黎氏太极拳”。2004 年中国老年体协、中国老龄协会、全国妇联授予他第六届全国健康老人的荣誉称号。近年，他因年老体弱多次重病住院。在与疾病作斗争中，他表现出超人的顽强毅力，承受了常人无法承受的痛苦，一次又一次地战胜了病痛的折磨，让周围所有的人都钦佩他顽强的生命力和乐观的生活态度。

他身居北京，心系故乡。2007 年他最后一次回息县为母校捐资助学。时值中秋节，他带着大家首先去敬老院送月饼，看望那里的老人们，与他们亲切交谈并合影留念。他是息县史志专刊《岁月》的顾问，认真履职，每期必读，深入思考，发现问题直言不讳地指出。《岁月》把他和家乡紧密地联系在一起，是他了解家乡变化的一个窗口。《岁月》中，书记的兴县规划，县长的《政府工作报告》，他不仅通读全篇，还对重点内容，特别是一些指标、项目、措施用红笔做标记。从他在 2003 年 5 月 20 日写给《岁月》杂志主编的信中，可见他对息县——这片有着养育之恩的土地充满了无限的深情和眷恋。“我已八十六岁了，离家已七十多年了，不管是战火纷飞的年代，还是和平建设的岁月，无时无刻无不牵挂家乡变化，一点一滴的信息都深深地关注，越到老了越是想念家乡，这十多年差不多两三年回县看一看，也经常梦在家乡，真是魂牵梦绕一点也不夸张。在我有生之年，能看到息县迈入‘发达小康社会’的行列，心愿就满足了”。

他关心爱护身边的工作人员，帮助他们解决实际困难。躺在病床上他还多次询问不久前才离开他复员回家的战士的情况，临终前几日，让身边的工作人员将自己携带的钱寄给了该战士。2008 年 9 月，他最后一次重返四十七军时，看望了瘫痪在床近 13 年的老战友，坐在老战友的床边，仔细询问他的治疗和生活情况，并给了慰问金。事后，在同四十七军军政委交谈时，热情赞扬了组织上十几年来给予该老战友的特殊照顾，并嘱咐军首长尽可能进一步改善他的居住条件，提高生活质量。一位 1948 年入伍时年仅 13 岁的小战士，跟随他转战南北，婚后两地分居二十多年，对此他一直牵挂在心，最终帮助他们结束了“牛郎织女”般的两地生活。他为人和善，广交朋友。不论男女老少，都能热情相处，亲密交谈，关心他们的事业、家庭和亲人。几十年前的朋友，他都不时打打电话，问问情况，分享他们的快乐，分担他们的忧愁。他的朋友遍天下！

他爱战友，爱亲人，爱他身边所有的人，而他也生活在爱的海洋中。无论他走到哪里，特别是他战斗工作过的地方、单位，军地领导、老部下和当地老百姓，熟悉他的人都十分敬仰他，爱戴他，都热情地称他黎军长或老军长，他对此倍感亲切。因为他在四十七军先后近三十年，参加过无数次战斗，为部队建设呕心沥血，由一个基层指挥员成长为一名将军，铸就了他人生的辉煌。

回首他近一个世纪的传奇人生，丰富多彩的动人故事，他追求真理热血从戎，投身革命矢志不移的爱国之心，在战火硝烟中赴汤蹈火舍生忘死的报国之举，为部队建设、为党为国家为人民建立的丰功伟绩，以及他那高尚的人格魅力和崇高的思想境界，令我们由衷地敬重他，热爱他，怀念他！他永远活在我们心中！

《黎原回忆录》的出版得到了不少老领导、老战友、亲人、朋友的支持，大家对该书的出版给予了不遗余力的帮助。在此，我和孩子们向所有参与该书出版工作的领导、老同志、工作人员表示最衷心的感谢和崇高的敬意！

梅 林

写于2009年3月27日

黎原百日祭